权威·前沿·原创

皮书系列为

“十二五”“十三五”国家重点图书出版规划项目

BLUE BOOK

智库成果出版与传播平台

汽车工业蓝皮书

BLUE BOOK OF AUTOMOTIVE INDUSTRY

中国汽车工业发展报告（2020）

ANNUAL REPORT ON THE DEVELOPMENT OF CHINA AUTOMOTIVE INDUSTRY (2020)

中国汽车工业协会
中国汽车技术研究中心有限公司 / 主　编
丰田汽车公司

社会科学文献出版社
SOCIAL SCIENCES ACADEMIC PRESS (CHINA)

图书在版编目（CIP）数据

中国汽车工业发展报告 . 2020 / 中国汽车工业协会，中国汽车技术研究中心有限公司，丰田汽车公司主编. -- 北京：社会科学文献出版社，2020. 6
（汽车工业蓝皮书）
ISBN 978 - 7 - 5201 - 6574 - 7

Ⅰ. ①中… Ⅱ. ①中… ②中… ③丰… Ⅲ. ①汽车工业 - 工业发展 - 研究报告 - 中国 - 2020 Ⅳ. ①F426. 471

中国版本图书馆 CIP 数据核字（2020）第 068981 号

汽车工业蓝皮书
中国汽车工业发展报告（2020）

主　　编 / 中国汽车工业协会
　　　　　中国汽车技术研究中心有限公司
　　　　　丰田汽车公司

出 版 人 / 谢寿光
责任编辑 / 宋　静

出　　版 / 社会科学文献出版社 · 皮书出版分社（010）59367127
　　　　　地址：北京市北三环中路甲 29 号院华龙大厦　邮编：100029
　　　　　网址：www. ssap. com. cn
发　　行 / 市场营销中心（010）59367081　59367083
印　　装 / 天津千鹤文化传播有限公司

规　　格 / 开 本：787mm × 1092mm　1/16
　　　　　印 张：25. 25　字 数：381 千字
版　　次 / 2020 年 6 月第 1 版　2020 年 6 月第 1 次印刷
书　　号 / ISBN 978 - 7 - 5201 - 6574 - 7
定　　价 / 158. 00 元

《中国汽车工业发展报告（2020）》
编委会

编委会主任 付炳锋

编委会副主任 叶盛基 吴志新 董长征

总策划、主编 叶盛基

副主编 倪全

执行副主编 李奇威

编委 王昌林 王秉刚 徐长明 李开国 胡汉杰 赵福全 李克强 赵英 张永伟 王晓明 刘波 丁绍斌 马仿列 吴文彬 高国有

主要执笔人 罗引辉 杜红兵 邓小芝 李勋 赵建林 姚静芳 姜春生 沈斌 刘雅坤 曹鹏 陈士华 黄志诚 李邵华 许海东 桂飞 梁彬 崔璨 单冲 杨茜 娄国钰 杨春光 付德育 李桂新 张隽祎 杜道峰 李子醇 尚蛟 雷浩 宋世克

参与编写人 刘宗巍 李书利 张爱群 刘明 胡藤 陈韬 张韵 邱志鹏 王天辉 李师忠 郝咏昕 刘征 邹朋 王军 张美菊 雷滨 刘云其 吴相昆 李雅静 姜安宁 樊琛 欧阳玮 马小方 唐万新 冯霞 苗少华 林文军 辛明华 葛娜娜 孙静美 牟旭 王竹青 王远建 高利剑 吕忠万 李华 王静

支 持 单 位　中国第一汽车集团有限公司
东风汽车集团有限公司
上海汽车集团股份有限公司
中国长安汽车股份有限公司
北京汽车集团有限公司
广州汽车集团股份有限公司
华晨汽车集团控股有限公司
奇瑞汽车股份有限公司
安徽江淮汽车集团有限公司
中国重型汽车集团有限公司
浙江吉利控股集团有限公司
长城汽车股份有限公司
中国汽车工程学会
中国汽车工程研究院有限公司
一汽解放汽车有限公司
东风汽车有限公司
郑州宇通客车股份有限公司
厦门金龙汽车集团股份有限公司
东风汽车股份有限公司
北汽福田汽车股份有限公司
上汽依维柯红岩商用车有限公司
陕西汽车控股集团有限公司
比亚迪股份有限公司
东风商用车有限公司
上汽大众汽车有限公司
上海通用汽车有限公司
一汽－大众汽车有限公司
广汽丰田汽车有限公司
一汽丰田汽车有限公司

广汽本田汽车有限公司
北京奔驰汽车有限公司
华晨宝马汽车有限公司
上汽通用五菱汽车股份有限公司
神龙汽车有限公司
北京新能源汽车股份有限公司
上海蔚来汽车有限公司
广州小鹏汽车科技有限公司
长江汽车有限公司
宁德时代新能源科技股份有限公司
合肥国轩高科动力能源有限公司
精进电动科技股份有限公司
万向钱潮股份有限公司
浙江亚太机电股份有限公司
深圳航盛电子股份有限公司
浙江万安科技股份有限公司
常州星宇车灯有限公司
江苏新通达电子科技公司
长春一汽富晟集团有限公司
北京京西重工有限公司
重庆超力高科技股份有限公司
力邦合信智能制动系统有限公司
乐清市八达光电科技有限公司
深圳市路畅科技股份有限公司
浙江鑫可精密机械有限公司
中汽中心汉阳专用汽车研究所
（以上单位排名不分前后）

摘　要

本书是关于中国汽车工业发展的综合系列报告丛书。《中国汽车工业发展报告（2020）》由中国汽车工业协会联合中国汽车技术研究中心有限公司和丰田汽车公司共同组织行业企业和相关单位有关专家撰写，是一部系统完整、全面翔实论述中国汽车工业发展现状及趋势的权威性文献。

全书由总报告、乘用车篇、商用车篇、节能与新能源汽车篇、智能网联汽车篇、零部件篇、标准化篇等组成。

总报告阐述了2019年全球及中国汽车工业发展态势，分析了中国汽车工业总体运行态势及其地位和作用，梳理并简述了2019年汽车工业热点，并就中国汽车工业发展趋势进行了研判。

乘用车篇介绍了乘用车市场发展情况，分析了产品细分市场和国内区域细分市场发展态势，剖析了影响乘用车市场发展的主要因素及其存在的问题。

商用车篇全面阐述了载货车、客车、房车及专用车等行业基本情况，分析了各细分市场运行特点和发展中存在的问题，并对未来行业发展趋势进行了展望。

节能与新能源汽车篇综述了我国节能汽车和新能源汽车发展现状，梳理了相关政策，分析了发展中存在的问题，并对产业发展提出了相关建议。

智能网联汽车篇分析了国内外智能网联汽车发展现状，阐述了各国智能网联汽车现阶段发展的特点和优势，分析了智能网联汽车未来的发展趋势，并提出了产业发展建议。

零部件篇介绍了全球及我国汽车零部件发展情况，分析了我国汽车零部件产业发展存在的问题，研判了零部件产业发展趋势。

标准化篇概述了我国汽车行业标准化的基本情况，介绍了汽车标准化主要工作、重要领域的标准制定与修订和汽车行业主要标准化活动，分析了汽车行业标准发展面临的问题，同时阐述了汽车行业标准的发展趋势。

编著者以服务行业、服务政府、服务社会为宗旨。本书对汽车制造业及相关产业、政府各级汽车管理部门、行业服务机构和大专院校等具有重要参考价值。

需要特别说明的是，本报告以 2019 年数据为基础，发稿日期为 2020 年 2 月。截至发稿期，突如其来的新冠肺炎疫情波及各行各业，汽车行业也不例外。全年汽车行业发展形势严峻。如果疫情在上半年能得到有效控制，下半年汽车行业将逐步恢复，中国汽车产销有望达到 2019 年下半年同期水平。

关键词： 汽车工业　产业发展　年度文献

目录

Ⅰ 总报告

Ⅱ 乘用车篇

Ⅲ 商用车篇

Ⅳ 节能与新能源汽车篇

Ⅴ 智能网联汽车篇

Ⅵ 零部件篇

Ⅶ 标准化篇

Ⅷ 附录

皮书数据库阅读**使用指南**

总 报 告

General Report

B.1

2019年中国汽车工业发展报告

摘　要： 2019 年全球经济增速放缓，汽车工业面临的压力进一步加大。本报告基于2019 年全球汽车工业和中国汽车工业的相关数据，分析了中国汽车工业市场需求情况、技术发展方向和行业热点问题，并在 2019 年中国汽车工业运行状况的基础上，预测了 2020 年中国汽车工业的发展态势。

关键词： 汽车工业　产业发展　中国品牌　转型升级

一　全球汽车工业发展形势

（一）国际经济与贸易发展概述

1. 国际经济发展情况

2019 年，世界经济发展放缓，主要经济体复苏动力减弱，贸易保护主义依然是影响世界经济稳定的重要因素之一。在全球贸易风险增加的背景下，

2019 年全球制造业增速持续下滑，直到第四季度才止跌回升，但并不稳定，“触底”或将延续。美国、欧盟、日本等主要经济体制造业采购经理人指数（PMI）都经历了先降后升，但大部分尚未回归到50荣枯线以上。在全球经济增长放缓的背景下，各国为应对经济下行压力、刺激经济增长，纷纷实行货币宽松政策。2019 年全球有近 30 个国家和地区的中央银行实施降息措施，尤其是美联储连续三次降息，引发其他国家跟进，全球货币宽松政策一定程度上刺激了经济增长，但同时也意味着应对金融风险的货币政策操作空间越来越小。

2019 年，全球 GDP 同比增长 2.9%，较 2018 年下降 0.7 个百分点。发达经济体整体 GDP 增速为 1.7%，较 2018 年下降 0.5 个百分点，主要国家均出现不同程度的下滑，其中，美国经济增长也面临着国内外的诸多压力，国内制造业持续疲软，虽然特朗普多次提出“制造业回归”，但整体效果不太令人满意，美国对外贸易情况也未出现明显改善；新兴市场和发展中经济体 GDP 增速为 3.7%，较 2018 年下降 0.8 个百分点，但明显高于发达经济体，其中，中国、印度增速相对较高（见表 1）。

表 1　2018～2019 年全球及主要经济体 GDP 增长情况

单位：%

地区	2018 年	2019 年	地区	2018 年	2019 年
全球	3.6	2.9	新兴市场和发展中经济体	4.5	3.7
发达经济体	2.2	1.7	亚洲新兴市场和发展中经济体	6.4	5.6
美国	2.9	2.3	中国	6.6	6.1
欧元区	1.9	1.2	印度	6.8	4.8
德国	1.5	0.5	东盟五国	5.2	4.7
法国	1.7	1.3	俄罗斯	2.3	1.1
意大利	0.8	0.2	巴西	1.3	1.2
西班牙	2.4	2.0	墨西哥	2.1	0.0
日本	0.3	1.0	沙特	2.4	0.2
英国	1.3	1.3	尼日利亚	1.9	2.3
加拿大	1.9	1.5	南非	0.8	0.4

资料来源：国际货币基金组织。

2. 国际贸易发展情况

2019 年，全球国际贸易秩序重塑加快。一方面，区域贸易协定蓬勃发展，成为全年亮点。欧盟分别与日本、新加坡、越南、南方共同市场（成员国包括阿根廷、巴西、乌拉圭、巴拉圭、委内瑞拉和玻利维亚等）达成或批准贸易投资协定；非洲大陆自贸区于2019年5月正式生效，涵盖55个非洲国家，地区生产总值合计2.5万亿美元，成为全球最大的自由贸易区；参与“区域全面经济伙伴关系协定”（RCEP）谈判的15国于2019年11月结束文本谈判和市场准入谈判，RCEP有望在2020年签署；中日韩自贸区谈判也取得积极进展；美墨加三国于2018年底签署《美墨加协定》。区域贸易协定成为各国寻求提高贸易投资自由化水平的重要方式。另一方面，贸易规则谈判进一步向服务贸易、电子商务等新贸易领域及边境内措施扩展，以规则为基础的国际贸易体系仍是大多数国家的共同选择。多边贸易体系规则谈判在电子商务领域有所突破，WTO成员中的76个于2019年1月启动电子商务谈判，旨在在跨境电子商务和数字贸易领域建章立制。此外，美欧日2019年举办了两次贸易部长会晤以解决不公平竞争问题，目的均是美国要捍卫其所谓的“公平和对等贸易”。

2019年世界贸易紧张局势加剧，下行压力和消极因素交织，全球贸易陷入疲软态势，2019年世界贸易量（货物和服务）同比增长1.0%，较2018年减少2.7个百分点，其中，发达经济体贸易量同比增长1.3%，较2018年减少1.9个百分点；新兴市场和发展中经济体贸易量同比增长0.4%，较2018年减少4.2个百分点。

中国作为世界第一大贸易国，2019年进出口贸易总额为31.5万亿元。2019年美国的进出口贸易总额为4.2亿美元，同比下降1.5%，排名第二；德国进出口贸易总额为2.4亿欧元，同比增长1.1%，排名第三。

全球贸易遭受重挫的原因主要有：第一，中美贸易摩擦影响全球贸易；第二，单边主义和保护主义势头削弱多边贸易体制；第三，英国脱欧给全球贸易带来影响；第四，非关税措施激增，损害全球贸易健康环境；第五，大宗商品依赖问题长期困扰全球贸易；第六，气候危机殃及全球贸易；第七，数字经济不平等现象加剧全球贸易失衡；第八，地缘政治紧张局势破坏地区贸易稳定；第九，世界贸易组织陷入改革纷争；等等。

2019年，在全球贸易整体低迷的情况下，中国对外贸易逆势增长，货物贸易进出口总额31.5万亿元，同比增长3.4%，其中，出口17.2万亿元，同比增长5%，进口14.3万亿元，同比增长1.6%，贸易顺差2.9万亿元，同比增长了25.4%。中国对外贸易逆势增长主要有三方面原因：一是中国经济稳中向好、长期向好基本趋势没有改变；二是中国经济的整体弹性相对较强；三是稳定外贸、稳定外资、减免税费等一系列政策措施，有效减轻了企业负担，不断释放积极效应。

（二）全球汽车市场发展形势

2019年，全球车市销售规模再次缩减，幅度超过2018年。根据Marklines（全球汽车信息平台）对全球66个主要国家和地区的统计，2019年全球汽车销量约为8945.5万辆，同比下降4.3%[①]。其中，亚洲销售4290.9万辆，同比下降7.5%，降幅虽最大，但在全球占比仍高达48.0%；北美洲销售2096.2万辆，同比下降2.0%，占比23.4%；欧洲销售1971.1万辆，同比增长0.8%，是唯一增长的区域，占比22.0%，以上三大洲合计销售8358.2万辆，在全球占比93.4%，南美洲、大洋洲、非洲销量较低，三者合计占比为6.6%（见表2）。

表2　2015～2019年全球各大洲汽车销量变化

单位：万辆，%

主要地区	销量					同比增长				
	2015年	2016年	2017年	2018年	2019年	2015年	2016年	2017年	2018年	2019年
亚洲	4269.7	4612.2	4789.2	4639.6	4290.9	3.2	8.0	3.8	-3.1	-7.5
北美洲	2129.8	2163.4	2134.7	2139.7	2096.2	6.3	1.6	-1.3	0.2	-2.0
欧洲	1771.1	1854.9	1930.2	1956.1	1971.1	2.7	4.7	4.1	1.3	0.8
南美洲	381.6	335.0	381.5	410.6	393.7	-22.6	-12.2	13.9	7.6	-4.1
大洋洲	129.0	132.5	134.9	131.5	121.8	4.0	2.7	1.8	-2.5	-7.4
非洲	88.7	74.6	69.3	74.5	71.8	-3.9	-15.9	-7.0	7.4	-3.6
总计	8769.8	9172.6	9439.8	9352.0	8945.5	2.3	4.6	2.9	-0.9	-4.3

资料来源：Marklines。

① 由于销量或产量数据保留万位，同比增长率、市场占有率等均是按实际数据计算的，所以会与直接用图或表中数据计算结果存在差异，全书同。

1. 亚洲汽车市场

亚洲是汽车需求量最大的洲，2019 年亚洲合计销售 4290.9 万辆，占全球汽车总销量的 48.0%，不过受中国汽车市场下滑的影响，亚洲销量同比下降 7.5%，六大区域全线下滑，其中，东亚销售 3296.0 万辆，同比下降 6.9%，占比高达 76.8%；南亚销售 401.0 万辆，同比下降 14.0%，是降幅最大的区域，占比 9.3%；东南亚销售 340.7 万辆，同比微降 1.4%，占比 7.9%；西亚销售 227.4 万辆，同比下降 13.1%，占比 5.3%；中亚销量较低，仅为 25.7 万辆，同比下降 3.4%（见表 3）。

表 3　2015～2019 年亚洲各大区域汽车销量变化

单位：万辆，%

主要区域	销量					同比增长				
	2015 年	2016 年	2017 年	2018 年	2019 年	2015 年	2016 年	2017 年	2018 年	2019 年
东亚	3173.3	3507.7	3615.4	3539.2	3296.0	2.4	10.5	3.1	-2.1	-6.9
南亚	365.5	387.9	426.8	466.4	401.0	10.0	6.1	10.0	9.3	-14.0
东南亚	300.6	307.3	329.0	345.6	340.7	-4.0	2.2	7.1	5.0	-1.4
西亚	403.5	393.2	401.3	261.8	227.4	12.1	-2.6	2.1	-34.8	-13.1
中亚	26.8	16.1	16.8	26.6	25.7	-15.3	-40.0	4.5	58.3	-3.4
总计	4269.7	4612.2	4789.2	4639.6	4290.9	3.2	8.0	3.8	-3.1	-7.5

资料来源：Marklines。

（1）东亚汽车市场

2019 年中国汽车销售 2576.9 万辆，受宏观经济下行压力增大、部分地区国六排放标准提前实施以及补贴退坡影响，同比下降 8.2%。日本仍然是仅次于中国和美国的世界第三大汽车市场，受全球贸易紧张局势、消费税上调等因素影响，日本经济复苏面临较大压力，全年日本销售汽车 519.1 万辆，同比下降 1.4%（见表 4）。受全球经济不景气、半导体行业增长乏力及中美经贸摩擦升级等因素影响，韩国人均 GDP 时隔 4 年出现下滑，但仍守住了 3 万美元大关，全年韩国销售汽车 178.1 万辆，同比下降 1.8%，排名亚洲第四、全球第 11。日本和韩国的千人保有量均很高（日本千人保有量591辆，韩国400辆），已达到饱和状态，以增换购为主，因此，近几年汽车销量趋于稳定。中国台湾受经济疲软影响，全年销量为21.9万辆，同比下降6.6%。

表4　2015～2019年东亚各主要地区汽车销量变化

单位：万辆，%

主要地区	销　量					同比增长				
	2015年	2016年	2017年	2018年	2019年	2015年	2016年	2017年	2018年	2019年
中国	2459.8	2802.8	2887.9	2808.1	2576.9	4.7	13.9	3.0	-2.8	-8.2
日本	503.9	496.1	522.6	526.4	519.1	-9.3	-1.5	5.3	0.7	-1.4
韩国	183.3	182.5	179.3	181.3	178.1	10.4	-0.4	-1.8	1.1	-1.8
中国台湾	26.3	26.2	25.6	23.5	21.9	-6.9	-0.1	-2.5	-8.3	-6.6
总计	3173.3	3507.7	3615.4	3539.2	3296.0	2.4	10.5	3.1	-2.1	-6.9

资料来源：Marklines。

（2）南亚汽车市场

在南亚市场中，汽车销量排名全球第五、亚洲第三的印度受惠于经济的持续增长及前期改革红利，过去几年汽车销量总体保持增长态势，但2019年经济出现了一定下滑，全年销售汽车381.7万辆，同比下降13.3%（见表5），在全球的销量占比为4.3%，亚洲占比8.9%，目前印度的千人保有量仅有22辆，未来具有较大的汽车消费增长潜力。受经济环境因素影响，巴基斯坦汽车市场陷入低迷，同比下滑达到27%。

表5　2015～2019年南亚各国汽车销量变化

单位：万辆，%

主要地区	销　量					同比增长				
	2015年	2016年	2017年	2018年	2019年	2015年	2016年	2017年	2018年	2019年
印度	342.5	366.9	401.9	440.0	381.7	7.8	7.1	9.5	9.5	-13.3
巴基斯坦	23.0	21.0	24.9	26.4	19.3	56.4	-8.5	18.5	6.0	-27.0
总计	365.5	387.9	426.8	466.4	401.0	10.0	6.1	10.0	9.3	-14.0

资料来源：Marklines。

（3）东南亚汽车市场

东南亚国家数量虽较多，但普遍经济欠发达，汽车销量均较低，其中，2019 年泰国再次突破百万辆，全年销售 102.9 万辆，同比增长 1.2%；印度尼西亚销售 94.8 万辆，同比下降 9.8%；马来西亚销售 60.4 万辆，同比增长 0.9%；其他国家销量均不足 50 万辆（见表 6）。

表 6　2015～2019 年东南亚各地区汽车销量变化

单位：万辆，%

主要地区	销量					同比增长				
	2015 年	2016 年	2017 年	2018 年	2019 年	2015 年	2016 年	2017 年	2018 年	2019 年
泰国	77.1	72.5	87.2	101.7	102.9	-8.6	-5.9	20.2	16.7	1.2
印度尼西亚	95.4	100.8	100.3	105.1	94.8	-19.9	5.6	-0.5	4.8	-9.8
马来西亚	66.5	58.2	57.7	59.9	60.4	-0.2	-12.5	-0.9	3.8	0.9
菲律宾	31.1	36.1	45.6	39.1	40.2	32.7	16.0	26.3	-14.2	2.8
越南	20.9	27.2	25.1	27.7	30.6	56.1	30.3	-7.8	10.5	10.6
新加坡	7.5	10.7	11.3	9.4	8.7	72.5	43.1	6.3	-17.2	-7.4
缅甸	0.6	0.7	0.8	1.8	2.2	238.1	19.6	13.0	116.2	23.3
老挝	1.5	1.1	1.0	0.9	0.9	-0.7	-25.3	-10.2	-9.0	-4.6
总计	300.6	307.3	329.0	345.6	340.7	-4.0	2.2	7.1	5.0	-1.4

资料来源：Marklines。

（4）西亚汽车市场

2019 年西亚七国销量全线下滑，其中 4 个国家降幅超过 10%。西亚各国中伊朗需求规模最大，但最近两年受美国制裁、国内动荡等因素影响，汽车销量连续两年下降，2019 年销售 75.0 万辆，同比下降 12.3%；土耳其销售 47.9 万辆，同比下降 22.8%；沙特阿拉伯销售 39.0 万辆，同比下降 6.9%；以色列、阿联酋、阿曼、科威特等国家销量较低，均不足 30 万辆（见表 7）。

表 7　2015～2019 年西亚各国汽车销量变化

单位：万辆，%

主要国家	销　量					同比增长				
	2015 年	2016 年	2017 年	2018 年	2019 年	2015 年	2016 年	2017 年	2018 年	2019 年
伊朗	103. 4	115. 9	171. 9	85. 5	75. 0	8. 4	12. 1	48. 3	-50. 3	-12. 3
土耳其	96. 8	98. 4	95. 6	62. 1	47. 9	26. 1	1. 6	-2. 8	-35. 1	-22. 8
沙特阿拉伯	90. 2	78. 9	53. 7	41. 8	39. 0	12. 9	-12. 5	-31. 9	-22. 1	-6. 9
以色列	25. 5	28. 9	28. 2	26. 7	25. 5	5. 9	13. 4	-2. 3	-5. 3	-4. 4
阿联酋	56. 5	44. 8	27. 1	22. 5	19. 9	18. 0	-20. 7	-39. 4	-17. 1	-11. 6
阿曼	16. 8	15. 5	14. 6	12. 8	10. 5	-19. 6	-7. 6	-5. 9	-12. 1	-18. 4
科威特	14. 4	10. 8	10. 2	10. 4	9. 7	-5. 6	-24. 9	-5. 6	1. 8	-7. 0
总计	403. 5	393. 2	401. 3	261. 8	227. 4	12. 1	-2. 6	2. 1	-34. 8	-13. 1

资料来源：Marklines。

（5）中亚汽车市场

中亚两国 2019 年销量都很低，其中，乌兹别克斯坦销售 19. 5 万辆，同比下降4. 0%；哈萨克斯坦销售 6. 2 万辆，同比下降 0. 7%（见表 8）。

表 8　2015～2019 年中亚各国汽车销量变化

单位：万辆，%

主要国家	销　量					同比增长				
	2015 年	2016 年	2017 年	2018 年	2019 年	2015 年	2016 年	2017 年	2018 年	2019 年
乌兹别克斯坦	18. 0	11. 5	11. 9	20. 4	19. 5	9. 0	-36. 3	3. 7	71. 3	-4. 0
哈萨克斯坦	8. 8	4. 6	4. 9	6. 2	6. 2	-41. 7	-47. 5	6. 5	26. 7	-0. 7
总计	26. 8	16. 1	16. 8	26. 6	25. 7	-15. 3	-40. 0	4. 5	58. 3	-3. 4

资料来源：Marklines。

2. 欧洲汽车市场

2019 年，欧洲经济增长停滞不前，主要经济体增长势头疲弱。欧洲 29 国合计销售汽车 1971. 1 万辆，同比增长 0. 8%，已连续增长 6 年，但增幅放缓。其中，西欧销量最多，全年合计销售 671. 0 万辆，同比微增 0. 2%，占欧洲总销量的34.0%；中欧销售577.9万辆，同比增长4.2%，占比29.3%；南欧销售433.6万辆，同比下降1.0%，占比22.0%；东欧销售188.7万辆，同比下降2.3%，占比9.6%；北欧销售100.0万辆，同比下降1.0%，占比5.1%（见表9）。

表9　2015～2019年欧洲各大区汽车销量变化

单位：万辆，%

主要地区	销量					同比增长				
	2015年	2016年	2017年	2018年	2019年	2015年	2016年	2017年	2018年	2019年
西欧	667.1	676.1	675.3	669.4	671.0	8.1	1.3	-0.1	-0.9	0.2
中欧	495.2	526.1	550.0	554.7	577.9	6.4	6.2	4.5	0.8	4.2
南欧	344.3	395.4	427.7	437.8	433.6	18.7	14.9	8.2	2.4	-1.0
东欧	169.1	154.1	172.5	193.2	188.7	-36.1	-8.9	12.0	12.0	-2.3
北欧	95.5	103.2	104.6	101.0	100.0	9.3	8.0	1.4	-3.5	-1.0
欧洲	1771.1	1854.9	1930.2	1956.1	1971.1	2.7	4.7	4.1	1.3	0.8

资料来源：Marklines。

（1）西欧汽车市场

在西欧主要六国中，英法是需求量最大的两个国家，2019年二者合计销售542.9万辆，占西欧总销量的80.8%。2019年英法两国汽车销量增速出现了冰火两重天。英国“脱欧”带来的各种不确定因素降低了消费者的信心，加上全球统一轻型车辆排放测试规程实施，导致英国汽车销量连续三年下滑。2019年销售268.6万辆，同比下降1.7%；2019年法国市场表现相对较好，全年销售274.3万辆，同比增长2.4%，首次超过英国，排名西欧第一。另外，法国在汽车总销量持续走高的同时，内部需求结构也发生了很大的变化，受燃油价格上涨及主要城市出台柴油车交通限制等因素的影响，2019年法国柴油车所占的市场份额也由2012年的72%降至34%。比利时近几年销量在60万辆左右徘徊。2019年，荷兰销售44.6万辆，同比微增0.5%；爱尔兰、卢森堡销量均不足15万辆（见表10）。

表 10　2015～2019 年西欧各国汽车销量变化

单位：万辆，%

主要国家	销　量					同比增长				
	2015 年	2016 年	2017 年	2018 年	2019 年	2015 年	2016 年	2017 年	2018 年	2019 年
法国	232.6	246.2	259.1	267.9	274.3	6.8	5.9	5.2	3.4	2.4
英国	306.1	307.6	291.0	273.3	268.6	7.7	0.5	-5.4	-6.1	-1.7
比利时	56.0	60.5	62.0	62.5	62.9	5.0	8.2	2.5	0.8	0.6
荷兰	52.1	38.3	41.5	44.4	44.6	15.7	-26.5	8.3	7.1	0.5
爱尔兰	15.1	17.8	15.8	15.4	14.5	31.2	17.9	-11.0	-2.8	-5.6
卢森堡	5.2	5.6	5.9	5.9	6.1	-4.7	8.8	4.5	0.0	2.8
总计	667.1	676.1	675.3	669.4	671.0	8.1	1.3	-0.1	-0.9	0.2

资料来源：Marklines。

（2）中欧汽车市场

在中欧主要七国中，德国一家独大，2019 年德国销售汽车 395.7 万辆，同比增长 5.1%，约占中欧总销量的 68.5%，排名全球第四。自 2018 年 3 月德国联邦最高行政法院通过老旧柴油车禁行法案，以及相关监管机构引入标准更严格的排放测试以来，德国柴油车需求加速下滑，柴油车占比已由 2016 年的 38.8% 下降至 2019 年的 32.0%，汽油车占比也下降至 59.2%，新能源车得到了快速发展，增长 80%。波兰是中欧第二大汽车市场，2019 年汽车销售 55.6 万辆，同比增长 4.4%。2019 年，奥地利销售 37.2 万辆，同比下降 3.1%；瑞士销售 35.6 万辆，同比增长 4.3%；其他国家销量均较低（见表 11）。

表 11　2015～2019 年中欧各国汽车销量变化

单位：万辆，%

主要国家	销　量					同比增长				
	2015 年	2016 年	2017 年	2018 年	2019 年	2015 年	2016 年	2017 年	2018 年	2019 年
德国	348.7	365.4	375.5	376.4	395.7	5.4	4.8	2.8	0.3	5.1
波兰	35.3	41.6	48.7	53.2	55.6	8.3	18.1	16.9	9.3	4.4
奥地利	34.1	36.4	39.3	38.4	37.2	2.4	7.0	8.0	-2.4	-3.1
瑞士	36.3	35.6	35.5	34.1	35.6	7.2	-1.9	-0.1	-3.9	4.3
捷克	24.7	27.8	29.0	28.1	27.0	20.8	12.9	4.3	-3.2	-4.1

续表

主要国家	销量					同比增长				
	2015 年	2016 年	2017 年	2018 年	2019 年	2015 年	2016 年	2017 年	2018 年	2019 年
匈牙利	7.7	9.7	11.6	13.7	15.8	14.4	25.1	20.4	17.5	15.6
斯洛伐克	8.5	9.6	10.4	10.7	11.0	9.9	12.2	8.5	3.4	2.6
总计	495.2	526.1	550.0	554.7	577.9	6.4	6.2	4.5	0.8	4.2

资料来源：Marklines。

（3）南欧汽车市场

在南欧主要八国中，只有两个国家销量过百万辆，其中，意大利销量最高，2019 年销售 209.4 万辆，同比增长 0.5%，约占南欧总销量的 48.3%；其次是西班牙，销售 148.5 万辆，同比下降 5.0%，二者合计销售 357.9 万辆，占南欧总销量的 82.6%。2019 年其他国家销量均较低（见表 12）。

表 12　2015～2019 年南欧各国汽车销量变化

单位：万辆，%

主要国家	销量					同比增长				
	2015 年	2016 年	2017 年	2018 年	2019 年	2015 年	2016 年	2017 年	2018 年	2019 年
意大利	169.9	200.6	215.3	208.3	209.4	16.2	18.1	7.3	-3.2	0.5
西班牙	121.4	134.7	146.2	156.3	148.5	23.0	11.0	8.5	6.9	-5.0
葡萄牙	20.9	24.2	25.8	26.7	26.2	24.6	15.8	7.0	3.3	-2.0
罗马尼亚	12.1	14.2	15.7	18.7	20.1	20.2	17.8	10.2	19.6	7.3
希腊	8.1	8.4	9.5	11.0	12.2	7.0	3.7	12.1	16.5	10.6
斯洛文尼亚	5.9	6.4	7.1	7.3	7.3	11.5	7.3	11.4	2.9	0.1
克罗地亚	3.6	4.3	5.0	6.0	6.3	5.2	20.4	17.2	18.7	5.2
保加利亚	2.4	2.6	3.1	3.4	3.5	15.4	12.2	18.5	9.9	3.0
总计	344.3	395.4	427.7	437.8	433.6	18.7	14.9	8.2	2.4	-1.0

资料来源：Marklines。

（4）东欧汽车市场

在东欧主要四国中，俄罗斯一枝独秀，2019 年销售汽车 176.0 万辆，同比下降 2.3%，占东欧总销量的 93.3%；乌克兰、爱沙尼亚、白俄罗斯 3 国销量均不足 10 万辆（见表 13）。

表 13　2015～2019 年东欧各国汽车销量变化

单位：万辆，%

主要国家	销量					同比增长				
	2015 年	2016 年	2017 年	2018 年	2019 年	2015 年	2016 年	2017 年	2018 年	2019 年
俄罗斯	160.2	142.6	159.6	180.1	176.0	-35.7	-11.0	11.9	12.8	-2.3
乌克兰	5.2	7.5	9.5	9.6	9.0	-50.6	43.7	26.7	1.1	-6.1
爱沙尼亚	2.5	2.7	2.6	2.6	2.8	0.3	10.0	-6.5	2.7	4.8
白俄罗斯	1.2	1.2	0.8	0.9	0.9	-44.9	3.8	-32.7	11.7	2.6
总计	169.1	154.1	172.5	193.2	188.7	-36.1	-8.9	12.0	12.0	-2.3

资料来源：Marklines。

（5）北欧汽车市场

2019 年，北欧主要四国销量均不大，其中，瑞典销售 41.8 万辆，同比微增 0.1%；丹麦销售 25.9 万辆，与上年基本持平；挪威销售 19 万辆，同比下降 1.8%；芬兰销售 13.4 万辆，同比下降 4.9%（见表 14）。

表 14　2015～2019 年北欧各国汽车销量变化

单位：万辆，%

主要国家	销量					同比增长				
	2015 年	2016 年	2017 年	2018 年	2019 年	2015 年	2016 年	2017 年	2018 年	2019 年
瑞典	39.6	43.2	44.2	41.8	41.8	12.5	8.9	2.5	-5.6	0.1
丹麦	24.5	26.6	26.4	25.9	25.9	10.7	8.2	-0.6	-2.0	0.0
挪威	19.0	19.8	20.2	19.3	19.0	5.5	4.1	2.0	-4.3	-1.8
芬兰	12.3	13.6	13.8	14.0	13.4	3.0	10.5	1.2	1.7	-4.9
总计	95.5	103.2	104.6	101.0	100.0	9.3	8.0	1.4	-3.5	-1.0

资料来源：Marklines。

3. 北美洲汽车市场

北美洲包括北美和中美，销量主要集中在北美（见表 15），中美国家虽多，但销量很低。北美洲销量前三的国家是美国、加拿大和墨西哥，2019 年三者合计销售 2086.7 万辆，同比下降 2.0%。

美国是全球第二大汽车产销国，也是全球汽车千人保有量最高的国家

（2019 年千人保有量 837 辆），汽车消费趋于饱和，全年新车销售 1757.6 万辆，同比下降 1.4%；加拿大销售 197.3 万辆，同比下降 3.3%；墨西哥销售 131.8 万辆，同比下降 7.3%；波多黎各销售 9.6 万辆，同比下降 12.9%（见表 16）。

表 15　2015～2019 年北美洲各大区域汽车销量变化

单位：万辆，%

主要区域	销量					同比增长				
	2015 年	2016 年	2017 年	2018 年	2019 年	2015 年	2016 年	2017 年	2018 年	2019 年
北美	2121.5	2154.6	2126.1	2128.7	2086.6	6.3	1.6	-1.3	0.1	-2.0
中美	8.4	8.8	8.6	11.0	9.6	-7.4	5.4	-2.7	28.5	-12.9
北美洲	2129.8	2163.4	2134.7	2139.7	2096.2	6.3	1.6	-1.3	0.2	-2.0

资料来源：Marklines。

表 16　2015～2019 年北美洲各国汽车销量变化

单位：万辆，%

主要国家	销量					同比增长				
	2015 年	2016 年	2017 年	2018 年	2019 年	2015 年	2016 年	2017 年	2018 年	2019 年
美国	1792.4	1796.0	1765.5	1782.5	1757.6	5.9	0.2	-1.7	1.0	-1.4
加拿大	193.9	198.3	207.6	204.0	197.3	2.6	2.3	4.7	-1.7	-3.3
墨西哥	135.2	160.4	153.0	142.1	131.8	19.0	18.6	-4.6	-7.1	-7.3
波多黎各	8.4	8.8	8.6	11.0	9.6	-7.4	5.4	-2.7	28.5	-12.9
总计	2129.8	2163.4	2134.7	2139.7	2096.2	6.3	1.6	-1.3	0.2	-2.0

资料来源：Marklines。

4. 南美洲汽车市场

2019 年，南美洲东部和北部地区同比正增长，南部地区同比下滑 31.0%（见表 17）。

南美洲六个国家合计销售 393.7 万辆，同比下降 4.1%，占全球汽车销量的 4.4%。其中，巴西销量一枝独秀，2019 年经济复苏，车市持续回暖，全年累计销售 278.8 万辆，同比增长 8.6%，占南美洲总销量的 70.8%；阿根廷销售45.2万辆，同比大幅下降43.5%；智利销售38.9万辆，同比下降10.3%；哥伦比亚销售26.4万辆，同比增长2.7%；乌拉圭、委内瑞拉2国销量较低（见表18）。

表17　2015~2019年南美洲各大区域汽车销量变化

单位：万辆，%

主要区域	销量					同比增长				
	2015年	2016年	2017年	2018年	2019年	2015年	2016年	2017年	2018年	2019年
东部	256.9	205.0	223.9	256.6	278.8	-26.6	-20.2	9.2	14.6	8.6
南部	94.6	104.0	132.4	128.1	88.4	-12.8	10.0	27.2	-3.3	-31.0
北部	30.1	25.9	25.2	25.9	26.5	-14.0	-14.0	-2.8	2.8	2.6
南美洲	381.6	335.0	381.5	410.6	393.7	-22.6	-12.2	13.9	7.6	-4.1

资料来源：Marklines。

表18　2015~2019年南美洲各国汽车销量变化

单位：万辆，%

主要国家	销量					同比增长				
	2015年	2016年	2017年	2018年	2019年	2015年	2016年	2017年	2018年	2019年
巴西	256.9	205.0	223.9	256.6	278.8	-26.6	-20.2	9.2	14.6	8.6
阿根廷	59.6	67.4	89.0	80.1	45.2	-11.5	12.9	32.2	-10.1	-43.5
智利	29.8	32.0	37.7	43.4	38.9	-15.8	7.3	17.9	15.2	-10.3
哥伦比亚	28.3	25.6	23.8	25.7	26.4	-13.2	-9.7	-7.2	8.1	2.7
乌拉圭	5.2	4.7	5.6	4.6	4.2	-10.5	-8.8	19.7	-18.8	-7.2
委内瑞拉	1.8	0.3	1.4	0.2	0.2	-25.8	-82.9	368.2	-85.2	-13.9
总计	381.6	335.0	381.5	410.6	393.7	-22.6	-12.2	13.9	7.6	-4.1

资料来源：Marklines。

5.非洲汽车市场

非洲经济发展相对落后，在各大洲中汽车销量也最低，2019年非洲总销售71.8万辆，同比下降3.6%，其中南非销售53.5万辆，同比下降2.8%，北非销售18.3万辆，同比下降5.8%（见表19）。

表 19　2015～2019 年非洲各大区域汽车销量变化

单位：万辆，%

主要区域	销　量					同比增长				
	2015 年	2016 年	2017 年	2018 年	2019 年	2015 年	2016 年	2017 年	2018 年	2019 年
南非	61.8	54.7	55.8	55.1	53.5	-4.2	-11.4	1.9	-1.2	-2.8
北非	26.9	19.8	13.6	19.4	18.3	-3.5	-26.3	-31.6	42.9	-5.8
非洲	88.7	74.6	69.3	74.5	71.8	-3.9	-15.9	-7.0	7.4	-3.6

资料来源：Marklines。

6. 大洋洲汽车市场

2019 年，大洋洲销售 121.8 万辆，同比下降 7.4%，其中澳大利亚销售 106.3 万辆，同比下降 7.8%；新西兰销售 15.5 万辆，同比下降 4.3%（见表 20）。

表 20　2015～2019 年大洋洲各国汽车销量变化

单位：万辆，%

主要国家	销　量					同比增长				
	2015 年	2016 年	2017 年	2018 年	2019 年	2015 年	2016 年	2017 年	2018 年	2019 年
澳大利亚	115.5	117.8	118.9	115.3	106.3	3.8	2.0	0.9	-3.0	-7.8
新西兰	13.4	14.7	16.0	16.2	15.5	5.4	9.5	9.0	1.0	-4.3
总计	129.0	132.5	134.9	131.5	121.8	4.0	2.7	1.8	-2.5	-7.4

资料来源：Marklines。

（三）世界主要汽车集团产销情况

2019 年全球 TOP10 汽车集团合计销售 6780.6 万辆，同比下降 4.9%，在全球总销量的占比为 75.8%，同比下降 0.5 个百分点，前十大集团没有中国品牌企业。

前十大集团仅有大众和丰田实现了小幅正增长，其他均下滑，两个集团市占率均提升 0.7 个百分点。销售规模分为 4 个台阶：前三家销量均超过千万辆，大众集团虽然在全球其他市场受到制裁、巨额罚款等，但中国市场为大众集团贡献了38.6%的销量，大众全年销售1097.5万辆，同比增长1.3%，市占率12.3%，创造历史新高，连续4年排名全球第一；丰田销售1074.2万辆，同比增长1.4%，以23.3万辆的差距紧随其后，中国市场在2019年为丰田贡献了15%的销量；雷诺－日产－三菱联盟销售1015.5万辆，同比下降5.6%，被丰田反超，排名第三。通用、现代处于700万辆级，分别销售774.5万辆和720.4万辆，排名第四和第五。福特、本田、菲亚特克莱斯勒三家处于400万辆级，分别销售490.1万辆、482.6万辆和441.8万辆，排名第六～八。标致雪铁龙和戴姆勒两家处于300万辆级，分别销售350万辆和334万辆，排名第九～十（见表21）。

表21　2018～2019年TOP10汽车集团销量变化

排名		集团	销　量			市占率		
2018年	2019年		2018年（万辆）	2019年（万辆）	同比增长（%）	2018年（%）	2019年（%）	变化（百分点）
1	1	大众	1083.4	1097.5	1.3	11.6	12.3	0.7
3	2	丰田	1059.4	1074.2	1.4	11.3	12.0	0.7
2	3	雷诺－日产－三菱联盟	1075.7	1015.5	－5.6	11.5	11.4	－0.2
4	4	通用	841.8	774.5	－8.0	9.0	8.7	－0.3
5	5	现代	742.7	720.4	－3.0	7.9	8.1	0.1
6	6	福特	531.0	490.1	－7.7	5.7	5.5	－0.2
8	7	本田	485.0	482.6	－0.5	5.2	5.4	0.2
7	8	菲亚特克莱斯勒	485.5	441.8	－9.0	5.2	4.9	－0.3
9	9	标致雪铁龙	386.3	350.0	－9.4	4.1	3.9	－0.2
10	10	戴姆勒	335.0	334.0	－0.3	3.6	3.7	0.2

资料来源：各汽车集团发布。

2019年，大众和丰田分别以2783.4亿美元和2726.1亿美元的绝对优势分列世界汽车营收排名前两位（见表22）。在TOP20的集团中，德国和日本各3家，美国、法国和韩国各2家，瑞典和印度各1家，中国的上汽、东风、一汽、北汽、广汽、吉利6家企业位列其中。

表 22　2019 年世界汽车营收 TOP20 集团

单位：百万美元

排名	公司	营收	国家	排名	公司	营收	国家
1	大众	278341.5	德国	11	一汽	89804.7	中国
2	丰田	272612.0	日本	12	现代	87999.2	韩国
3	戴姆勒	197515.3	德国	13	标致	87364.3	法国
4	福特	160338.0	美国	14	北汽	72677.4	中国
5	通用	147049.0	美国	15	雷诺	67764.1	法国
6	本田	143302.9	日本	16	广汽	55037.2	中国
7	上汽	136392.5	中国	17	吉利	49665.4	中国
8	宝马	115042.8	德国	18	起亚	49238.4	韩国
9	日产	104390.6	日本	19	沃尔沃	44957.0	瑞典
10	东风	90934.2	中国	20	塔塔	43599.2	印度

资料来源：南方财富网。

二　中国汽车工业发展情况

2019 年中国经济运行总体平稳，国内生产总值 99.1 万亿元，接近 100 万亿元，GDP 同比增长 6.1%，明显高于全球经济增速。2019 年，我国人均国内生产总值突破 1 万美元的大关，居民人均可支配收入突破 3 万元，实现了新的跨越，但受世界经济贸易增长放缓及中美贸易摩擦等因素影响，中国经济下行压力依然较大。

2019 年，汽车行业积极推进产业转型升级，推动行业高质量发展，汽车工业总体运行基本平稳。受宏观经济及政策因素影响，汽车产销量下滑较大，汽车企业经济效益增速放缓，主要经济指标增幅回落。

（一）汽车工业总体规模

1. 汽车产销规模①

继 2018 年之后，2019 年中国汽车行业产销量再次下滑，全年累计销售 2576.9 万辆，同比下降 8.2%。其中，乘用车销售 2144.4 万辆，同比下降

① 根据中国汽车工业协会数据整理。

9.6%。商用车销售432.4万辆，同比下降1.1%，其中，中重卡销售131.4万辆，同比微降0.9%；轻卡销售188.3万辆，同比微降0.6%；微货销售65.3万辆，同比下降1.8%；客车销售47.4万辆，同比下降2.2%。新能源汽车全年累计销售120.6万辆，同比下降4.0%。2019年，中国汽车产销规模虽下滑较大，但仍以绝对的优势连续11年蝉联全球第一，中国汽车销量占全球总销量比重为28.8%，较2018年下降1.2个百分点。

2. 汽车零售额①

2019年，全社会消费品零售总额41.2万亿元，比上年名义增长8.0%（扣除价格因素实际增长6.0%），其中，除汽车以外的消费品零售额为37.2万亿元，增长9.0%。

2019年，中国汽车类零售额达3.94万亿元，与2018年同期相比下降8.0%，低于同期社会消费品零售总额增速16个百分点，占全国社会消费品零售总额的9.6%，较上年下降0.6个百分点，汽车类零售额下降导致社会消费品零售总额增速放缓1.0个百分点。

3. 汽车商品进出口

（1）汽车整车出口情况

2019年，受美国制裁伊朗、中美贸易摩擦等的影响，中国汽车出口小幅下滑，全年总体出口102.4万辆（见表23），同比下降1.6%。2019年，乘用车出口72.5万辆，同比下降4.3%，其中，轿车出口27.0万辆，同比下降13.2%；SUV出口41.0万辆，同比增长2.2%；MPV出口1.9万辆，同比增长25.2%；交叉型乘用车出口2.7万辆，同比下降14.1%。2019年，商用车出口依然保持正增长，但增速放缓，全年累计出口29.9万辆，同比增长5.7%，其中，货车出口23.7万辆，同比增长4.3%；客车出口6.3万辆，同比增长11.3%。2019年，新能源车出口3.7万辆，同比增长302.0%，其中，纯电动车出口2.2万辆，同比增长346.2%，插电式混合动力车出口1.4万辆，同比增长247.6%，燃料电池车出口8辆。

① 资料来源于国家统计局。

表 23　2010～2019 年中国汽车出口量变化

单位：万辆，%

年份	2010	2011	2012	2013	2014	2015	2016	2017	2018	2019
出口量	56.6	87.1	101.0	94.1	92.7	70.9	72.9	89.6	104.1	102.4
同比增长	54.2	54.0	15.9	-6.8	-1.5	-23.5	2.9	22.9	16.1	-1.6

资料来源：中国海关。

从月度走势看，2019 年第一季度汽车出口增速逐月放缓，从 4 月开始，随着中美贸易摩擦的升级，汽车出口大幅下滑，9 月回升，第四季度整体表现较好（见表 24）。

表 24　2019 年中国汽车出口量月度变化

单位：万辆，%

年份	1 月	2 月	3 月	4 月	5 月	6 月	7 月	8 月	9 月	10 月	11 月	12 月
2018	7.9	5.6	9.0	9.4	9.3	9.9	9.4	8.9	8.4	7.1	7.7	8.0
2019	8.3	5.7	9.0	8.3	7.8	9.6	8.1	8.9	9.0	8.7	8.3	10.7
2019 年同比增长	4.4	2.3	0.4	-11.8	-16.3	-3.3	-14.0	-0.6	6.3	23.3	8.3	32.9

资料来源：中国海关。

从出口区域来看，伊朗多年来一直是中国品牌出口的重要市场，也是奇瑞、江淮等自主品牌在海外的第一大市场。奔腾、华晨、比亚迪、长安、奇瑞、东风、吉利、海马、哈弗、江淮、力帆、MG 和众泰等众多车企都曾依托当地的企业进行属地化的生产和销售，2018 年中国对伊朗出口了十几万辆，2019 年由于美国对伊朗的制裁，中国基本没有出口伊朗。中国对马来西亚、沙特阿拉伯和阿尔及利亚等市场的出口有一定的增长。

2019 年，汽车出口量位居前十的企业依次为上汽、奇瑞、东风、北汽、长安、长城、吉利、江淮、重汽、金龙，分别出口 28.5 万辆、9.6 万辆、8.6 万辆、8.0 万辆、6.8 万辆、6.5 万辆、5.8 万辆、4.5 万辆、4.0 万辆和 2.5 万辆，前十家累计销量 84.8 万辆，占出口总量的 82.8%，其中，上汽一枝独秀，出口占比高达 27.8%，吉利、长城、金龙、广汽、陕汽量虽不大，但增速很快，奇瑞、江淮、一汽、华晨、比亚迪、宇通有所下滑。

（2）汽车整车进口情况

2010～2019年，中国汽车进口量从77.1万辆上升至2014年的最高142.3万辆后，2015～2019年5年中出现4次下降的情况，2019年进口车市场延续2018年供需双降的局面，但降幅明显收窄，全年累计进口汽车108.6万辆，同比下降2.0%（见表25）；商用车进口量很小，全年仅有2.3万辆，同比增长15.0%；乘用车进口106.3万辆，同比下降2.3%，占总进口量的97.9%，三大车型进口量均出现不同程度下滑，其中，轿车进口44.3万辆，同比下降4.5%，SUV进口58.1万辆，同比微降0.7%，MPV进口3.9万辆，同比微降0.5%。

表25　2010～2019年中国汽车进口量变化

单位：万辆，%

年份	2010	2011	2012	2013	2014	2015	2016	2017	2018	2019
进口量	77.1	100.3	109.1	117.1	142.3	107.8	104.1	121.6	110.8	108.6
同比增长	102.0	30.1	8.8	7.3	21.6	-24.2	-3.4	16.8	-8.8	-2.0

资料来源：中国海关。

从汽车进口量月度增速变化来看，呈现季度性对称，第一季度降，第四季度增，第二季度涨，第三季度跌。

从品牌结构来看，分化趋势有所加剧。2019年，进口量前十品牌有一半实现正增长，其中，前三位依次是雷克萨斯、宝马和奔驰，2018年进口汽车销量排名奔驰占据第一位，远超之后的雷克萨斯和宝马，但2019年奔驰被雷克萨斯和宝马超越，雷克萨斯越居至第一位，进口20.5万辆，同比增长25.7%，而宝马则实现17.3万辆，同比增长7.8%；奔驰则出现同比下滑23.4%，以13.4万辆排在第三位。在进口量排名后面品牌中，林肯进口5.1万辆，同比增长14.5%；特斯拉表现突出，全年进口4.7万辆，同比增长226.6%，是增幅最大的品牌；保时捷进口8.2万辆，同比下降6.3%；奥迪进口5.8万辆，同比下降13.2%；路虎进口3.4万辆，同比下降

32.5%，降幅最大；迷你进口3.0万辆，同比下降6.4%。

从排量结构看，小排量汽车正逐步扩大市场份额。2019年3.0L以下排量份额为86.0%，比2018年下降2个百分点，其中1.5～2.0L份额下降3.6个百分点，2.5～3.0L份额下降2.3个百分点；1.5L以下区间提升了2.7个百分点，2.0～2.5L份额提升1.3个百分点。

受汽车市场整体下行及宏观经济影响，2019年进口车市场终端销售延续2018年下滑趋势，全年销售83.8万辆，同比下滑1.8%，其中，轿车销售39.9万辆，同比下滑8.1%，降幅扩大；SUV销售43.2万辆，同比增长8.6%，增幅继续提高；MPV销售7644辆，降幅达65.2%。第一梯队竞争格局较为稳定，前三名依次是雷克萨斯、宝马、奔驰；第二梯队中保时捷、奥迪、大众、路虎排在前列；JEEP、斯巴鲁保持正增长。

2019年，中国共计平行进口汽车16.3万辆，同比增长16.8%，占进口总量的15.0%，较2018年提升2.4个百分点。从品牌来看，丰田一枝独秀，全年进口7.3万辆，同比增长28.3%，占平行进口总量的44.4%；日产和奔驰分别以2.0万辆和1.9万辆位居第二、三位；前六大品牌（丰田、日产、奔驰、玛莎拉蒂、宝马、路虎）合计占比为90.6%；品牌结构变化明显，丰田和三菱占比分别提升4.0个和6.2个百分点，其余品牌均下滑。从排量结构看，3.0～4.0L排量区间提升明显，占比达到55.1%，抢占了部分2.0～3.0L区间，导致其份额相比2018年下滑6.4个百分点，5.0～6.0L的平行进口车占比略有增长，同比提升0.3个百分点。

4. 二手车交易情况①

近几年，汽车转移登记数量持续增长。2019年，全国公安交管部门共办理机动车转移登记业务2574万笔，其中汽车转移登记业务2444万笔，占总交易量的94.9%，比2018年增加386万笔，增长18.8%。近五年汽车转移登记与注册登记业务量的比率由0.59上升至0.95，反映出二手车交易市场日益活跃。

① 资料来源于公安部。

5. 机动车保有量①

据公安部统计，2019 年全国新注册登记机动车 3214 万辆，机动车保有量达 3.48 亿辆，其中新注册登记汽车 2578 万辆，汽车保有量达 2.6 亿辆，与 2018 年底相比，增加 2122 万辆（扣除报废注销量），增长 8.8%。

截至 2019 年底，小型载客汽车保有量达 2.2 亿辆，与 2018 年底相比，增加 1926 万辆，增长 9.4%。其中，私家车（私人小微型载客汽车）保有量达 2.07 亿辆，首次突破 2 亿辆，近五年年均增长 1966 万辆。

新能源汽车保有量达 381 万辆，占汽车总量的 1.5%，与 2018 年底相比，增加 120 万辆，增长 46.1%。其中，纯电动汽车保有量 310 万辆，占新能源汽车总量的 81.2%，新能源汽车增量连续两年超过 100 万辆。

全国有 14 个省（区、市）机动车保有量超过 1000 万辆，分别为广东、山东、河南、江苏、河北、浙江、四川、云南、湖南、安徽、广西、湖北、福建、辽宁，其中广东、山东、河南、江苏 4 个省（区、市）机动车超过 2000 万辆。66 个城市汽车保有量超过百万辆，30 个城市超 200 万辆，其中，北京、成都、重庆、苏州、上海、郑州、深圳、西安、武汉、东莞、天津等 11 个城市超过 300 万辆。

6. 机动车驾驶人数②

近五年，全国机动车驾驶人数量呈现持续大幅增长趋势，年均增量超过 3000 万人，截至 2019 年底，全国机动车驾驶人数量达 4.35 亿人，其中汽车驾驶人达 3.97 亿人，占驾驶人总数的 91.3%。2019 年全国新领证驾驶人（驾龄不满 1 年）数量达 2943 万人，占全国机动车驾驶人总数的 6.8%。

驾驶人数量超过 1000 万人的有 19 个省（区、市），分别是广东、山东、江苏、河南、四川、浙江、河北、湖北、湖南、安徽、云南、广西、江西、辽宁、福建、陕西、北京、山西、贵州，共计 3.68 亿人，其中广东超过 4000 万人，山东超过 3000 万人，江苏、河南、四川、浙江、河北 5 省超

① 资料来源于公安部。
② 资料来源于公安部。

过2000万人。

26~50岁驾驶人在驾驶人总量中占主体地位，占比达到72.5%，18~25岁驾驶人占比12.2%，50岁以上占比15.3%。驾龄不满一年的新领证驾驶人占比为6.8%。

从性别看，女性驾驶人比例略有上升。截至2019年底，男性驾驶人为3.0亿人，占总数的68.5%；女性驾驶人为1.4亿人，占总数的31.5%，同比上升1.3个百分点。

（二）汽车工业经济运行态势

受2019年国内汽车市场销量下行的影响，汽车制造业各项经济指标均出现不同程度的下滑。但在营收及成本未出现大幅下滑的情况下，利润总额却同比大降15%左右。这也从侧面反映出，为了应对汽车市场销量下滑的情况，各大车企纷纷下调了利润率，让利消费者，促进自身的销量回暖。

1. 主营业务收入与企业利润①

（1）汽车主营业务收入小幅增长

2019年，全国规模以上工业企业实现主营业务收入105.8万亿元，同比增长3.8%；每百元资产实现的营业收入为92.4元，比上年减少2.1元；人均营业收入为141.1万元，比上年末增加10.8万元。其中，汽车制造业主营业务收入8.1万亿元，同比下降1.8%，占规模以上工业企业总主营业务收入的7.6%，较上年下降0.3个百分点，在41个工业大类行业中排名第2位（仅落后于计算机、通信和其他电子设备制造业）。

（2）汽车利润总额有所下降

2019年，全国规模以上工业企业实现利润总额6.2万亿元，同比下降3.3%。其中，汽车制造业利润总额0.5万亿元，同比下降15.9%，占行业总体的8.2%，较同期下降1.0个百分点。在41个工业大类行业中，28个行业利润总额比上年增加，13个行业利润总额减少，其中，汽车制造业是

① 资料来源于国家统计局。

下降行业之一，但汽车制造业利润总额仍在41个工业大类行业中排名第一。2019年汽车行业的销售利润率为6.3%，较上年下降1.3个百分点，但仍高于行业整体利润率（5.9%），在41个工业大类行业中排名第17位。

（3）汽车工业增加值增长

2019年，规模以上工业企业全部工业增加值为31.7万亿元，同比增长5.7%，制造业同比增长6.0%，其中，汽车制造业工业增加值同比增长1.8%，与上年同期基本持平，从月度走势来看，前三季度表现不佳，同比下降0.8%，第四季度随着汽车行业销量降幅收窄，工业增加值止跌反弹。

2.企业运营与成本

（1）汽车制造业应收账款增加①

截至2019年底，规模以上工业企业应收票据及应收账款17.4万亿元，同比增长4.5%，其中，汽车制造业应收账款1.8万亿元，同比增长1.5%，占工业企业应收账款总额的10.4%，占流动资产的比例为36.7%。

（2）汽车制造业产成品存货总额上升②

截至2019年底，制造业产成品存货4.2万亿元，较上年增加870.8亿元，同比增长2.1%，其中，汽车制造业产成品存货3506.5亿元，较同期增加213.8亿元，同比增长6.5%，占制造业产成品存货总额的8.3%，较同期增加0.3个百分点。

（3）汽车制造业亏损企业数增加③

2019年，全国工业企业和汽车制造业亏损数量和亏损金额均有所上升，且汽车亏损企业数上升幅度更大。

截至2019年底，全国工业企业数37.3万家，较上年减少5618家，同比下降1.5%，其中亏损企业5.9万家，较同期增加1916家，同比增长3.3%。其中，汽车制造业企业数1.5万家，较同期增加222家，占全国工业企业总数的4.1%，其中，亏损企业3288家，较同期增加557家，同比增

① 资料来源于国家统计局。

② 资料来源于国家统计局。

③ 资料来源于国家统计局。

长20.4%，占亏损工业企业总数的5.6%，较同期增加0.8个百分点。

截至2019年底，全国工业企业亏损总额9414.6亿元，较同期增加1473.8亿元，同比增长18.6%，其中，汽车制造业亏损总额1025.3亿元，较同期增加371.7亿元，同比增长56.9%，占工业企业总亏损额的10.9%，较同期增加2.8个百分点。

（4）汽车制造业主营业务成本小幅下降①

2019年，规模以上工业企业营业成本88.9万亿元，同比增长4.1%，营业收入利润率为5.9%，比上年降低0.4个百分点，每百元营业收入中的成本为84.08元，比上年增加0.18元；每百元营业收入中的费用为8.97元，比上年增加0.27元。其中，汽车制造业主营业务成本6.8万亿元，同比下降1.4%，占工业企业主营业务成本的7.7%，较同期下降0.2个百分点。

（5）汽车制造业固定资产投资增速放缓②

2019年，固定资产投资（不含农户）55.1万亿元，同比增长5.4%，制造业固定资产投资同比增长3.1%，其中，汽车制造业固定资产投资同比下降1.5%。

三　中国汽车产业发展政策及产业发展趋势

（一）汽车产业发展政策

2019年汽车产业转型升级稳步推进，国家部委、地方政府重点围绕高质量发展、对外开放、“新四化”技术突破与推广、节能减排、新能源汽车、智能网联、行业管理等方面制定出台了大量产业政策，进一步加强了变革期汽车产业发展的顶层设计和战略谋划。

---

① 资料来源于国家统计局。

② 资料来源于国家统计局。

1. 进一步加快顶层设计，助力产业健康发展

2019 年 9 月，中共中央、国务院印发《交通强国建设纲要》，到 2035 年基本建成交通强国，基本形成“全国 123 出行交通圈”，基本形成“全球 123 快货物流圈”，到 21 世纪中叶全面建成人民满意、保障有力、世界前列的交通强国。纲要是面向 2021 ~2050 年现代化综合交通体系的顶层设计和系统谋划，将促使交通发展由追求速度规模向更加注重质量效益转变，由各种交通方式相对独立发展向一体化融合发展转变，由依靠传统要素驱动向更加注重创新驱动转变。

2019 年 12 月 3 日，工信部发布《新能源汽车产业发展规划（2021—2035 年)》（征求意见稿），并公开征求各方意见，意见稿对 2025 年、2030 年和 2035 年的新能源车销量占比、技术路线选择，智能化、网联化水平，“三纵三横”研发布局等进行了目标设定。意见稿以创新驱动为目标，以推动新能源汽车产业高质量发展为定位，以融合创新、突破关键技术、提升基础能力、构建产业生态、完善基础设施、优化发展环境为政策导向，助力汽车产业的健康发展。

2019 年国家发改委等 11 部门积极推进《智能汽车创新发展战略》制定工作，提出到 2025 年，中国标准智能汽车的技术创新、产业生态、基础设施、法规标准、产品监管和网络安全体系基本形成。同时，实现有条件自动驾驶的智能汽车达到规模化生产，实现高度自动驾驶的智能汽车在特定环境下市场化应用，智能汽车已成为全球汽车产业发展的战略方向。

2019 年，国家缺陷产品管理中心修订新版汽车三包规定，新政策将在新能源汽车、退换车条件、处罚额度等方面进行调整，进一步保障消费者权益。变化一是将同一故障修理超过 5 次或三包期内汽车修理时间累计超过 35 天换车分别改为 4 次或 30 天；变化二是对拒不履行三包规定行为的处罚额度由最高 3 万元提升至 50 万元，同时要求汽车主机厂支持和配合汽车经销商实施工作；变化三是新版三包规定将新能源汽车动力电池、电机纳入退换车条件里。

2. 进一步扩大对外开放，助推形成汽车产业新格局

为积极促进外商投资，保护外商投资合法权益，推动形成全面开放新格局，促进社会主义市场经济健康发展。继2018年股比放开和零部件降低关税政策之后，2019年3月15日十三届全国人大二次会议通过《中华人民共和国外商投资法》，并于2020年1月1日起实施，同时原“外资三法”废止。外商投资法突出积极扩大对外开放和促进外商投资的主基调、坚持内外资一致，对改善营商环境、吸引外商投资产生较大的促进作用。外商投资法也将建立公平、开放、竞争的市场环境，推动汽车行业管理和产业政策更加市场化、法治化。

3. 持续推进节能减排，加快发展绿色出行

2019年5月30日，交通运输部等12部门和单位联合发布《绿色出行行动计划（2019—2022年)》，通过构建完善综合运输服务网络；大力提升公共交通服务品质；优化慢行交通系统服务；推进实施差别化交通需求管理；提升绿色出行装备水平等，到2022年，初步建成布局合理、生态友好、清洁低碳、集约高效的绿色出行服务体系，绿色出行环境明显改善，公共交通服务品质显著提高、在公众出行中的主体地位基本确立，绿色出行装备水平明显提升。行动计划是未来一段时期开展绿色出行行动的纲领性文件，确立了公共交通在公众出行中的主体地位，城际交通一体化、慢行交通系统等成为工作重点，降低小汽车使用强度和促进新业态融合发展在差别化交通需求管理条款中被同时提出，汽车企业应高度重视政策引导方向，加强在“汽车+互联网”、新业态融合等领域的研究与发展，同时探索新业务布局策略。

4. 保持政策支持力度，推动新能源车发展

2019年国家针对新能源车发布了一系列政策，对新能源车市场的发展起到了积极的推动作用。3月26日，财政部等四部门联合发布了《关于进一步完善新能源汽车推广应用财政补贴政策的通知》，新能源补贴政策加大了补贴退坡力度。5月8日，国家发改委等四部门联合发布通知，明确中央财政支持新能源公交车推广使用政策有关事项。6月6日，国家发改委、生态环境部、商务部等三部门联合印发《推动重点消费品更新升级 畅通资源

循环利用实施方案（2019—2020 年）》，提出取消新能源汽车的限购、限行。6 月 28 日，财政部、国家税务总局联合发布《关于继续执行的车辆购置税优惠政策的公告》，规定 2020 年底之前对购置新能源汽车继续免征购置税。9 月 11 日工信部对双积分政策的修改提出了进一步调整的意见，并向社会公开征求意见。2020 年新能源车补贴完全退出后，双积分政策或将成为鼓励车企继续生产新能源车的接档政策，通过积分交易让新能源汽车的推广更加市场化。11 月 7 日，工信部发布《新能源汽车动力蓄电池回收服务网点建设和运营指南公告》，新能源汽车生产及梯次利用等企业应按照国家有关管理要求通过自建、共建、授权等方式建立回收服务网点，新能源汽车生产、动力蓄电池生产、报废机动车回收拆解、综合利用等企业可合作共用回收服务网点。新能源汽车生产及梯次利用等企业应加强对回收服务网点的监督管理，保障其作业流程的规范性。

5. 明确创新发展战略，加速智能汽车发展

2019 年 11 月 21 日，工信部对《国家车联网产业标准体系建设指南（车辆智能管理）》公开征求意见，提出两个阶段标准体系建设目标，到 2022 年底完成基础性技术研究，制定重点标准 20 项以上；到 2025 年系统形成能够支撑车联网环境下车辆智能管理的标准体系，制定重点标准 60 项以上（道路交通运行管理、车路协同管控与服务等业务领域）。车辆智能管理文件明确了车联网环境下车辆智能管理主体与范围，为智能网联汽车道路测试、车联网城市级验证示范提供标准与管理依据，将规范与促进企业开展车路协同测试与验证，加快智能网联汽车产品上路步伐。

国家积极鼓励智能网联汽车发展。按照《节能与新能源汽车技术路线图》做出规划，2020 年，有条件自动驾驶及以下级新车装备率达 50%；国家发改委在即将发布的《智能汽车创新发展战略》中明确提出，2020 年智能汽车新车占比将达 50%；2019 年，工信部在《新一代人工智能产业创新重点任务揭榜工作方案》中提出，到 2020 年，突破自动驾驶智能芯片、车辆智能算法、自动驾驶、车载通信等关键技术，实现智能网联汽车达到有条件自动驾驶等级水平，鼓励智能汽车行业的发展。

各地提出智能网联汽车发展目标。随着国家智能汽车政策的出台，全国各省市地方政府积极响应，规划当地未来智能汽车的发展目标。如北京市在《北京市智能网联汽车创新发展行动方案（2019年—2022年）》中提出到2022年北京智能网联汽车及关联产业规模达到1000亿元；上海市也同样对上海智能汽车的发展作出了规划，全力打造汽车世界级智能制造产业集群，力争到2021年，成为全国智能制造应用的新高地。

积极推进测试示范区建设。2019年9月，国家智能网联汽车（武汉）测试示范区正式揭牌，该示范区为全国首个基于5G通信技术V2X车路协同系统全覆盖的智能网联汽车示范区，获得首批智能网联汽车载人试运营的网联汽车已经开始上路。目前，北京、上海、深圳、长沙、广州、江苏、长春、浙江、重庆等多个智能汽车测试示范区已完成了建设，处于对外开放的状态中。

（二）汽车产业发展趋势

未来全球经济将在不确定性下维持低速增长，汽车产业会在经济、技术消费等驱动下发生重大变革，市场容量会出现波动式增长，产业格局将会分化，产业分工会进一步向新兴国家转移，产业形态将联盟化，竞争态势将更加激烈。随着中国经济仍然保持中低速的波动增长，政策、技术、消费和竞争环境的变化，中国汽车产业面临着巨大变革的推动力和压力，电动化、智能化、网联化、共享化等成为趋势，将带来汽车产业形态、商业模式和企业组织形态等的重大变化，加速优胜劣汰。从中长期来看，由于新技术、新消费和新市场的快速变化，全球汽车产业既迎来新的增长机遇，也迎来产业变革的阵痛，以及产业格局和分工的巨大变化。中国汽车产业或将有机会脱颖而出，这也是中国品牌成长的最后机遇，学习成长能力、创新变革能力是关键所在。

1. 消费升级拉动供给升级成为经济增长新动力

随着中国经济增长的逐步减速，居民消费将更加理性务实，这给中国品牌提供了良好的发展契机，中国企业如能抓住机遇，实现企业和品牌的升级，将给中国未来的大周期增长提供新的动力源，进而促进汽车产业高质量发展。

2. 扩大开放给中国汽车产业带来新机遇

2018 年4 月10 日，习近平主席在博鳌亚洲论坛2018 年年会开幕式发表主旨演讲，宣布一系列中国扩大对外开放的强力举措，发出“中国开放的大门不会关闭，只会越开越大”的时代强音。近年来，国家不断加大汽车行业开放力度。《外商投资准入特别管理措施（负面清单）（2018 年版）》取消了对专用车、新能源汽车外商投资股比限制，并规定2020 年取消商用车制造外资股比限制。2022 年取消乘用车制造外资股比限制以及同一家外商可在国内建立两家及两家以下生产同类整车产品的合资企业的限制。汽车产业外资股比放开，有利于充分激发市场活力，促进国企改革、调整，加快核心技术创新，促进中国汽车产业转型升级，做大做强。

3. 政策法规促进产业高质量发展

未来汽车产业政策侧重建立高水平开放、高质量发展的汽车市场；进一步对外开放政策将是对中国汽车产业产生根本性影响的大政，会带来中国汽车产业更加激烈的市场竞争和控制权争夺，汽车企业将面临重新的市场竞争洗礼；新产业政策、环保政策、标准法规等将促进汽车产业向节能环保和新能源及智能网联方向加速发展。

4. 新能源汽车将逐步进入市场导向阶段

在补贴退坡和政策引导作用下，新能源汽车市场将逐步由政策导向变为市场导向，真正走向市场化还有一段艰难的历程。当前，新能源汽车产品进入市场选择的重要阶段，产品成本的控制、技术的成熟度和商业模式的可持续性成为市场发展的重要因素。

5. 汽车企业关键核心技术面临扩张与重构

汽车产业边界重塑，企业重新分工，核心技术向新兴领域扩张与重构；汽车企业应发挥传统优势，培育新兴能力，实现深度跨界融合，扎实做好“汽车 +”，如未来关键零部件及能力方面，突破重点发展核心软件、诊断平台、云平台、中央计算平台、域控制器、下一代动力系统、智能冗余底盘、高效发动机、座舱内饰等。

6. 数字化能力将成为车企升级发展的关键要素

在信息化的基础上，加快数字化进程，构建基于全体系架构的数据平台成为车企的发展趋势；系列应用软件开发能力、消费数字化把控能力、商业模式数字化升级、价值链数字化降本能力将成为车企赢得未来竞争的关键要素。

7. 智能网联汽车开启特定场景商业应用模式

智能网联汽车由开发测试向示范应用迈进，港口、园区、机场、码头等特定场景将成为率先落地的场所，场景化应用与落地成为重要趋势；遵循L2 + 与L4 两条路线，整车厂与科技公司已基本完成技术与资源布局；依靠领先的核心技术，率先实现亮点功能，是提升品牌、赢得竞争优势的关键。

8. 产品价值链不断延伸成为行业发展趋势

品牌文化延伸：随着信息时代的到来，消费者的思维变得“无界化”，汽车品牌则通过高品质、多品类的文创品拉近汽车品牌与消费者之间的距离，让消费者无须坐在车里，也能拥有同等优质的品牌体验，进而收获品牌认同。产品差异化：随着客户个性化需求日益增长，汽车产品的定制化也逐渐从高端市场向主流市场延伸。服务差异化：围绕客户选车、对比、下单、维修保养、日常使用、增换购用车全周期，整合汽车产业服务及汽车周边服务体系全价值链资源，为客户各种生活场景提供差异化服务。客户全场景运营：以数字化为手段，捕捉客户全场景体验点，为客户提供全旅程愉悦服务，进而拓展价值链条。

基于以上因素考虑，从中长期来看，经历20 年的长周期增长，乘用车市场进入普及期，需求增速放缓，但未来仍是汽车行业需求增长的主动力；经济的结构性变化是当前乘用车市场处于调整阶段的主要原因，宏观经济恢复将推动乘用车市场在2021 年前后走出调整阶段；随着消费升级进一步加快，需求结构从当前的“被动高端化”向“主动高端化”过渡，豪华车未来仍保持增长态势，乘用车占比提升速度将呈现前疾后缓；新能源车市场具备较大机会，但当前受限于配套设施、产品成本、安全担忧等因素，预计2025 年前后新能源车市场从政策推动向需求推动转换完成；在国家大力倡导节能环保的背景下，未来日益趋严的排放标准将成为常态，推动产业清洁化发展。

商用车整体面临相对稳定、升级发展的结构性机会，未来物流行业需求、业态、效率将发生重大变化，商用车也将得到不断发展，并进入高质量的竞争阶段。长途干线物流、城市及周边物流车型将成为商用车主要市场，且高端化、定制化、年轻化将带来需求机会；城市客运及公共领域全面电动化，节能、环保、安全的政策法规不断升级；商用车行业加速低碳化、网联化、智能化、电动化；主要车企加大新技术研发投入，积极开拓海外市场，持续扩大市场份额成为先进企业的发展方向。

四　中国汽车市场形势

2019 年，一方面，我国汽车产业面临的压力进一步加大，产销量与主要经济效益指标均呈现下降趋势，但从月度产销情况变动看，我国汽车产销状况正逐步趋于好转；另一方面，汽车行业积极推进产业转型升级，深化创新，推动行业高质量发展，中国汽车正由大变强。

（一）汽车市场发展

受宏观经济下行及产业政策调整影响，2019 年汽车行业销量进一步深度下滑，全年累计销售汽车 2576.9 万辆，较上年减少 231.2 万辆，同比下降 8.2%，降幅比上年扩大 5.4 个百分点，比 2017 年的最高峰（2888 万辆）净减 311.1 万辆。

1. 乘用车市场

2019 年乘用车销售下滑幅度虽远大于商用车，行业占比也有所下降，但总体上仍占据行业主导地位，2019 年占比达到了 83.2%，连续 8 年超过 80%，较 10 年前增长了 7.5 个百分点，汽车行业增长主要依靠乘用车带动。

2019 年乘用车（广义）累计销售 2144.4 万辆，同比下降 9.6%，四个细分市场全线下滑。其中，轿车全年累计销售 1030.8 万辆，同比下降 10.7%；SUV 销售 935.3 万辆，同比下降 6.3%；MPV 销售 138.4 万辆，同比下降20.2%；交叉型乘用车销售40.0万辆，同比下降11.7%。

从需求结构变化看，过去10年，乘用车内部需求结构发生很大变化，从2010年开始，随着用户消费偏好的变化，SUV迎来了快速发展期，尤其是2013年之后，SUV占比大幅上升，但2018年SUV结束了十几年的高增长，2018年、2019年连续两年出现了下滑；轿车在SUV的冲击下，行业占比持续下降，但目前仍是需求最大的细分市场；微客型MPV需求下滑导致MPV整体市场持续下滑；随着消费升级趋势加快，交叉型乘用车已连续十年下滑。

2. 商用车市场

2019年，在基建投资回升、国三汽车淘汰、新能源物流车快速发展、治超加严等利好因素促进下，商用车需求好于乘用车，全年商用车销售432.4万辆，同比下降1.1%，总体来看，商用车需求基本稳定在400万辆左右。

从内部需求结构看，2019年商用车四个细分市场虽均处于下滑趋势，但降幅均较小。其中，中重卡全年累计销售131.4万辆，同比微降0.9%，增速虽有下降，但产销规模仍处于历史高位；轻卡销售188.3万辆，同比微降0.6%；微货销售65.3万辆，同比下降1.8%；客车销售47.4万辆，同比下降2.2%。

3. 新能源车市场①

2019年，中国新能源汽车市场受补贴退坡政策影响，出现了首次下滑，全年累计销售120.6万辆，同比下降4.0%，占汽车总销量比例为4.7%，较2018年提升0.2个百分点。新能源乘用车销售106.0万辆，同比增长0.7%，占新能源车总量的87.9%，是绝对的主力，其中，纯电动乘用车销售83.4万辆，同比增长5.9%，插电式混合动力乘用车销售22.6万辆，同比下降14.7%。新能源商用车销售14.6万辆，同比下降28.3%，其中，纯电动商用车销售13.7万辆，同比下降29.9%，插电式混合动力商用车销售0.5万辆，同比下降4.7%，燃料电池商用车销售0.3万辆，同比增长79.2%。

① 资料来源于中国汽车工业协会、海关数据。

（二）汽车市场发展月度情况

2019 年整体汽车市场月度需求呈现低迷态势，所有月份销量均同比下滑（见表 26、图 1），上半年降幅更为明显，其中有四个月（1 月、2 月、4 月、5 月）下滑幅度超 10%，下半年降幅明显缩小，逐步好转，其中 12 月销量仅微降 0.1%（见表 26），与上年同期基本持平。乘用车月度销量走势及增速与行业整体基本一致（见图 2），商用车整体及各细分市场销量增速涨跌不一（见图 3），其中，中重卡上半年跌幅较大，第三季度止跌回升，第四季度强势回升（见图 4）；轻卡市场受蓝牌重载事件影响，5 ~ 7 月销量出现了大幅下滑（见图 5），随着各企业合规产品快速应对，8 月之后企稳回升；微货市场销量增速呈现 U 形走势（见图 6）；客车市场月度销量走势随季节性波动（见图 7）。

表 26　2019 年汽车行业整体及细分市场月度销量信息

单位：万辆，%

月份		1	2	3	4	5	6	7	8	9	10	11	12
行业	2018 年	280.9	171.8	265.6	231.9	228.8	227.4	188.9	210.3	239.4	238.0	254.8	266.1
	2019 年	236.7	148.2	252.0	198.0	191.3	205.6	180.8	195.8	227.1	228.4	245.7	265.8
	2019 年同比增长	-15.7	-13.7	-5.1	-14.6	-16.4	-9.5	-4.3	-6.9	-5.2	-4.0	-3.6	-0.1
乘用车	2018 年	245.6	147.6	216.9	191.4	188.9	187.4	159.0	179.0	206.0	204.7	217.3	223.3
	2019 年	202.1	121.9	201.9	157.5	156.1	172.8	152.8	165.3	193.1	192.8	205.7	221.3
	2019 年同比增长	-17.7	-17.4	-6.9	-17.7	-17.4	-7.8	-3.9	-7.7	-6.3	-5.8	-5.4	-0.9
商用车	2018 年	35.3	24.2	48.8	40.4	39.8	39.9	30.0	31.3	33.4	33.3	37.4	42.8
	2019 年	34.6	26.2	50.1	40.6	35.1	32.9	28.1	30.5	34.0	35.7	40.0	44.5
	2019 年同比增长	-1.9	8.3	2.6	0.4	-11.7	-17.7	-6.3	-2.6	1.9	7.0	6.9	3.9
中重卡	2018 年	12.5	8.5	16.0	14.0	13.4	12.8	8.5	8.6	9.0	9.2	10.2	9.7
	2019 年	11.0	8.7	16.6	13.3	11.8	11.4	8.5	8.5	9.4	10.2	11.3	10.5
	2019 年同比增长	-12.2	2.7	3.5	-5.3	-11.6	-11.5	0.2	-0.9	4.4	10.8	11.1	8.2
轻卡	2018 年	14.3	10.3	21.4	17.4	16.3	16.9	13.0	13.1	14.9	14.8	16.4	19.7
	2019 年	15.2	11.8	22.1	18.5	15.0	13.1	11.5	13.2	15.1	16.3	17.3	19.3
	2019 年同比增长	6.8	14.8	3.2	5.9	-7.9	-22.7	-11.5	0.7	1.9	9.6	5.2	-2.4
微货	2018 年	4.5	3.4	7.0	5.0	5.5	5.9	5.1	5.7	5.3	5.5	6.0	6.9
	2019 年	5.1	3.7	7.0	5.2	4.8	4.2	4.2	4.9	5.6	5.6	6.6	8.5
	2019 年同比增长	11.9	7.1	0.2	3.2	-11.6	-29.8	-17.5	-14.3	5.2	2.8	8.9	22.0

续表

月份		1	2	3	4	5	6	7	8	9	10	11	12
客车	2018 年	4.0	1.9	4.3	3.9	4.7	4.3	3.3	3.9	4.1	3.8	4.8	6.5
	2019 年	3.3	1.9	4.3	3.6	3.5	4.3	3.8	3.9	3.8	3.5	4.9	6.3
	2019 年同比增长	-16.8	0.0	0.6	-7.8	-25.4	-0.2	14.0	-0.4	-7.5	-6.8	1.3	-2.5

资料来源：根据中国汽车工业协会数据整理。

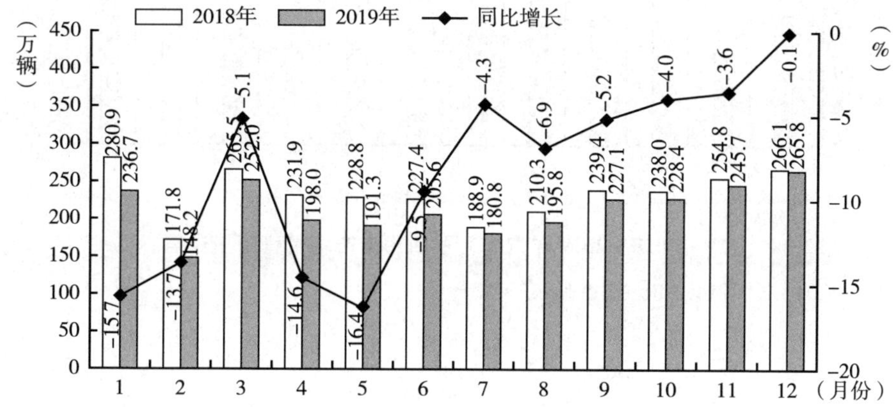

图 1　2018～2019 年汽车行业整体市场月度销量走势

资料来源：根据中国汽车工业协会数据整理。

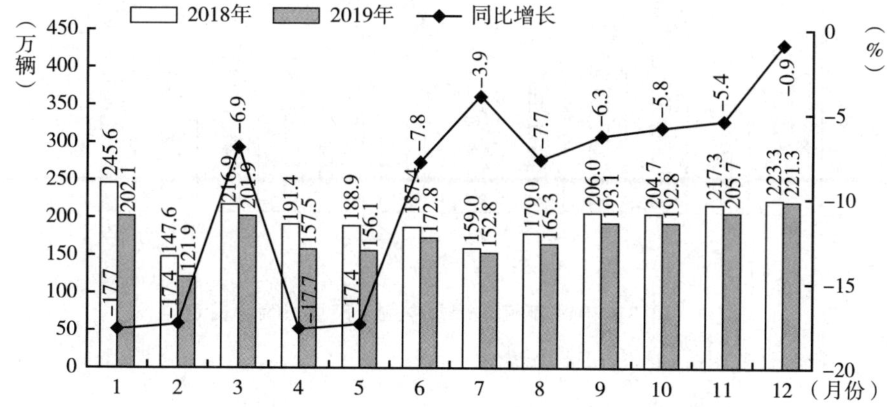

图 2　2018～2019 年汽车行业乘用车市场月度销量走势

资料来源：根据中国汽车工业协会数据整理。

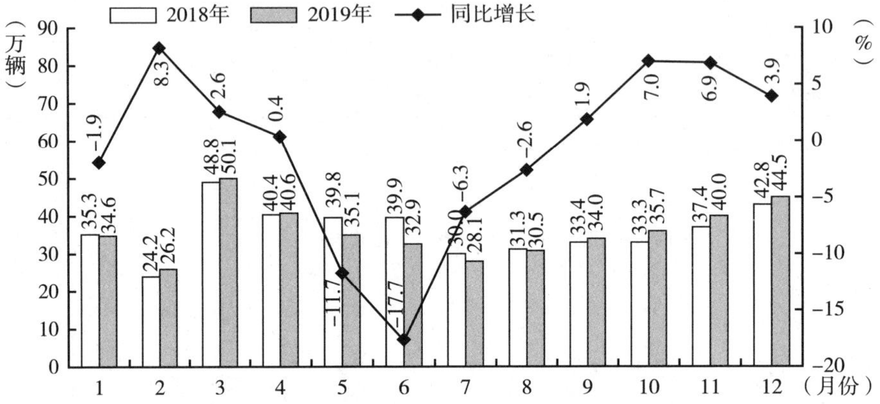

图 3　2018～2019 年汽车行业商用车市场月度销量走势

资料来源：根据中国汽车工业协会数据整理。

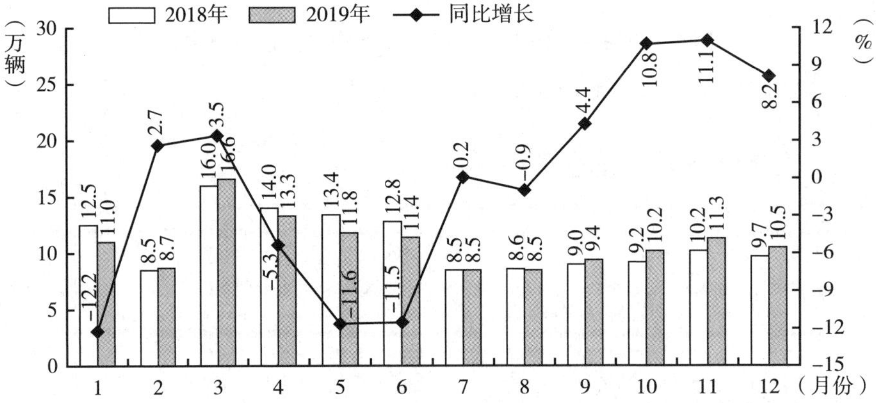

图 4　2018～2019 年汽车行业中重卡市场月度销量走势

资料来源：根据中国汽车工业协会数据整理。

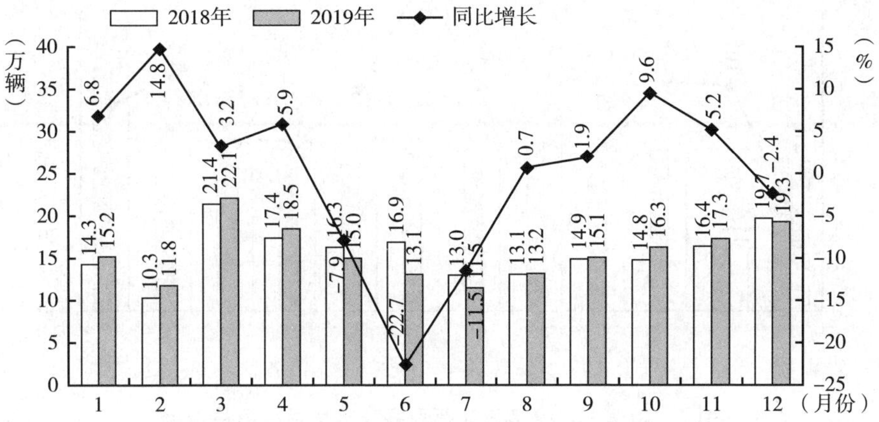

图 5　2018～2019 年汽车行业轻卡市场月度销量走势

资料来源：根据中国汽车工业协会数据整理。

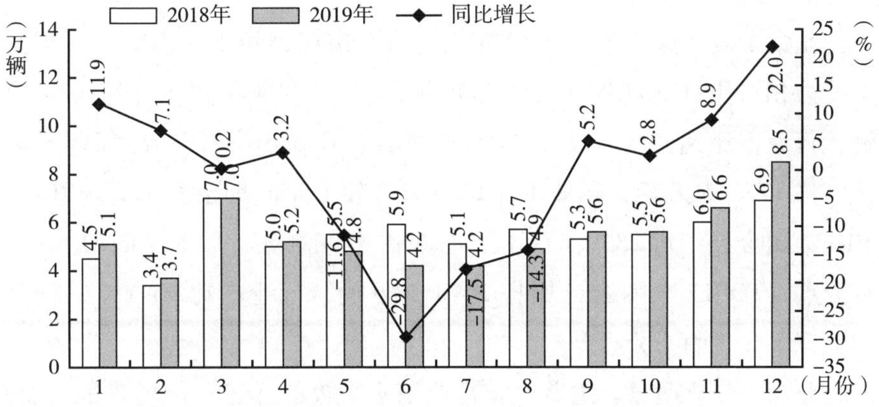

图 6　2018～2019 年汽车行业微货市场月度销量走势

资料来源：根据中国汽车工业协会数据整理。

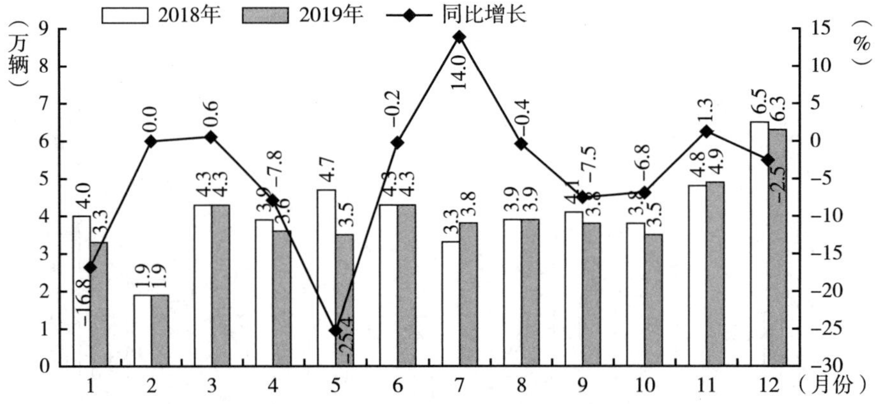

图 7　2018 ~ 2019 年汽车行业客车市场月度销量走势

资料来源：根据中国汽车工业协会数据整理。

（三）汽车市场竞争态势

1. 行业整体情况

行业集中度小幅上升。2019 年面对汽车市场销量下滑态势，大集团抗风险能力相对更强，能够主导汽车市场走势。TOP3 集团合计销售 1324. 1 万辆，行业占比达到 51. 4%，较上年同期上升 0. 6 个百分点；TOP5 集团合计销售 1756. 5 万辆，行业占比 68. 2%，较上年同期上升 1. 2 个百分点；TOP10 集团合计销售 2329. 6 万辆，行业占比 90. 4%，较上年同期上升 1. 2 个百分点；TOP12 集团合计销售 2418. 1 万辆，行业占比 93. 8%，较上年同期上升 1. 2 个百分点。

企业竞争分化明显。随着汽车行业销售大势的低迷及市场竞争的加剧，行业优胜劣汰不断上演。2019 年 TOP12 集团市场表现差异较大，一汽、长城、华晨、奇瑞 4 家企业销量实现逆势增长，其他 8 家同比下降，其中 3 家同比下降超过 10%，各企业排名与 2018 年一致（见表 27）。

表 27　2019 年 TOP12 集团销量、份额及变化

排名		集团	销量			占比		
2018 年	2019 年		2018 年（万辆）	2019 年（万辆）	同比增长（%）	2018 年（%）	2019 年（%）	增减变化（百分点）
1	1	上汽	701.3	617.3	-12.0	25.0	24.0	-1.0
2	2	东风	383.1	360.9	-5.8	13.6	14.0	0.4
3	3	一汽	341.8	345.9	1.2	12.2	13.4	1.3
4	4	北汽	240.2	226.1	-5.9	8.6	8.8	0.2
5	5	广汽	214.3	206.2	-3.8	7.6	8.0	0.4
6	6	长安	213.8	176.2	-17.6	7.6	6.8	-0.8
7	7	吉利	152.3	136.4	-10.5	5.4	5.3	-0.1
8	8	长城	105.3	106.0	0.7	3.8	4.1	0.4
9	9	华晨	77.9	80.1	2.9	2.8	3.1	0.3
10	10	奇瑞	73.7	74.4	0.9	2.6	2.9	0.3
11	11	比亚迪	50.2	46.3	-7.7	1.8	1.8	0.0
12	12	江淮	46.2	42.1	-8.9	1.6	1.6	0.0

资料来源：根据中国汽车工业协会数据整理。

2. 乘用车市场竞争

（1）乘用车市场情况

2019 年乘用车市场 TOP3 企业合计销售 564.8 万辆，行业占比 26.3%，较同期上升 0.7 个百分点；TOP5 企业合计销售 828.8 万辆，行业占比 38.7%，较同期上升 1.2 个百分点；TOP10 企业合计销售 1284.8 万辆，行业占比 59.9%，较同期上升 1.6 个百分点；TOP15 企业合计销售 1627.9 万辆，行业占比 75.9%，较同期上升 3.5 个百分点；TOP20 企业合计销售 1849.1 万辆，行业占比 86.2%，较同期上升 4.0 个百分点（见表 28）。

2019 年乘用车行业竞争更加激烈，各企业表现冰火两重天，TOP20 企业中，一汽 - 大众、东风本田、广汽本田、一汽丰田、广汽丰田、奇瑞汽车、北京奔驰、华晨宝马 8 家实现逆势增长，其中，东风本田、广汽丰田、奇瑞汽车、北京奔驰、华晨宝马5家表现突出，同比增速超过10%。

2019年，一汽－大众在SUV及新品上进行布局，时隔五年，以全年销售204.6万辆成绩重夺乘用车行业第一；上汽大众紧随其后，全年累计销售200.2万辆，同比下降3.1%；2019年美系车在华表现不佳，上汽通用仅实现160万辆的年销量，同比下滑达到18.8%，与前两位差距进一步拉大；上通五菱在存量市场面临着转型阵痛，在消费升级的大背景下，销量出现了大幅下降，全年销售124.2万辆，同比下降25.3%，行业排名下降2位；吉利汽车2019年产品进行了更新换代，销量虽有所下滑，但仍是中国品牌第一名，行业排名上升到第四位；作为日系车的代表，东风日产2019年实现销售127.7万辆；长城汽车全年微降，在自主车企位列第二，SUV依然是其主场，海外市场正在成为长城汽车的开拓之地；长安汽车作为自主车企第三位，同样依靠SUV发力，但近年长安汽车出现了一定的下滑，2019年销售82.1万辆，同比下降7.1%；东风本田2019年凭借思域、CR－V、XR－V的助力实现了逆袭，首次跨入80万辆台阶，反超广汽本田，成为仅次于东风日产的日系企业；2019年广汽本田两大家族（SPORT TURBO家族、混动家族）均实现大幅增长；相对于德系的稳定、日系的逆势，韩系车却在2019年节节败退，北京现代同比下滑9.7%，排名较2018年下降2位；东风悦达起亚同比下滑25.4%，排名行业第20；2019年丰田系表现较好，一汽丰田TNGA平台下的卡罗拉、亚洲龙和RAV4荣放表现抢眼，成为销量主力，一汽丰田全年销售72.9万辆，同比增长1.5%，广汽丰田旗下车型表现均衡，全年实现逆势增长17.8%，排名上升1位；2019年上汽乘用车累计销售67.3万辆，同比下降4.1%，排名下降1位，但在海外市场表现出色；2019年奇瑞汽车逆势增长16.1%，再创新高，三大主力车型瑞虎8、艾瑞泽、捷途表现不俗；得益于豪华车市场的稳健增长，北京奔驰反而同比增速高达17.0%，成为中国市场豪华车销量冠军；华晨宝马紧随其后，同样实现了17.0%的高增速；比亚迪2019年受新能源车补贴退坡的影响较大，全年实现销售45.3万辆，同比下降

9.7%；广汽乘用车2019年步履维艰，只实现销售38.5万辆，同比下降28.3%，排名下降4位。

表28　2019年乘用车TOP20企业销量、份额及变化

排名		企业	销量			占比		
2018年	2019年		2018年（万辆）	2019年（万辆）	同比增长（%）	2018年（%）	2019年（%）	增减变化（百分点）
2	1	一汽-大众	203.7	204.6	0.4	8.6	9.5	0.9
1	2	上汽大众	206.5	200.2	-3.1	8.7	9.3	0.6
3	3	上汽通用	197.0	160.0	-18.8	8.3	7.5	-0.8
5	4	吉利汽车	152.3	136.4	-10.5	6.4	6.4	-0.1
6	5	东风日产	128.8	127.7	-0.9	5.4	6.0	0.5
4	6	上通五菱	166.3	124.2	-25.3	7.0	5.8	-1.2
7	7	长城汽车	91.5	91.1	-0.4	3.9	4.3	0.4
8	8	长安汽车	88.3	82.1	-7.1	3.7	3.8	0.1
11	9	东风本田	72.1	80.0	11.0	3.0	3.7	0.7
10	10	广汽本田	75.4	78.5	4.1	3.2	3.7	0.5
9	11	北京现代	83.1	75.1	-9.7	3.5	3.5	0.0
12	12	一汽丰田	71.9	72.9	1.5	3.0	3.4	0.4
14	13	广汽丰田	57.9	68.2	17.8	2.4	3.2	0.7
13	14	上汽乘用车	70.2	67.3	-4.1	3.0	3.1	0.2
16	15	奇瑞汽车	51.4	59.7	16.1	2.2	2.8	0.6
18	16	北京奔驰	48.5	56.7	17.0	2.0	2.6	0.6
19	17	华晨宝马	46.6	54.6	17.0	2.0	2.5	0.6
17	18	比亚迪	50.2	45.3	-9.7	2.1	2.1	0.0
15	19	广汽乘用车	53.6	38.5	-28.3	2.3	1.8	-0.5
20	20	东风悦达起亚	35.1	26.1	-25.4	1.5	1.2	-0.3

资料来源：根据中国汽车工业协会数据整理。

（2）商用车市场情况

2019年商用车行业集中度继续上升，呈现强者更强、弱者愈弱的局面。2019年商用车市场TOP3集团累计销售176.8万辆，行业占比40.9%，较2018年上升0.8个百分点；TOP5集团累计销售266.5万辆，行业占比

61.6%，较2018年上升2.0个百分点；TOP10集团累计销售363.5万辆，行业占比84.1%，较2018年上升1.7个百分点。

TOP10集团中，东风、上汽、北汽、一汽、陕汽、长城6家实现逆势增长，其他4家同比下降，其中，东风表现突出，销售62.5万辆，同比增长7.8%，市占率上升1.2个百分点，重夺行业第一；上汽紧随其后，2019年销售59.5万辆，同比增长2.2%；长安销售54.9万辆，同比下降7.0%，市占率下降0.8个百分点，排名下降2位（见表29）。

表29 2019年商用车TOP10集团销量、份额及变化

排名		集团	销量			市占率		
2018年	2019年		2018年（万辆）	2019年（万辆）	同比增长（%）	2018年（%）	2019年（%）	增减变化（百分点）
3	1	东风	57.9	62.5	7.8	13.3	14.4	1.2
2	2	上汽	58.2	59.5	2.2	13.3	13.8	0.4
1	3	长安	59.0	54.9	-7.0	13.5	12.7	-0.8
4	4	北汽	51.5	54.3	5.3	11.8	12.5	0.8
5	5	一汽	34.1	35.4	3.9	7.8	8.2	0.4
6	6	重汽	32.7	29.6	-9.3	7.5	6.8	-0.6
7	7	江淮	26.5	25.9	-2.3	6.1	6.0	-0.1
8	8	陕汽	18.3	18.7	2.0	4.2	4.3	0.1
9	9	长城	13.8	14.9	7.8	3.2	3.4	0.3
10	10	华晨	7.9	7.9	0.0	1.8	1.8	0.0

资料来源：根据中国汽车工业协会数据整理。

（3）新能源车市场情况

2019年新能源车行业集中度上升明显。2019年新能源车市场TOP3集团累计销售57.9万辆，行业占比48.0%，较同期上升5.4个百分点；TOP5集团累计销售71.4万辆，行业占比59.2%，较同期上升5.2个百分点；TOP10集团累计销售97.0万辆，行业占比80.4%，较同期上升4.2个百分点。

TOP10集团中，比亚迪、上汽、广汽、长城4家销量实现逆势增长，其中比亚迪一枝独秀，销售23.0万辆，市占率19.1%；上汽、广汽、长城同比排名上升。其他6家销量同比下降（见表30）。

表30　2019年新能源车TOP10集团销量、份额及变化

排名		集团	销量			市占率		
2018年	2019年		2018年（万辆）	2019年（万辆）	同比增长（%）	2018年（%）	2019年（%）	增减变化（百分点）
1	1	比亚迪	22.9	23.0	0.4	18.2	19.1	0.8
3	2	上汽	14.1	18.5	30.5	11.3	15.3	4.0
2	3	北汽	16.5	16.4	-0.4	13.1	13.6	0.5
6	4	吉利	7.7	7.2	-6.4	6.1	5.9	-0.2
8	5	东风	6.7	6.4	-3.7	5.3	5.3	0.0
7	6	江淮	7.0	6.2	-11.5	5.6	5.1	-0.4
4	7	奇瑞	8.9	5.9	-34.1	7.1	4.9	-2.2
11	8	广汽	2.4	5.7	135.9	1.9	4.7	2.8
15	9	长城	0.9	4.0	360.1	0.7	3.3	2.6
5	10	长安	8.7	3.8	-56.2	6.9	3.2	-3.8

资料来源：根据中国汽车工业协会数据整理。

（四）中国品牌市场表现

1. 中国品牌市场需求

2019年中国品牌乘用车累计销售840.7万辆，同比下降15.8%，行业占比39.2%，较同期下降2.9个百分点，已连续两年下降。

2019年中国品牌轿车累计销售204.6万辆，同比下降15.2%，行业占比19.9%，较同期下降1.1个百分点。在轿车市场，中国品牌相对较弱，但在新能源轿车方面，中国品牌仍具有明显优势，这也是拉动中国品牌轿车增长的主要动力。

2019年中国品牌SUV累计销售492.0万辆，同比下降15.0%，行业占比52.6%，较同期下降5.4个百分点。过去10年，随着中国用户消费偏好的变化，SUV市场保持高速增长，行业占比总体呈现逐年提升趋势，中国品牌抓住了这一难得的机遇期，推出大量适应市场需求的SUV产品，迅速占领市场，并带动整个中国品牌份额的上升，但随着合资品牌SUV车型的推出，中国品牌在SUV市场的优势逐渐减弱，行业贡献度降低，成为中国品牌整体占比下降的主因。

2019年中国品牌MPV累计销售104.1万辆，同比下降21.6%，行业占比75.3%，较同期下降1.3个百分点。过去10年，总体来看，MPV发展相对缓慢，随着微客型MPV销量的下滑，2016年之后，MPV销量整体开始下滑，且幅度较大。中国品牌在MPV市场处于主导地位，但受消费升级，用户需求转移，合资品牌不断推出家用MPV产品占领家用MPV市场等因素的影响，中国品牌的优势有所减弱。

交叉型乘用车一直以来是中国品牌的天下，以前仅有少量合资品牌产品，2015年之后随着昌河铃木浪迪退出市场，交叉型乘用车市场中国品牌一家独大。但随着消费升级的加快，交叉型乘用车在2010年销售达到248.6万辆高峰之后开始一路下滑，2019年仅销售40万辆，同比下降11.7%。

2. 中国品牌市场竞争

2019年，中国品牌汽车销售1256.5万辆，同比下降11.3%，其中，TOP10集团合计销售1149.0万辆，占中国品牌总销量的84.0%，较2018年上升3.6个百分点，占行业总销量（2576.9万辆）的41.0%，较2018年上升0.1个百分点，行业集中度进一步上升（见表31）。

2019年，中国品牌销量TOP10中，上汽超过200万辆规模，排名第一，但2019年下滑较大（-13.6%）；销量为100万~200万辆的有4家，分别为吉利（136.4万辆）、长安（133.1万辆）、东风（115.4万辆）、长城（106.0万辆），其中长城实现了正增长，排名上升一位；年销量为50万~100万辆的有3家，分别是北汽（95.1万辆）、奇瑞（69.1万辆）、一汽（58.4万辆），其中一汽增速最快（7.5%）；比亚迪（46.3万辆）和江淮（41.7万辆）分别排名第九位和第十位。

表 31　2019 年中国品牌销量 TOP10 企业集团

排名		集团	销量			市占率		
2018 年	2019 年		2018 年（万辆）	2019 年（万辆）	同比增长（%）	2018 年（%）	2019 年（%）	增减变化（百分点）
1	1	上汽	294.6	254.4	-13.6	10.5	9.9	-0.6
2	2	吉利	152.4	136.4	-10.5	5.4	5.3	-0.1
3	3	长安	149.9	133.1	-11.2	5.3	5.2	-0.2
4	4	东风	121.2	115.4	-4.8	4.3	4.5	0.2
6	5	长城	105.3	106.0	0.7	3.7	4.1	0.4
5	6	北汽	107.9	95.1	-11.9	3.8	3.7	-0.2
7	7	奇瑞	67.0	69.1	3.2	2.4	2.7	0.3
8	8	一汽	54.3	58.4	7.5	1.9	2.3	0.3
10	9	比亚迪	50.2	46.3	-7.7	1.8	1.8	0.0
11	10	江淮	46.2	41.7	-9.8	1.6	1.6	0.0

资料来源：根据中国汽车工业协会数据整理。

2019 年，中国品牌乘用车销售 840.7 万辆，同比下降 15.8%，其中，TOP10 集团合计销售 775.2 万辆，同比下降 12.5%，占中国品牌乘用车总销量的 92.2%，较 2018 年上升 3.8 个百分点，占乘用车行业总销量（2144.4 万辆）的 36.1%，较 2018 年下降 3.3 个百分点。

2019 年，销量 TOP10 的中国品牌乘用车企业中，上汽和吉利超过百万辆，分别为 197.6 万辆、136.7 万辆，但二者下滑均超过 10%；长城以 91.1 万辆销量反超长安（82.2 万辆），排名上升一位；奇瑞销售 63.7 万辆，同比增长 4.1%，排名第五（上升一位）；东风（54.7 万辆）、比亚迪（45.3 万辆）、北汽（40.8 万辆）、广汽（39.8 万辆）分别排名第 6～9 位；一汽销量虽低（23.3 万辆），但增速最快，排名上升 2 位，进入 TOP10（见表 32）。

表 32　2019 年中国品牌乘用车销量 TOP10 企业集团

排名		集团	销量			市占率		
2018 年	2019 年		2018 年（万辆）	2019 年（万辆）	同比增长（%）	2018 年（%）	2019 年（%）	增减变化（百分点）
1	1	上汽	239.6	197.6	-17.5	10.1	9.2	-0.9
2	2	吉利	152.7	136.7	-10.5	6.4	6.4	-0.1

续表

排名		集团	销量			市占率		
2018 年	2019 年		2018 年（万辆）	2019 年（万辆）	同比增长（%）	2018 年（%）	2019 年（%）	增减变化（百分点）
4	3	长城	91.5	91.1	-0.4	3.9	4.2	0.4
3	4	长安	95.3	82.2	-13.7	4.0	3.8	-0.2
6	5	奇瑞	61.2	63.7	4.1	2.6	3.0	0.4
5	6	东风	65.0	54.7	-15.9	2.7	2.6	-0.2
9	7	比亚迪	50.2	45.3	-9.7	2.1	2.1	0.0
7	8	北汽	56.4	40.8	-27.6	2.4	1.9	-0.5
8	9	广汽	53.8	39.8	-26.0	2.3	1.9	-0.4
12	10	一汽	20.7	23.3	12.7	0.9	1.1	0.2

资料来源：根据中国汽车工业协会数据整理。

2019 年，中国品牌商用车销售 415.8 万辆，同比下降 0.8%，其中，TOP10 集团合计销售 355.1 万辆，同比增长 0.8%，占中国品牌商用车总销量的 85.4%，较 2018 年上升 1.6 个百分点，占商用车行业总销量（432.4 万辆）的 82.1%，较 2018 年上升 1.9 个百分点，行业集中度进一步提升（见表 33）。

2019 年，销量 TOP10 的中国品牌商用车企业中，有 6 家实现了同比正增长。前 4 家销量均超过 50 万辆，其中，东风销售 60.7 万辆，同比增长 8.0%，排名第一；上汽（56.9 万辆）、北汽（54.3 万辆）、长安（50.9 万辆），分别排名第 2 ~4 位；一汽销售 35.1 万辆，同比增长 4.3%；后 5 位销量均不足 30 万辆。

表 33　2019 年中国品牌商用车销量 TOP10 企业集团

排名		集团	销量			市占率		
2018 年	2019 年		2018 年（万辆）	2019 年（万辆）	同比增长（%）	2018 年（%）	2019 年（%）	增减变化（百分点）
1	1	东风	56.2	60.7	8.0	12.9	14.6	1.7
2	2	上汽	55.1	56.9	3.3	12.6	13.7	1.1

续表

排名		集团	销量			市占率		
2018 年	2019 年		2018 年（万辆）	2019 年（万辆）	同比增长（%）	2018 年（%）	2019 年（%）	增减变化（百分点）
4	3	北汽	51.6	54.3	5.3	11.8	13.1	1.3
3	4	长安	54.6	50.9	-6.8	12.5	12.2	-0.3
5	5	一汽	33.7	35.1	4.3	7.7	8.4	0.7
6	6	重汽	32.6	29.6	-9.3	7.5	7.1	-0.3
7	7	江淮	26.5	25.9	-2.3	6.1	6.2	0.2
8	8	陕汽	18.3	18.7	2.0	4.2	4.5	0.3
9	9	长城	13.8	14.9	7.9	3.2	3.6	0.4
10	10	成都大运	8.2	8.1	-1.2	1.9	1.9	0.1

资料来源：根据中国汽车工业协会数据整理。

3. 中国品牌质量表现

近年来，中国品牌产品的综合质量水平与国际品牌产品的差距不断缩小。根据 J. D. Power 中国新车质量研究（IQS），中国品牌汽车产品质量持续提升，新车 PP100 从 2003 年的 469 个锐减到 2019 年的 101 个（见图 8），与国际品牌 PP100 的差距由 2003 年的 191 个缩小至 2019 年的 9 个（2018 年中国品牌与国际品牌的差距连续六年收窄之后首次扩大为 15 个）。

虽然中国品牌问题数为所有品牌原产国最多，但与自身相比进步明显，新车 PP100 与国际品牌的差距从 2018 年的 115 个下降至 2019 年的 101 个，进步幅度为 12%，且八大问题类别中的七个类别均有进步，唯一退步的问题类别是发动机/变速系统（增加 2.1 个 PP100）。

2018 年中国品牌为了满足新生代消费群体的需求而给汽车增加许多舒适性配置，如智能网联系统等，而这些新科技成熟度仍有待完善，因此拖累整体评价，2019 年这些导致整体新车质量下降的问题已得到明显改善，说明自主品牌在倾听客户之声和提高消费者满意度方面采取了切实有效的措施。值得注意的是，这样的进步是在车市销量不佳的情况下取得的，部分中国品牌，如宝骏 730、长安逸动 XT、奇瑞瑞虎 3x、吉利博瑞等自主车型已开始获得各自所在细分市场奖项，用户购买中国品牌的意愿也在不断提高，实属不易。

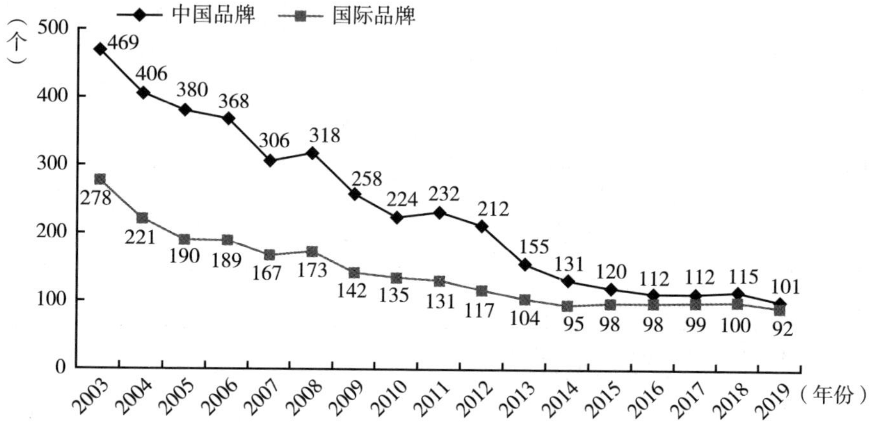

图8　2003～2019年中国品牌与国际品牌新车质量问题差值

资料来源：J. D. Power。

（五）合资品牌市场表现

1. 合资品牌市场需求①

2019年，合资品牌乘用车累计销售1303.8万辆，同比下降5.3%，占乘用车行业总量的60.8%，较2018年提升2.7个百分点，其中，轿车销售826.2万辆，同比下降9.6%，占合资品牌总量的63.4%，较2018年下降3.0个百分点；SUV销售443.3万辆，同比增长4.9%，占合资品牌总量的34.0%，较2018年上升3.3个百分点；MPV销售34.3万辆，同比下降15.5%，占合资品牌总量的2.6%，较2018年微降0.3个百分点。

整体来看，随着合资品牌不断推出SUV、MPV产品及新能源车，2019年合资品牌在乘用车市场表现好于中国品牌，行业占比有所上升，但长期来看，中国品牌仍有上升的空间。

① 资料来源于中国汽车工业协会。

2. 合资品牌市场竞争

2019 年，TOP15 乘用车合资品牌合计销售 1240.5 万辆，占合资品牌总销量的 95.1%，较 2018 年提升 1.6 个百分点，占乘用车行业总量的 57.9%，较 2018 年提升 3.7 个百分点。

TOP15 企业有 8 家实现了正增长。其中，销量 200 万辆以上的有 2 家，分别是一汽 - 大众 204.6 万辆、上汽大众 200.2 万辆，排名合资品牌前两位；销量百万辆规模的有 2 家，分别是上汽通用 160.0 万辆、东风日产 115.9 万辆，分列第 3、4 位；70 万辆规模的有 4 家，分别是东风本田 79.9 万辆、广汽本田 78.5 万辆、北京现代 75.1 万辆、一汽丰田 72.9 万辆；广汽丰田（68.2 万辆）、北京奔驰（56.7 万辆）和华晨宝马（54.5 万辆）表现良好，三家均实现了 17% 及以上的高增长；东风悦达（26.1 万辆）和长安福特（18.4 万辆）同比下滑超过 25%（见表 34）。

表 34　2019 年合资品牌乘用车销量 TOP15 企业

排名		集团	销量			市占率		
2018 年	2019 年		2018 年（万辆）	2019 年（万辆）	同比增长（%）	2018 年（%）	2019 年（%）	增减变化（百分点）
2	1	一汽 - 大众	203.7	204.6	0.4	8.6	9.5	0.9
1	2	上汽大众	206.5	200.2	-3.1	8.7	9.3	0.6
3	3	上汽通用	197.0	160.0	-18.8	8.3	7.5	-0.8
4	4	东风日产	115.6	115.9	0.3	4.9	5.4	0.5
8	5	东风本田	72.1	79.9	10.8	3.0	3.7	0.7
6	6	广汽本田	75.4	78.5	4.1	3.2	3.7	0.5
5	7	北京现代	83.1	75.1	-9.7	3.5	3.5	0.0
7	8	一汽丰田	71.9	72.9	1.5	3.0	3.4	0.4
9	9	广汽丰田	57.9	68.2	17.8	2.4	3.2	0.7
10	10	北京奔驰	48.5	56.7	17.0	2.0	2.6	0.6
11	11	华晨宝马	46.6	54.5	17.0	2.0	2.5	0.6
13	12	东风悦达	35.0	26.1	-25.4	1.5	1.2	-0.3
12	13	长安福特	37.8	18.4	-51.3	1.6	0.9	-0.7
14	14	沃尔沃亚太	17.0	16.2	-4.5	0.7	0.8	0.0
15	15	长安马自达	16.6	13.4	-19.7	0.7	0.6	-0.1

资料来源：根据中国汽车工业协会数据整理。

五　中国汽车产业发展指数

（一）汽车产业景气指数

1. 汽车产业景气指数指标

景气指数指标体系由一致合成指数、先行合成指数、滞后合成指数三个指数构成。通过对三个指数的动态变化进行观察，分析汽车产业当前情况和下一步走势。为直观体现景气程度，将景气度界限划定为五个区间，分别为“过热（红灯），趋热（黄灯），正常（绿灯），趋冷（浅蓝灯），过冷（深蓝灯）”。通过这五个区域的展示，更加直观地展现汽车产业的运行状态。汽车产业景气指数（ACI）系统由以下指标构成。

①先行指标由管理费用、固定资产净额（重点企业）、汽车类商品零售总额、货币和准货币（M2）供应量构成。

②一致指标由主营业务收入（基准指标）、汽车产量、工业增加值（重点企业）、工业总产值（重点企业）、利润总额构成。

③滞后指标由亏损面（逆转）、流动资产平均余额、汽油柴油表观消费量构成。

一致合成指数代表了汽车产业目前的运行状况；先行合成指数的变动出现在汽车产业运行发生变动之前，通过分析其变化可提前预测汽车产业的变动情况；滞后合成指数的变动出现在汽车产业运行发生变动之后，其作用在于验证之前的汽车产业经济周期波动确已出现。

2. 2019年汽车产业发展景气指数

（1）第一季度汽车产业景气指数

2019 年第一季度，汽车产业景气指数 ACI 为 9，处于过冷区间，较 2018 年第四季度降低 3 点（见图 9）。

2019 年第一季度，汽车产业一致合成指数为 81.43（2010 年 = 100），比 2018 年第四季度降低 1.48；先行合成指数为 83.82（2010 年 = 100），

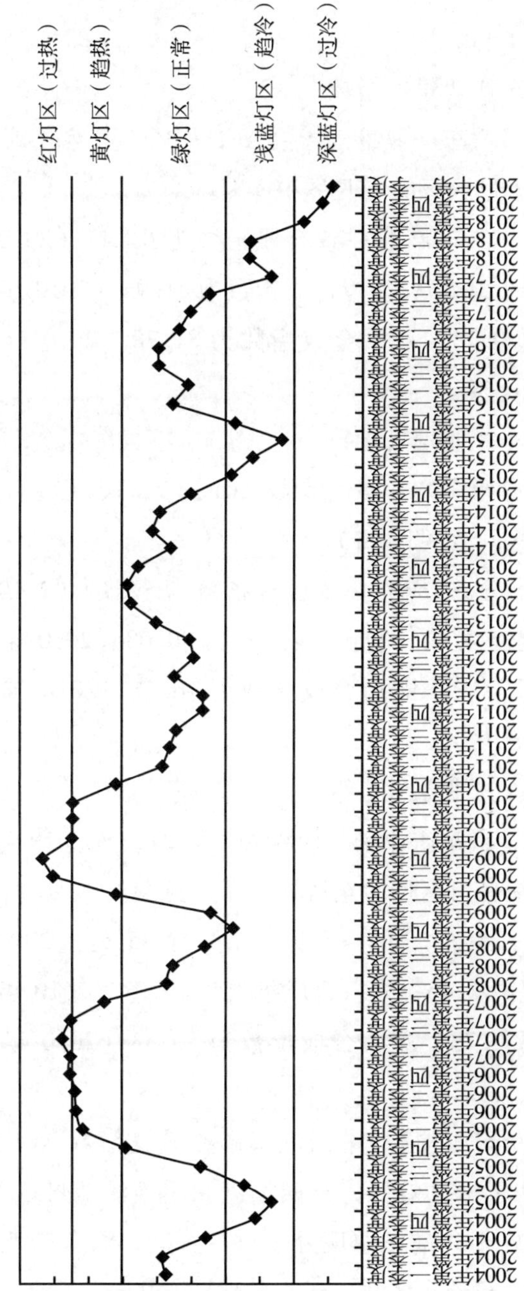

图 9 2004 年至 2019 年第一季度汽车产业景气指数 ACI 曲线

较 2018 年第四季度降低 0.7；滞后合成指数为 81.33（2010 年 = 100），较 2018 年第四季度降低 1.98。

（2）第二季度汽车产业景气指数

2019 年第二季度，汽车产业景气指数 ACI 为 12，虽然较 2019 年第一季度提高 6 点，但仍处于过冷区间（见图 10）。

2019 年第二季度，汽车产业一致合成指数为 81.43（2010 年 = 100），较 2019 年第一季度降低 0.53；先行合成指数为 81.96（2010 年 = 100），较 2019 年第一季度降低 0.73；滞后合成指数为 81.78（2010 年 = 100），较 2019 年第一季度提高 0.38。

（3）第三季度汽车产业景气指数

2019 年第三季度，汽车产业景气指数 ACI 为 9，较 2019 年第二季度降低 3 点，仍处于过冷区间（见图 11）。

2019 年第三季度，汽车产业一致合成指数为 82.14（2010 年 = 100），较 2019 年第二季度提高 0.4；先行合成指数为 80.08（2010 年 = 100），较 2019 年第二季度降低 1.93；滞后合成指数为 76.41（2010 年 = 100），较 2019 年第二季度降低 4.06。

（4）第四季度汽车产业景气指数

2019 年第四季度，汽车产业景气指数 ACI 为 27，较 2019 年第三季度提高 9 点，已由之前的深蓝灯区回暖至浅蓝灯区（见图 12）。

2019 年第四季度，汽车产业一致合成指数为 85.91（2010 年 = 100），较 2019 年第三季度提高 2.46；先行合成指数为 79.01（2010 年 = 100），较 2019 年第三季度降低 0.73；滞后合成指数为 80.53（2010 年 = 100），较 2019 年第三季度提高 1.83。

综观 2019 年第一至四季度，中国汽车产业景气指数 ACI 分别 3、12、18 和 27，前三季度处于深蓝灯区，第四季度回暖至浅蓝灯区。总体来看，中国汽车产业景气指数 ACI 前三季度处于过冷区间，汽车产业处于低位运行状态，第四季度回升至趋冷区间，产业运行趋于好转。

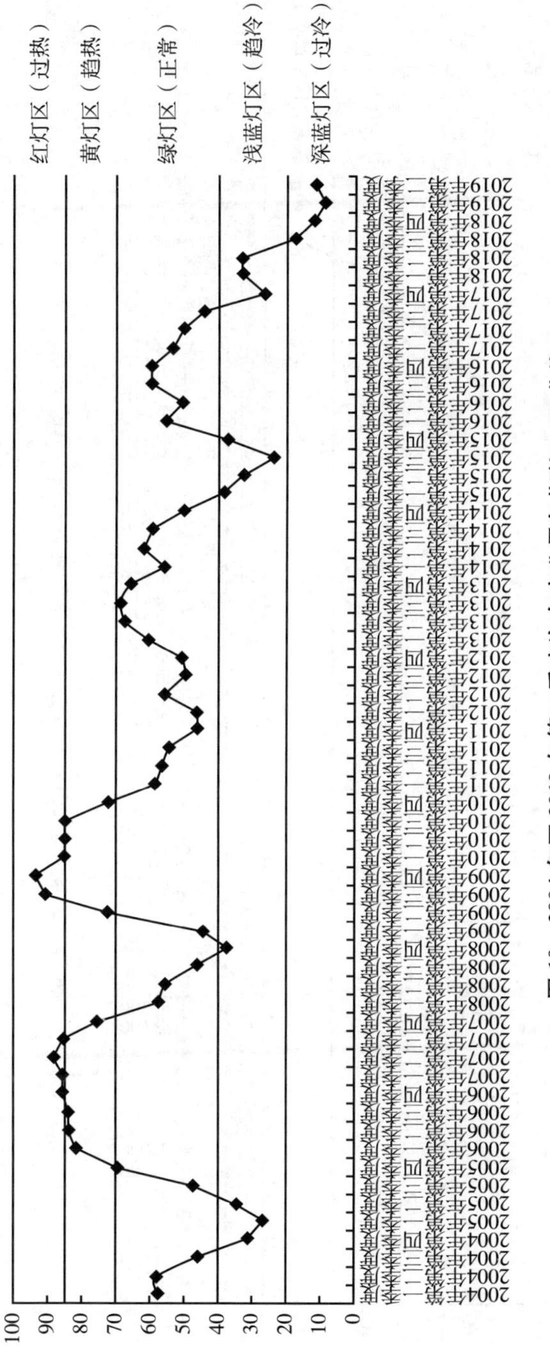

图 10　2004 年至 2019 年第二季度汽车产业景气指数 ACI 曲线

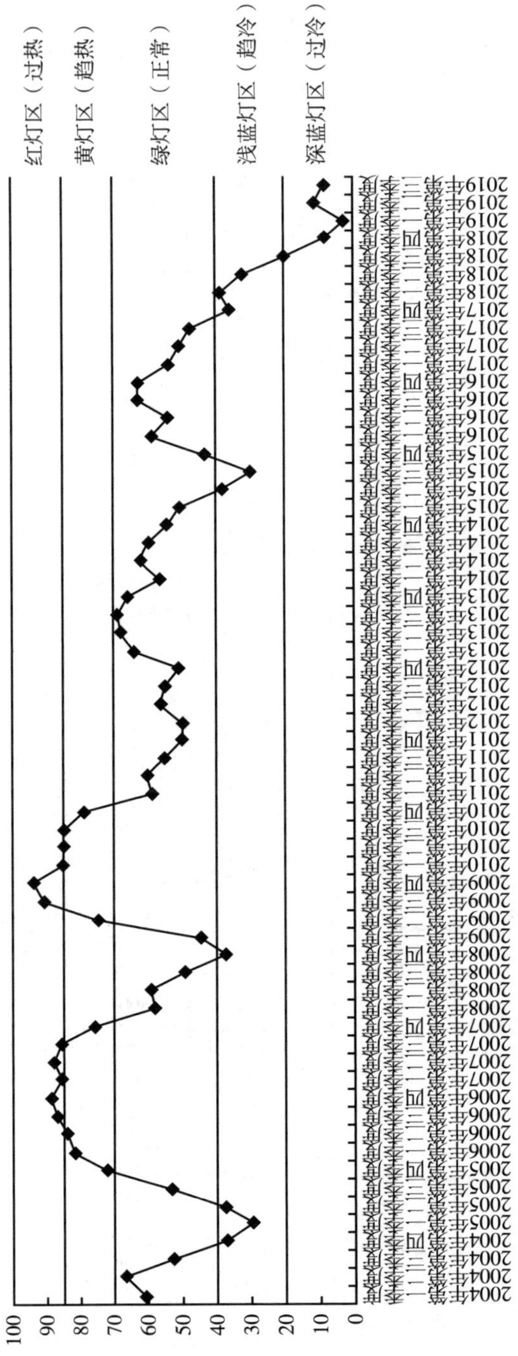

图11　2004年至2019年第三季度汽车产业景气指数ACI曲线

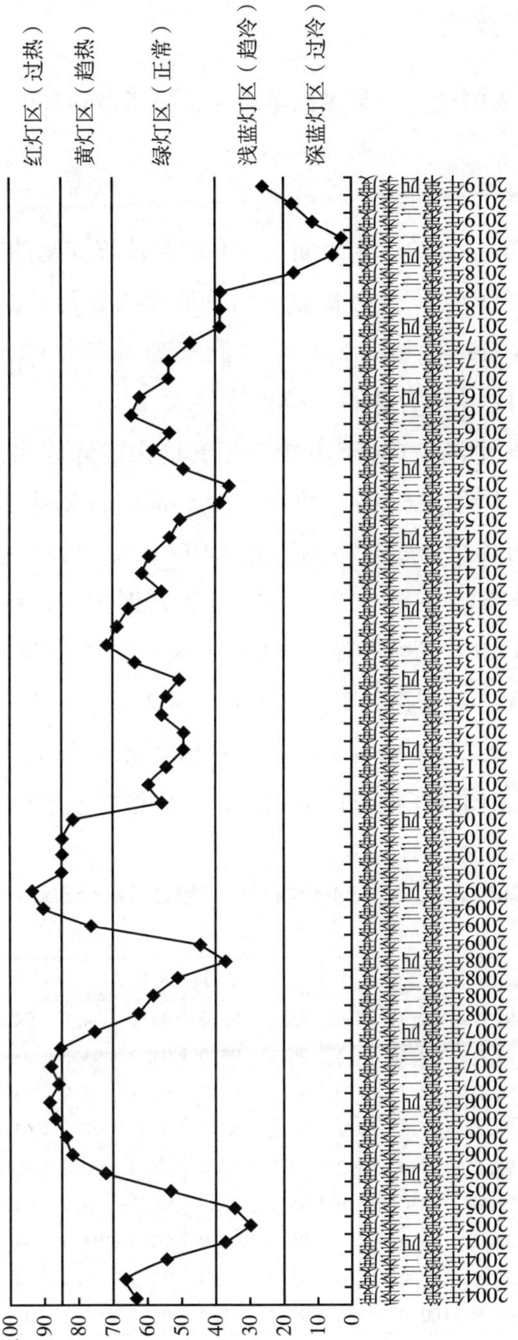

图12　2004年至2019年第四季度汽车产业景气指数ACI曲线

（二）汽车价格指数

汽车价格指数分为两类，一类是汽车行业价格指数，另一类是汽车产品价格指数。

1. 汽车行业价格指数

汽车行业价格指数是反映一定时期内汽车产品价格变动的综合指数，分为指导价指数和成交价指数，价格指数 = 当月加权指导价或成交价/基期加权指导价或成交价，当月价格 = Σ 每个监测车型各车款的价格 × 对应的 MIX，一般将上一年 12 月作为基期（100%）。

2019 年通过对 98 个汽车企业 510 个车型的价格走势监测，乘用车行业整体及细分市场价格均呈现下降趋势，其中，整体价格指数较年初下降 6.6%，在三大细分市场中，轿车市场下降 7.7%，降幅最大；SUV 级市场下降 5.9%；MPV 级市场下降 3.0%。在五个级别中，C 级车市场下降 8.9%，降幅最大；B 级车市场下降 6.2%；A 级车市场下降 6.7%；A0 级车市场下降 6.1%；A00 级车市场下降 5.8%（见表 35）。从月度走势来看，第一季度基本稳定，第二季度略有下降，第三季度出现松动，第四季度各企业为了完成年度目标，出现了明显的促销冲量，价格指数下滑较大。

表 35　2019 年乘用车行业价格指数（整体及细分市场）

单位：%

市场	1 月	2 月	3 月	4 月	5 月	6 月	7 月	8 月	9 月	10 月	11 月	12 月
行业	100.1	99.9	99.5	98.8	97.4	95.0	95.0	95.1	94.9	94.2	93.9	93.4
轿车	100.2	100.1	99.7	99.1	97.4	95.1	95.0	94.9	94.5	93.2	93.0	92.3
SUV	99.9	99.7	99.2	98.3	97.0	94.6	94.7	94.8	94.9	94.8	94.3	94.1
MPV	100.1	100.0	99.8	99.6	99.2	97.6	97.8	97.9	97.8	97.6	97.4	97.0
C	100.2	99.6	98.5	98.0	96.2	93.0	92.6	93.0	90.8	89.9	89.3	91.1
B	99.9	99.6	98.8	98.0	96.9	95.1	95.3	95.2	94.5	94.1	94.1	93.8
A	100.1	99.9	99.7	99.0	97.4	95.0	94.9	95.0	95.3	94.4	94.0	93.3
A0	100.1	100.2	99.8	99.2	98.0	95.7	95.9	96.0	95.6	95.1	94.6	93.9
A00	100.0	99.9	99.9	100.0	99.6	99.3	98.2	96.5	96.1	95.1	94.1	94.2

资料来源：威尔森信息科技有限公司。

从类别价格指数变化来看，2019 年豪华车价格下降幅度最大，全年降幅达到了 8.2%，其中 8 月短暂上扬后，第四季度开始明显下降；合资品牌年初价格指数小幅回升，但全年指数下降 6.6%；进口车品牌指数全年下降 4.1%，但在年末略有回升；中国自主品牌指数全年下降 5.6%，降幅低于合资品牌，其中上半年有一个明显的下降过程，下半年逐渐趋于平稳（见表 36）。

表 36　2019 年乘用车行业价格指数（分类别）

单位：%

类别	1 月	2 月	3 月	4 月	5 月	6 月	7 月	8 月	9 月	10 月	11 月	12 月
行业豪华	99.5	98.7	97.4	96.6	95.7	93.5	92.9	93.1	91.9	91.5	91.2	91.8
行业合资	100.2	100.3	100.0	99.4	97.9	95.7	95.8	95.7	95.7	94.6	94.3	93.4
行业进口	99.9	99.6	98.7	98.0	98.0	97.1	96.5	96.2	95.2	94.3	95.4	95.9
行业自主	99.9	99.5	99.3	98.4	96.9	94.1	94.1	94.4	94.5	94.6	94.2	94.4

资料来源：威尔森信息科技有限公司。

从系别来看，美系价格下降幅度最大，上半年降幅与其他系别基本相当，下半年出现了较大的下降，全年累计降幅达到 12.0%；德系品牌和法系品牌全年降幅也较大，分别下降 8.2% 和 8.0%；韩系前三季度价格基本稳定，仅在最后两个月出现下降，全年累计下降 5.8%；日系是所有系别中价格指数最稳定的，全年降幅最小，为 3.8%（见表 37）。

表 37　2019 年乘用车行业价格指数（分系别）

单位：%

系别	1 月	2 月	3 月	4 月	5 月	6 月	7 月	8 月	9 月	10 月	11 月	12 月
德系	100.0	99.4	99.0	98.4	97.0	95.0	94.8	94.2	93.3	92.3	92.1	91.8
日系	100.4	100.7	100.2	99.5	98.7	97.3	97.6	97.7	98.1	96.9	96.9	96.2
法系	100.0	99.4	98.8	97.8	96.5	92.3	90.9	90.5	91.1	91.9	92.8	92.0
美系	100.3	100.1	99.7	98.4	95.2	91.3	92.0	92.2	91.6	90.7	89.8	88.0
韩系	99.9	100.4	100.0	100.0	99.1	97.2	97.3	97.0	96.0	96.1	95.3	94.2

资料来源：威尔森信息科技有限公司。

从主流合资企业来看，日系强势品牌丰田、本田价格相对稳定，降幅控制在4%以内，上汽大众、上汽通用降幅较大，均超过10%，其他品牌降幅基本控制在8%以内（见表38）。

表38　2019年主要乘用车合资品牌价格指数

单位：%

企业	1月	2月	3月	4月	5月	6月	7月	8月	9月	10月	11月	12月
一汽－大众	100.0	99.5	99.5	98.8	97.3	94.5	94.3	94.2	92.7	92.5	92.7	92.6
上汽大众	100.2	99.9	99.6	99.3	97.7	95.8	95.8	94.1	93.2	90.4	89.3	88.2
上汽通用	100.4	100.1	100.1	99.2	96.0	91.4	92.1	92.4	91.9	90.5	89.3	87.4
东风日产	100.5	100.7	100.4	99.9	98.7	97.2	96.2	97.4	98.2	95.7	95.5	94.3
东风本田	100.9	101.7	101.7	101.4	100.6	98.5	98.8	98.8	98.1	97.7	97.6	97.3
广汽本田	100.5	100.8	100.6	100.1	99.2	97.8	99.0	97.8	98.1	97.7	97.6	96.3
一汽丰田	100.0	100.0	99.4	97.6	96.8	96.0	96.8	97.0	97.9	96.9	97.0	96.3
广汽丰田	100.2	100.0	99.6	99.1	98.6	97.8	98.1	98.2	98.4	97.8	97.4	97.2
东风神龙	100.1	99.5	98.9	98.2	96.8	92.2	90.6	90.5	91.2	92.0	92.9	92.0
北京现代	100.0	100.9	100.2	100.2	99.1	97.0	97.0	96.8	95.9	96.2	95.5	94.6
北京奔驰	99.3	97.8	96.7	96.0	95.0	93.2	92.0	91.9	93.0	92.9	93.3	94.5
华晨宝马	100.0	98.6	98.1	97.6	96.7	95.6	94.7	94.8	94.3	93.7	93.0	93.1

资料来源：威尔森信息科技有限公司。

从主流中国品牌来看，价格指数变化差异较大，其中，长安、北汽、长城降幅均在4%以内，上汽乘用车降幅较大，超过10%，其他品牌基本控制在8%以内（见表39）。

表39　2019年主要乘用车自主品牌价格指数

单位：%

企业	1月	2月	3月	4月	5月	6月	7月	8月	9月	10月	11月	12月
上汽乘用车	99.6	98.8	98.0	96.0	90.9	89.1	88.7	89.9	88.3	88.5	87.9	89.0
东风乘用车	100.0	99.4	98.9	98.3	96.6	94.3	92.4	92.2	93.4	92.8	92.8	92.8
广汽乘用车	100.1	99.8	99.2	96.9	96.5	93.2	93.6	94.3	94.8	94.5	93.6	94.9
长安	100.1	100.2	100.0	100.1	99.4	96.3	97.0	98.6	98.3	98.9	98.0	97.3
北汽	99.9	99.2	99.5	98.8	97.2	96.6	96.0	94.6	94.3	95.6	96.7	96.6

续表

企业	1月	2月	3月	4月	5月	6月	7月	8月	9月	10月	11月	12月
吉利	100.0	99.9	99.6	98.7	95.3	92.9	92.8	92.9	93.0	93.6	93.0	93.1
奇瑞	99.8	99.4	99.0	97.8	97.3	95.1	94.7	93.3	93.5	95.1	94.7	93.9
江淮	99.8	99.6	99.4	98.9	97.1	94.9	95.5	95.3	95.8	96.0	96.0	95.8
长城	99.8	99.3	99.0	98.4	97.7	97.0	97.3	97.5	96.8	96.7	96.3	96.5

资料来源：威尔森信息科技有限公司。

2. 汽车产品价格指数

汽车产品价格指数（Price Index）是一个商品和市场分析工具，是用来反映某一产品在一定时期内价格变化的综合指数，一般使用成交价指数，价格指数 = 当月成交价/基期成交价，当月价格 = Σ 监测车型各车款的价格 × 对应的 MIX，一般将上一年 12 月作为基期（100%）。

从主流中国品牌车型来看，哈弗 H6、五菱宏光、长安 CS35、长安 CS75 价格相对稳定，降幅不到 3%，领动、哈弗 M6、传祺 GS4、逸动等车型价格降幅在 5% 以内，但也有少数车型价格降幅较大，超过 10%，如博越、荣威 RX5 等（见表 40）。

表 40　2019 年主要自主车型价格指数

单位：%

车型	1月	2月	3月	4月	5月	6月	7月	8月	9月	10月	11月	12月
哈弗 H6	99.9	99.6	99.4	98.9	98.4	97.9	98.5	99.6	99.1	98.2	97.4	98.0
五菱宏光	99.9	99.8	99.7	99.7	99.0	96.4	97.1	97.5	97.3	97.8	97.2	97.0
博越	99.8	99.9	99.5	97.6	94.1	90.7	91.5	91.4	91.7	90.4	89.5	89.2
长安 CS75	99.9	99.9	99.7	99.6	98.7	95.5	96.2	96.8	98.0	98.7	97.5	97.1
宝骏 510	99.9	99.9	99.8	99.7	97.6	91.0	90.9	92.8	94.2	94.4	92.8	90.9
长安 CS35	100.0	100.1	100.1	100.1	98.9	97.4	97.9	98.6	97.9	98.1	98.0	98.4
领动	100.0	100.0	99.9	99.8	98.4	96.3	95.6	95.5	94.8	96.6	96.3	95.6
缤越	99.8	99.8	99.7	99.5	95.6	92.9	92.0	92.3	92.6	93.1	93.1	93.1
哈弗 M6	99.8	99.1	98.8	98.5	98.2	97.4	97.5	97.7	97.5	96.0	96.1	96.0
长安 CS55	100.0	100.1	100.1	100.2	98.8	95.3	95.7	96.4	96.7	96.8	94.8	93.8
荣威 RX5	99.1	98.0	97.5	95.4	86.1	84.1	84.3	85.5	82.4	80.2	79.6	78.8

续表

车型	1月	2月	3月	4月	5月	6月	7月	8月	9月	10月	11月	12月
传祺 GS4	100.2	100.5	99.7	96.1	95.5	91.4	92.8	91.9	94.2	95.1	95.4	95.1
逸动	100.0	100.0	100.1	99.8	98.3	93.7	93.9	96.0	98.3	100	99.0	96.0
名爵 MGZS	100.1	99.1	97.3	94.3	90.2	88.9	89.7	89.6	92.4	94.3	94.7	94.9
缤瑞	99.9	99.9	99.9	99.8	95.2	92.2	91.5	90.1	89.8	89.4	88.8	88.6

资料来源：威尔森信息科技有限公司。

六　汽车新技术与新产品

（一）节能技术与新产品

随着石油资源紧缺，环境污染的日益加重及全民环保意识的增强，世界各国开始不断收紧汽车燃油消耗及排放标准，更为节能环保的汽车开始受到用户的青睐。除了发展新能源、轻量化等技术之外，对于已有百年多历史的内燃机而言，想要继续保持其旺盛的生命力，就必须在节能减排技术上有所突破。

面对日益严苛的燃料消耗量和污染物排放标准，近年来，国内外主要车企在汽车节能技术方面持续更新迭代，其中提高发动机热效率，普及动力系统电气化成为主要的技术路径，并取得了一定的突破，也加快了节能产品的推出与应用，主要有以下几种方式。

一是提高燃烧效率。350bar + GDI + PFI，新一代缸内直喷发动机技术升级采用350bar，提高缸内直喷系统喷油压力，缩短喷油时间，改善燃油雾化效果，使燃烧更加充分，缸内 GDI 有效提升发动机功率与扭矩约 10%；米勒循环、阿特金森循环以膨胀比大于压缩比的原理来提高热效率，实现 5%左右节油率；可变截面涡轮 VTG 是应对“涡轮迟滞”现象而生的增压技术，可以提升低速扭矩 30% ~60%，改善进排气压差，减少缸内残余废气，抑制发动机爆震；单涡轮双涡管是将一个涡轮增压器的气流在经过涡管时分为两股气流，每股气流负责不同气缸，有效提升10%低速扭矩。

二是优化进排气系统。可变气门控制技术是提升发动机进气效率的主流技术之一，可变气门控制技术有可变气门正时VVT和可变气门升程VVL两个方向。进排气双可变气门正时系统DVVT是VVT的发展和升级，可实现对进排气门同时调节，具有低转速大扭矩、高转速高功率的特性，能够带来2%的性能提升和5%的节油率，VVL控制气门升程满足发动机不同工况对进气量的需求，减少气门节流损失；断缸技术可使工作缸处于高负荷状态，从而降低节流损失，提高热转化率，节油6%～10%。

三是智能能量管理。先进的发动机能量管理技术逐渐引入，如电子节温器、电子水泵、可变排量水泵、可变排量机油泵、智能发电机、缸盖集成排气管、独立冷却系统等，最大限度地降低发动机的能量损耗。

各车企发展节能技术也取得了较大进展，推出了众多的节能发动机，如丰田A25A－FXS发动机热效率高达40%，搭载第八代凯美瑞综合油耗降至6L/100km；本田LFA 2.0L热效率为39.8%，搭载雅阁等混动车型；日产E－power1.2NA热效率为39%，搭载NOTE车型；通用LSY 2.0T发动机热效率为37.4%，搭载该发动机的凯迪拉克XT4综合油耗降至7.2L/100km；长安蓝鲸NE14TG－1.4T发动机热效率为40%，搭载逸动、CS35 plus综合油耗降至5.9L/100km；广汽第三代发动机1.5TM、2.0TM热效率为40%，长城GW4B15－1.5T热效率为40%，吉利第三代发动机1.5TG－RE热效率为39.1%。

内燃机在未来相当长一段时间内仍是汽车主要搭载动力，日益严苛的油耗排放法规，促使车企推动发动机技术升级或迭代，逐步推进高效率、节能环保、小型化技术趋势发展。通过高效的燃烧技术、按需型的智能热管理、轻量化低摩擦技术以及逐步普及的电气化技术，发动机热效率有望在2025年突破45%。

（二）新能源技术与新产品

随着新能源汽车市场的蓬勃发展，新能源技术突破也成为各大主机厂和科技公司主攻的方向。2019 年，各大主机厂和科技公司不管在创新技术还是在前沿技术方面均取得了长足的进步。

丰田汽车高功率密度电堆设计技术：丰田汽车的 MIRAI 是世界上第一款量产级别的燃料电池汽车，汽车所使用的燃料电池电堆功率密度可以达到 3.1kW/L，代表了国际顶尖水平。为了提高燃料电池输出功率，MIRAI 采用铂钴合金，催化活性提高了 80%。同时，通过先进的电堆结构和控制手段，MIRAI 降低了燃料电池单片的尺寸，使燃料电池变得小型化和轻量化，相比上一版本，MIRAI 的电堆电流密度提高了 1.4 倍。

宁德时代高比能快充锂离子电池技术：该技术将石墨负极材料用于快充电池，运用孔道优化和“快离子环”技术，在石墨表面打造一圈高速通道，大大提高锂离子在石墨负极的嵌入速度，可实现 10 ~ 12min 充电 80% SOC，结合正负极极片的晶体取向和容量过量系数等参数调配，配套机械件、热管理和快充 BMS 设计，使化学体系和电池设计参数达到最优匹配，在实现快充的同时保持高能量和长寿命等特性。

特斯拉基于 SiC MOSFET 的电机控制器：电机控制技术是打造高性能电机系统的关键。特斯拉开发并量产了基于 SiC MOSFET 的大功率电机控制器。基于 SiC MOSFET 的电机控制器开关频率高，耐热性能好且损耗低，使电机进一步小型化和轻量化。

日产 e - POWER 技术主要分为发动机发电专用、纯电机驱动。日产汽车的 e - POWER 技术利用纯电动汽车控制技术和零部件技术，将发动机调校成发电专用的规格和设置，通过优化电池的容量和功率以及发电的功率和时机，成功实现了低油耗节能减排效果。

比亚迪汽车高效大功率轮边驱动系统关键技术，主要包括电机与驱动桥轮边深度集成技术、电机铁芯直冷技术、分布式精准控制技术、IGBT 复用融合技术等先进创新技术，解决了纯电动城市客车全通道低地板的技术难题。该技术属于中国首创且已大批量应用在纯电动城市客车上。

宝马 eDrive 电力驱动技术拥有超凡紧凑的设计，该技术将电机、传动系统以及动力电子设备整合化一，可搭载在不同的车型结构中，包括插电式混合动力车型或者纯电动车型。基于模块化的动力单元设计，可以灵活组合不同尺寸、性能和结构形状的电机和动力电池。这一技术在车辆性能、续航里程、重量、空间和灵活性方面均带来显著优化。

在前沿技术领域，具有高能量密度、高安全性和长循环寿命的固态锂电池，高功率高密度碳化硅车用电机驱动控制器技术，高比功率的车用燃料电池电堆，分布式电驱动系统，电动汽车无线充电技术等也取得了一定的进步。

（三）智能网联技术与新产品

2019 年，我国在智能网联技术方面取得可喜的发展成绩。从国家层面的顶层设计到政策法规引领效应不断增强，再到核心技术创新突破加速，都在支撑智能网联汽车的快速布局及应用。

科技公司积极布局智能网联核心技术。华为继上海车展发布数字化汽车解决方案后，于 2019 年 5 月 27 日正式成立智能汽车解决方案 Business Unit，8 月 10 日，发布了鸿蒙操作系统和智慧车载解决方案 HiCar，10 月 23 日，发布了华为智能汽车业务战略和 MDC 智能驾驶平台，聚焦 ICT 技术，成为面向智能网联汽车的增量部件供应商。2019 年谷歌也在智能化和网联化领域同时发力，建立自动驾驶汽车工厂，推进无人驾驶进入大规模量产及商业化阶段，推出全新车载系统，积极与整车厂深化合作布局。2019 年 6 月 14 日，高德联合阿里云发布智慧高速解决方案，高德地图、阿里云将与高速管理方开放合作，计划未来一年，智慧高速解决方案将在 10 个省市高速路网落地。2019 年 7 月 3 ~4 日，百度召开 2019 年 AI 开发者大会，展示了其在 AI 方面的新进展，自动驾驶成为百度 AI 重点落地领域。2019 年 5 月，腾讯、斑马展示了车联网领域的新进展，基于大数据、AI 等技术打造的场景引擎，推动场景化的“服务找人”成为领域新热点，随着 AI、5G 等技术的成熟与应用，车联网的服务生态及应用模式将得到快速发展并成为科技公司与 OEM 提升竞争力的关键要素。

智能网联技术取得新的进展。百度大脑升级至 5.0，形成了包括基础层、感知层、认知层、平台层和 AI 安全五大部分的核心架构，并实现了 AI 计算、计算架构与应用场景的创新融合。自动驾驶平台 Apollo 5.0，开放平台升级了 17 大能力，并加入数据流水线，将数据采集、训练、验证整个流程打通，半小时完成数据标定。百度 L3 级自主泊车，在多个场景下，Apollo Valet Parking 都有应对方案。斑马 3.0 AI 场景引擎，该场景引擎基于车辆数据、用户数据、环境数据、生态数据、交通数据等，利用 AI 算法对用户的下一步需求进行预判服务，大数据与 AI 技术的融合将使车载系统成为越来越“懂”用户的智能助手。

除了上述典型案例成果，2019 年我国智能网联汽车在摄像头、毫米波雷达、ADAS 系统解决方案等其他领域的技术创新与产品开发也取得了较为明显的进步，并不同程度地实现产业化落地。但在智能网联核心的芯片与底层软件领域，与汽车强国差距仍然巨大，发展受制于人。以芯片为例：车载娱乐系统处理器芯片的市场基本上被 NXP、意法半导体、英飞凌、高通、英特尔和英伟达等巨头掌控；在自动驾驶最为核心的 AI 芯片方面，全球范围内基本已被英伟达和英特尔（子公司 Mobileye）所垄断，供不应求甚至一货难求的窘境考验着中国品牌企业，在国内，如地平线、华为、百度和阿里等科技公司拟进入该领域，但符合车规级认证的自动驾驶芯片均未交片，且面临着制造工具与工艺、产品一致性等诸多不确定性因素的挑战。基于上述情形，针对芯片、底层软件等共性的、核心的、卡脖子的关键技术将以国家系统工程予以攻克，同时，充分发挥智能网联的中国标准、中国场景优势，实现突破发展。

（四）轻量化技术与应用

中国的轻量化技术起步晚，平均整车质量较高，以国外的轻量化材料占比作为标杆，中国发展的空间还很大，但近年来，国内自主品牌在产品轻量化方面也取得了很大的进步。

乘用车方面，2019 年自主品牌多款乘用车产品在轻量化方面取得进展，特别是轻量化技术在新能源产品领域的产业化应用速度实现提升。东风风神奕炫是基于东风与PSA联合开发的CMP平台打造的国内首发车型，白车身重量为285.6kg，扭转刚度为21591Nm/deg，轻量化系数为3.2。高强钢应用比例达到68%，并首次采用第三代高强钢TD1080。笼式车身结构采用了包括A/B柱、座椅横梁、边纵梁在内的18个热成形安全件，并开发了一种用于汽车减重的纵向变厚度薄板（TRB）。HS5是红旗品牌首款B级SUV，白车身重量仅为333kg，扭转刚度为25905Nm/deg，轻量化系数达到2.75。高强度钢应用比例超过60%，带来极致的被动安全，同时实现轻量化。塑料前端模块设计采用PP-GF30轻质材料，实现减重2.2kg。同时减少零部件数量，简化了焊装、匹配工艺，节约了工装、模具成本。铝合金前防撞梁采用轻质铝合金，重量为4.5kg，较原来部件减重1.5kg，实现轻量化。长城欧拉是一款定位于城市通勤的纯电动小车，电池容量为33kWh，最大功率35kW，续航里程达到351km。车型整备质量为990kg，扭转刚度为15152Nm/deg，轻量化系数为3.2。车身骨架高强钢应用比例达66%，在吸能区选用DP钢、HSLA钢，乘员区选择1500MPa热成形钢、980MPa超高强钢。翼子板应用集成式不等厚热塑性塑料进一步减重。此外，对发动机盖、顶盖横梁、减震器、B柱内板、底板横/纵梁等进行了大量的拓扑优化、锯齿边设计优化等结构优化，进一步降低了自重。

商用车方面，各企业也纷纷布局，加速轻量化技术在新产品上的搭载应用，应对国六标准，践行节能减排。潍柴的H平台发动机产品，实现自重仅800kg的水平；玉柴国六系列发动机在整机重量上较国五产品有明显降低；康明斯新一代ISZ系列国六发动机轻量化实现自重降低200kg；一汽解放ECAS轻量化底盘控制技术，较其他市场产品实现减重40kg，驱动力提升20%，油耗降低1~3L/100km。

随着国家治理超载和大吨小标力度的不断加大，汽车轻量化要求将更加迫切。从目前新产品投放看，由于高强度钢、铝合金、镁合金、碳纤维等新材料在汽车领域的广泛应用，汽车的自重已出现明显的下降，但另外智能网联装备的应用又增加车辆自重，因此，汽车轻量化还有很长的路要走。

七　汽车行业热点

（一）产销大幅下滑，企业“活下来”成为行业热点话题

受国内外宏观形势、经济结构和产业政策调整、消费信心下降及中美经贸摩擦等因素影响，汽车行业承受了较大压力，各项经营指标均表现不佳，企业经营困难。一是产销规模再次下滑，而且下滑幅度超预期，汽车行业整体、乘用车及其细分市场、商用车及其细分市场、新能源车市场等均呈现全线下滑；二是企业赢利能力不佳，据对 17 家重点汽车企业集团统计，2019 年汽车企业工业总产值3. 5 万亿元，同比下降3. 4%，营业收入4. 0 万亿元，同比下降 3. 1%，利税总额 5125. 2 亿元，同比下降 15. 9%；三是厂家和经销商库存高企，估计行业总库存超过400 万辆，部分中小企业抗风险能力较差，举步维艰，甚至到了生死存亡的地步。未来随着产业的升级和竞争的加剧，或将有一批企业被淘汰出局。

（二）“大吨小标”事件突发，行业积极应对

2019 年 5 月 21 日，央视《焦点访谈》曝光了“空车超载，轻卡不轻”的违规行为，引发行业热议。5 月 22 日，公安部组织开展轻型货车检验登记集中排查，5 月 23 日，工信部启动轻型货车“大吨小标”专项治理。随后，多地停止违规蓝牌轻卡上牌。受事件影响，5 ~8 月轻卡销量大跌。

事件发生后，中国汽车工业协会立即组织行业企业迅速应对，采取紧急“双停”措施——停止生产相关问题车型产品、停止销售相关车型产品，并积极整改，推出合规产品，“大吨小标”问题得到有效控制。为避免出现引发严重市场波动、产业经济受挫升级等风险，组织相关企业积极提出应对措施及建议，生产企业承诺加强自律，加强新生产车辆一致性管理，认真清查库存车辆，尽最大努力妥善处理已售相关问题车辆。同时积极研究制定合理可行的进城载货车吨位限值方案，调整载质量利用系数，推进车辆路面执法执行统一标准。

（三）出台多项促进消费政策，汽车市场反映效果有限

2019 年面对汽车市场需求持续深度下滑，政府陆续出台了有关促进消费政策：1 月，国家发改委等十部委联合下发《进一步优化供给推动消费平稳增长促进形成强大国内市场的实施方案》；6 月，国家发改委、生态环境部、商务部等联合发布《推动重点消费品更新升级　畅通资源循环利用实施方案》；8 月，国务院印发《关于加快发展流通促进商业消费的意见》。在老旧汽车报废更新、汽车限购松绑、新能源车消费、二手车限迁等方面提出促进消费措施，但总体来看，对汽车市场的提振效果有限。政策是陆续出台，引发消费者观望情绪，加之有关政策操作性不足、地方政府配合不够，政策难以落地，致使一系列促进消费的政策未能实现预期效果。

（四）国六排放标准提前实施，对企业生产和经营带来影响

为了改善大气环境质量，2018 年，国务院发布《打赢蓝天保卫战三年行动计划》，要求 2019 年 7 月 1 日起，重点区域（京津冀及周边地区、长三角、汾渭平原）、珠三角地区、成渝地区提前实施国六排放标准。

汽车行业积极践行国家环境政策法规要求，不断推进产业节能减排技术升级，努力加快国六产品研发布局。但是，因对国六排放标准提前实施带来的综合影响考虑不充分，国六排放标准提前实施对于行业产生了重大影响，市场出现了严重波动，国五轻型车库存积压，企业经营效益下降；标准实施涉及产品研发、试验验证、产品认证、生产准备等环节，提前实施增加了技术升级试验和验证的压力，加大了产品生产一致性风险；国六产品标定及关键零部件开发技术储备不足，短期不仅带来产品的供应紧张，造成企业利润大量外移，同时也不利于中国零部件企业的发展，进一步增加了产业安全的风险。

（五）新能源汽车补贴进一步退坡，产销规模首次下滑

2019 年 3 月 26 日，财政部发布 2019 年度新能源汽车财政补贴政策，在

2017～2018 年连续两年补贴退坡的基础上，2019 年再次退坡。一是补贴提高技术要求。各类型车辆最高补贴下降幅度明显，同时提高了最低能量密度门槛。补贴标准纯电动乘用车下降 47%～60%，能量密度门槛上升到 125Wh/kg，续航里程门槛上调到 250km。新能源客车退坡幅度在 49%～56%，最低能量密度要求上升到 135Wh/kg；新能源货车下调 45%～80%，最低能量密度要求上升到 125Wh/kg。二是取消地方补贴。

伴随着技术进步，新能源汽车企业也在积极降低成本，但是产品成本降低幅度远低于补贴退坡的幅度。受补贴大幅退坡影响，新能源汽车市场产销量下滑，7 月开始连续六个月销量出现负增长，下半年累计销量仅有 58.9 万辆，同比降幅达到 30.2%，全年销售 120.6 万辆，同比下降 4.0%，这是我国从 2009 年推广新能源汽车至今，首次出现年度销量下滑。随着补贴大幅下调，技术指标加严，对于汽车企业来说也存在较大的成本压力，部分企业的产品线将出现较大调整，新能源汽车未来发展面临市场化的严峻考验。

（六）双积分政策拟将调整修订

2019 年，工信部就《乘用车企业平均燃料消耗量与新能源汽车积分并行管理办法》修正案征求意见，修正案对 2021～2023 年 NEV 积分的考核标准进行了较多修订，具体包括：明确 2021～2023 年 NEV 积分比例要求，2021～2023 年 NEV 积分占传统能源车产量的比例分别为 14%、16%、18%；更新传统能源车产量核算办法，在计算 NEV 积分时增加了一个优惠条件，即如果企业生产了“低油耗乘用车”，在核算传统能源车产量时，低油耗乘用车的生产量或者进口量按照其数量的 0.5 倍计算。简单来说就是生产低油耗乘用车可以降低企业 NEV 积分达标要求；调整新能源车单车积分，纯电动车积分由过去主要由续航里程决定，改为由续航里程和电耗二者共同决定，整体分数比过去将有所降低；新能源积分可以结转，结转有效期不超过三年，对结转条件和比例提出要求。

总体来看，新能源积分要求更加严格，在 NEV 积分比例提升的同时，单车积分下降；更加重视传统能源车降油耗；传统车降耗对 NEV 积分有帮助，虽然 CAFC 正积分仍然不可以抵偿 NEV 负积分，但低油耗车型 0.5 倍的新要求更有利于油耗低车企。结合当前新能源汽车发展严峻形势，整车成本巨大压力，双积分政策中的续航里程及能量密度等指标的提升，或将进一步增加电池的安全风险，新能源汽车的产销出现下行风险。行业认为新能源汽车发展政策应发挥市场主体作用，顺应市场需求，激发市场活力；综合考虑能源战略、产业链安全、产品安全性、社会综合效益等多方面因素，在产业技术路线、产品结构以及市场需求等方面开展行业调研和论证工作，促进新能源汽车产业健康持续发展。

（七）汽车行业进一步对外资企业开放

2019 年 3 月 15 日全国人大通过《中华人民共和国外商投资法》（简称《外商投资法》）。《外商投资法》突出积极扩大对外开放和促进外商投资的主基调、坚持内外资一致，“三法合一”，取消中外合资经营企业、中外合作经营企业和外资企业的划分标准，统一纳入外商投资企业的范畴，将促进外商投资管理制度更加简便易行、规范明晰。对外商投资实行“准入前国民待遇 + 负面清单”制度，有助于破除外商投资企业在设立阶段遇到的障碍与难题，加大外商投资力度，深化对外开放水平。

《外商投资法》在鼓励外商投资的基础上，赋予外商投资企业与内资企业同等的发展权利，强调了外资与内资公平对待、同等保护，也是国民待遇原则的进一步体现。《外商投资法》将建立公平、开放、竞争的市场环境，推动汽车行业管理和产业政策更加市场化、法治化，《外商投资法》与合资股比放开的实施，将使合资公司外方提出增加股比的要求成为可能，中方的话语权降低，对自主品牌来说风险与机遇并存，但短期内风险相对更大。

（八）智能网联汽车成为企业品牌提升的新亮点

随着政府部门不断推出智能网联汽车发展的相关政策，以及智能网联技术的日趋成熟，智能网联汽车逐渐进入特定场景商业应用的重要阶段，港口、园区、机场、码头等特定场景或将成为率先落地的场景，智能网联汽车由开发测试向示范应用迈进，场景化应用与落地成为重要趋势。

从发展趋势看，智能网联是汽车产业技术升级的突破口，有望成为撬动企业品牌提升的支点。大多数行业企业遵循 L2 + 与 L4 两条路线，整车厂与科技公司已基本完成技术与资源布局，布局方向包括大数据、人工智能、信息安全、功能安全、云平台、E/E 架构、车规级芯片、高精度导航、传感器、V2X 等方面，未来企业依靠领先的核心技术，落实产品实现，是提升品牌、赢得竞争优势的关键。

（九）探索新的运营模式，迎来自动驾驶发展新机遇

自动驾驶是汽车企业未来转型升级的一个重要方向，汽车企业在不断探索新的商业运营模式，目前主要有三种。

商业模式一：自动驾驶出租车。自动驾驶出租车是未来出行服务的重要组成部分，商业运营可推进自动驾驶乘用车进入批量生产阶段。目前自动驾驶出租车试运营以科技公司为主，“OEM（车）+科技公司（系统）+运营公司（用户流量）”组合模式渐成趋势。

商业模式二：自动驾驶巴士（限定区域运营），是目前自动驾驶落地和推广最为广泛的模式之一。一般在限定区域内且具有较为固定的路线，运行环境与智能化程度要求相对较低，自动驾驶软硬件设备易于布置，便于技术落地；适用于承载和开发多样的功能模块，可结合具体的需求打造成多样化的“移动场景”，具有较大的挖掘潜力。

商业模式三：自动驾驶物流。自动驾驶物流应用场景较为完整和独立，运营环境特点明显，车辆的舒适性和安全风险性要求相对较低，便于自动驾驶技术的落地与应用；自动驾驶物流经济性有着巨大的挖掘潜力，目前该领域已经吸引了众多行业的参与者。

（十）国家减税降费，给各方带来利好

2019 年国家在上年度减税降费的基础上，实行更大规模的减税和更为明显的降费，主要体现在四个方面：一是对小微企业实施普惠性税收减免，

包括提高增值税小规模纳税人起征点，放宽小型微利企业标准并加大优惠力度，对小规模纳税人缴纳的部分地方税种实行减半征收，扩展初创科技型企业优惠政策适用范围等；二是深化增值税改革，继续推进实质性减税；三是调整个人所得税起征点及税率，落实六个专项附加扣除政策，减轻居民税负；四是降低社会保险费率，进一步减轻企业的社会保险缴费负担。

2019 年减税降费力度大，涉企收费的降低给企业带来利好。一是汽车行业内大中型企业融资难问题得到一定缓解，企业三年期以内的贷款额度明显充足，贷款手续办理效率提高，企业融资环境相较以往得到了一定的改善，降低了企业资金压力；二是税率降低及退税政策的实施，释放了增值税留抵税金的资金占用；三是增加了企业的利润空间，提升了赢利能力，为企业产品研发投入及新的投资提供了更多支持；四是个人所得税改革提高居民收入，一定程度上有助于提升居民汽车消费能力。

乘用车篇

Passenger Vehicles

B.2
2019年乘用车发展报告

摘　要： 本报告描述了2019年中国汽车市场乘用车产销情况，分析了轿车、越野车、多功能车、交叉型乘用车等四个细分市场较2018年度的发展情况和变化趋势，并基于中国2020年度总体经济形势，预测了乘用车工业发展形势，提出了乘用车工业发展的政策建议。

关键词： 乘用车　轿车　越野车　多功能车　交叉型车

一　2019年乘用车发展概况

（一）乘用车市场整体产销情况

1. 产销市场延续下滑趋势，下滑幅度加大

2019年，中国乘用车市场产销量分别为2136万辆和2144万辆，同比

下滑9.22%和9.56%（见表1）。宏观经济结构调整和中美贸易摩擦加大了经济下行压力，居民收入增长减缓，尤其是中低收入用户，居民消费信心受到一定抑制，不利于汽车消费；同时，新能源补贴政策继续退坡，价格优势对用户吸引力减弱，叠加自燃事件影响，进一步削弱新能源汽车消费；而房地产价格持续高位，对用户汽车购买挤占效应短期内仍存在。

表1 2009～2019年乘用车产销量统计

单位：万辆，%

年份	产量	同比增长	销量	同比增长
2009	1038	54.11	1033	52.93
2010	1390	33.83	1376	33.17
2011	1449	4.23	1447	5.19
2012	1552	7.17	1550	7.07
2013	1808	16.49	1793	15.71
2014	1993	10.23	1971	9.93
2015	2108	5.77	2115	7.31
2016	2442	15.84	2438	15.27
2017	2481	1.58	2472	1.40
2018	2353	-5.16	2371	-4.08
2019	2136	-9.22	2144	-9.56

资料来源：根据中国汽车工业协会数据整理。

2. 月度走势“前低后高”，下滑幅度逐月收窄

从月度销量走势看，2019年，乘用车市场呈现“前低后高”走势，下滑幅度超预期。1～2月，受同期基数较高及春节影响，同比增速分别为-17.71%和-17.35%；3月，厂商开始补库存，市场增速为-6.87%，达上半年最高；4～5月，受即将到来的国六切换政策影响，企业提前去库存，同比增速分别为-17.73%和-17.37%；6月，厂商经历2个月去库存后重新补库存，同比增速为-7.80%，达上半年第二高；7～12月，市场增速回归，下滑幅度逐步收窄，其中12月同比增速为-0.90%，达全年最高（见图1）。

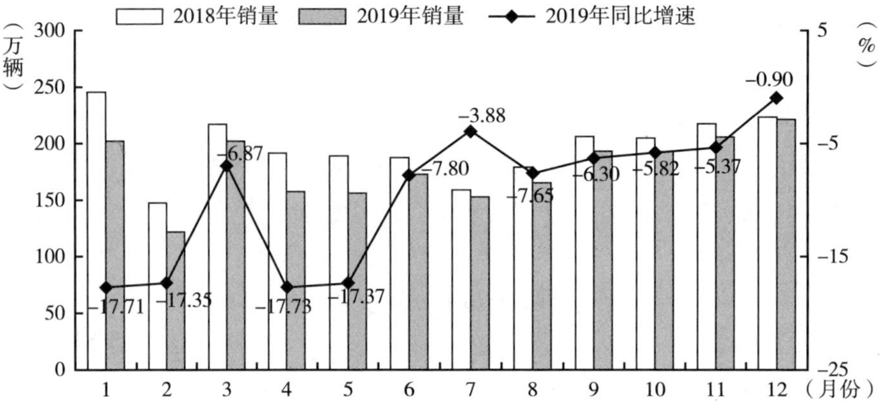

图1　2018～2019 年乘用车月度销量走势

资料来源：根据中国汽车工业协会数据整理。

3. SUV 逆势而上，份额持续提升

从车身类型看，2019 年轿车销售 1029 万辆，同比下滑 11.28%，仍为乘用车最大细分市场，销量占比 48.01%；MPV 销售 154 万辆，同比下滑 18.53%，销量占比 7.20%，下滑趋势不变；SUV 销售 937 万辆，同比下滑 5.57%，销量占比 43.67%，同比增速和销量占比增加均领先整体市场，成为带动乘用车市场增量核心市场；交叉车型销售 24 万辆，同比下滑 18.07%，销量占比 1.12%，下滑趋势不变（见表 2）。SUV 市场增速领先整体市场，主要得益于合资 SUV 产品销量贡献，一方面，本田 CR－V、奔驰 GLC、逍客等老产品市场表现优异；另一方面，探岳、探歌、途岳等新产品市场表现突出。

表2　2019 年乘用车细分市场销量统计

车型分类	销量（万辆）	同比增长（%）	销量占比（%）	占比变化（较 2018 年）（百分点）
轿车	1029	－11.28	48.01	－0.93
MPV	154	－18.53	7.20	－0.79
SUV	937	－5.57	43.67	1.83
交叉车型	24	－18.07	1.12	－0.12

资料来源：根据中国汽车工业协会数据整理。

4. 中国品牌企业份额进一步降低

2019 年，中国品牌企业乘用车销售 708 万辆，同比下滑 13.41%，销量占比 33.03%，较 2018 年下降 1.47 个百分点，不同企业市场表现不尽相同。销量 TOP10 的企业依次为吉利汽车、长城汽车、长安汽车、上汽乘用车、奇瑞汽车、比亚迪汽车、广汽乘用车、东风小康、华晨汽车、江淮汽车，销量分别为 136 万辆、91 万辆、81 万辆、67 万辆、61 万辆、45 万辆、38 万辆、22 万辆、18 万辆和 16 万辆；同比增速分别为 -9.28%、-0.39%、-6.84%、-4.08%、11.14%、-9.76%、-28.14%、-14.91%、-24.31% 和 -19.76%（见图 2）。

从销量规模看，TOP10 企业中仅吉利汽车年销量突破 100 万辆，但年销量规模增长乏力；年销量在 50 万～100 万辆的企业有 4 家，其中奇瑞汽车表现突出，为 TOP10 企业中唯一正增长企业，且同比增速为两位数；年销量不足 50 万辆的企业中，比亚迪同比下滑 9.76%，其余企业下滑幅度均超过两位数。

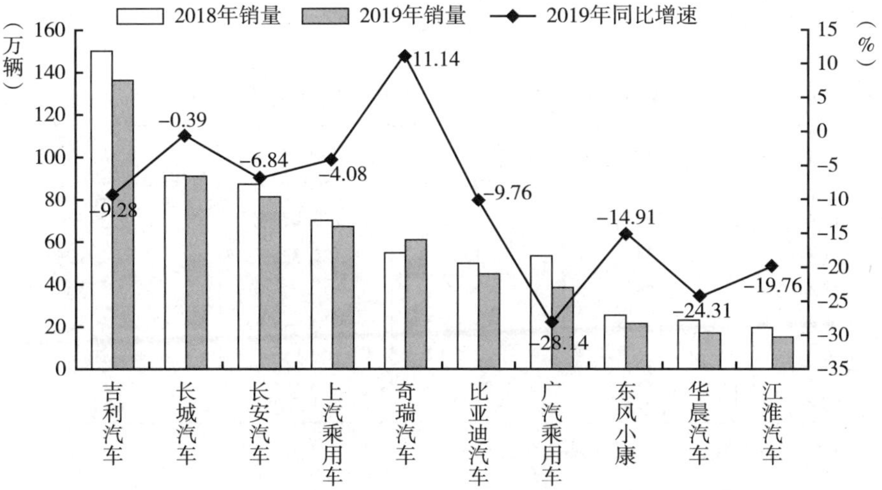

图 2　2019 年中国品牌乘用车销量 TOP10 企业

资料来源：根据中国汽车工业协会数据整理。

5. 乘用车市场日系、德系保持强劲态势

分系别看，2019 年乘用车销量日系和欧系表现强劲。自主品牌销量 708 万辆，同比下滑 13.41%，占比 33.03%，仍占最大市场份额，但份额较 2018 年下滑 1.47 个百分点，下滑仅次于美系 1.55 个百分点，表现乏力；欧系在大众、奔驰和宝马带动下，销量 554 万辆，同比下滑 1.57%，市场份额 25.82%，较 2018 年增加 2.10 个百分点，增加幅度仅次于日系；日系为车市最大赢家，销量 458 万辆，同比增长 2.99%，市场份额 21.37%，较 2018 年增加 2.60 个百分点，增加幅度最大，日产、本田和丰田均表现出色；美系除江铃股份外，上汽通用、长安福特和广汽菲亚特均大幅下滑，销量 191 万辆，同比下滑 22.93%，市场份额 8.91%，份额下降 1.55 个百分点，下降幅度最大；合资自主销量 132 万辆，同比下滑 26.51%，市场份额 6.16%，受上汽通用五菱和东风启辰影响，市场份额下降 1.42 个百分点；韩系销量 101 万辆，同比下滑 14.32%，市场份额 4.72%，受北京现代和东风悦达起亚影响，市场份额下降 0.26 个百分点（见表 3）。

表 3　2019 年乘用车分系别销量统计

系别	销量（万辆）	同比增速（%）	占比（%）	占比变化（较 2018 年）（百分点）
自主	708	-13.41	33.03	-1.47
欧系	554	-1.57	25.82	2.10
日系	458	2.99	21.37	2.60
美系	191	-22.93	8.91	-1.55
合资自主	132	-26.51	6.16	-1.42
韩系	101	-14.32	4.72	-0.26

资料来源：根据中国汽车工业协会数据整理。

6. 市场竞争加剧，销量集中度有所提高

2019 年乘用车市场竞争更加激烈，TOP20 企业销量 1837 万辆，同比下滑 9.56%，占据乘用车市场达到 85.64%，较 2018 年（占比 81.69%）增加3.95个百分点（见表4），市场集中的趋势更加明显，尤其是在合资企业补足SUV市场短板的情况下，弱势企业极有可能退出市场竞争。

表4　2019年乘用车TOP20企业销量统计

类别	销量（万辆）	同比增速（%）	占比（%）	占比变化（较2018年）（百分点）
销量	1837	-9.56	85.64	3.95

资料来源：根据中国汽车工业协会数据整理。

（二）乘用车区域市场表现

从区域市场看，东部地区销量999万辆，同比下滑3.00%，下滑幅度最小，市场份额48.96%，同比增加0.43个百分点，增幅最大；西部地区销量473万辆，同比下滑3.48%，市场份额23.19%，同比增加0.09个百分点；中部地区销量465万辆，同比下滑4.96%，市场份额22.78%，同比下降0.27个百分点，下降幅度最大；东北销量104万辆，同比下滑8.39%，下滑幅度最大，市场份额5.07%，同比下降0.25个百分点，下降幅度仅次于中部地区（见表5）。

表5　2019年乘用车分地区销量统计

区域	销量（万辆）	同比增速（%）	占比（%）	占比变化（较2018年）（百分点）
东部	999	-3.00	48.96	0.43
西部	473	-3.48	23.19	0.09
中部	465	-4.96	22.78	-0.27
东北	104	-8.39	5.07	-0.25

注：东北地区为黑龙江、吉林和辽宁；东部地区为北京、天津、河北、上海、江苏、浙江、福建、山东、广东和海南；中部地区为山西、安徽、江西、河南、湖北、湖南；其他划归西部地区。

资料来源：狭义乘用车上险数据。

（三）乘用车进出口分析

2019年，独资企业特斯拉正式交付，以奔驰、宝马、奥迪为代表的合资企业纷纷加快国产化进程，同时中美贸易摩擦年底才得以缓和，乘用车进口市场低迷，全年进口106.3万辆，同比下滑2.3%。吉利、长城、长安等优秀中国品牌企业纷纷布局海外市场，尤其在“一带一路”倡议背景下，乘用车出口规模实现73万辆销量，同比下滑4.30%（见表6）。

表6　2009～2019年乘用车进出口数量

单位：万辆，%

年份	进口	同比增长	出口	同比增长
2009	41	3.46	14	-52.82
2010	78	90.24	26	85.71
2011	100	28.21	48	84.62
2012	108	8.00	66	37.50
2013	116	7.41	60	-9.09
2014	140	20.69	53	-11.67
2015	108	-22.86	43	-18.87
2016	104	-3.61	48	11.63
2017	120	15.30	64	34.00
2018	108.8	-9.16	76	18.52
2019	106.3	-2.30	73	-4.30

资料来源：根据中国汽车工业协会数据整理。

（四）乘用车发展趋势预测

1. 影响乘用车发展的因素分析

（1）市场有利因素

第一，“十三五”收官，稳定是主基调，国家将通过一系列宏观调控手段促消费、降成本，力保各项经营目标的实现，这有利于激发汽车企业活力，促进汽车市场发展；第二，从乘用车发展阶段看，我国仍处于普及阶段，乘用车保有量与发达国家仍存在差距，且区域发展不均衡，未来消费潜力巨大；第三，在补贴政策和双积分政策推动下，新能源汽车快速发展，若2020年末补贴退坡，势必透支2021年销量，利好2020年乘用车市场；第四，广东、深圳等限购城市限购出现松动，购车指标增加，一方面可以为乘用车市场直接带来增量，另一方面可能起到引导其他限购城市限购松绑的作用，利好乘用车市场。

（2）市场不利因素

第一，国际形势错综复杂，中美贸易摩擦虽出现缓和，但经济下行压力仍然较大，尤其在新冠肺炎疫情影响下，经济增速将不可避免出现下滑，不利于乘用车市场发展；第二，中国汽车市场正处于新旧动能转换中，基于我国消费增速仍处在下行压力阶段，以及汽车行业去产能、去库存的背景，我国整体汽车市场仍然处于探底波动的不明朗态势；第三，乘用车领域低端车的市场空间将再度被压缩，2020 年将是落后车企淘汰的关键之年，尤其是自主品牌企业面临更大挑战；第四，2020 年新能源补贴相较 2019 年，对用户吸引力减弱，尤其在自燃等事件影响下，用户对新能源消费更加谨慎，不利于乘用车市场增量；第五，新车对销量的刺激作用持续减弱，而房地产价格持续高位对乘用车消费挤压作用依然存在。这些都将影响乘用车市场增量。

2. 汽车市场消费趋势

（1）SUV 消费回归理性

经历过去几年持续 SUV 新品供给，中国品牌和合资企业基本完成各细分市场产品布局，未来 SUV 新品对销量贡献作用减弱；同时 90 后和 95 后年轻用户正成为市场消费主力，他们对 SUV 的偏好低于其他年代用户，另外 SUV 的舒适性不及轿车，而随着人们生活品质的提升，消费者将更加注重舒适性，预计 SUV 消费将回归理性。

（2）车身形式多样化发展

年轻用户成为主力，他们对于个性、潮流的偏好，体现在车身形式的多样化发展上，而轿跑 SUV 恰好可以承接这一偏好，以吉利星越、长安 CS85 COUPE 和长城哈弗 F7X 代表的中国品牌轿跑 SUV 产品，得到了年轻用户的喜爱；2020 年仍有长安 UNI－T、传祺 GS4 COUPE、探岳 COUPE 等核心轿跑 SUV 产品上市，车身形式多样化发展趋势将更加明显。

（3）消费升级趋势愈加明显

随着人们生活水平提高，汽车不再是简单的交通工具，更承载着情感需求，而以高级别、豪华车为代表的高端车受到追捧。2020 年 10 万元以下车型市场占比 25.5%，较 2019 年下降 5 个百分点，这一趋势将愈加明显，越来越多的用户选择购买价位更高的产品。

（4）汽车智能化、网联化将越来越受关注

伴随着智能科技的快速发展，消费者已从满足基础功能延伸到对科技智能的追求，智能化、网联化汽车等越来越受到关注。2019 年汽车智能化关注度相比 2018 年同比增长 30.8%，汽车网联化关注度同比增长 52.3%。

3. 乘用车销量预测

预测 2020 年乘用车销量为 2005 万辆，同比下滑 6.5%。其中，乘用车出口 100 万辆，与 2019 年持平。从细分市场看，预期轿车销售 952 万辆，同比下滑 7.48%；MPV 销量 134 万辆，同比下滑 12.97%；SUV 销量 898 万辆，同比下滑 4.10%；交叉车型销量 20 万辆，同比下滑 16.36%。

二 2019年轿车发展情况

（一）轿车市场发展分析

1. 轿车市场产销量情况

2019 年，轿车实现销售 1029 万辆，同比下滑 11.28%，销量较 2018 年减少 31 万辆，规模连续 3 年下滑（见图 3）。轿车市场占狭义乘用车市场比重为 48.55%，较 2018 年下降 0.94 个百分点（见图 4），创轿车市场份额历史新低。

轿车各细分市场销量全线下降，微型轿车市场从 2018 年的增长到 2019 年的大幅下降，规模从 2018 年的 41 万辆降至 2019 年的 21 万辆，规模波动较大；小型轿车大幅下降，连续 8 年下滑，规模从 2011 年的 206

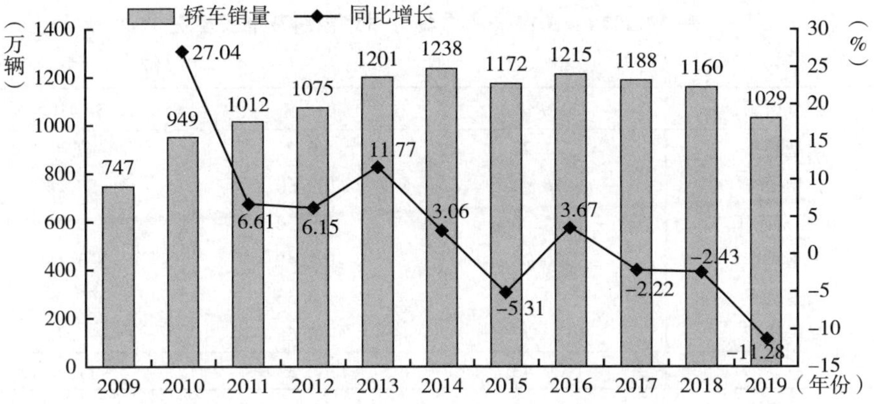

图3　2009～2019年轿车销量

资料来源：根据中国汽车工业协会数据整理。

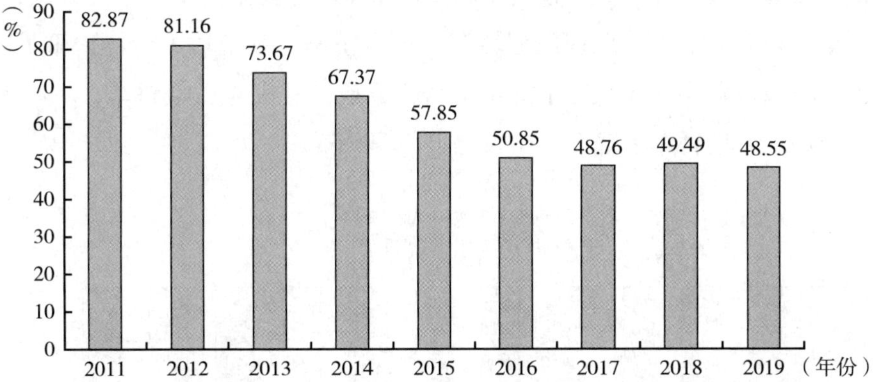

图4　2011～2019年轿车在狭义乘用车市场占比走势

资料来源：根据中国汽车工业协会数据整理。

万辆降至2019年的77万辆，下降了129万辆；紧凑型轿车连续3年下降，规模从2016年的806万辆降至2019年的643万辆，下降了163万辆；中型轿车经过2年增长后，2019年呈小幅下降；大型轿车市场销量同比大幅下滑；豪华轿车自2009年统计数据以来，连续9年增长后，2019年首现负增长（见表7）。

表 7　2018～2019 年轿车细分市场销量及增长情况

单位：万辆，%

细分市场	2019 年	2018 年	2019 年同比增长
微型轿车	21.28	40.71	-47.74
小型轿车	76.94	109.50	-29.74
紧凑型轿车	643.00	709.70	-9.40
中型轿车	156.28	161.40	-3.18
大型轿车	4.17	8.36	-50.09
豪华轿车	127.77	130.65	-2.20
总计	1029.43	1160.33	-11.28

资料来源：根据中国汽车工业协会数据整理。

从轿车细分市场结构占比来看，2019 年，紧凑型轿车、中型轿车、豪华轿车结构比重上升，其中紧凑型轿车、中型轿车均上升 1.3 个百分点，豪华轿车上升 1.1 个百分点；微型轿车、小型轿车、大型轿车市场比重下降，其中，小型轿车降幅最大，下降 1.9 个百分点，其次为微型轿车，下降 1.4 个百分点，大型轿车下降 0.4 个百分点（见图 5）。

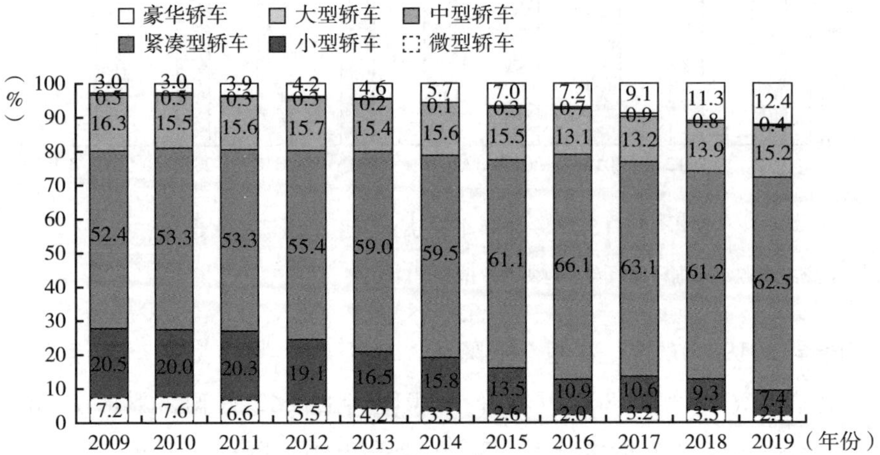

图 5　2009～2019 年轿车细分市场结构

资料来源：根据中国汽车工业协会数据整理。

从轿车市场企业销量排名来看，轿车市场销量TOP10的企业依次为一汽-大众、上汽大众、上汽通用、东风日产、吉利汽车、北京现代、一汽丰田、广汽本田、广汽丰田、华晨宝马。前十位企业与2018年没变，仅广汽丰田与北京现代的位次替换，可见，轿车市场车企竞争基本保持稳定态势（见表8）。

从增速来看，TOP5企业轿车销量均同比下降，其中，一汽-大众同比下降16.89%，上汽通用同比下降24.37%，均呈大幅下降；华晨宝马同比增长24.63%，北京现代同比增长16.08%，这两家车企增长相对突出。

从占比变化来看，上升最明显的是北京现代，较2018年上升了1.20个百分点，其次是华晨宝马、广汽本田，分别上升了1.07个百分点和0.96个百分点；下降最明显的是上汽通用，下降了1.77个百分点，其次是一汽-大众、吉利汽车，分别下降0.96个百分点和0.26个百分点。

表8 2018～2019年轿车企业销量排名

序号	企业名称	2019年（万辆）	2018年（万辆）	2019年同比增长（%）	2019年占比（%）	2018年占比（%）	占比变化（百分点）
1	一汽-大众	146.32	176.05	-16.89	14.21	15.17	-0.96
2	上汽大众	133.99	148.34	-9.67	13.02	12.78	0.23
3	上汽通用	105.40	139.35	-24.37	10.24	12.01	-1.77
4	东风日产	70.02	70.93	-1.28	6.80	6.11	0.69
5	吉利汽车	54.36	64.29	-15.45	5.28	5.54	-0.26
6	北京现代	52.40	45.14	16.08	5.09	3.89	1.20
7	一汽丰田	51.49	51.03	0.89	5.00	4.40	0.60
8	广汽本田	51.22	46.60	9.91	4.98	4.02	0.96
9	广汽丰田	48.03	51.60	-6.91	4.67	4.45	0.22
10	华晨宝马	38.09	30.57	24.63	3.70	2.63	1.07

资料来源：根据中国汽车工业协会数据整理。

从轿车产品销量排名来看，轿车市场车型销量TOP10的依次为朗逸、轩逸、卡罗拉、宝来、速腾、英朗GT、桑塔纳、思域、雅阁、雷凌。朗逸、轩逸、卡罗拉继续位居前三，朗逸两位数的增速，强势超越轩逸跃居第一。2018 年前十中的捷达、科沃兹、迈腾退出前十，思域、雅阁、雷凌为新晋前十产品。宝来同比增长 36.14%，呈强势增长，其次雅阁也表现不错，同比增长 26.55%（见图 6）。

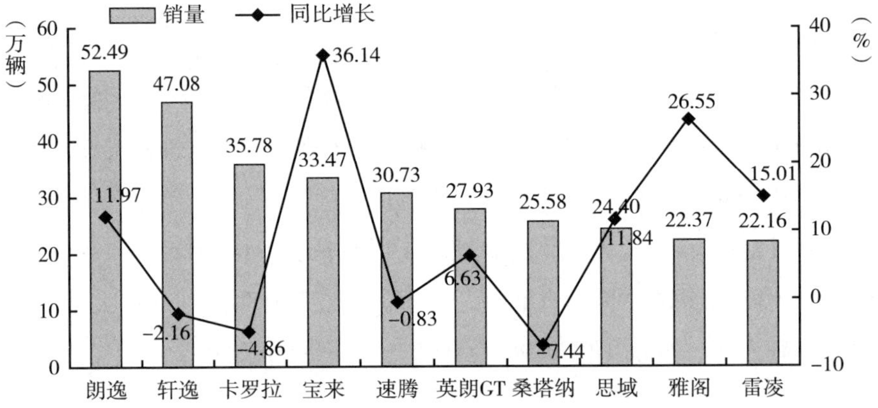

图 6　2019 年轿车畅销车型 TOP10

资料来源：根据中国汽车工业协会数据整理。

从轿车市场系别来看，欧系品牌销量依然最高，但规模萎缩，规模量下降 48.43 万辆，为规模下降最大的系别品牌，增速下降 11.72%，呈明显下滑态势，市场占比下降 0.18 个百分点；排名第二的日系品牌规模继续扩大，增速为 6.16%，为仅有的增长车系，市场占比上升最明显，高达 4.46 个百分点；中国品牌继续保持第三的位置，增速下降 15.21%，市场占比下降 0.82 个百分点；美系品牌排名第四，规模继续大幅下降，销量下降 47.14 万辆，仅次于欧系品牌，增速大幅下滑 28.33%，占比下降 2.76 个百分点，为占比下降最大的系别品牌；排名第五的韩系品牌规模也继续下滑，增速下降 16.26%，占比下降 0.37 个百分点；合资自主品牌轿车排名第六，同比下滑 25.10%，占比下降 0.34 个百分点。总体来看，仅日系品牌轿车为正增长（见表 9）。

表 9　2019 年轿车分系别销量统计

系别	2019 年销量（万辆）	2018 年销量（万辆）	同比增长（%）	2019 年占比（%）	2018 年占比（%）	占比变化（百分点）
欧系	364.65	413.08	-11.72	35.42	35.60	-0.18
日系	279.75	263.52	6.16	27.18	22.71	4.46
中国品牌	182.77	215.56	-15.21	17.75	18.58	-0.82
美系	119.27	166.41	-28.33	11.59	14.34	-2.76
韩系	64.14	76.60	-16.26	6.23	6.60	-0.37
合资自主	18.84	25.16	-25.10	1.83	2.17	-0.34

资料来源：根据中国汽车工业协会数据整理。

2019 年，轿车区域实销排名前十分别是广东、江苏、山东、浙江、河南、河北、四川、安徽、湖南、湖北（见表 10），与 2018 年前十区域保持一致。广东销量继续领跑，保持 100 万级规模轿车市场。全国仅广西、北京、新疆、西藏四个省级区域轿车市场实现了增长，其余省份销量全线下跌。销量前十区域中河北下降最明显，同比下降 15.81%，销量下降了 11.5 万辆。

表 10　2019 年轿车区域实销情况

单位：万辆，%

销量排序	区域	2019 年	2018 年	同比增长	销量排序	区域	2019 年	2018 年	同比增长
1	广东	123.07	124.37	-1.05	17	山西	24.02	26.76	-10.26
2	江苏	83.73	88.84	-5.75	18	北京	23.99	21.77	10.17
3	山东	79.78	85.34	-6.51	19	贵州	23.74	24.71	-3.92
4	浙江	74.13	79.91	-7.23	20	云南	20.52	22.41	-8.42
5	河南	67.68	74.37	-9.00	21	重庆	19.70	21.35	-7.75
6	河北	61.51	73.06	-15.81	22	黑龙江	14.71	17.22	-14.61
7	四川	52.10	55.40	-5.95	23	吉林	13.04	14.19	-8.14
8	安徽	38.78	40.19	-3.51	24	内蒙古	12.87	14.67	-12.26
9	湖南	36.89	37.83	-2.51	25	天津	11.93	14.48	-17.62
10	湖北	33.26	33.89	-1.84	26	新疆	10.24	9.78	4.69
11	福建	30.09	31.14	-3.37	27	甘肃	7.38	7.60	-2.90
12	陕西	29.72	30.44	-2.37	28	海南	4.68	5.30	-11.77
13	上海	28.69	33.28	-13.80	29	宁夏	2.96	3.46	-14.25
14	江西	27.75	29.96	-7.38	30	青海	2.36	2.87	-18.01
15	广西	26.86	26.23	2.41	31	西藏	0.53	0.44	19.47
16	辽宁	24.21	27.96	-13.40	总计		1010.90	1079.22	-6.33

资料来源：上险数据。

2. 轿车市场发展情况

(1) 微型轿车市场

2019 年，微型轿车（简称“微轿”）销量 21.28 万辆，同比增长 -47.74%（见图 7），呈大幅下滑，增量较 2018 年下降 19.4 万辆，近乎腰斩，创历史新低。市场波动非常明显。

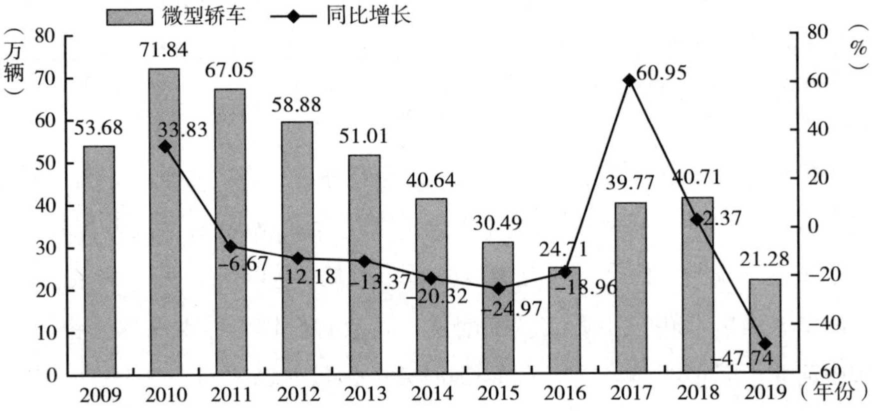

图 7　2009～2019 年微型轿车销量增长情况

资料来源：根据中国汽车工业协会数据整理。

从市场占比来看，微轿在狭义乘用车市场占比降至 2.07%（见图 8），较 2018 年下降了 1.45 个百分点，占比居历史第二低点。

从能源结构来看，传统燃料微轿销售 11343 辆，同比增长 -46.31%，销量下降 9784 辆；纯电动微轿销售 201443 辆，同比增长 -40.77%，销量下降 138658 辆。从比重变化来看，2019 年纯电动微轿占据 94.67%，较 2018 年继续上升 0.52 个百分点，微轿新能源化继续呈增长趋势（见图 9）。总体来看，2019 年微轿市场的大幅下降主要是新能源市场大幅回落，从目前市场分析来看，主要是 2019 年新能源补贴大幅退坡导致产品价格上涨，微轿产品价格涨幅相对较大，同时，微轿用户对价格敏感度较高，进而价格的波动对微轿市场的影响相对明显。未来，随着补贴退出的影响消失以及电池成本的下降，微轿市场仍存在反弹回升的空间。

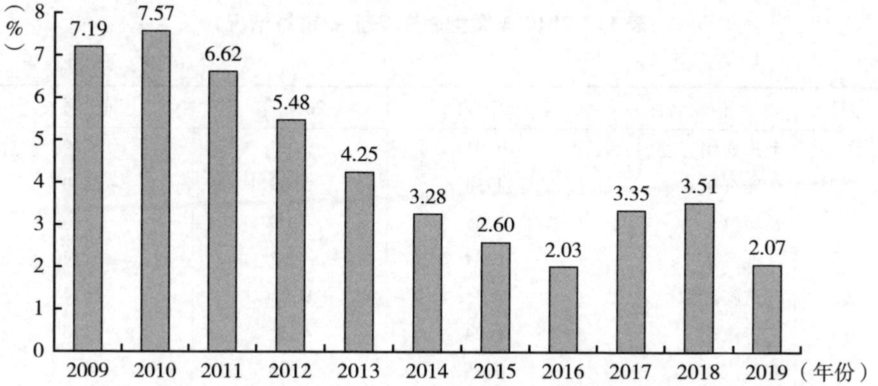

图 8　2009 ~ 2019 年微型轿车占狭义乘用车比重情况

资料来源：根据中国汽车工业协会数据整理。

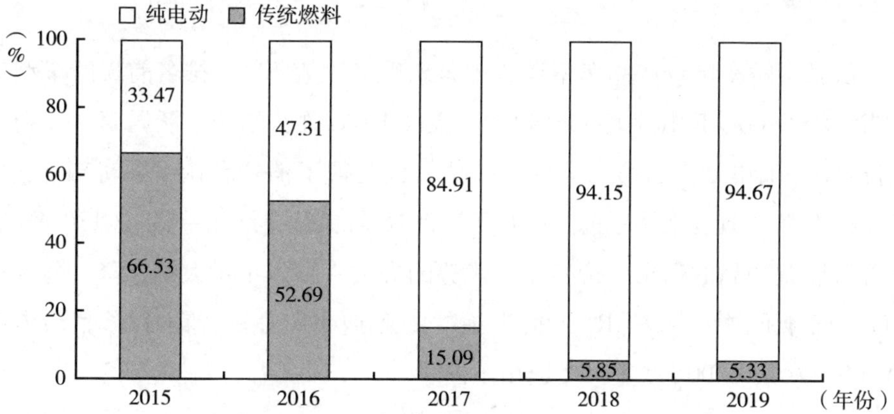

图 9　2015 ~ 2019 年微型轿车动力细分结构比重变化

资料来源：上险数据。

从微型轿车市场车企销量排名来看（见表 11），前十排位有三家退出，分别是众泰汽车、华泰汽车、知豆汽车，三家新晋企业，分别是长城汽车、比亚迪汽车、昌河汽车，上汽通用五菱强势跃居第一，长城汽车凭借欧拉品牌跻身前三，北汽新能源由于 EC180 低续航产品退出，让出连续 2 年的头名位置。从近几年微轿市场竞争来看，基本没有一个稳定的竞争格局。

表 11 2019 年微型轿车各企业销量情况

单位：万辆，%

序号	企业名称	2019 年	2018 年	同比增长
1	上汽通用五菱	6.01	2.59	131.96
2	奇瑞汽车	4.38	5.69	-23.07
3	长城汽车	2.85	0.00	—
4	江淮汽车	1.84	4.32	-57.40
5	北汽新能源	1.35	9.25	-85.44
6	江铃汽车	1.24	4.31	-71.30
7	东风汽车	0.95	1.92	-50.77
8	昌河汽车	0.90	1.41	-36.23
9	比亚迪汽车	0.75	0.08	841.99
10	长安汽车	0.24	1.70	-85.72

资料来源：根据中国汽车工业协会数据整理。

从微型轿车市场产品车型销量排名来看（见表 12），排名前 3 的车型依次为宝骏 E100、欧拉 R1、奇瑞 QQ。宝骏 E100 强势增长，跃居第一，新品欧拉 R1 一上市就排名第二，可见产品力也获得了消费者认可，奇瑞 QQ 虽然大幅下降，但也维持了前三的位置。2018 年销量排名第一的 EC180 产品，随着低续航产品的退出，价格竞争优势的失去，导致销量大幅下降，降至第 6 位。前十位中，欧拉 R1、北斗星、比亚迪 E1 为新晋前十产品，华泰 EV160、众泰 E200、知豆 D2 退出了前十。

表 12 2019 年微型轿车各车型产品销量情况

单位：万辆，%

序号	车型名称	2019 年	2018 年	同比增长
1	宝骏 E100	6.01	2.59	131.96
2	欧拉 R1	2.85	0.00	—
3	奇瑞 QQ	2.43	3.76	-35.32
4	江淮 IEV6E	1.84	4.32	-57.40
5	小蚂蚁	1.83	1.79	1.79
6	EC180	1.29	9.20	-86.00
7	俊风 ER30	0.95	1.92	-50.77

续表

序号	车型名称	2019 年	2018 年	同比增长
8	江铃 E200	0.90	3.25	-72.43
9	北斗星	0.82	1.38	-40.77
10	比亚迪 E1	0.75	0.00	—

资料来源：根据中国汽车工业协会数据整理。

（2）小型轿车市场

2019 年小型轿车市场销量 76.94 万辆，同比增长 -29.74%，销量同比减少 32.56 万辆（见图 10），规模继续大幅萎缩，在轿车市场占比为 7.47%，较 2018 年下降 1.98 个百分点，市场占比继续快速下降（见图 11）。

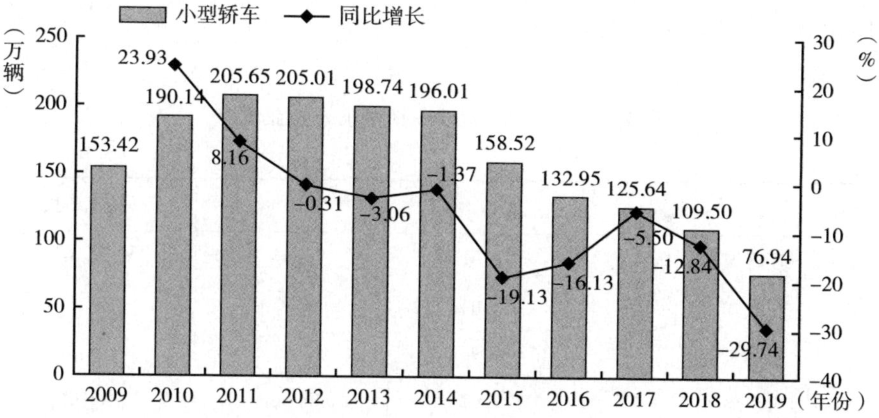

图 10　2009～2019 年小型轿车销量及增长情况

资料来源：根据中国汽车工业协会数据整理。

从小型轿车市场车企销量排名来看，前三名全部洗牌，2018 年前三位的上汽通用、上汽通用五菱、上汽大众均退出前三排名，广汽丰田从排名第 7 跃居排名第一，呈强势增长；前十车企中广汽丰田、北京现代、上汽乘用车为正增长，其他车企均同比下降。中国品牌中奇瑞汽车、吉利汽车跌出前

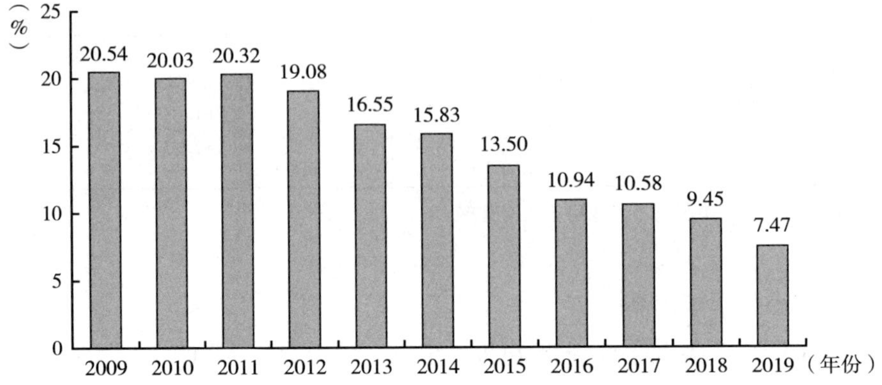

图 11　2009～2019 年小型轿车占轿车比重情况

资料来源：根据中国汽车工业协会数据整理。

十，长安汽车、上汽乘用车进入前十排名，总体来看，中国品牌在小型轿车市场竞争力依然较弱（见表 13）。

表 13　2019 年小型轿车销量前十企业情况

单位：万辆，%

序号	企业名称	2019 年	2018 年	同比增长
1	广汽丰田	11. 51	9. 57	20. 31
2	广汽本田	11. 04	12. 92	-14. 55
3	东风悦达	9. 96	12. 71	-21. 65
4	上汽通用	9. 02	15. 56	-42. 05
5	北京现代	8. 89	7. 99	11. 27
6	一汽丰田	8. 44	9. 78	-13. 77
7	上汽大众	7. 52	14. 77	-49. 07
8	上汽通用五菱	4. 71	15. 17	-68. 93
9	长安汽车	1. 57	1. 81	-13. 37
10	上汽乘用车	1. 56	1. 03	51. 79

资料来源：根据中国汽车工业协会数据整理。

从小型轿车市场产品车型销量排名来看，前3位的车型依次为飞度、赛欧、威驰，2018年的前三位中，仅赛欧依然位列其中，宝骏310、Polo均跌出前三行列。2018年表现突出的起亚KXCROSS跌出了前十，悦纳为新进入前十产品。前十产品中有半数实现了增长，其中，东风悦达起亚的焕驰呈大幅增长，是小型轿车产品的一大亮点，其次，致炫、瑞纳也表现不错，小型轿车市场虽然大幅萎缩，但产品依然有亮点（见表14）。

表14　2019年小型轿车销量前十车型产品销量情况

单位：万辆，%

序号	车型名称	2019年	2018年	同比增长
1	飞度	11.04	12.92	-14.55
2	赛欧	9.02	15.41	-41.50
3	威驰	8.44	9.78	-13.77
4	焕驰	7.89	4.38	79.99
5	Polo	7.37	14.04	-47.53
6	致炫	6.99	5.43	28.69
7	瑞纳	5.14	4.27	20.51
8	宝骏310	4.71	15.17	-68.93
9	致享	4.52	4.14	9.30
10	悦纳	3.75	3.73	0.71

资料来源：根据中国汽车工业协会数据整理。

（3）紧凑型轿车市场

2019年紧凑型轿车销量643.00万辆，同比增长-9.40%，销量下降66.70万辆（见图12），规模加速萎缩，从2016年的802万辆下降到2019年的643万辆，三年萎缩近160万辆，紧凑型轿车市场虽然规模基数较大，但仍面临市场大幅萎缩的严峻挑战。

从市场占比来看，2019年紧凑型轿车在轿车市场的占比为62.46%，较2018年上升1.21个百分点（见图13）。

从紧凑型轿车市场车企销量排名来看，排名前三的企业依次为上汽大

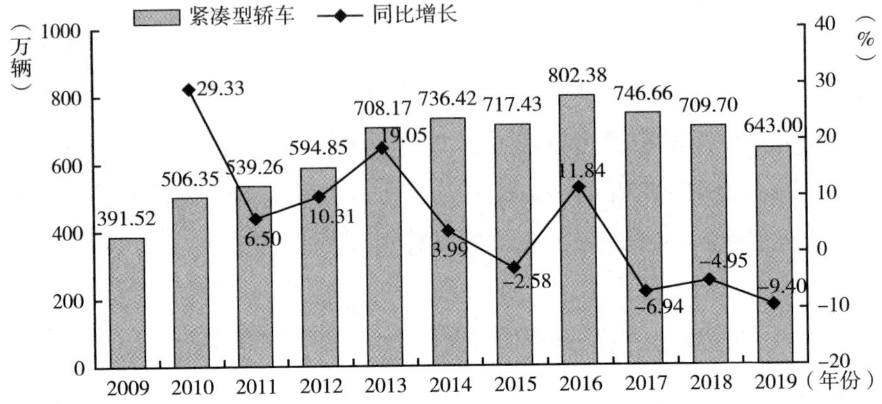

图 12　2009～2019 年紧凑型轿车销量增长情况

资料来源：根据中国汽车工业协会数据整理。

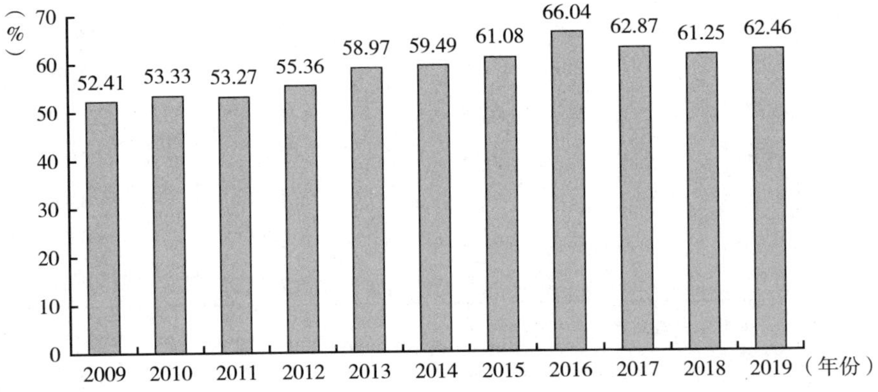

图 13　2009～2019 年紧凑型轿车占轿车比重情况

资料来源：根据中国汽车工业协会数据整理。

众、一汽－大众、上汽通用。上汽大众凭借较小的同比降幅超越一汽－大众跃居榜首，排位第二、第三的一汽－大众、上汽通用呈大幅下降。前十车企中，广汽丰田为新进车企，长安福特退出了前十排名，东风本田、广汽丰田呈良好增长态势（见表 15）。

表 15　2019 年紧凑型轿车销量前十企业销量情况

单位：万辆，%

序号	企业名称	2019 年	2018 年	同比增长
1	上汽大众	101.29	109.00	-7.07
2	一汽-大众	88.77	110.20	-19.45
3	上汽通用	62.84	79.88	-21.33
4	东风日产	60.17	59.52	1.09
5	吉利汽车	52.00	58.17	-10.61
6	一汽丰田	35.78	37.61	-4.86
7	北京现代	34.83	32.66	6.61
8	东风本田	30.69	25.33	21.16
9	上汽乘用车	28.46	27.40	3.88
10	广汽丰田	22.37	19.27	16.07

资料来源：根据中国汽车工业协会数据整理。

从紧凑型轿车市场产品车型销量来看，排名前 3 的车型依次为朗逸、轩逸、卡罗拉。朗逸两位数增长，超越轩逸跃居第一。捷达、科沃兹跌出前十，雷凌、帝豪跻身前十；宝来增长突出，从 2018 年第 9 名上移到第 4 名，其次，雷凌增长也较快，排名第 9，思域表现也不错，从 2018 年第 10 名跃居第 8。中国品牌帝豪，2018 年退出前十排名后重新进入十强行列（见表 16）。

表 16　2019 年紧凑型轿车销量前十车型产品销量情况

单位：辆，%

序号	车型名称	2019 年	2018 年	同比增长
1	朗逸	524899	468792	12.0
2	轩逸	470806	481216	-2.2
3	卡罗拉	357798	376065	-4.9
4	宝来	334668	245818	36.1
5	速腾	307323	309902	-0.8
6	英朗 GT	279280	261920	6.6
7	桑塔纳	255836	276411	-7.4
8	思域	243966	218132	11.8
9	雷凌	221629	192697	15.0
10	帝豪	183022	215507	-15.1

资料来源：根据中国汽车工业协会数据整理。

（4）中型轿车市场

2019 年中型轿车销量 156. 28 万辆，同比增长 - 3. 18%，呈小幅下降，同比减少 5. 13 万辆（见图 14），在轿车市场占比 15. 18%（见图 15），同比上升 1. 25 个百分点，中型轿车市场占比经历 3 年低于 15% 后又回归到 15% 以上占比。

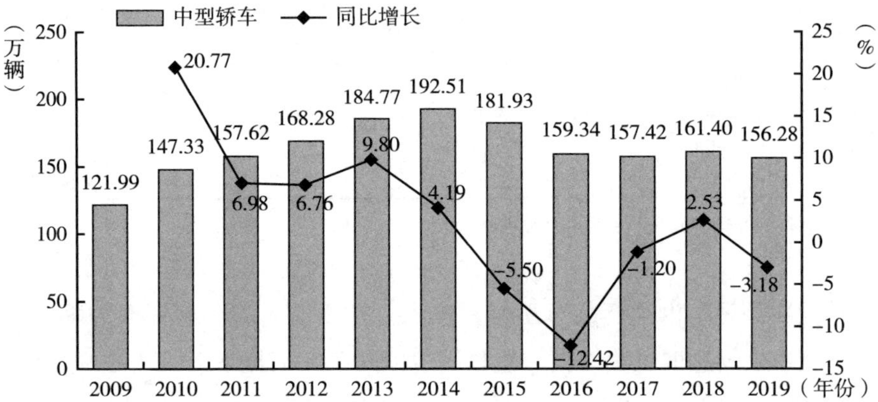

图 14　2009 ~ 2019 年中型轿车销量增长情况

资料来源：根据中国汽车工业协会数据整理。

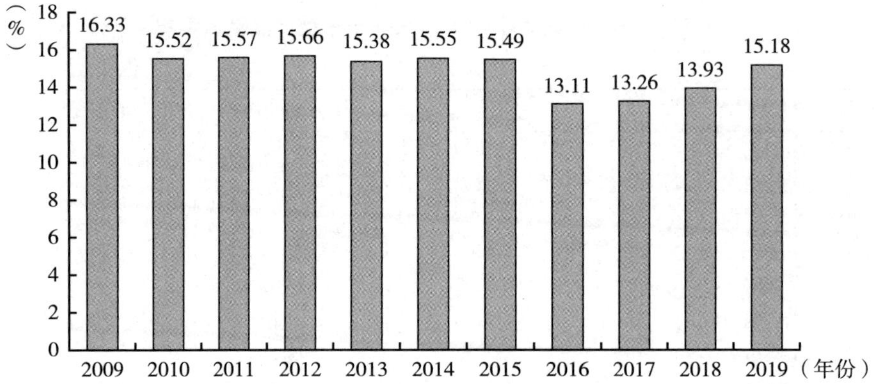

图 15　2009 ~ 2019 年中型轿车占轿车比重情况

资料来源：根据中国汽车工业协会数据整理。

从中型轿车市场车企销量排名来看（见表17），前3位的企业依次为上汽通用、上汽大众、广汽本田。广汽本田凭借雅阁的良好表现超越一汽－大众跃居前三之列。前十排名中，一汽丰田、东风本田、一汽集团为新晋前十车企，北京现代、长安福特、吉利汽车退出前十排名，新进前十的三家车企均呈现非常突出的增长。

表17　2019年中型轿车销量前十企业销量情况

单位：万辆，%

序号	企业名称	2019年	2018年	同比增长
1	上汽通用	23.83	29.95	-20.46
2	上汽大众	23.78	22.13	7.47
3	广汽本田	22.37	17.68	26.55
4	一汽－大众	19.30	24.51	-21.22
5	广汽丰田	18.52	16.30	13.62
6	东风日产	9.86	11.41	-13.63
7	一汽丰田	6.23	0.00	1038716.67
8	东风本田	5.63	1.77	217.12
9	一汽集团	4.99	2.30	117.29
10	一汽轿车	4.57	4.99	-8.39

资料来源：根据中国汽车工业协会数据整理。

从中型轿车市场车型销量排名来看，前3位的车型依次为雅阁、帕萨特、凯美瑞（见表18），2018年销量排名第一的迈腾退出了前三之列，排名前三的产品均表现出良好的增长态势。前十位中，亚洲龙、本田INSPIRE、红旗H5均为新晋前十产品，名图、君越、阿特兹退出了前十行列，尤其红旗品牌凭借红旗H5的良好表现增强了中国品牌实现向上发展的信心。

表18　2019年中型轿车销量前十车型产品销量情况

单位：万辆，%

序号	车型名称	2019年	2018年	同比增长
1	雅阁	22.37	17.68	26.55
2	帕萨特	21.41	17.90	19.57

续表

序号	车型名称	2019 年	2018 年	同比增长
3	凯美瑞	18.52	16.30	13.62
4	迈腾	16.92	22.90	-26.09
5	君威	12.36	10.04	23.12
6	天籁	9.85	11.27	-12.56
7	迈锐宝	7.47	12.95	-42.27
8	亚洲龙	6.23	0.00	—
9	本田 INSPIRE	5.63	0.81	595.93
10	红旗 H5	4.99	2.30	117.29

资料来源：根据中国汽车工业协会数据整理。

（5）大型轿车市场

2019 年大型轿车销量 4.17 万辆，同比增长 -50.09%，呈大幅下降，销量减少 4.19 万辆，在轿车市场占比 0.41%，同比下降 0.32 个百分点（见图 16、图 17）。

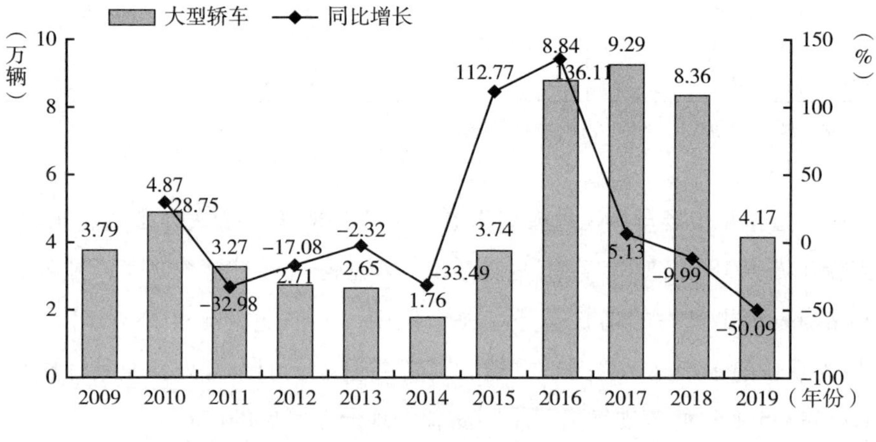

图 16　2009～2019 年大型轿车销量增长情况

资料来源：根据中国汽车工业协会数据整理。

从大型轿车市场车企销量排名来看，前 3 位的企业依次为上汽大众、一汽丰田、一汽集团（见表 19）。6 家车企均大幅下滑，上汽大众超越一汽丰田，排名跃居榜首。其余排名基本没变。

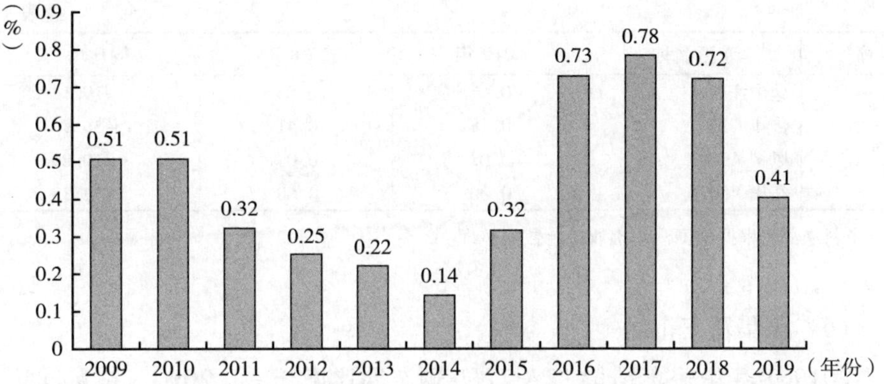

图 17　2009～2019 年大型轿车占轿车比重情况

资料来源：根据中国汽车工业协会数据整理。

表 19　2019 年大型轿车各企业销量情况

单位：万辆，%

序号	企业名称	2019 年	2018 年	同比增长
1	上汽大众	1.40	2.45	-42.71
2	一汽丰田	1.04	3.64	-71.52
3	一汽集团	0.86	1.01	-14.15
4	长安福特	0.67	0.83	-19.14
5	广汽乘用车	0.18	0.41	-56.96
6	东风乘用车	0.02	0.03	-10.89

资料来源：根据中国汽车工业协会数据整理。

从大型轿车市场车型销量排名来看，前 3 位的车型依次为辉昂、皇冠、红旗 H7（见表 20）。辉昂降幅低于皇冠，销量跃居第一，其他产品排名基本未变。

表 20　2019 年大型轿车各车型产品销量情况

单位：万辆，%

序号	车型名称	2019 年	2018 年	同比增长
1	辉昂	1.40	2.45	-42.71
2	皇冠	1.04	3.64	-71.52
3	红旗 H7	0.86	1.01	-14.29

续表

序号	车型名称	2019 年	2018 年	同比增长
4	金牛座	0.67	0.83	-19.14
5	传祺 GA8	0.18	0.41	-56.96
6	风神 A9	0.02	0.03	-10.89
7	红旗 V501	0.00	0.00	433.33

资料来源：根据中国汽车工业协会数据整理。

（6）豪华轿车市场

2019 年豪华轿车销量 127.77 万辆，同比增长 -2.20%，销量同比下降2.88 万辆（见图 18），规模略有萎缩。在轿车市场中占比达到12.41%，同比上升 1.14 个百分点（见图 19），豪华轿车市场呈相对扩张态势。

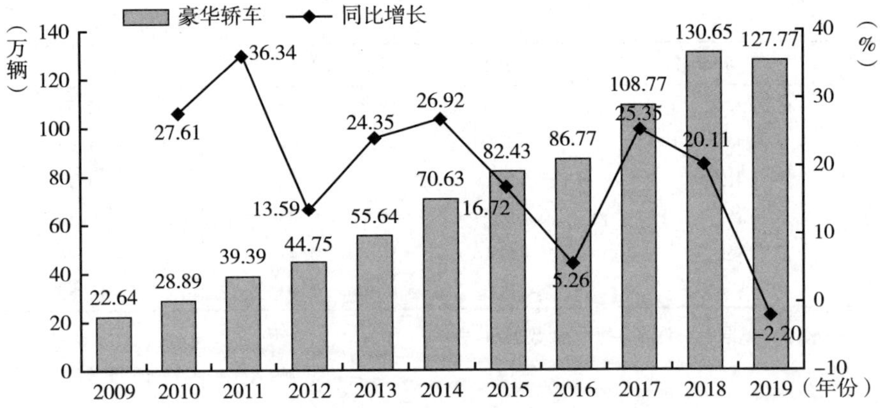

图 18　2009～2019 年豪华轿车销量增长情况

资料来源：根据中国汽车工业协会数据整理。

从豪华轿车市场车企销量排名来看，前 3 位的企业依次为一汽 - 大众、北京奔驰、华晨宝马。北京奔驰快速增长，超越华晨宝马跃升第 2 位，与排位第一的一汽 - 大众几乎相当，从近几年的表现来看，奔驰产品呈较强的上升态势。除北京奔驰同比增长外，其他车企全面下跌（见表 21）。

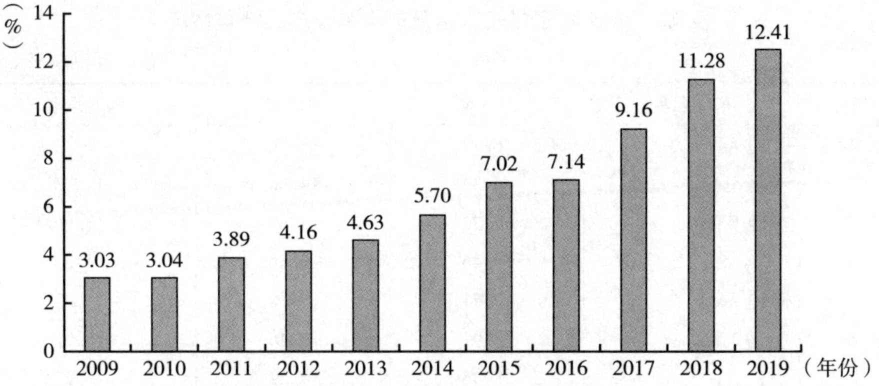

图 19　2009～2019 年豪华轿车占轿车比重情况

资料来源：根据中国汽车工业协会数据整理。

表 21　2019 年豪华轿车销量前十企业销量情况

单位：万辆，%

序号	企业名称	2019 年	2018 年	同比增长
1	一汽大众	38.24	41.34	-7.49
2	北京奔驰	38.09	30.57	24.63
3	华晨宝马	32.12	33.03	-2.76
4	上汽通用	9.71	13.95	-30.39
5	大庆沃尔沃	6.62	7.15	-7.46
6	奇瑞捷豹路虎	1.71	2.51	-31.98
7	英菲尼迪	1.16	1.78	-34.93
8	广汽本田	0.11	0.22	-52.31
9	长安标致雪铁龙	0.01	0.10	-86.43

资料来源：根据中国汽车工业协会数据整理。

从豪华轿车市场车型销量排名来看，前 3 位的车型依次为奥迪 A4、宝马 5 系、奔驰 E 级。奥迪 A4 依然保持榜首位置，宝马 5 系两位数增长，从 2018 年第 4 跃升第 2 位，奔驰 C 级滑至第 4 位。奔驰 A 产品跻身前十，为 2019 年豪华轿车一大亮点，奥迪 A6L 继续表现强势（见表 22）。

表 22　2019 年豪华轿车销量前十车型产品销量情况

单位：万辆，%

序号	车型名称	2018 年	2017 年	同比增长
1	奥迪 A4	16.77	16.79	-0.14
2	宝马 5 系	16.34	14.60	11.96
3	奔驰 E 级	15.75	14.60	7.86
4	奔驰 C 级	15.46	15.66	-1.25
5	奥迪 A6L	12.21	6.98	75.05
6	宝马 3 系	10.91	13.46	-18.92
7	奥迪 A3	8.46	9.22	-8.23
8	奔驰 A	6.88	0.31	2152.54
9	凯迪拉克 ATS	6.83	12.22	-44.16
10	沃尔沃 S90	4.85	5.23	-7.26

资料来源：根据中国汽车工业协会数据整理。

3. 轿车市场发展特点及趋势

2019 年轿车市场销售 1029 万辆，同比增长 -11.28%，呈两位数大幅下滑。轿车市场呈现以下特点。

总体来看，2019 年轿车各细分市场均全线下滑，主要是我国汽车市场受经济下滑的影响，预计 2019 年我国汽车千人保有量仅为 185 辆，发达国家千人保有量基本在500 辆以上水平（例如美国 836 辆、日本 617 辆、法国 589 辆），相较于发达国家，中国仍具有较大的发展空间，轿车作为汽车的主要细分市场，其市场的发展空间可期。

从轿车各细分市场比重变化来看，轿车市场的升级趋势依然明显，紧凑型轿车、中型轿车、豪华轿车市场比重基本呈扩张态势，小型轿车和微型轿车市场比重总体呈下降趋势，紧凑型轿车依然占据轿车市场的主导地位。

微型轿车市场基本完成了纯电动微轿对燃油微轿的替代。2019 年市场规模的大幅萎缩，主要是受到补贴大幅退坡及退坡后产品价格上涨的影响；同时主要城市国六切换处理国五产品，导致部分紧凑型燃油车价已经探到 6 万元价格，对纯电微轿带来较大冲击。短期来看，纯电微轿产品仍然是车企获得积分的主攻产品市场之一，是新能源私人消费的突破口，未来纯电微轿的市场具有发展前景。

小型轿车市场继续呈快速萎缩态势，市场依然面临消费升级及小型SUV产品替代的双重打压，仍未看见市场企稳迹象，该市场依然面临严峻考验。

紧凑型轿车市场，2019年规模下降较大，除了整体市场的不景气外，合资SUV新品大量上市，也对紧凑型轿车带来新一轮冲击，但该市场依然是乘用车最大的细分市场，是企业在产品研发和新品投放上的重点布局市场。随着未来市场的回升，紧凑型轿车市场将迎来更大的发展空间。

中型轿车市场，2019年规模虽然有所萎缩，但在轿车市场中的比重上升相对明显，帕萨特、雅阁、凯美瑞等产品继续保持两位数增速，在市场不景气的情况下，依然保持较快增长，反映了中型轿车在产品竞争力方面得到明显提升。伴随着未来消费升级，中型轿车市场有望迎来快速扩张期。

大型轿车市场依然面临豪华轿车以及中型轿车的双重挤压，产品投放有限，从目前市场表现来看，该市场如果没有更多的新品投放，市场很难有所起色。

豪华轿车经历了连续9年的市场扩张，终于在2019年停止了扩张，达到一个短期的相对饱和，从豪华轿车三大细分市场来看，2019年豪华大型轿车规模与2018年基本持平，豪华中型轿车市场规模有所萎缩，豪华紧凑型轿车依然呈快速增长，消费升级是趋势，预计豪华轿车经过短期调整后仍会进一步扩张。

（二）新产品发展情况

2019年轿车新品投放总计45款，较2018年的39款新增6款。其中微轿15款，全部为纯电动微轿产品，小型轿车7款（其中纯电动5款），紧凑型轿车15款，中型轿车5款，豪华轿车3款。

2019年新产品共计实销29.31万辆，占轿车总销量的2.90%，较2018

年3.11%的新车贡献有所下降，总体来看，新品对轿车市场的贡献度依然较弱，对市场的拉动作用不大。

2020年，预计轿车市场将有55款新品投放市场，其中微轿9款，小型轿车11款，紧凑型轿车18款，中型轿车11款，大型轿车2款，豪华轿车4款。紧凑型轿车仍将是轿车市场产品布局重点，但中型轿车、小型轿车市场产品投放值得关注（见表23）。

表23　2016～2020年轿车上市及预计上市新品

单位：款

细分市场	2016年	2017年	2018年	2019年	2020年F
微型轿车	8	8	5	15	9
小型轿车	5	4	7	7	11
紧凑型轿车	15	9	22	15	18
中型轿车	4	3	4	5	11
大型轿车	4	1	0	0	2
豪华轿车	6	4	1	3	4
合计	42	29	39	45	55

（三）轿车产品进出口分析

1. 轿车进口情况

2019年轿车进口45.19万辆，同比增长-0.42%，较2018年略有下降（见图20）。

2. 轿车出口情况

2019年轿车出口26.98万辆，同比增长-13.23%，规模减小4.11万辆，轿车出口量较2018年呈明显下降（见图21）。

从细分市场看，销量下降主要是微型轿车、紧凑型轿车、中型轿车、豪华轿车；销量增长的有小型轿车、大型轿车（见图22）。

从出口企业排名看，上汽通用、东风悦达、上汽乘用车位居前三，出口量TOP10车企中东风悦达、北京现代、长安汽车、上汽通用五菱为新晋

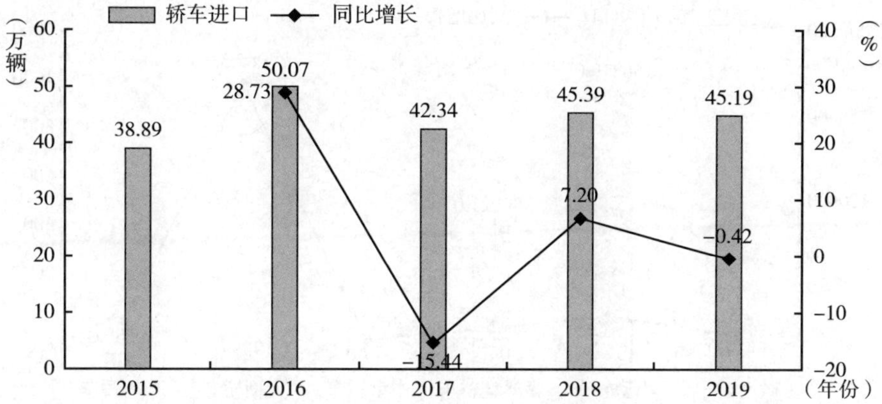

图 20　2015～2019 年轿车进口情况

资料来源：上险数据。

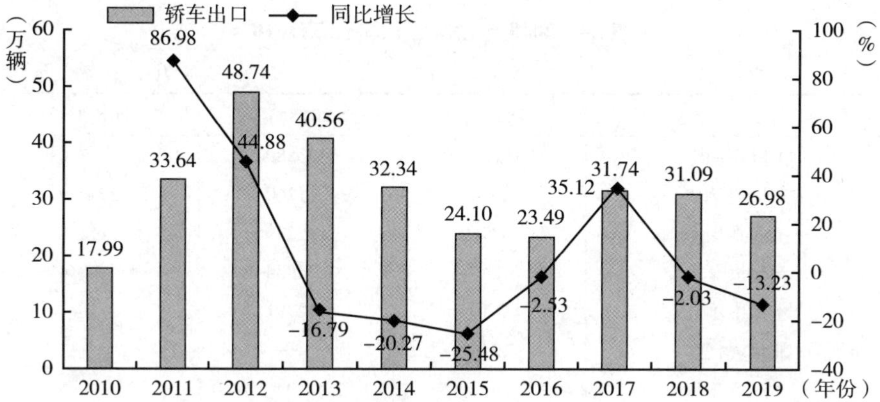

图 21　2010～2019 年轿车出口情况

资料来源：根据中国汽车工业协会数据整理。

出口十强车企，华晨汽车、东风乘用车、吉利汽车、一汽轿车退出前十。上汽通用出口虽然较2018 年同期呈现两位下降，但仍以 10 万辆的出口数据遥遥领先第二名，东风悦达、上汽乘用车、长安汽车出口增长明显，奇瑞汽车、大庆沃尔沃、比亚迪汽车、上汽通用五菱出口均大幅下降（见表24）。

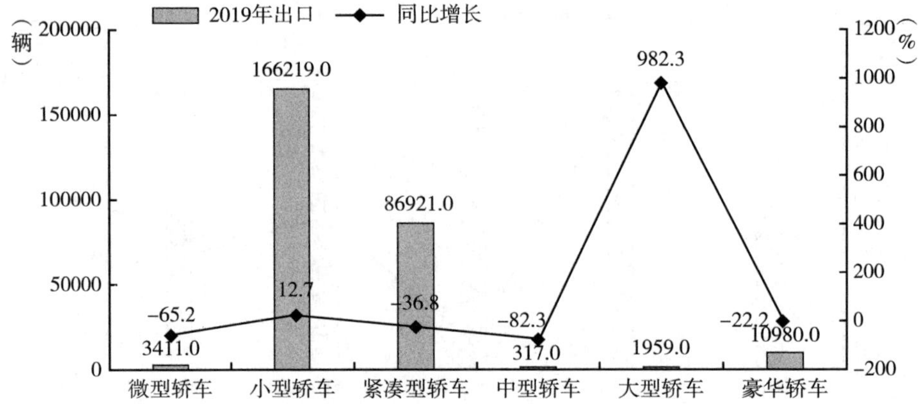

图 22　2019 年轿车细分市场出口情况

资料来源：根据中国汽车工业协会数据整理。

表 24　2019 年轿车出口车企 TOP10

单位：辆，%

排序	企业	2019 年	2018 年	同比增长
1	上汽通用	102575	123580	-17.0
2	东风悦达	38341	1260	2942.9
3	上汽乘用车	33769	15739	114.6
4	奇瑞汽车	18496	25835	-28.4
5	本田中国	14107	12791	10.3
6	北京现代	12467	—	—
7	大庆沃尔沃	9720	13046	-25.5
8	比亚迪汽车	8367	10230	-18.2
9	长安汽车	7679	2510	205.9
10	上汽通用五菱	4371	6196	-29.5

资料来源：根据中国汽车工业协会数据整理。

（四）部分重点生产企业

1. 上汽大众

2019 年上汽大众实现轿车销售 133.99 万辆，同比增长 -9.67%，较

2018 年下降 14.35 万辆（见图 23），销量连续 3 年下降，除朗逸、帕萨特、昕锐三款产品增长外，其他产品基本都呈大幅下降（见图 24）。

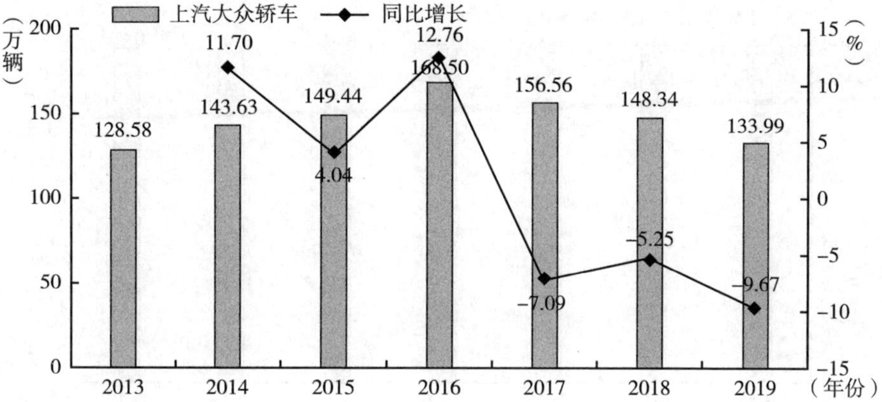

图 23　2013 ~ 2019 年上汽大众轿车销量及增长情况

资料来源：根据中国汽车工业协会数据整理。

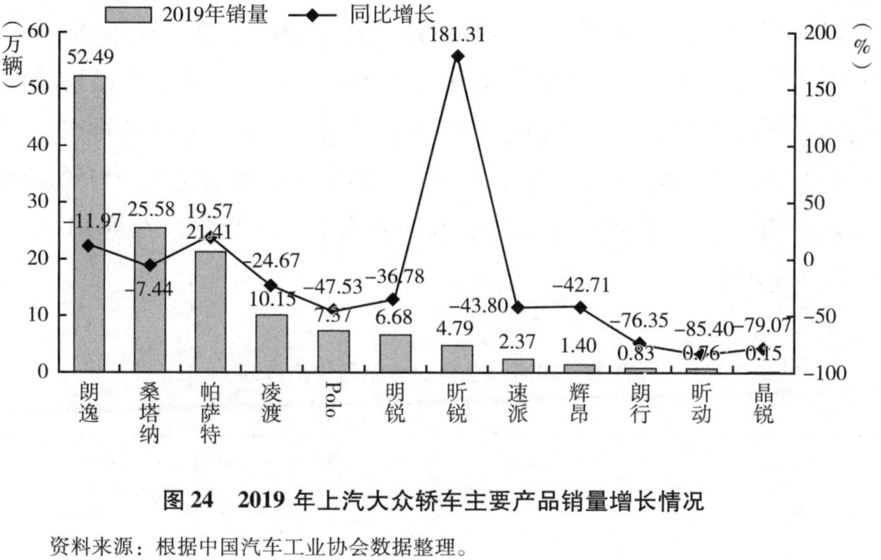

图 24　2019 年上汽大众轿车主要产品销量增长情况

资料来源：根据中国汽车工业协会数据整理。

从上汽大众乘用车产品结构变化来看，2019 年，轿车产品结构占比同比下降 4.89 个百分点，轿车结构比重继续大幅下降，SUV 产品结构比重上升近6个百分点（见图25），SUV占比大幅上升，上汽大众继续在SUV市场发力。

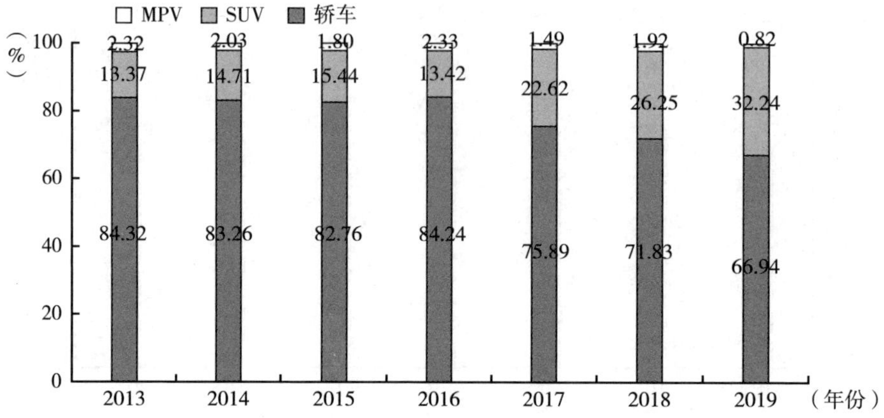

图25　2013～2019年上汽大众乘用车结构比重情况

资料来源：根据中国汽车工业协会数据整理。

2020年上汽大众乘用车产品销量排产计划202万辆，较2019年销量200.18万辆增长0.91%，排产计划呈小幅增长，其中，轿车产品销量排产计划同比下降5.22%，排产销量下降近7万辆，SUV产品销量排产计划同比增长11.55%，排产销量增加7.5万辆，MPV产品销量排产计划同比增长82.70%，排产销量增加1.36万辆，从排产来看，上汽乘用车2020年的增量市场仍主要在SUV产品上（见表25）。

表25　2020年上汽大众销量排产计划

单位：万辆，%

细分市场	2019年销量	2020年计划	同比增长
轿车	133.99	127.00	-5.22
SUV	64.54	72.00	11.55
MPV	1.64	3.00	82.70
合计	200.18	202.00	0.91

资料来源：根据中国汽车工业协会数据整理。

2\. 东风日产

2019 年东风日产实现轿车销售 70.02 万辆，同比增长 -1.28%，较 2018 年增量减少 9053 辆（见图 26），东风日产轿车销量略有下降。主力产品轩逸略有下滑，在东风日产轿车中的拳头产品地位尚未动摇，骐达、蓝鸟呈现快速反弹（见图 27）。

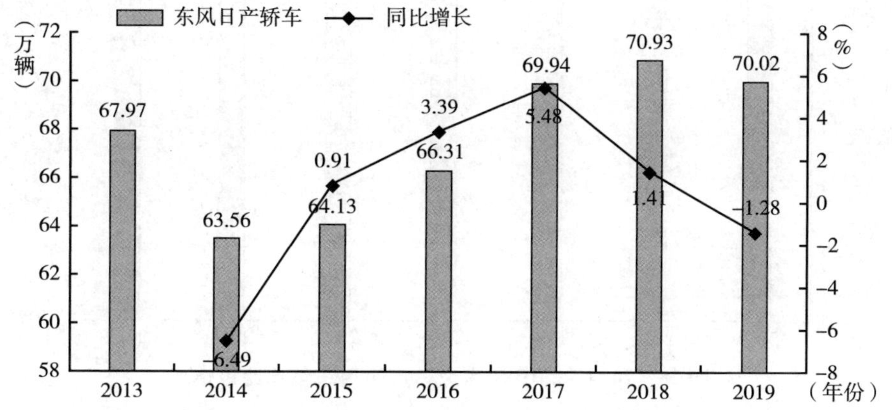

图 26　2013 ~ 2019 年东风日产轿车销量增长情况

资料来源：根据中国汽车工业协会数据整理。

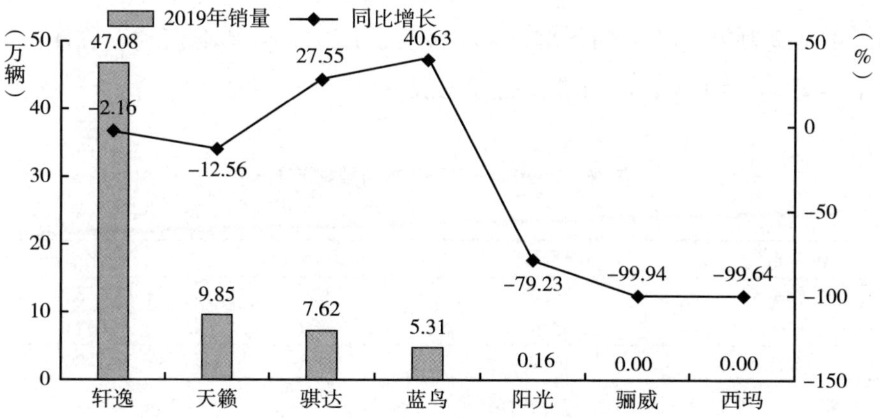

图 27　2019 年东风日产轿车主要产品销量增长情况

资料来源：根据中国汽车工业协会数据整理。

从东风日产乘用车产品结构变化来看，2019 年轿车产品结构占比同比下降了 0.95 个百分点，轿车结构比重继续下降，但降幅在收窄，SUV 产品结构比重同比上升了 0.95 个百分点（见图 28）。东风日产轿车与 SUV 产品结构比重呈相对稳定的发展态势。

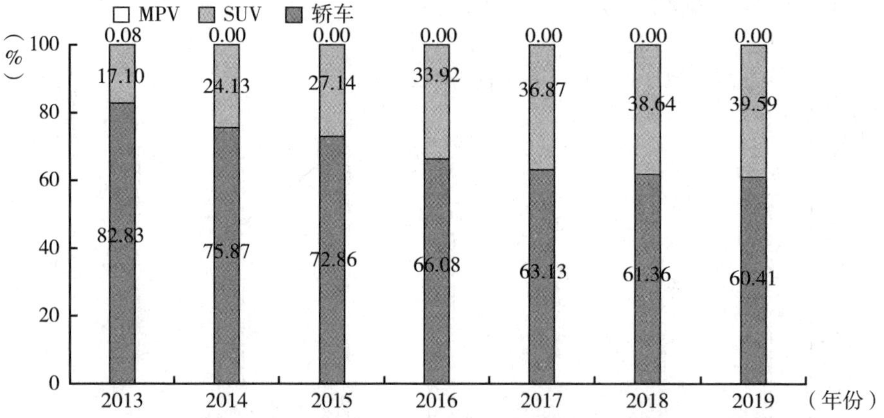

图 28　2013～2019 年东风日产乘用车结构比重情况

资料来源：根据中国汽车工业协会数据整理。

2020 年东风日产乘用车产品销量排产计划 118 万辆，较 2019 年销量同比增长 1.80%，2020 年目标销量小幅增长。其中，轿车同比增长 2.82%，销量增加 2 万辆，SUV 同比增长 0.24%，与 2019 年基本相当。总体来看，轿车是 2020 年东风日产的增长点（见表 26）。

表 26　2020 年东风日产销量排产计划

单位：万辆，%

细分市场	2019 年销量	2020 年计划	同比增长
轿车	70.0	72.0	2.82
SUV	45.9	46.0	0.24
合计	115.9	118.0	1.80

资料来源：根据中国汽车工业协会数据整理。

3. 吉利汽车

2019 年吉利汽车实现轿车销售 54.36 万辆，同比增长 -15.45%，较

2018 年增量减少 9.93 万辆（见图 29），吉利轿车销量明显下滑。主力产品帝豪虽然销量仍居第一，但继续呈两位数下降，产品竞争力继续下降，2018 年表现抢眼的帝豪 GL、远景两大主力产品销量均大幅下降，除缤瑞、领克 03、几何 A 等带来增量外，其他老产品均为不同程度下降，金刚也退出了市场竞争。总体来看，吉利轿车也面临较大考验（见图 30）。

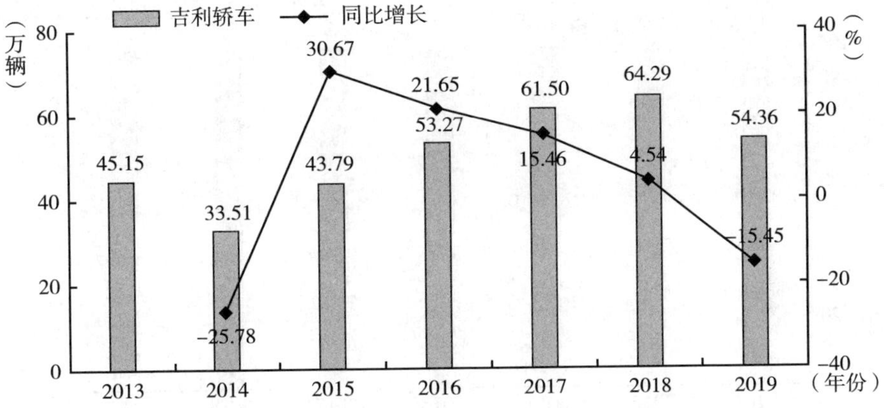

图 29　2013～2019 年吉利汽车轿车销量及增长情况

资料来源：根据中国汽车工业协会数据整理。

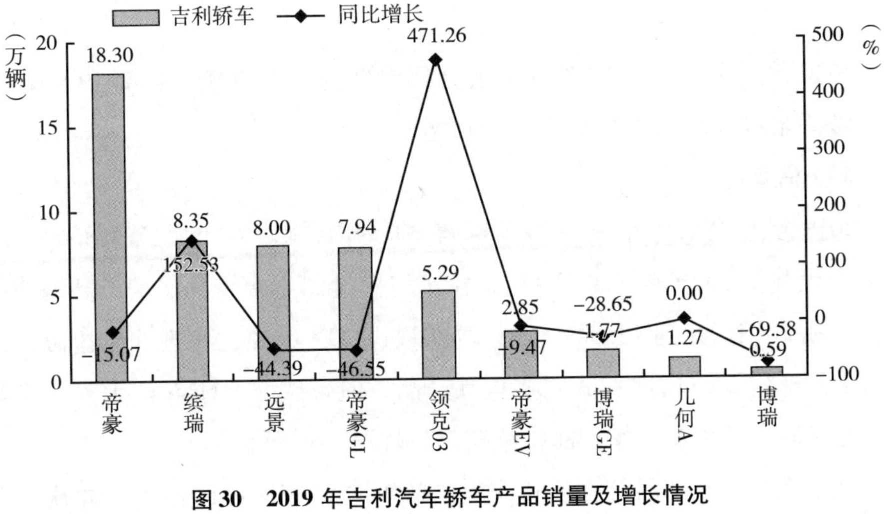

图 30　2019 年吉利汽车轿车产品销量及增长情况

资料来源：根据中国汽车工业协会数据整理。

从吉利汽车乘用车产品结构变化来看，2019 年轿车产品结构占比同比下降 2.92 个百分点，轿车结构比重继续下降，SUV 产品结构比重上升 0.50 个百分点，吉利嘉际产品上市，填补了吉利在 MPV 产品市场空白，吉利 MPV 结构占比达到 2.42%（见图 31），2019 年吉利汽车除 MPV 带来增量外，轿车、SUV 销量均下降。

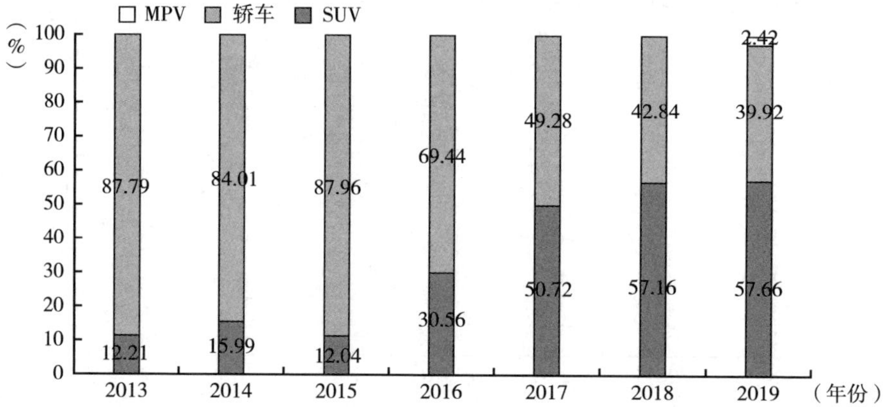

图 31　2013～2019 年吉利汽车乘用车结构比重情况

资料来源：根据中国汽车工业协会数据整理。

2020 年吉利排产计划（包含领克品牌）为 141 万辆，较 2019 年销量 136.16 万辆同比增长 3.56%，呈小幅增长。

4. 上汽乘用车

2019 年上汽乘用车实现轿车销售 30.14 万辆，同比增长 4.85%，较 2018 年增量 1.39 万辆（见图 32），轿车规模继续小幅攀升。从产品表现来看，荣威 i5 销量达到 12.84 万辆，同比增长 299.06%，表现非常抢眼，是上汽乘用车轿车市场增长的主要贡献产品，但荣威 i6、MG6 两大主要产品则大幅下降，反映其轿车产品持续竞争力较弱（见图 33）。

从上汽乘用车产品结构变化来看，2019 年轿车产品结构占比同比上升了 3.81 个百分点，SUV 产品结构比重下降 3.81 个百分点，轿车结构比重连

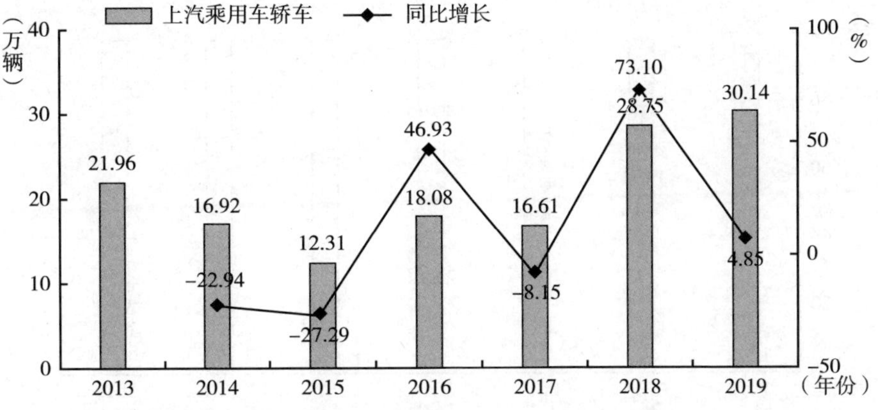

图 32　2013～2019 年上汽乘用车轿车销量及增长情况

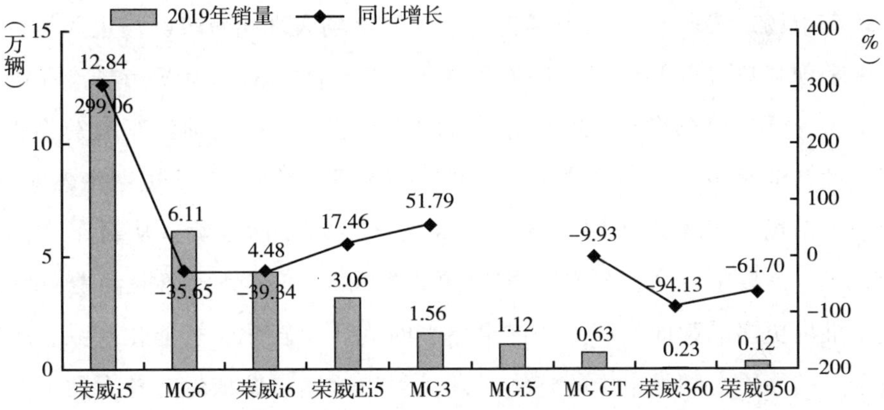

图 33　2019 年上汽乘用车轿车产品销量及增长情况

续两年上升，目前轿车结构比重达到 44.77%，与 SUV 结构比重 55.23% 基本相当，轿车、SUV 产品发展相对均衡（见图 34）。

（五）轿车发展存在的问题和建议

2019 年轿车市场同比增长 -11.28%，SUV 市场同比增长 -5.57%，MPV 市场同比增长 -18.53%，狭义乘用车三大细分市场均呈下降走势，轿车市场降幅从 2018 年低于 SUV 市场降幅转为高于 SUV 市场降幅，反映

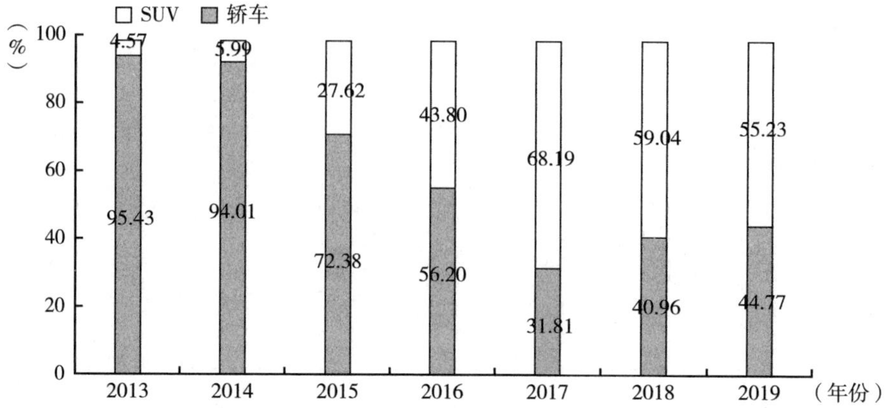

图 34　2013～2019 年上汽乘用车结构比重情况

了轿车市场走势弱于 SUV 市场走势。SUV 市场表现相对较好，主要是合资品牌表现强势（SUV 销量增长 7.01%），随着合资品牌 SUV 市场产品的逐步上市，SUV 市场将会呈现相对强势的发展态势。但目前汽车消费逐步趋于理性，SUV 市场不会像之前一波的高速扩张，轿车市场短期依然承压，但轿车市场占比不会大幅下降，或将维持小幅波动走势。从轿车产品来看，车企需要加快产品迭代，推出更多跨界轿车产品，把握消费升级主线，推出更多品牌向上产品，推出更多时尚、年轻化、智能化产品，不断提升产品品质。随着市场的整体回升，预测轿车市场依然有较大的上升空间。

三　2019年 SUV 发展情况

（一）SUV 市场发展分析

1. SUV 市场销量情况

SUV 在 2018 年结束连续加速扩张的状态，首次出现下滑，2019 年延续下滑态势。2019 年 SUV 销售 936.7 万辆，同比下滑 5.57%，为狭义乘用车三大类中下滑幅度最小的市场（轿车市场 2019 年下滑 11.28%，MPV 市场下滑 18.53%），同时也是狭义乘用车中比重唯一增长的市场，占狭义乘用车比重由 2018 年的 42.36% 上升到 44.17%，上升 1.81 个百分点。

从驱动类型来看，两驱 SUV 销售 795.1 万辆，同比下滑 6.96%，四驱 SUV 销售 140.3 万辆，同比下滑 3.23%，两驱占 SUV 比重由 2014 年的 79.26% 上升为 2019 年的 85.00%，四驱由 20.74% 下降至 2019 年的 15.00%。两驱 SUV 主导地位继续巩固（见图 35）。

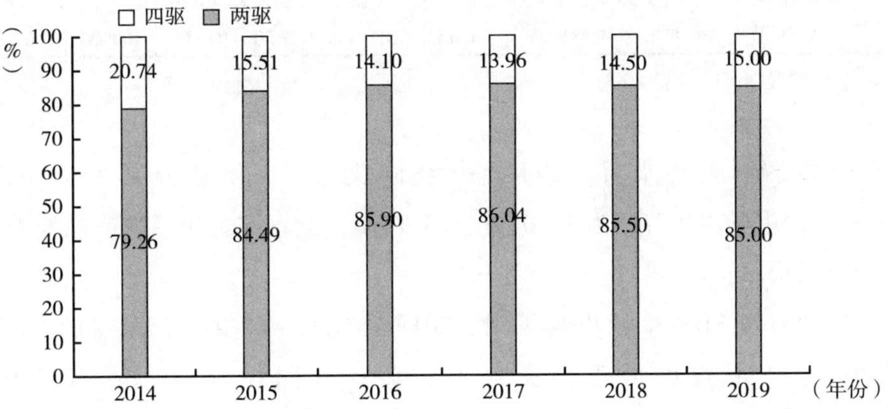

图 35　2014～2019 年 SUV 驱动类型占比情况

资料来源：根据中国汽车工业协会数据整理。

从排量细分国内销量来看，2019 年，2.5L＜排量≤3.0L SUV 在传统汽油车市场增速最高，增速高达 88.47%，但由于基数较低，增量仅为 0.20 万辆，2.5L 以上大排量 SUV 市场增长迅猛是 2019 年 SUV 市场的一大亮点。另外，1.6L 及以下小排量 SUV 品种市场也呈低速增长趋势，1.6L 排量占据 SUV 市场主导地位，因此增量幅度较大，同比增长 21.83 万辆，市场占比由 2018 年的 56.79% 增加 1.80 个百分点至 58.59%，市场占比仍居首位；2019 年新能源 SUV 市场高速增长，2019 年销售 18.90 万辆，同比增长 23.81%，增量贡献 3.63 万辆（见表 27），但较 2018 年销量增幅明显下滑。

表 27　2019 年运动型多用途乘用车（SUV）排量国内销量

排量细分	2019 年销量（万辆）	2018 年销量（万辆）	同比增长（%）	增量（万辆）	增量贡献度（%）	2019 年占比（%）	2018 年占比（%）	占比差（百分点）
0. 0L(新能源)	18. 90	15. 27	23. 81	3. 63	35. 89	2. 12	1. 73	0. 39
1L < 排量≤1. 6L	522. 46	500. 63	4. 36	21. 83	215. 60	58. 59	56. 79	1. 80
1. 6L < 排量≤2. 0L	332. 69	343. 30	-3. 09	-10. 61	-104. 80	37. 31	38. 94	-1. 63
2. 0L < 排量≤2. 5L	13. 59	18. 81	-27. 76	-5. 22	-51. 58	1. 52	2. 13	-0. 61
2. 5L < 排量≤3. 0L	0. 43	0. 23	88. 47	0. 20	1. 98	0. 05	0. 03	0. 02
3. 0L 以上	3. 60	3. 30	8. 91	0. 29	2. 91	0. 40	0. 37	0. 03
SUV 总量	891. 67	881. 55	1. 15	10. 13	100. 00	100. 00	100. 00	0. 00

资料来源：乘用车上险数据。

从各系别表现来看，日系、欧系同比增长，增速分别为 1. 30%、29. 33%，市场占比分别为 18. 04%、19. 71%，欧系在豪华品牌产品的带动下增长最快。

中国品牌 SUV 市场出现下滑，2019 年销售 461. 41 万辆，同比下滑 12. 08%，下滑幅度低于合资自主和美系（同比分别下滑 38. 51%、17. 10%）。中国品牌市场占比初次跌破 50%，由 52. 91% 下滑至 49. 26%，同比下滑 3. 65 个百分点，但仍处于 SUV 市场的绝对主导地位（见表 28）。

表 28　2019 年 SUV 分系别细分市场表现

车系细分	2019 年销量（万辆）	2018 年销量（万辆）	同比增长（%）	增量（万辆）	贡献度（%）	2019 年占比（%）	2018 年占比（%）	占比差（百分点）
自主	461. 41	524. 83	-12. 08	-63. 42	114. 76	49. 26	52. 91	-3. 65
日系	168. 96	166. 79	1. 30	2. 18	-3. 94	18. 04	16. 81	1. 22
欧系	184. 60	142. 73	29. 33	41. 86	-75. 75	19. 71	14. 39	5. 32
美系	51. 48	62. 10	-17. 10	-10. 62	19. 21	5. 50	6. 26	-0. 76
合资自主	33. 22	54. 03	-38. 51	-20. 81	37. 65	3. 55	5. 45	-1. 90
韩系	36. 99	41. 45	-10. 75	-4. 45	8. 06	3. 95	4. 18	-0. 23
SVU 总量	936. 66	991. 93	-5. 57	-55. 27	100. 00	100. 00	100. 00	0. 00

资料来源：根据中国汽车工业协会数据整理。

中国品牌中，长城汽车、吉利汽车和长安汽车销量占比最大，占比分别为19.07%、17.01%、12.61%，TOP3集中度呈逐年增加的趋势，优势明显。TOP3之外的中国品牌之间销量占比相差较大。TOP10中国品牌企业中，长安汽车、奇瑞汽车、比亚迪汽车、一汽轿车同比增速均超过SUV市场整体水平，增速分别为3.35%、26.71%、34.10%、39.42%（见表29）。

表29　2019年中国品牌SUV TOP10企业表现

单位：万辆，%

序号	企业简称	2019年销量	2018年销量	2019年同比增速	2019年占比
1	长城汽车	87.99	90.91	-3.21	19.07
2	吉利汽车	78.50	85.79	-8.50	17.01
3	长安汽车	58.18	56.29	3.35	12.61
4	奇瑞汽车	41.70	32.91	26.71	9.04
5	上海股份	37.18	41.44	-10.27	8.06
6	广汽乘用车	26.75	44.65	-40.10	5.80
7	比亚迪汽车	25.36	18.91	34.10	5.50
8	东风小康	15.63	17.98	-13.06	3.39
9	众泰汽车	14.49	21.13	-31.44	3.14
10	一汽轿车	10.12	7.26	39.42	2.19

资料来源：根据中国汽车工业协会数据整理。

从企业销量排名来看，2019年SUV销量TOP10企业中，合资品牌和中国品牌各占5家，长城汽车销量优势依然相对明显，市场占有率为9.39%，排名第一，且市场份额仍呈上升趋势，占有率提升0.23个百分点。2019年中国品牌中奇瑞汽车SUV销量同比增长最快，同比增长26.71%，市场占有率增长1.13个百分点，销量排名跃居第七位。另外一个市场增长的中国品牌为长安汽车，2019年增长3.35%，市场占有率增长0.54个百分点。合资品牌中，除上汽通用外，其余企业均呈增长态势，增速分别为19.09%、110.79%、2.72%、8.96%（见表30），企业TOP10中的合资品牌市场同比增长高达20.74%。

表 30 2019 年 SUV 销量 TOP10 车企销售情况

车企	2019 年销量（万辆）	2018 年销量（万辆）	同比增长（%）	2019 年占有率（%）	2018 年占有率（%）	占比差（百分点）
长城汽车	87.99	90.91	-3.21	9.39	9.16	0.23
吉利汽车	78.50	85.79	-8.50	8.38	8.65	-0.27
上汽大众	64.54	54.20	19.09	6.89	5.46	1.43
一汽大众	58.28	27.65	110.79	6.22	2.79	3.43
长安汽车	58.18	56.29	3.35	6.21	5.68	0.54
东风日产	45.89	44.67	2.72	4.90	4.50	0.40
奇瑞汽车	41.70	32.91	26.71	4.45	3.32	1.13
东风本田	38.99	35.78	8.96	4.16	3.61	0.56
上海股份	37.18	41.44	-10.27	3.97	4.18	-0.21
上汽通用	34.54	38.34	-9.89	3.69	3.86	-0.18
SUV 总计	936.66	991.93	-5.57	100.00	100.00	0.00

资料来源：根据中国汽车工业协会数据整理。

从 SUV 产品销量来看，2019 年 SUV 产品销量 TOP15 产品由 2018 年 8 款合资产品、7 款中国品牌变成 10 款合资产品、5 款中国品牌；2018 年销量排位靠前的传祺 GS4、荣威 RX5、长安 CS55、帝豪 GS 等中国品牌产品退出了 TOP15 的排位，探岳、奔驰 GLC 级、哈弗 F7、途岳、缤越、奥迪 Q5 等 6 款产品入围排名，中国品牌产品格局正在改变，合资品牌也在发力 SUV 市场，豪华品牌产品首次进入 TOP15 行列（见图 36）。

从 2019 年上险数据来看，有 13 个省级市场 SUV 上险增速高于全国 SUV 平均增速，SUV 上险量前十位区域市场排名变化不大，浙江由 2018 年的第三名跃居至第二名，山东由 2018 年的第四名跃居至第三名，江苏由 2018 年的第五名跃居至第四名，河南由 2018 年的第二名下滑至第五名，云南由 2018 年的第 11 名跃居至第十名。在排名前十位以后的省级市场中，云南、陕西、上海、山西、北京、新疆、甘肃、天津、西藏九个区域 SUV 增速高过全国平均增速，中西部区域 SUV 市场表现相对较好（见表 31）。

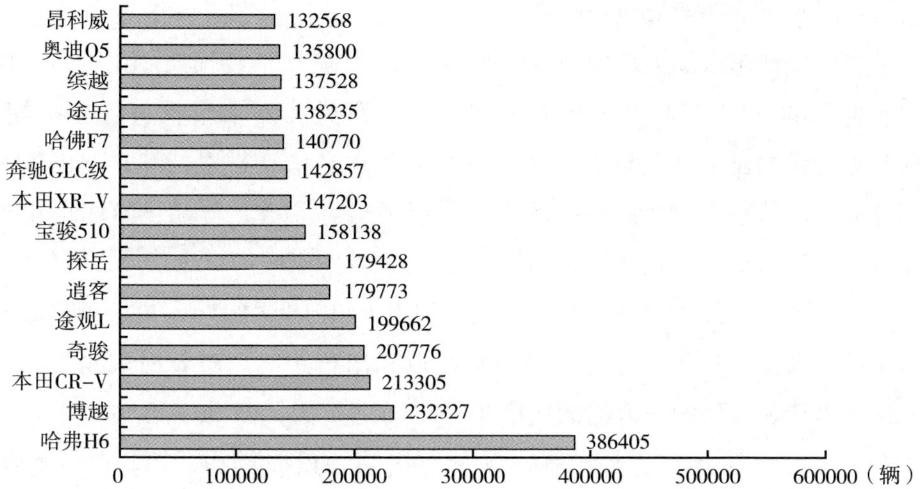

图 36　2019 年 SUV 产品销量 TOP15

资料来源：根据中国汽车工业协会数据整理。

表 31　2018～2019 年 SUV 区域市场上户情况

单位：万辆，%

省份	2019 年	2018 年	同比增长	省份	2019 年	2018 年	同比增长
广东	93.33	95.06	-1.82	重庆	21.76	22.60	-3.69
浙江	61.51	58.42	5.29	江西	21.43	23.16	-7.47
山东	61.06	57.44	6.31	广西	20.95	23.20	-9.73
江苏	58.97	56.38	4.59	北京	20.39	17.37	17.37
河南	58.95	58.51	0.75	辽宁	18.90	19.31	-2.13
河北	49.07	50.40	-2.63	新疆	18.50	17.05	8.50
四川	49.05	47.49	3.29	内蒙古	14.30	14.83	-3.54
湖北	37.49	38.30	-2.12	甘肃	13.85	12.59	9.99
湖南	35.25	36.27	-2.81	黑龙江	13.06	13.39	-2.51
云南	33.09	30.67	7.89	吉林	12.44	12.32	0.92
安徽	30.50	31.30	-2.56	天津	9.09	8.15	11.47
陕西	28.37	26.71	6.20	海南	4.84	5.32	-8.92
上海	26.88	23.88	12.54	宁夏	4.66	4.71	-1.01
福建	23.70	23.75	-0.20	青海	3.98	4.07	-2.26
贵州	21.82	25.13	-13.18	西藏	2.72	2.54	7.11
山西	21.77	21.21	2.64	合计	891.67	881.55	1.15

资料来源：上险数据。

2. SUV 市场消费特征及趋势

受中国汽车市场大环境影响，2019 年 SUV 表现不及预期。经历多年持续高增长的 SUV 市场，消费者消费已趋于理性，需求增长进入调整期，SUV 市场销量已经达到较高基数，高基数下的高增长难以持续，市场进入调整期。但从整体市场结构来看，用户仍更偏好 SUV，产品供给端也比较旺盛，SUV 占比未来仍呈增长趋势。

SUV 产品除经济性外其余功能特征都很突出（见图 37），决定用户选购 SUV 的因素主要包括：路况、使用者特点和出行距离。随着周末或节假日的远途出行、自驾游，人们的生活半径也随之扩大，而 SUV 在应对中长途复杂路况时更加具有优势，可以预测在未来一段时间内，用户选择购买 SUV 的比例将越来越高。

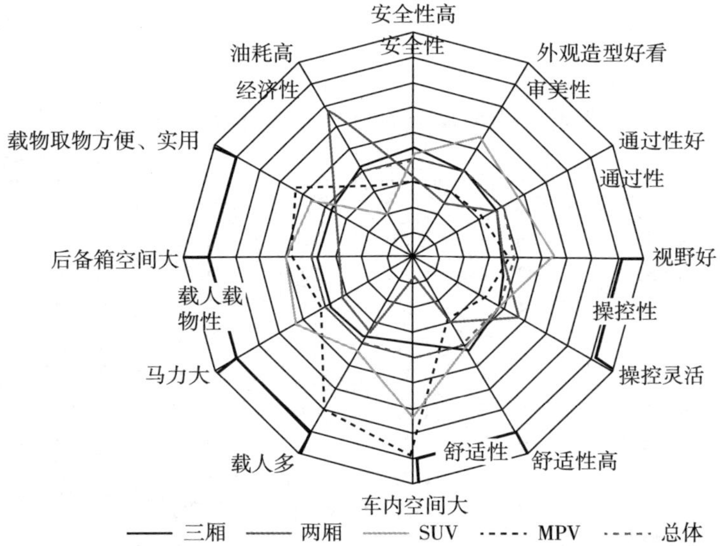

图 37　用户选择当前车身形式的功能性指数（与总体减差）

资料来源：国家信息中心。

从用户购买原因分析，用户选购 SUV 产品的原因主要是 SUV 的功能很全面，车内空间比较大，较好的造型、视野和通过性，以及较强的载人载物能力，油耗是唯一劣势。

从车的功能特征看，SUV 除经济性外其余功能特征都很突出（见图38）。随着周末或节假日的远途出行、自驾游，SUV 用户因为想扩大生活半径而购车的比例越来越高，中长途遭遇复杂路况的可能性更大，更能体现 SUV 的功能优势。可以预计在未来一段时期，SUV 市场份额将继续扩张。

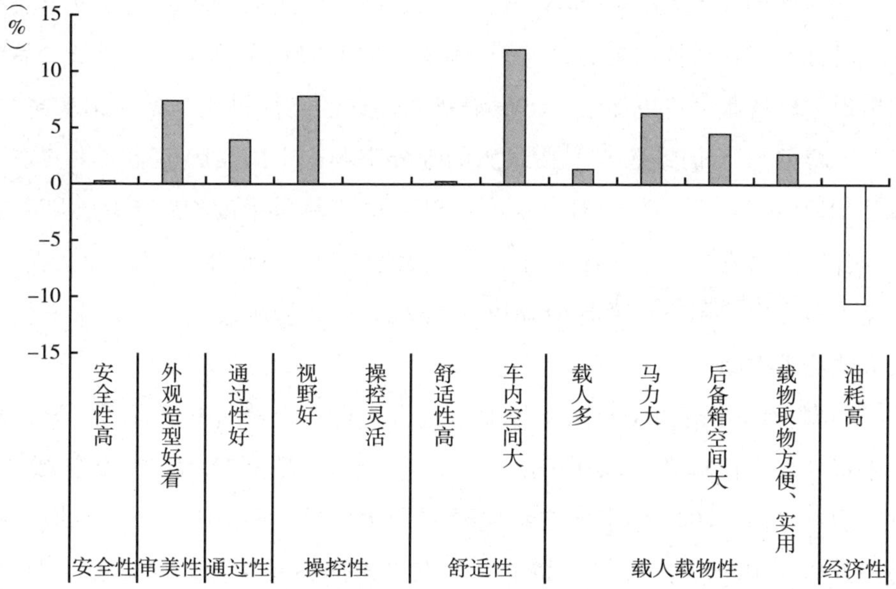

图 38　用户选择 SUV 的理由（与总体减差）

资料来源：国家信息中心。

从供给和需求两方面来看，SUV 市场表现如下。

首购人群减少，以及消费升级导致小型 SUV 销售市场下滑。从供给端看，2019 年小型 SUV 市场上市新车达 28 款，为 15 年以来最多，但以新能源产品和低端中国品牌为主，市场增量不明显；合资企业在该市场的布局日趋完善，有利于市场增量，如 2019 年上市的上汽大众 T－CROSS、一汽－大众探岳等。但在消费升级下，消费需求减弱。由于小型 SUV 市场目前基本以国产品牌为主，中国品牌市占率超过 50%，且大多是低质低价产品，用户对异响、顿挫感、生锈、质量等方面抱怨较多，老产品销量大多呈下滑趋势。用户之所以会选择小型 SUV，多受成本与预算限制，而在消费者眼中，小型 SUV 算不上是真正的 SUV，其空间、功能方面均存在缺陷，且随着紧凑级市场价格的下压，花同样的钱可以买大尺寸的 SUV，多数用户会转向选择紧凑型 SUV，因此，长期来看，小型 SUV 市场增速、占比预计均呈下滑趋势。

紧凑型 SUV 市场仍为 SUV 核心市场，新品供给数量较多，合资企业产品布局日趋完善，特别是随着合资价格的下压以及类似捷达等合资低端品牌的出现，市场竞争将更加激烈，供消费者选择的高性价比车型会越来越多。未来紧凑型 SUV 仍将是 SUV 中最大的细分市场，中国品牌可能失去其在紧凑型 SUV 市场主导地位，目前紧凑型 SUV 的产品集中度相对不高，随着更多的合资产品进入，市场优胜劣汰，大浪淘沙后，市场集中度预计会提高。从需求角度看，用户对紧凑型 SUV 的外观、空间等满意度较高，未来仍有较大的需求空间。

中型 SUV 市场由于中国品牌加速进入，再加上消费升级促进，该市场未来将处于增长趋势。2020 年预计有 13 款全新产品上市，较 2019 年减少 6 款，但一方面，2020 年市场增量主要来自次新品，即 2019 年上市的产品，另一方面，2020 年上市的产品中，一汽丰田的新品增量效应可能较明显。因此，从供给因素看，2020 年中型 SUV 市场占比将增长。需求方面，受换购市场需求旺盛，以及自驾游场景多样化，多人出游比例较多，大空间需求增多等因素影响，预计未来中型 SUV 市场仍有增长空间。

表 32　2019～2020 年中型 SUV 市场新品数量

单位：款

细分市场	2020 年全新产品数量	2019 年全新产品数量	同比增量
中型 SUV	13	19	-6

在整体市场下滑下，豪华 SUV 市场为 2020 年 SUV 市场中唯一增长的市场，同比增速高达 21.02%。豪华品牌换购用户相对较多，在经过多年

买车、用车等一系列的“洗礼”后，这些消费者，已经积累了很多汽车消费方面的经验，早已经不是“小白鼠”。他们开始对产品技术、品质和品牌有了更高的要求。加上市场竞争更加激烈，豪华车大幅降价，部分产品价格已降至20万元左右，更高的品质、相对较低的价格，促使消费者转向豪华品牌SUV。从供给看，随着更多豪华品牌国产化，未来新品数量增多，豪华品牌开始逐渐加大对SUV市场的投放，从而满足既有消费者的品牌跳跃需求和首次购车者的消费升级需求。豪华SUV将会是一大增长亮点。

受部分固定消费群（如越野爱好者）的青睐，越野SUV近年始终维持一定的市场份额，主要是因为用户对其关注的用途、动力和空间满意率较高，2019年受整体市场不景气影响，越野SUV下滑，增速为-13.96%。越野SUV在舒适性、油耗等方面表现较差，其未来市场份额基本变化不大。

总体来看，在整体市场环境不容乐观的情况下，SUV市场2020年预计将出现微增长，长期市场份额仍呈增长趋势。

（二）新产品分析

主流品牌在SUV市场产品布局已相对完善，因此SUV市场在2018年产品投放高峰后，2019年新品投放数量大幅减少，2019年国内车企SUV全新产品投放量为39款，较2018年减少43款（见表33）。其中合资品牌投放了17款，较2018年减少9款，中国品牌SUV产品投放22款，较2018年的56款减少34款。新品共实现销售53万辆，较2018年新品销售98万辆少45万辆，新品销量提升效果不及预期。

表33　2018~2019年SUV系别新品投放数量

单位：款

品牌	2019年	2018年
合资品牌(含合资自主)	17	26
中国品牌	22	56
合计	39	82

2019 年 SUV 新品销量排名前五的分别是：上汽大众的途岳，实现销售 138235 辆，位居新品销量排位第一；长安汽车的 CS35 Plus，实现销售 122666 辆，位居第二；华晨宝马的宝马 X1，销量为 97349 辆，位居第三；比亚迪汽车的宋 pro，销量为 92051 辆，长安汽车的 CS75 plus，销量达到 70011 辆，分别位列第四、五。

2019 年，车长在 4.40 米及以下的小型 SUV 新品有 19 款，4.40 ~ 4.70 米的紧凑型 SUV 新品有 24 款，4.70 ~ 5.00 米的中型 SUV 新品有 10 款，5.00 米以上的大型 SUV 新品有 1 款，豪华品牌有 5 款，越野 SUV 0 款，新品投放主要集中在小型 SUV、紧凑型 SUV 和中型 SUV 市场，特别是紧凑型 SUV 市场新品投入最多，其中 2019 年 SUV 市场投放的新能源产品较多。

从目前市场了解情况来看，2020 年 SUV 新品投放数量与 2019 年相当，预计新品（包含新能源）投放数量将高达 100 款左右，豪华 SUV 市场仍将是增长较快的细分市场。

（三）SUV 进出口分析

1. SUV 进口情况

2019 年，越野及运动型 SUV 进口 62.2 万辆，同比微增 0.65%（见图 39）。在国产 SUV 进入中低速增长、进口车关税下调利好政策的持续刺激下，2019 年 SUV 产品进口市场呈现反弹微增态势。

2. SUV 出口情况

2019 年 SUV 产品出口 408340 辆，在整体市场下滑态势下，出口市场保持微增长，同比增速为 2.01%。出口量 TOP10 企业中，上汽乘用车 2019 年 SUV 出口量为 65121 辆，同比增长 116.02%，排名由 2018 年的第 6 位跃居至首位，其中 MG ZS 为出口量最大产品，2019 年出口 49492 辆，同比增长 109.86%，占上汽乘用车 SUV 出口总量的 76.00%；奇瑞汽车位居第二，2019 年出口量为 57326 辆，同比下滑 21.74%，主要是瑞虎 3 和瑞虎 5 出口下滑导致，2019 年出口量分别为 23990 辆、18907 辆，同比增速分别下滑 46.64%、7.52%；吉利汽车位居出口第三，SUV 出口 55861 辆，同比增长

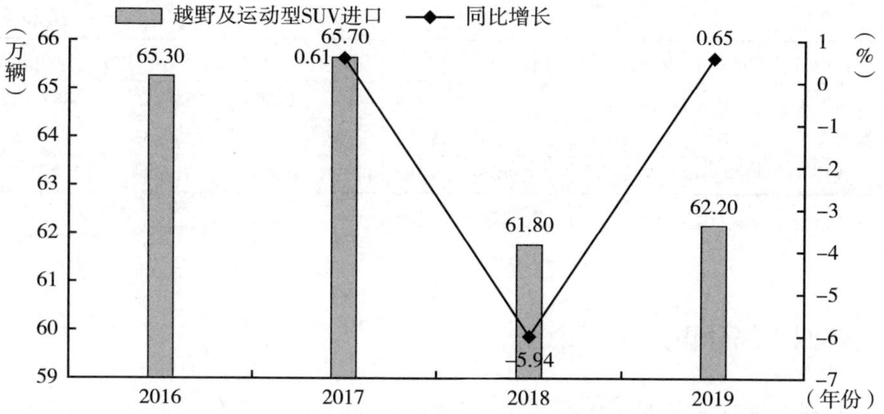

图 39　2016～2019 年 SUV 进口及增长情况

资料来源：上险数据。

高达 194.47%，由 2018 年的第八位跃居第三位，主销产品为博越，2019 年出口 46249 辆，同比增长 239.42%，占吉利汽车 SUV 出口总量的 82.79%；上汽通用为唯一进入 TOP10 出口企业中的合资品牌，市场地位由 2018 年的第四位下滑至第六位，SUV 出口 34256 辆，同比增长 2.51%；上汽通用五菱为增幅最大的企业，2019 年进入 TOP10 行列，SUV 出口 11695 辆，同比增幅达 64872.22%；增速高于 SUV 出口增速的企业有上汽乘用车、吉利汽车、长城汽车、上汽通用五菱（见表 34）。

表 34　2013～2019 年 SUV 出口企业销量情况

单位：辆，%

企业	2013 年	2014 年	2015 年	2016 年	2017 年	2018 年	2019 年	2018 年同比	2019 年同比
上汽乘用车	0	0	1133	2013	4954	30146	65121	508.52	116.02
奇瑞汽车	39993	29113	24756	27746	36729	73255	57326	99.45	-21.74
吉利汽车	9352	10094	2765	4767	6366	18970	55861	197.99	194.47
长城汽车	31734	24123	10958	8820	22758	29335	44438	28.90	51.48
大庆沃尔沃	0	0	0	0	0	42729	34434	—	-19.41
上汽通用	0	0	446	47126	33671	34516	34256	2.51	-0.75
长安汽车	1709	6497	3117	11590	20781	30353	24833	46.06	-18.19
江淮汽车	354	1804	19186	28849	41589	49855	21191	19.88	-57.49

续表

企业	2013 年	2014 年	2015 年	2016 年	2017 年	2018 年	2019 年	2018 年同比	2019 年同比
上汽通用五菱	0	0	2	1	2	18	11695	800.00	64872.22
华泰汽车	0	15774	11242	12507	29454	14629	8920	-50.33	-39.03
总计	127291	142276	122763	190734	264965	400312	408340	51.08	2.01

资料来源：根据中国汽车工业协会数据整理。

（四）部分重点生产企业

1. 长城汽车

2019 年长城汽车实现汽车销售 1060298 辆，同比微增 0.69%，继 2017 年下滑后开始恢复正增长。其中，SUV 销售 879864 辆，同比下滑 3.21%，SUV 产品占比 82.98%，较 2018 年的 86.33% 下滑 3.34 个百分点（见图 40）。

在 SUV 产品中，哈弗品牌销售 769554 辆，同比增长 0.46%，销量净减 3492 辆。哈弗品牌销量结构占比由 2018 年的 84.27% 增长到 87.46%，净增 3.19 个百分点。2017 年推出 WEY 品牌，2019 年销售 99943 辆，同比下滑 28.35%，销量净减 39543 辆，拖累了长城整体 SUV 市场下滑。

SUV 仍为长城汽车聚焦战略市场，哈弗 H6 仍为其销量排名第一产品，但近几年市场连续下滑，2019 年销售 386405 辆，同比下滑 14.62%；哈弗 F7 和哈弗 M6 为近两年的主要增量产品，哈弗 M6 靠 7 万元左右低价成为紧凑型 SUV 中国品牌低端市场老大，哈弗 F7 主要是新品效应带来的增量。2018 年长城在高端品牌 WEY 上有所突破，但 2019 年全线下滑，一方面是合资品牌的下压，另一方面是自身功夫还不够硬，自主高端品牌除了在外观、内饰上迎合消费者需求外，在品质上面更需要下功夫。

2020 年，长城汽车的年度销量目标为 108 万辆，同比增长 1.86%。

2. 吉利汽车

2019 年吉利汽车实现销售 1361560 辆，同比下滑 9.28%，其中 SUV 销售 785020 辆，同比下滑 8.50%，SUV 产品占比由 2013 年的 11.43% 上升为 57.66%，净增 46.22 个百分点（见图 41），SUV 超过轿车成为吉利汽车的

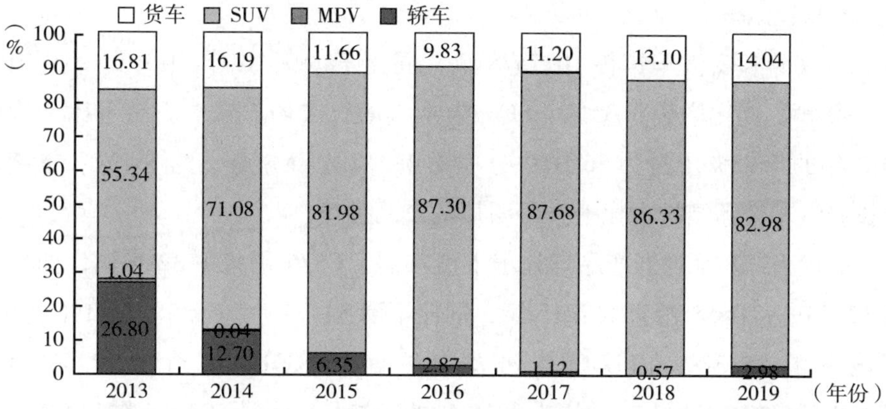

图 40　2013～2019 年长城产品品牌结构比重

资料来源：根据中国汽车工业协会数据整理。

主销产品。

吉利 SUV 市场的老产品博越、帝豪 GS、远景 X3 等 2019 年分别呈下滑态势，分别下滑 9.14%、32.09%、18.82%，增量主要来自小型 SUV 缤越、紧凑型 CROSS SUV 星越和纯电动帝豪 GSE。领克品牌身为吉利集团的高端子品牌，2019 年销量一落千丈，SUV 销售 75179 辆，同比下滑 32.37%。

2020 年，吉利汽车的年度销量目标为 141 万辆，同比增长 3.56%。

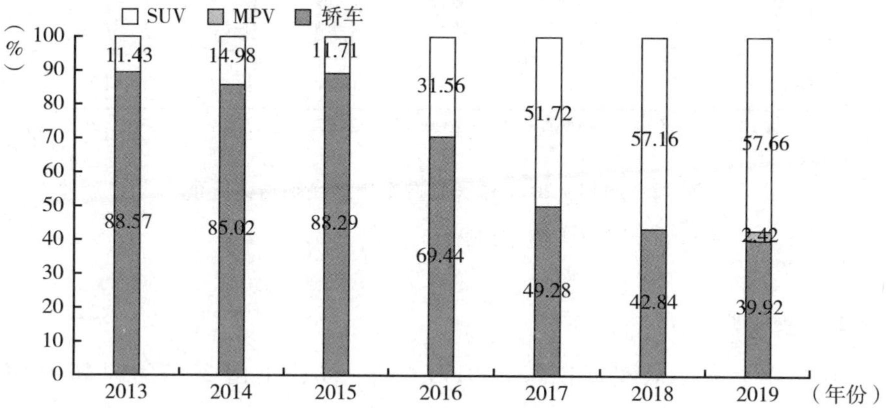

图 41　2013～2019 年吉利产品品牌结构比重

资料来源：根据中国汽车工业协会数据整理。

3. 长安汽车

2019 年长安汽车销售 1037578 辆，同比下滑 7.10%，其中，SUV 销售 581780 辆，同比增长 3.35%，SUV 为唯一增长市场。SUV 产品占比结构由 2013 年的 7.95% 上升为 56.07%，净增 48.12 个百分点（见图 42），继续成为长安汽车产品结构占比上升最明显的产品种类。

2019 年 CS 系列老产品均处于下滑状态，CS75 销售 123216 辆，同比下滑 12.03%；CS55 销售 112219 辆，同比下滑 32.03%；CS35 销售 19035 辆，同比下滑 85.52%。PLUS 系列表现较好，CS35PLUS 销售 122666 辆，CS75PLUS 销售 70011 辆，均为 2019 年的净增量。预计 2020 年在 PLUS 系列的拉动下，长安 SUV 仍将有不错的表现。

2020 年，长安汽车狭义乘用车年度销量目标为 71.9 万辆，同比增长 8.27%。

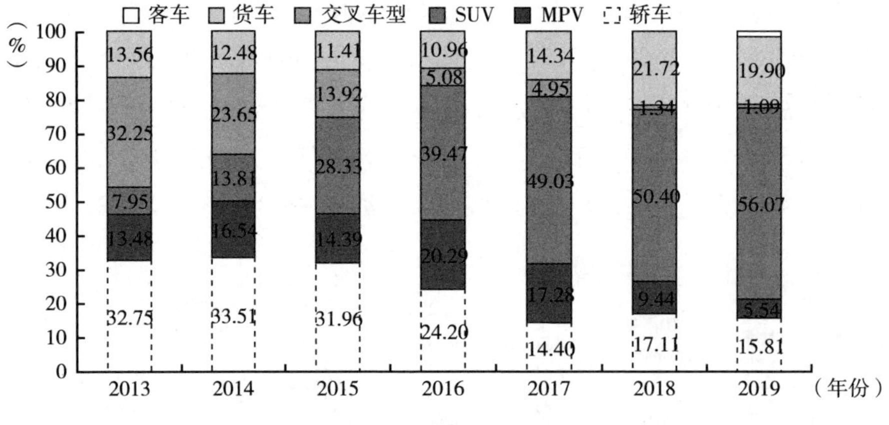

图 42　2013～2019 年长安汽车产品品牌结构比重

资料来源：根据中国汽车工业协会数据整理。

4. 上汽大众

2019 年上汽大众实现销售 2001777 辆，同比下滑 3.07%，其中 SUV 销售 645437 辆，同比增长 19.09%，为唯一增长的细分市场。SUV 产品占比结构由 2013 年的 13.37% 上升为 32.24%，净增 18.87 个百分点（见图

43)，随着未来更多 SUV 产品的上市，未来 SUV 市场占比预计将持续扩大。

上汽大众 SUV 市场主力产品途观 L 全年实现 199662 辆销量，位居 SUV 产品销量排名第 5，成为上汽大众的第一拳头产品；2018 年上市的紧凑型 SUV 产品途岳成为第二拳头产品，2019 年销售 138235 辆，同比增长 455.76%，是大众品牌的主力增量产品；另外 2019 年上市的小型 SUV T-CROSS 带来 63495 辆的净增量，预计 2020 年将带来更多增量。2019 年斯柯达品牌 SUV 柯米克和柯珞克处于增长态势，分别销售 52660 辆、38026 辆，同比分别增长 41.78%、22.38%。预计 2020 年无重量级新品。

2020 年，上汽大众年度销量目标为 202 万辆，同比增长 0.91%。

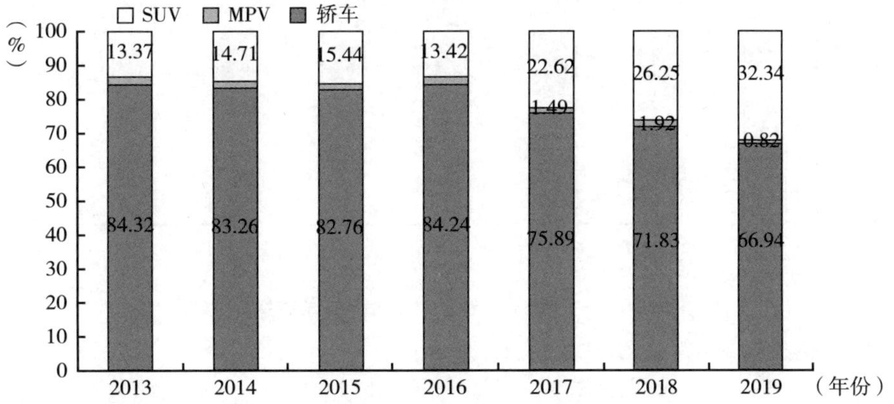

图 43　2013~2019 年上汽大众产品品牌结构比重

资料来源：根据中国汽车工业协会数据整理。

5. 一汽－大众

2019 年一汽－大众实现销售 2045982 辆，同比增长 0.44%，其中，SUV 销售 582819 辆，同比增长高达 110.79%，SUV 产品占比结构由 2013 年的 9.32% 增长至 28.49%，增长 19.17 个百分点（见图 44）。

在 SUV 产品中，除奥迪 Q3 外，其余产品均呈增长趋势。探岳 2018 年上市，为一汽－大众拳头产品，2019 年销售 179428 辆，同比增幅高达

786.72%；豪华中型 SUV 奥迪 Q5 为第二拳头产品，在豪华汽车市场大幅增长的环境下，2019 销售 135800 辆，同比增长 10.03%；小型 SUV 探歌 2018 年上市，2019 年销售 126859 辆，同比增长 157.10%。探歌和探岳成为一汽－大众 2019 年销量突破的核心产品，另外 2019 年上市的紧凑型 SUV 捷达 VS5、小型 SUV 探影，再加上 2020 年上市的紧凑型 SUV 捷达 VS7，预计 2020 年一汽－大众在 SUV 市场将有更好的表现。

2020 年，一汽大众年度销量目标为 230.7 万辆，同比增长 10.88%。

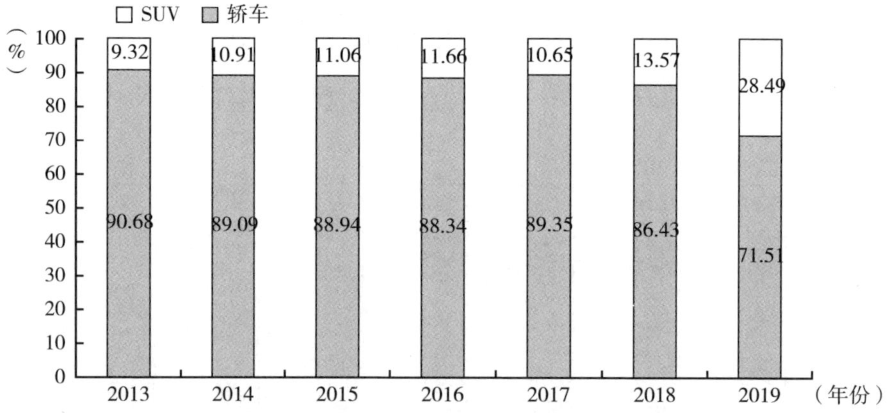

图 44　2013～2019 年一汽－大众产品品牌结构比重

资料来源：根据中国汽车工业协会数据整理。

6. 东风日产

2019 年东风日产实现销售 1159108 辆，同比增长 0.27%。其中，SUV 销售 458880 辆，同比增长 2.72%。东风日产的 SUV 产品结构比重较 2013 年的 17.10% 上升 22.49 个百分点至 2019 年的 39.59%（见图 45）。

奇骏为东风日产 SUV 市场的核心产品，2019 年销售 207776 辆，同比下滑 0.08%；逍客和劲客为东风日产布局在小型 SUV 市场的两款产品，其中逍客为主销产品，2019 年销量 179773 辆，同比增长 2.70%；劲客仅销售 47784 辆，同比增长 33.24%。

2020 年，东风日产年度销量目标为 118 万辆，同比增长 0.85%。

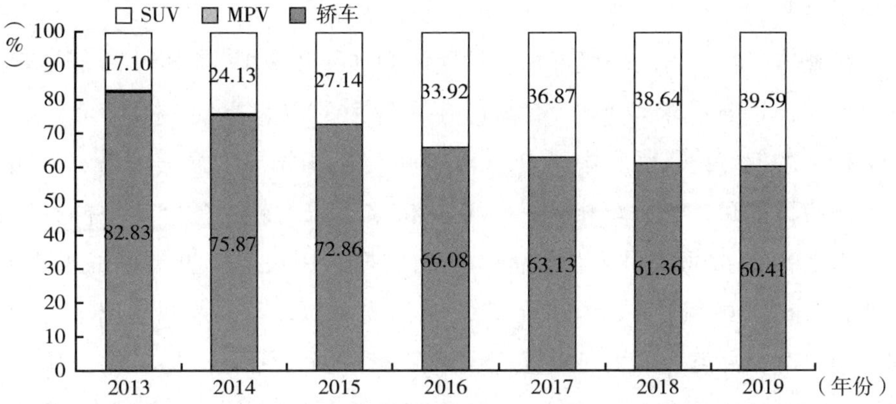

图45　2013～2019年东风日产产品品牌结构比重

资料来源：根据中国汽车工业协会数据整理。

（五）SUV发展存在的问题和建议

SUV的全称为Sport Utility Vehicle，即运动型多用途汽车，是一种拥有旅行车般的空间和货卡车越野能力的车型，与轿车相比，其具有动力强、宽敞舒适及良好的载物和载客功能的优点。正是基于这些优势，国内SUV车型在过去十年中的爆发性增长，蚕食了四成以上的市场份额，成为乘用车中快速崛起的车型类别，近些年来在乘用车销量中所占的比重逐年提高。中国品牌率先看到了SUV市场的机会，纷纷投入产品，试图借市场“牛市”从中获益，自2003年起，不断有新产品投放，基本上是上市即能大卖的状态，因此导致大量低质低价的产品进入市场。2015年以后，合资品牌开始大规模的投放，打破自主品牌快速扩张、低质低价产品销量增长的局面，SUV市场的红利也逐渐消失。随着合资品牌的进入和消费的升级，消费者更加理性，小型SUV市场开始下滑，中国品牌低质低价产品开始被市场迅速淘汰，SUV市场也迎来了其结构调整的关键时期。中国品牌也看到了这种调整趋势，近年来各汽车企业紧跟汽车技术变革和用户需求变化的新趋势，持续实施技术、管理和商业模式创新，不断提升产品力和营销力，各车企正通过有竞争力SUV车型投入在中高端市场站稳脚跟，成为其向中高端市场迈进的主导车型。

在整体市场下滑的环境下，各种因素叠加导致2019年SUV市场出现下滑，但从长远看，未来SUV市场仍存在较大的成长空间。中国消费者对SUV产品的偏好仍较强；中国市场SUV占比相比先导国家美国来看，还有较大的增长空间；与轿车相比，SUV在价格上仍有较大的降价空间，因此判断未来SUV市场仍呈增长趋势。但从增换购用户对车型类别的需求看，消费者对SUV的偏好在减弱；随着智能化技术的普及以及共享用车更加便利，用户对车身类型的关注将会降低，因此长远来看，SUV市场占比未来将稳定在一定的水平。建议中国品牌不应聚焦SUV市场，要轿车和SUV两条腿走路，避免因车型结构失调而导致较大的发展风险。中国品牌应该抓住市场结构调整的机遇，提升品牌形象，在既有SUV产品技术及市场基础上，保持开放的心态，进行全球资源整合，解决企业自身在设计、开发、制造等环节经验积累不足的难题，在不断提升产品质量的同时，积极布局其他品类的产品，多条腿走路。

四　2019年MPV发展情况

（一）MPV市场发展分析

1. MPV市场销量情况

2019年，MPV市场销售154.35万辆，同比增长-18.53%（见图46），较2018年销量下降35.11万辆，占狭义乘用车市场比重为7.28%，占比同比下降0.81个百分点（见图47），MPV市场规模及占比均继续下降。

从MPV各细分市场销量增长来看，小型MPV销售62.51万辆，同比增长-23.08%；中型MPV销售55.07万辆，同比增长-19.47%，大型MPV销售33.95万辆，同比增长-8.40%，豪华MPV销售2.82万辆，同比增长2.70%。小型MPV市场、中型MPV市场继续呈现两位数快速下滑，小型

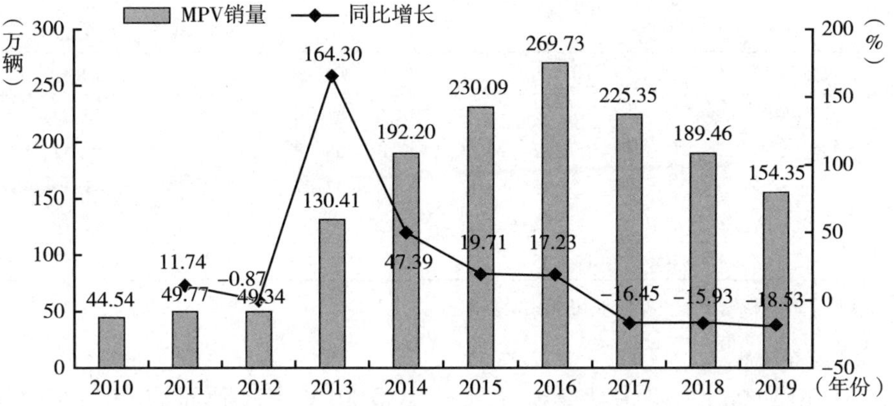

图 46　2010～2019 年 MPV 市场销售规模及增速

资料来源：根据中国汽车工业协会数据整理。

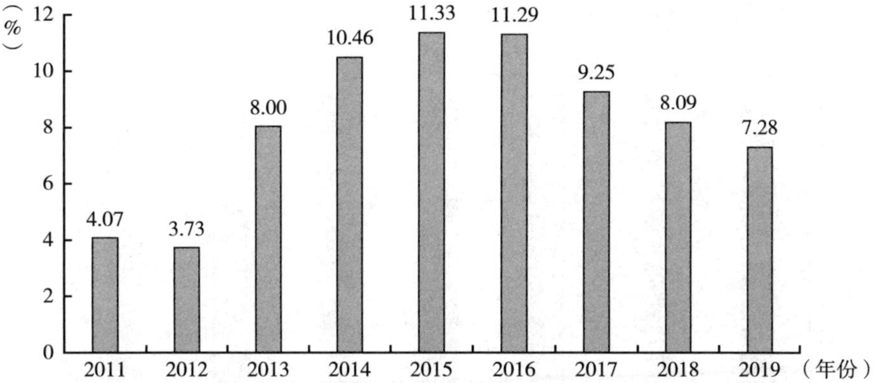

图 47　2011～2019 年 MPV 在狭义乘用车市场占比走势

资料来源：根据中国汽车工业协会数据整理。

MPV 降幅最大，大型 MPV 规模也开始终止扩张，呈小幅下滑，豪华 MPV 继续增长，但增速较小。2019 年 MPV 市场下滑依然是受小型 MPV 市场和中型 MPV 市场大幅下降的影响（见表 35）。

表 35　2019 年 MPV 细分市场销量及增长情况

单位：万辆，%

细分市场	2019 年	2018 年	同比增长
小型 MPV	62.51	81.27	-23.08
中型 MPV	55.07	68.38	-19.47
大型 MPV	33.95	37.07	-8.40
豪华 MPV	2.82	2.74	2.70
总计	154.35	189.46	-18.53

资料来源：根据中国汽车工业协会数据整理。

从 MPV 细分市场占比走势来看，小型 MPV 市场比重较 2018 年下降 1.87 个百分点，较 2013 年以来下降了将近 30 个百分点，目前领先中型 MPV 市场占比仅 4.82 个百分点；中型 MPV 市场比重下降 0.96 个百分点，连续 2 年下降；大型 MPV 市场比重继 2017 年上升以来，已经连续 3 年扩张；豪华 MPV 市场比重上升 0.38 个百分点，连续四年上升。总体来看，MPV 市场呈升级发展走势（见图 48）。

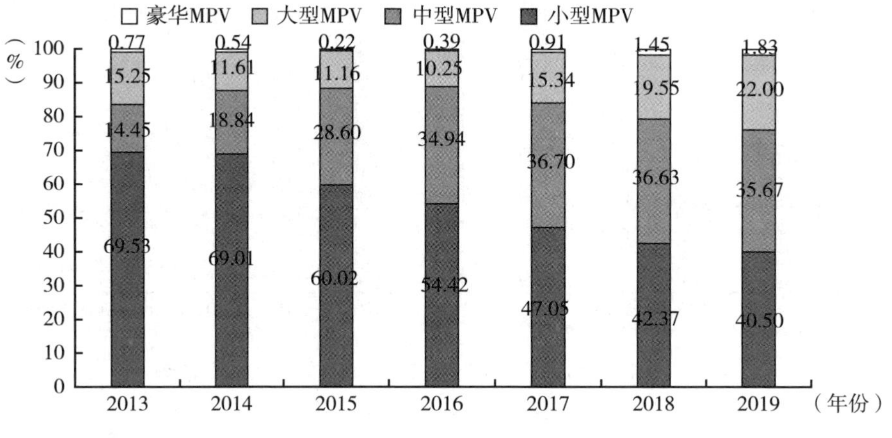

图 48　2013～2019 年 MPV 市场结构

资料来源：根据中国汽车工业协会数据整理。

从 MPV 市场车企销量排名来看，TOP10 企业依次为上汽通用五菱、上汽通用、比亚迪汽车、东风柳汽、广汽乘用车、长安汽车、上汽大通、东风本田、广汽本田、江淮汽车（见表36）。广汽乘用车和上汽大通为新晋十强车企，呈强势增长，上汽大众、东风小康退出前十排名。2019年前三名排位没变，排名第一的上汽通用五菱继续两位数下降，增速、增量继续呈明显下降，但市场占比仍达到47.06%，较2018年上升1.97个百分点，基本维持在半壁江山的地位。排名第三的比亚迪汽车销量大幅下降，较2018年腰斩，从2018年的大幅增长到2019年的大幅萎缩，反映比亚迪产品竞争力持续性较差。长安汽车、东风本田大幅下降，占比下降最明显的是比亚迪汽车，下降了3.03个百分点，占比上升最明显的是上汽通用，上升了2.83个百分点。目前来看，MPV市场，上汽通用五菱销量虽然呈下降走势，但行业地位仍不可动摇，上汽通用凭借别克GL8产品，基本保持了稳定的市场地位，其他企业呈不稳定的发展态势，市场波动起伏大。

表36　2019年MPV市场销量TOP10企业

单位：万辆，%

排名	生产厂商	2019年销量	2018年销量	2019年同比增长	2019年占比	2018年占比
1	上汽通用五菱	72.64	85.43	-14.97	47.06	45.09
2	上汽通用	20.07	19.28	4.12	13.00	10.17
3	比亚迪汽车	6.82	14.11	-51.67	4.42	7.45
4	东风柳汽	6.34	6.23	1.82	4.11	3.29
5	广汽乘用车	5.88	3.27	79.45	3.81	1.73
6	长安汽车	5.74	10.54	-45.50	3.72	5.56
7	上汽大通	5.29	2.49	112.81	3.43	1.31
8	东风本田	4.70	9.18	-48.76	3.05	4.85
9	广汽本田	4.45	4.55	-2.24	2.88	2.40
10	江淮汽车	3.76	5.58	-32.66	2.43	2.94

资料来源：根据中国汽车工业协会数据整理。

从MPV市场车型销量排名来看，TOP10的产品依次为五菱宏光、五菱荣光V、别克GL8、宝骏730、宋MAX、宝骏360、奥德赛、菱智短轴、传祺GM6、嘉际（见表37）。菱智短轴、传祺GM6、嘉际为新晋前十产品，欧诺、艾力绅、杰德退出了排行榜前十。

销量前三位产品排名没有变化，但排名第一的五菱宏光降幅较大。TOP10 产品中，宋 MAX 销量下降一半（2018 年呈 3 倍多增长），呈过山车式走势；其次，宝骏 360 也呈大幅下降；传祺 GM6、嘉际凭借新品竞争力跻身前十，为前十增量贡献最多的两个产品。从占比变化来看，宋 MAX 占有率下降最明显，下降了 3.03 个百分点，传祺 GM6 占有率上升最明显，占有率上升了 2.21 个百分点。

表 37　2019 年 MPV 市场销量 TOP10 产品

单位：万辆，%

排名	产品名称	2019 年销量	2018 年销量	2019 年同比增长	2019 年占比	2018 年占比
1	五菱宏光	37.49	47.65	-21.33	24.29	25.15
2	五菱荣光 V	15.98	15.79	1.22	10.35	8.33
3	别克 GL8	14.81	14.43	2.64	9.60	7.62
4	宝骏 730	9.82	11.15	-11.91	6.36	5.89
5	宋 MAX	6.82	14.11	-51.67	4.42	7.45
6	宝骏 360	6.23	10.61	-41.30	4.04	5.60
7	奥德赛	4.45	4.55	-2.24	2.88	2.40
8	菱智短轴	3.80	3.74	1.54	2.46	1.98
9	传祺 GM6	3.57	0.20	1704.81	2.31	0.10
10	嘉际	3.30	0.00	—	2.14	0.00

资料来源：根据中国汽车工业协会数据整理。

从 MPV 分排量细分品种来看，2019 年 1.6L 及以下的 MPV 市场占比为 72.93%，较 2018 年下降 2.47 个百分点，销量同比下降 21 万辆，为规模下降最大排量细分市场，但该市场依然占据主导地位；1.6L < 排量≤2.0L 的 MPV 市场占比为 22.31%，较 2018 年同期上升 7.67 个百分点，市场呈强势扩张，2.0L < 排量≤2.5L 的 MPV 市场占比为 4.75%，较 2018 年同期下降 5.19 个百分点，市场明显走弱。排量 2.5L 的 MPV 市场接近消亡（见图 49）。

从系别品牌来看，2019 年，MPV 市场依然呈中国品牌和以上汽通用五菱为代表的合资自主品牌的两强竞争格局，但中国品牌和合资自主品牌销量继

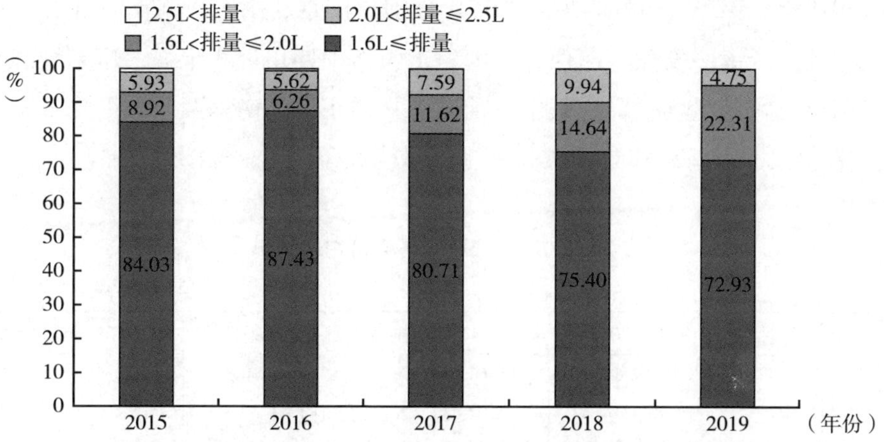

图 49　2015～2019 年 MPV 市场排量分布

资料来源：上险数据。

续大幅下滑，中国品牌市场占比为32. 63%，较2018 年33. 21%下降0. 58 个百分点；合资自主品牌市场占比为45. 18%，较2018 年45. 34%下降0. 16 个百分点；美系品牌占比为13. 10%，较2018 年的10. 17%上升2. 93 个百分点，成为2019 年 MPV 市场占比上升最明显的车系；日系市场占比6. 20%，较 2018 年的7. 73%下降1. 53 个百分点，为 MPV 占比下降最明显的车系；此外，欧系占比2. 89%，较2018 年3. 54%下降0. 65 个百分点，总体来看，中国品牌与合资自主品牌仍占据主导地位。美系的扩张稳步增强（见表38）。

表 38　2019 年 MPV 市场各系别情况

单位：万辆，%

系别	2019 年销量	2018 年销量	2019 年同比增长	2019 年占比	2018 年占比
合资自主	69. 73	85. 91	－18. 83	45. 18	45. 34
中国品牌	50. 37	62. 91	－19. 94	32. 63	33. 21
美系	20. 22	19. 28	4. 91	13. 10	10. 17
日系	9. 56	14. 65	－34. 71	6. 20	7. 73
欧系	4. 46	6. 72	－33. 60	2. 89	3. 54
合计	154. 35	189. 46	－18. 53	100. 00	100. 00

资料来源：根据中国汽车工业协会数据整理。

2019 年，MPV 区域实销量 TOP10 分别是广东、山东、河南、江苏、浙江、河北、云南、安徽、广西、上海；上海挤掉四川进入十强，广东继续领跑，前十区域销量均下降，其中，前三市场广东、河南均两位数下降；全国 31 个省份仅北京、天津是增长，其他区域全线下降（见表 39）。

表 39　2019 年 MPV 各省份销售情况

单位：万辆，%

销量排名	区域	2019 年	2018 年	同比增长	销量排名	区域	2019 年	2018 年	同比增长
1	广东	13.42	15.90	-15.61	17	辽宁	3.52	4.09	-14.01
2	山东	11.92	12.81	-6.97	18	山西	3.24	3.99	-18.82
3	河南	11.86	14.73	-19.46	19	福建	2.67	2.94	-9.10
4	江苏	11.39	12.22	-6.75	20	江西	2.57	3.10	-17.16
5	浙江	8.96	9.58	-6.50	21	新疆	2.15	2.44	-11.71
6	河北	8.79	10.84	-18.85	22	重庆	2.14	2.93	-27.23
7	云南	5.47	7.13	-23.28	23	黑龙江	1.97	2.39	-17.69
8	安徽	5.32	5.91	-10.00	24	天津	1.93	1.81	6.49
9	广西	4.89	6.27	-21.95	25	吉林	1.70	2.14	-20.30
10	上海	4.87	5.49	-11.44	26	甘肃	1.47	1.78	-17.34
11	四川	4.78	5.63	-15.22	27	内蒙古	1.39	1.66	-16.17
12	北京	4.39	3.96	10.85	28	海南	0.59	1.02	-42.42
13	湖南	4.27	5.08	-15.96	29	青海	0.39	0.60	-35.51
14	陕西	4.12	4.76	-13.38	30	宁夏	0.33	0.44	-23.70
15	湖北	3.97	4.66	-14.86	31	西藏	0.19	0.32	-40.20
16	贵州	3.93	5.44	-27.83	总计		138.60	162.07	-14.48

资料来源：上险数据。

2. MPV 市场发展特点及趋势

2019 年 MPV 市场连续第三年大幅下降，占狭义乘用车市场比重从 2016 年的 11.29% 降至 2019 年的 7.28%，占比下降 4.01 个百分点，规模从 2016 年的 270 万辆降至 2019 年的 154 万辆，下降 116 万辆，降幅高达 43%，几近腰斩。从目前的市场分析来看，主要还是受到 SUV 市场的竞争替代，2019 年的大幅下降与汽车市场整体低迷也有一定关系。

从细分市场来看，小型 MPV 市场规模继续呈快速下降，主要微客市场大幅萎缩，2019 年微客市场仅只有 24 万辆，微客用户升级资源很少。同时，低端 SUV 产品对以商用为主的小型 MPV 市场也带来冲击，从目前小型 MPV 月度实销走势来看，市场未显企稳走势，同时，2019 年小型 MPV 市场仅有长安欧尚长行及比亚迪商两款新品，目前信息反馈，2020 年小型 MPV 市场基本无新品，预计 2020 年小型 MPV 市场依然将呈下降走势。

中型 MPV 市场规模虽然也呈萎缩态势，但从中型 MPV 月度实销走势来看，中型 MPV 市场有望企稳。2019 年中型 MPV 市场传祺 GM6、吉利嘉际、宝骏 RM－5、五菱宏光 PLUS 等新品均表现出相对较好的成长性，据悉，2020 年，长安汽车、北京现代、广汽乘用车、吉利汽车等车企将推出全新中型 MPV 产品，产品供给将有望止住中型 MPV 市场规模的下滑势头。

大型 MPV 市场规模在 2019 年虽然略有萎缩，但从近年来该市场走势来看，处于相对稳步扩张走势，主力产品别克 GL8 销量继续呈稳定态势，反映出该市场的规模扩张处于稳步发展，家用需求更趋明显，随着产品不断丰富，消费的升级发展，预计该市场规模将呈稳步扩大走势。2020 年，上海汽车、上汽大众、东风裕隆、海马汽车拟在该细分市场推出新品，预计 2020 年该市场规模也有望回升。

上险数据显示，2019 年 MPV 纯电动销售 6416 辆，插电混动销售 6142 辆，插电混动 MPV 产品新进入市场，MPV 市场新能源化是未来一大发展方向。

（二）新产品发展情况

2019 年 MPV 上市新车共计 12 款，其中，小型 MPV 市场 2 款、中型 MPV 市场 8 款、大型 MPV 市场 2 款。中型 MPV 市场依然是 MPV 市场新品投放重点市场。12 款新产品共计实销 11.58 万辆，占 MPV 总销量的 8.36%，略高于 2018 年新品对 MPV 市场的贡献度，对市场的拉动作用有限。

2020 年，MPV 市场预计将有 9 款全新产品投放市场，其中中型 MPV 5 款、大型 MPV 4 款（见表 40）。

中型 MPV 仍是企业产品投放的重点市场，大型 MPV 市场也逐步得到企业的重视。

表 40　2016～2020 年 MPV 上市及预计上市新品

单位：款

细分市场	2016 年	2017 年	2018 年	2019 年	2020 年 F
小型 MPV	0	1	0	2	0
中型 MPV	7	14	10	8	5
大型 MPV	2	1	0	2	4
豪华 MPV	1	0	0	0	0
合计	10	16	10	12	9

资料来源：2020 年新品根据资料统计。

（三）MPV 进出口分析

1. MPV 进口情况

2019 年 MPV 进口 44154 辆，同比增长 -5.71%，MPV 进口市场继续下降，但降幅明显收窄（见图 50）。

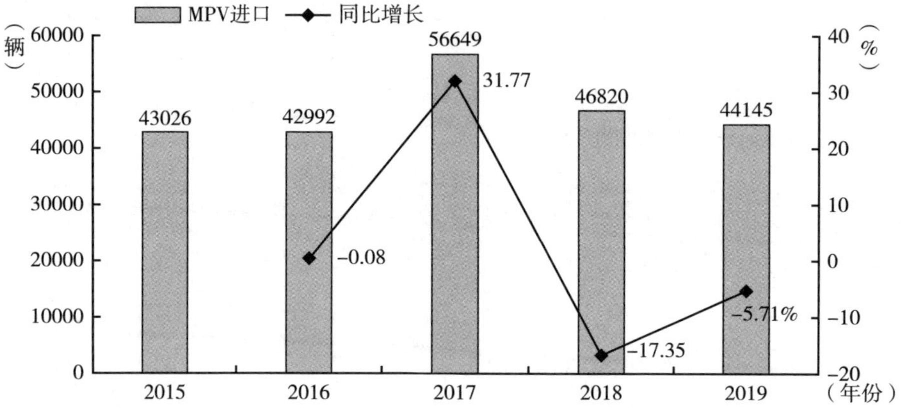

图 50　2015～2019 年 MPV 进口情况

资料来源：上险数据。

2. MPV 出口情况

2019 年，MPV 市场出口 19762 辆，同比增长 35.29%（见图 51），MPV 出口市场强势反弹，小型 MPV、中型 MPV、大型 MPV 市场出口均呈两位数增长，中型 MPV 出口增长高达 86.00%，表现尤其突出（见图 52）。

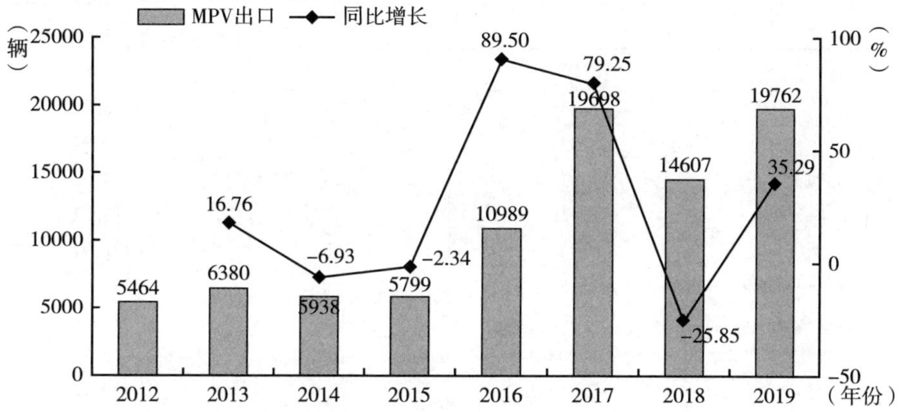

图 51　2012～2019 年 MPV 出口情况

资料来源：根据中国汽车工业协会数据整理。

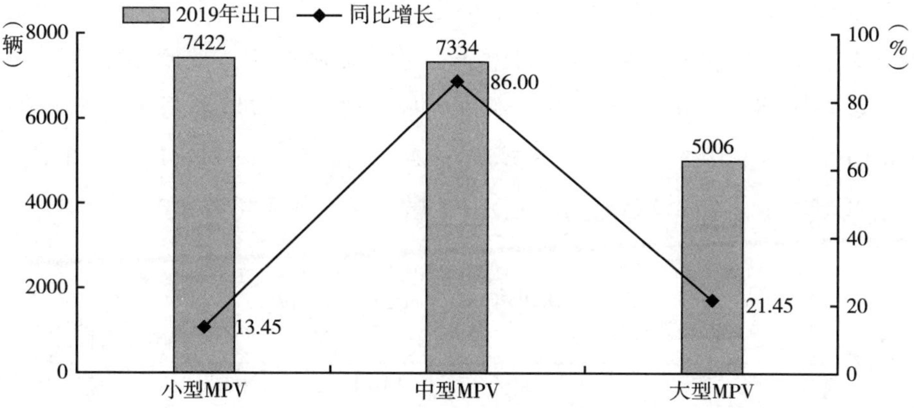

图 52　2019 年 MPV 出口结构情况

资料来源：根据中国汽车工业协会数据整理。

从产品来看，出口量 TOP10 产品，除排名第一的上汽大通 G10 同比下降外，其他产品均同比增长，昌河 M50、风光产品出口占据第二、第三位（见表 41）。

表 41　2019 年 MPV 产品出口情况

单位：辆，%

产品	2019 年	2018 年	同比增长
上汽大通 G10	3485	3711	-6.09
昌河 M50	2937	2093	40.32
风光	2619	2291	14.32
启腾 EX80	2110	1794	17.61
风行	1906	191	897.91
上汽大通 D90	1186	306	287.58
五菱荣光 V	895	210	326.19
瑞风 M4	803	786	2.16
欧诺	655	545	20.18
欧尚	645	603	6.97
总计	19762	14607	35.29

资料来源：根据中国汽车工业协会数据整理。

2019 年，MPV 出口 TOP10 企业分别是：上汽大通、昌河汽车、东风小康、福建新龙马、东风柳汽、长安汽车、上汽通用五菱、江淮汽车、华晨汽车、长安轻型车。长安轻型车为新进出口十强，北汽银翔退出十强行列。TOP10 出口企业中，仅江淮汽车略有下降，其他企业均同比增长。上汽大通、昌河汽车、东风小康继续位居 MPV 出口前三车企（见表 42）。

表 42　2019 年 MPV 企业出口情况

单位：辆，%

企业	2019 年	2018 年	同比增长	2019 年占比	2018 年占比
上汽大通	4674	4017	16.36	23.65	27.50
昌河汽车	2937	2400	22.38	14.86	16.43
东风小康	2774	2293	20.98	14.04	15.70
福建新龙马	2110	1794	17.61	10.68	12.28

续表

企业	2019 年	2018 年	同比增长	2019 年占比	2018 年占比
东风柳汽	1906	191	897.91	9.64	1.31
长安汽车	1300	1148	13.24	6.58	7.86
上汽通用五菱	1029	258	298.84	5.21	1.77
江淮汽车	806	822	-1.95	4.08	5.63
华晨汽车	748	678	10.32	3.79	4.64
长安轻型车	529	61	767.21	2.68	0.42
总计	19762	14607	35.29	100.00	100.00

资料来源：根据中国汽车工业协会数据整理。

（四）部分重点生产企业

1. 上汽通用五菱

2019 年上汽通用五菱 MPV 实现销售 72.64 万辆，同比增长 -14.97%，较 2018 年下降 12.79 万辆（见图 53），五菱 MPV 销量继续大幅下降，已经连续 3 年两位数下降，从 2016 年的 123.90 万辆降至 2019 年的 72.64 万辆，3 年下降 51.26 万辆，降幅达到了 41.37%。主力产品五菱宏光同比大幅下降，五菱荣光 V 微增长，宝骏 730、宝骏 360 均两位数下降，其中，宝骏 360 降幅高达 41.30%，降幅非常明显（见图 54）。

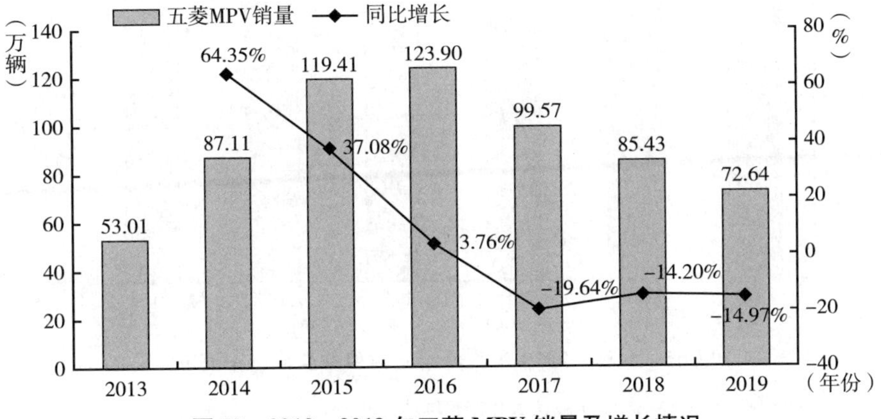

图 53　2013～2019 年五菱 MPV 销量及增长情况

资料来源：根据中国汽车工业协会数据整理。

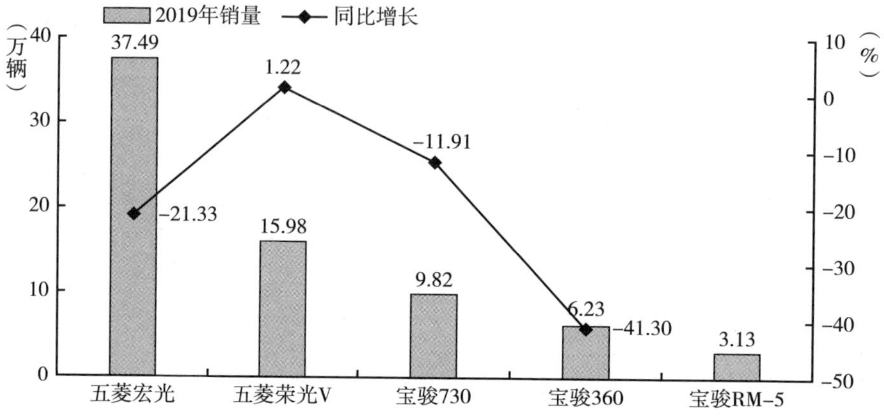

图 54　2019 年五菱 MPV 产品销量及增长情况

资料来源：根据中国汽车工业协会数据整理。

从五菱狭义乘用车产品结构变化来看，MPV 产品结构占比上升了 7.44 个百分点，SUV 占比下降 6.58 个百分点，轿车下降 0.86 个百分点，可见，2019 年五菱狭义乘用车中，SUV 的降幅较轿车更明显，MPV 结构占比上升至 63.80%，五菱在 SUV、轿车市场的突破面临考验（见图 55）。

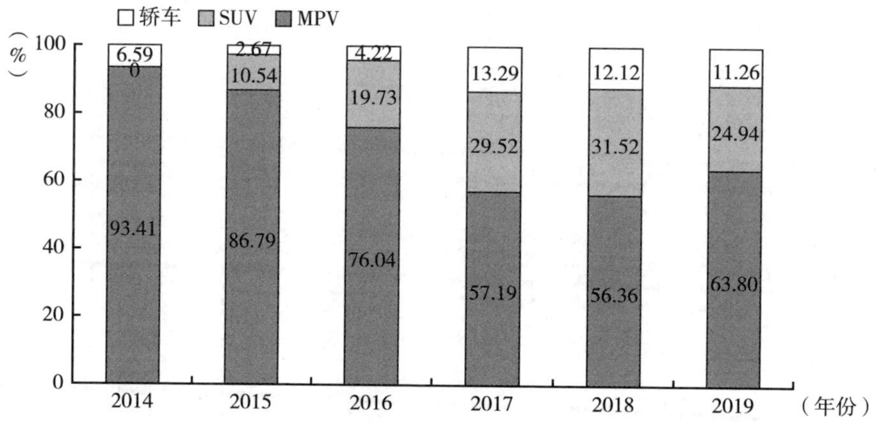

图 55　2014～2019 年五菱狭义乘用车结构比重情况

资料来源：根据中国汽车工业协会数据整理。

2020 年五菱销量排产计划总计 124.2 万辆，其中，五菱品牌排产 63.8 万辆（占比 51.37%），宝骏品牌 60.4 万辆（占比 48.63%），较 2019 年销量 113.9 万辆同比增长 9.04%，从排产来看，五菱品牌依然是 50% 以上占比，加上宝骏品牌的 MPV 产品，预计 2020 年 MPV 依然会是上汽通用五菱主销产品。

2. 长安汽车

2019 年长安 MPV 实现销售 5.74 万辆，同比增长 -45.50%（见图 56），长安汽车 MPV 市场继续大幅下降。

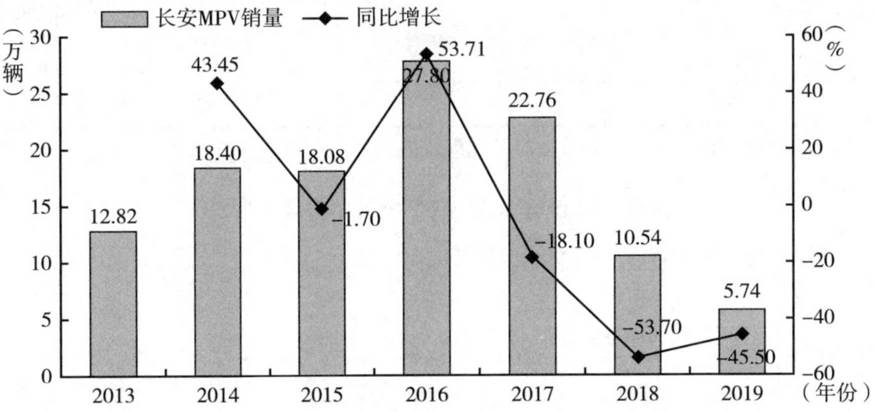

图 56　2013~2019 年长安 MPV 销量及增长情况

资料来源：根据中国汽车工业协会数据整理。

从其产品表现来看，主要产品欧诺、欧尚、欧尚 A800 均大幅下降（见图 57）。

从长安汽车乘用车产品结构变化来看，2019 年 MPV 产品结构比重较 2018 年下降 5.12 个百分点，长安 MPV 结构占比继续呈明显下降走势，SUV 占比上升 6.93 个百分点，继续大幅提升。长安 SUV 产品市场已经成为产品绝对主力市场（见图 58）。

2020 年长安汽车狭义乘用车产品排产总计 96.9 万辆，其中长安欧尚品牌 25 万辆，长安汽车品牌 71.9 万辆，较 2019 年长安汽车累计销售 80.33

万辆增长20.63%。MPV产品为长安欧尚品牌，预计2020年排产4.3万辆，较2019年MPV销量5.74万辆下降25%。从排产来看，长安在MPV市场的竞争力将会继续下降。

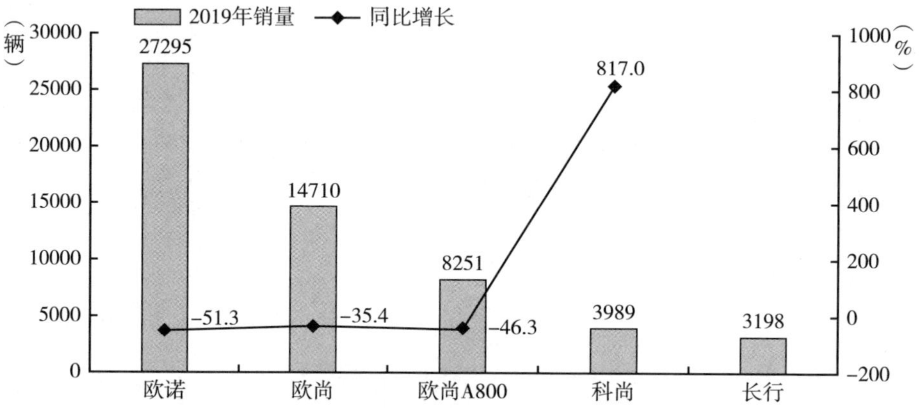

图57　2019年长安MPV产品销量增长情况

资料来源：根据中国汽车工业协会数据整理。

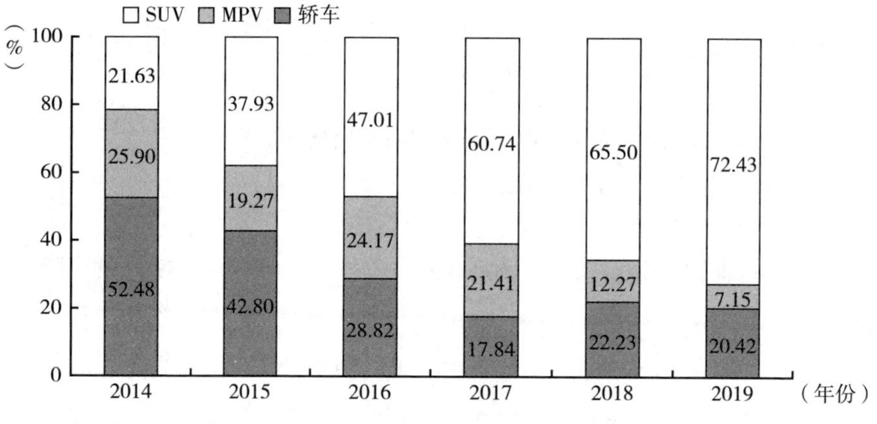

图58　2013～2019年长安狭义乘用车结构比重情况

资料来源：根据中国汽车工业协会数据整理。

3. 比亚迪

2019年比亚迪MPV实现销售6.82万辆，同比增长-51.67%（见图59），销量较2018年的14.11万辆下降了7.29万辆，规模萎缩一半。比亚迪唯一的MPV产品宋MAX销量6.82万辆，同比下降-51.67%（见图60）。

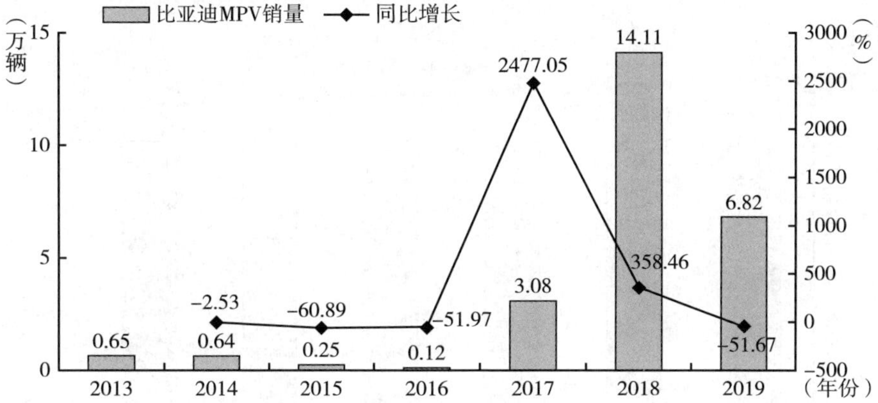

图59 2013~2019年比亚迪MPV销量及增长情况

资料来源：根据中国汽车工业协会数据整理。

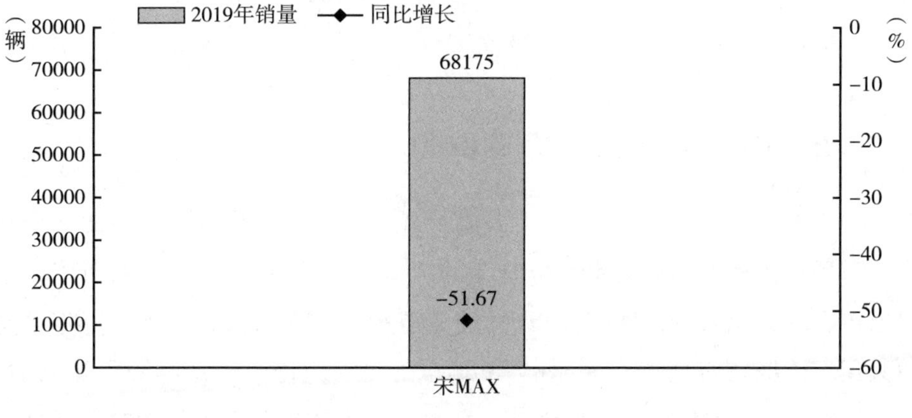

图60 2019年比亚迪MPV产品销量增长情况

资料来源：根据中国汽车工业协会数据整理。

从比亚迪乘用车产品结构变化来看，比亚迪MPV产品结构比重较2018年下降了13.51个百分点，与2018年上升21.04个百分点形成了强烈反差，比亚迪MPV结构比重的大幅波动，主要是比亚迪宋MAX产品的过山车式的表现所致。比亚迪轿车产品结构比重较 2018 年下降 4. 16 个百分点，SUV 产品结构比重上升了 17. 67 个百分点。2019 年 MPV 产品结构仅为 15. 04%，2018 年三大结构的均衡发展转向 MPV 弱、SUV 强势的发展格局（见图 61）。

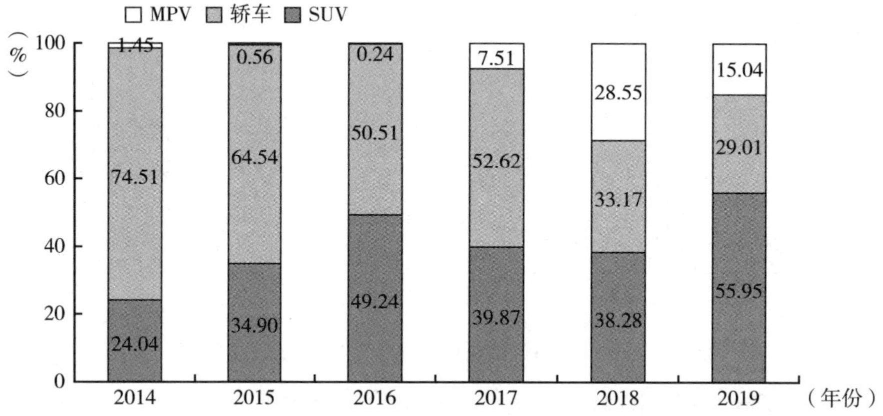

图 61　2014 ~ 2019 年比亚迪狭义乘用车结构比重情况

资料来源：根据中国汽车工业协会数据整理。

（五）MPV 发展存在的问题和建议

2019 年，MPV 市场连续三年大幅下降，在轿车、SUV、MPV 三大市场中，市场占比从 11. 29% 降至 2019 年的 7. 28%，下降了 4. 01 个百分点，从目前市占率变化来看，MPV 受 SUV 的竞争影响相对较大，另外，近年来整体乘用车市场相对低迷，对 MPV 市场也带来一定影响。从细分市场来看，小型 MPV 市场继续 3 年大幅萎缩，从 2016 年的 147 万辆降至 2019 年的 63 万辆，在 MPV 市场占比从 2014 年来连续 6 年下降，从 2013 年的 69. 83% 占比降至 2019 年的 40. 50%，下降了 29. 33 个百分点；中型 MPV 市场连续 3 年大幅下降，从 2016 年的 94 万辆降至 2019 年的 55 万辆，在 MPV 市场占比连续 2 年增长，大型 MPV 占比继续提升，反映了 MPV 市场处于升级发展态势。从产品表现来看，别克 GL8 销量继续稳定在 14 万辆的较高水平，可见，真正具备竞争力产品依然受到市场的认可，同时，传祺 GM6、嘉际、宝骏 RM－5 等新产品表现也相对较好。总体来看，MPV 市场面临较大的竞争压力，短期的市场下滑风险依然存在，但从细分市场来看，产品的升级趋势没变，中型 MPV 市场及大型 MPV 市场依然存在市场扩张机会。车企在产品开发上应该有所侧重，另外，要把握产品的品质以及家用需求特点，同时，也要积极投入研发新品，只有新品的不断刺激，市场才可能得到培育发展，否则市场将会在无新品的刺激下越来越小。

五 2019年交叉型乘用车发展情况

（一）交叉型乘用车市场发展分析

1. 交叉型乘用车市场情况

2019 年，交叉型乘用车行业没有新品推出，大改款车型也很少，近三年微车市场以推出年度款为主。交叉型乘用车（不含荣光 V）共销售 23.97 万辆，同比下降 18.07%，与 2018 年 19.65% 的降幅相比，下滑幅度略有减小。

2019 年除了华晨等少数车企增长，大部分微客企业在大幅下滑，另有数家企业停产。

从企业表现来看，销售排名前五的企业分别是上汽通用五菱、华晨汽车、东风小康、长安汽车和奇瑞汽车，分别销售 10.33 万辆、7.10 万辆、4.06 万辆、1.13 万辆和 0.35 万辆。行业排名前五中，华晨汽车同比增长 18.84%，而其他车企则同比下滑，五菱、小康、长安及奇瑞分别下滑 29.64%、8.95%、24.50% 和 58.94%。2019 年，上述五家企业共销售 22.96 万辆，占交叉型乘用车销售总量的 95.78%，集中度较 2018 年有所提升。

另外，2019 年有销量的企业为 14 家，比 2018 年减少 3 家。

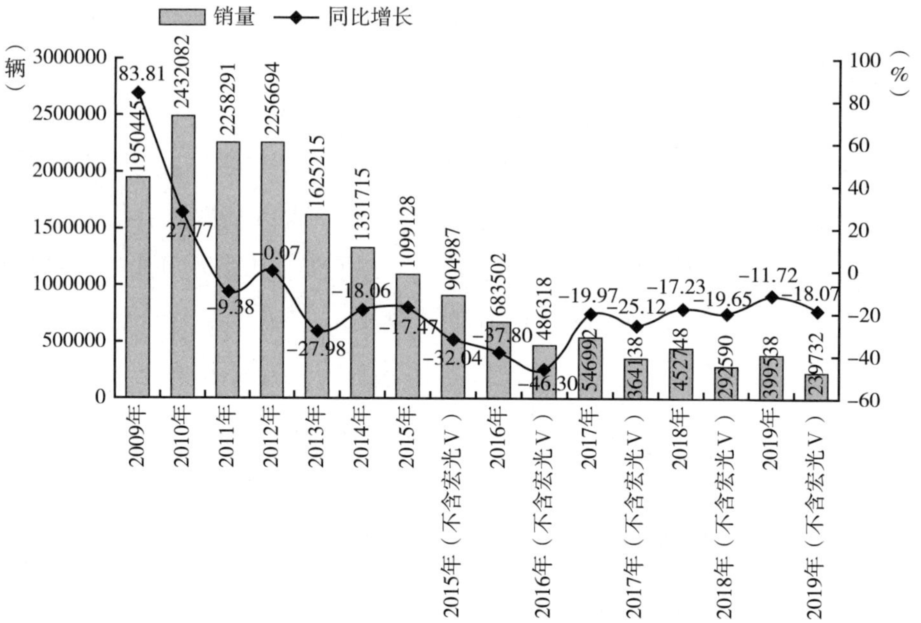

图 62　2009～2019 年交叉型乘用车整体销量走势

资料来源：中国汽车工业协会数据。

表 43　2019 年国内交叉型乘用车企业销量情况

单位：辆，%

序号	企业简称	2019 年	2018 年	同比增长	2019 年占比
1	上汽通用五菱	103256	146762	-29. 64	43. 07
2	华晨汽车	70973	59723	18. 84	29. 61
3	东风小康	40626	44619	-8. 95	16. 95
4	长安汽车	11280	14940	-24. 50	4. 71
5	奇瑞汽车	3486	8491	-58. 94	1. 45
6	北汽福田	2858	2586	10. 52	1. 19
7	北汽制造	2738	4774	-42. 65	1. 14
8	北汽银翔	2000	700	185. 71	0. 83
9	海马新能源	1003	11	9018. 18	0. 42
10	一汽集团	683	3375	-79. 76	0. 28
11	力帆汽车	292	1425	-79. 51	0. 12
12	众泰汽车	245	389	-37. 02	0. 10
13	福建新龙马	205	1293	-84. 15	0. 09

续表

序号	企业简称	2019 年	2018 年	同比增长	2019 年占比
14	贵航成功	87	168	-48.21	0.04
15	北汽股份	0	2911	-100.00	0.00
16	昌河汽车	0	254	-100.00	0.00
17	南京金龙	0	169	-100.00	0.00

注：不含新型微客，不含微货。

资料来源：根据中国汽车工业协会数据整理。

2019 年，从交叉型乘用车细分品种销量来看，总共有 22 款车型，较 2018 年减少。过万辆车型仅 6 款（2018 年有 7 款），销量最高的是五菱荣光，下降 12.24%；金杯 X30L 增长 7.42% 排名第二，金杯 X30、东风小康 C 系有较大幅度增长，而其他主要车型大多出现了下降（见表 44）。

表 44　2019 年国内交叉型乘用车企业销量情况

单位：辆，%

序号	产品名称	2019 年	2018 年	同比增长
1	五菱荣光	60318	68727	-12.24
2	金杯 X30L	43606	40595	7.42
3	五菱之光	42938	78035	-44.98
4	金杯 X30	27367	19128	43.07
5	东风小康 K 系	23663	23970	-1.28
6	东风小康 C 系	16540	13449	22.98
7	星光 4500	6668	12338	-45.96
8	新长安之星	4612	1642	180.88
9	伽途 V	2858	2586	10.52
10	北汽有限交叉乘用车	2738	4774	-42.65
11	威旺 206	2000	700	185.71
12	开瑞优优加长	1779	3115	-42.89
13	开瑞优优	1707	5376	-68.25
14	海马荣达(BEV)	1003	11	9018.18
15	佳宝	683	3375	-79.76
16	EC36(BEV)	419	7200	-94.18
17	力帆丰顺	292	1425	-79.51

续表

序号	产品名称	2019 年	2018 年	同比增长
18	众泰 V10	245	389	-37.02
19	新龙马启腾 M70	205	1293	-84.15
20	航天新星	87	168	-48.21
21	EC35(BEV)	4	0	0.00
22	五菱之光 V	0	2271	-100.00
23	长安之星 3	0	960	-100.00
24	威旺 306	0	2911	-100.00
25	福瑞达	0	254	-100.00

2. 交叉型乘用车市场发展特点及趋势

面对持续大幅下滑的传统微客市场，厂家对该市场重视度大幅下降，对开发传统微车新品投入也大幅减少，并减产、停产部分车型系列，主要产品基本以年度款维持为主。

随着消费升级，微车企业的重心转移，主力微车企业推出 MPV 和 SUV 等车型越来越多，包括跨界 SUV 等车型，产品造型风格进一步丰富，智能化水平越来越高，微车企业产品持续呈多元化发展趋势。

另外，2016～2019 年，小型 MPV 出现持续负增长，销量大幅下滑，并拉动了整个 MPV 市场下滑。

需要指出的是，微车厂家之前向小型 MPV、中型 MPV 领域发展，同时也借 SUV 行业大势，持续开发 SUV 车型，拓展新市场。但近年 MPV 市场持续下降，SUV 市场格局也随着合资品牌的成谱系进入发生了明显变化，合资 SUV 逐渐挤压自主 SUV 生存空间。

为此，微车厂家一方面完善 MPV、SUV 产品，另一方面寻找市场机会点和向上突围之路。如五菱推出宏光 PLUS，促进满足目标用户需求的有效升级。长安推出科尚中大型 MPV、中型 SUV 科赛 GT、紧凑型 SUV 欧尚 X7 等。东风小康推出风光 580Pro，继推出轿跑 SUV 风格的 ix5 后，2019 年又推出首款中型 SUVix7。可见，各厂家借新的产品及风格，甚至发布新品牌，拓展新的市场机会，为产品调整和品牌升级积极努力。

预计2020年交叉型乘用车（不含荣光V）将继续下滑，全年预计销售21万辆，比2019年下滑12%左右；若加上荣光V预计36万辆，比2019年下滑10%左右。

（二）部分重点生产企业发展分析

上汽通用五菱：2019年交叉车型销量为10.33万辆，同比下滑29.64%。主力产品五菱之光销售4.29万辆，大幅下降44.98%；五菱荣光销售6.03万辆，下降12.24%。另外，其前置动力车型荣光V，前置后驱的荣光V销售15.98万辆，增长1.22%。

2019年五菱继续向乘用车拓展，在其擅长的MPV领域推出新品宏光PLUS，丰富了宏光产品谱系，满足不同用户的多功能需求。

五菱于2019年4月11日发布了新宝骏品牌，并连续推出了新宝骏RM－5、RC－6、RS－3、RS－5等系列车型。新宝骏承载着上汽通用五菱再创全新品牌的使命，并寻求在乘用车市场上获得新的突破。

长安汽车：2019年长安交叉车型销售1.13万辆，下滑24.50%，相比2018年的77.08%下降幅度明显减缓。

2019年，长安汽车进行了系列调整，一是旗下的欧尚汽车加大了向乘用车领域的转型发展，推出科尚MPV、SUV车型科赛GT和欧尚X7等，其中欧尚X7上市后首月销量过万辆，成为爆款，提振了欧尚汽车信心；二是长安汽车开始从市场需求的功能角度整合微客、轻客，拟发挥系列化产品阵营作用，更好地满足市场需求。

东风小康：2019年，东风小康交叉车型实现销售4.06万辆，下滑8.95%。其主力微客东风小康K系为2.40万辆，下降21.95%。东风小康交叉车型虽稍微落后华晨汽车，但小康在向乘用车拓展转型中取得了持续效果，2019年又推出风光580Pro，继推出轿跑SUV风格的ix5后，2019年又推出首款中型SUVix7，体现了小康产品向上、品牌向上的决心。

华晨汽车：2019年，交叉车型实现销售7.10万辆（金杯X30L、X30车型），同比增长18.84%，继续排名第二，华晨汽车抓住长安和小康向乘用车大力转型时机，加大了金杯 X30L 的市场拓展，巩固了市场地位。

至此，主要微车企业根据自身战略和实力向乘用车转型的战略方向非常明确，其在交叉车市场的效果差异也体现明显。

（三）交叉型乘用车进出口分析

2019 年交叉型乘用车出口总量为 26917 辆，同比下降 15.00%。其中，行业前三强的上汽通用五菱出口 8109 辆，长安汽车出口 4690 辆，东风小康出口 3056 辆，合计 15855 辆，占比 58.90%，相对 2018 年 56.63% 略有提升。

表 45　2019 年交叉型乘用车出口量情况

单位：辆，%

序号	企业	2019 年	2018 年	同比增长
1	上汽通用五菱	8109	7836	3.48
2	长安汽车	4690	2664	76.05
3	东风小康	3056	4133	-26.06
4	北汽福田	2783	2430	14.53
5	华晨汽车	2661	2436	9.24
6	奇瑞汽车	2578	5965	-56.78
7	北汽银翔	1400	700	100.00
8	一汽吉林	1201	2571	-53.29
9	福建新龙马	202	265	-23.77
10	力帆汽车	136	1104	-87.68
11	航天圆通	80	135	-40.74
12	北京汽车	14	1428	-99.02
13	东风汽车	7	0	—

资料来源：根据中国汽车工业协会数据整理。

（四）交叉型乘用车发展存在的问题和建议

消费趋势的升级变化，微车企业的重心已向乘用车转移，产品转型首当其冲，受车型结构、用途、价格、用户特征等因素影响，之前小型 MPV 市场成为各厂家转型的首选，之后各厂家以 MPV + SUV 的产品组合拓展乘用车市场。

自 2018 年以来，部分微车企业在产品向上和品牌向上方面努力探索，如长安欧尚汽车推出定价明显高于之前产品欧尚 COS1°（科赛）SUV，东风小康推出 ix5，但在 2019 年销量都较低。

当前，MPV 和 SUV 车型已成为微车企业主力车型，微车企业产品呈多元化发展趋势，而整个传统微客市场进一步萎缩。2019 年交叉车型销量过万辆的仅 6 款，中置后驱的传统微客车型销量大幅下滑。

综上，从趋势预判，2020 年交叉车型销量会继续下滑，企业的传统微客销量进一步减少。

在现有 14 家有销量的微车企业中，年销量过万辆的企业仅 4 家，企业总数少于 2018 年，未来还将有企业退出微客市场。

进入狭义乘用车领域后，微车企业面对的竞争层次将明显升级，且狭义乘用车领域竞争大势不容乐观，其整体市场销量连续下滑，SUV 市场格局也随着合资品牌的成谱系进入发生了明显变化，这给以 SUV 车型为主力的自主微车企业带来巨大压力，不少企业出现负增长，北汽银翔、力帆等企业已退出市场。2020 年，SUV 领域竞争态势更加激烈。

此外，近年来 MPV 市场也持续下降，小型 MPV 销量更是快速下滑，各细分市场一些强势乘用车企业进入，如吉利、比亚迪等，市场新品不断推出，包括五菱等车企在内的强势 MPV 企业市场压力加大，销售总量及宝骏 730 等主力车型销量下降。

面对日益激烈的竞争，为此本报告建议：随着中国汽车市场竞争加剧，整个汽车格局也在逐渐发生变化。从微客市场来看，微客市场基盘客户升级仍未完成，面对巨大的保有量，企业要研究客户升级，在产品和营销等方面变化调整，利用长期的市场沉淀，抓住大量微客用户换购机会。

另外，微车企业在当前新一轮转型过程中，普遍进展不顺，如五菱新宝骏品牌主要车型销售未达到预期，库存居高不下；长安花大力气推出科赛

SUV，产品叫好不叫座；东风小康 ix5 等新品市场接受度一般，企业艰难度过 2019 年。

为此，本报告建议企业：一是要积极研发符合自身品牌、渠道、消费群的转型升级产品；二是要坚持，在整体产品战略支撑下，先期产品不叫座但后期卖好是完全可能的，企业要积极顺应市场趋势，快速迭代调整，才能在存量市场竞争的大势下立足并壮大。

商用车篇

Commercial Vehicles

B.3 2019年载货车行业发展报告

摘　要： 本报告描述了2019年中国汽车市场载货车类商用车产销情况，分析了重型载货车、中型载货车、轻型载货车和微型载货车、皮卡车等五个细分市场2019年度发展情况和变化趋势，对2020年载货车发展趋势做了预判，并提出了相关发展建议。

关键词： 重型载货车　中型载货车　轻型载货车　微型载货车　皮卡车

一　2019年载货车发展情况

（一）载货车市场情况

2019年我国载货车市场全年生产388.8万辆，同比增长2.6%，销售

385.0 万辆，同比下滑 0.9%（见图 1），略好于商用车整体走势。2019 年对于载货车行业是不平凡的一年，在经历了轻卡“5·21”事件、“无锡高架桥垮塌”事件等的重大影响之后，载货汽车全年销量与 2018 年基本持平，实属不易。

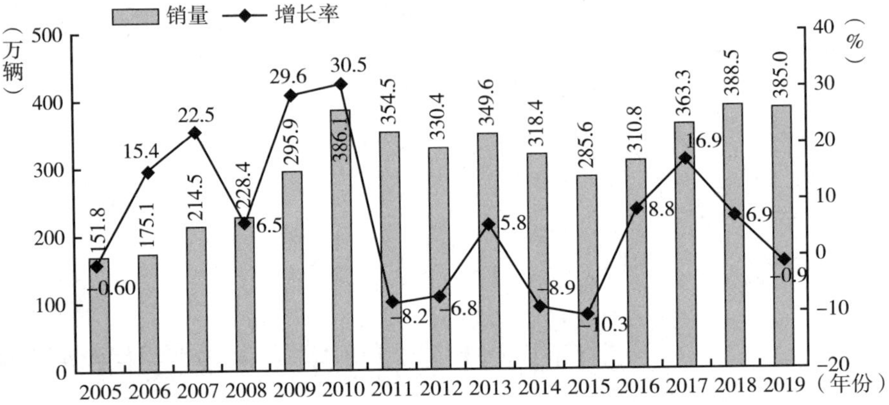

图 1　2005～2019 年载货车销量走势

资料来源：根据中国汽车工业协会数据整理。

2019 年中国载货车共出口 22.65 万辆，与 2018 年基本持平。其中，载货整车出口 18.54 万辆，同比下滑 1.47%；半挂牵引车出口 1.12 万辆，同比增长 21.64%；货车非完整车辆出口 2.99 万辆，同比增长 41.62%。

1. 载货车市场发展因素

影响载货车发展的因素有两个方面：物流需求、行业政策法规。

（1）物流对载货车需求的支撑力继续强化

2019 年消费需求年均增速超过 GDP 增速，拉动了消费物流的增长，电商物流持续强劲增长，直接带动载货车的需求增加。国家统计局数据显示，2019 年 1～12 月，我国实物商品网上零售额 85239 亿元，同比增长 19.5%，预计未来几年仍将保持较高水平的增长。

（2）行业政策法规影响载货车市场发展

2019 年，部分地区国三重型载货车淘汰补贴在 2019 年 12 月 31 日后将逐步退坡，使得换车需求在一定程度上较快释放；按轴收费+不停车称重检测于2020年1月1日起实施；轻卡“大吨小标”治理，行业合规化管理推动了产品结构调整，合规产品需求释放，这一影响将持续到2020年；“无锡高架桥垮塌”事件进一步加速载货车行业治超治限强度和力度的加大。单车运力下降，促进总量需求增长，合规置换需求释放。

2. 载货车市场销量情况

载货车分车型看，重型载货车是唯一销量增长的车型，中型载货车持续两位数负增长，轻型、微型载货车同比基本持平略有下滑。2019年载货车销售能实现与2018年基本持平的结果，受益于重型载货车的拉动。重型载货车（GVW>14T，包含重型货车整车、重型货车非完整车辆和半挂牵引车）全年共生产119.3万辆，同比增长7.27%；销售117.4万辆，同比增长2.3%（见图2，下同）。中型载货车（6T<GVW≤14T，包含中型货车整车、中型货车非完整车辆）继续下行，全年共生产14.5万辆，同比下降16.17%；销售13.9万辆，同比下降21.4%。轻型载货车（1.8T<GVW≤6T，包含轻型货车整车、轻型货车非完整车辆）全年共生产190.2万辆，同比增长1.31%；销售188.3万辆，同比下滑0.6%。微型载货车（GVW≤1.8T，包含微型货车、微型货车非完整车辆）全年共生产64.8万辆，同比增长3.2%；销售65.3万辆，同比下滑1.8%。

从载货车内部各车型销售占比结构上看，2019年各类型载货车比重与2018年基本一致，中型、重型载货车中，重型载货车比重同比提高0.8个百分点，中型载货车比重下降1个百分点。观察近5年结构变化，“重型升中型降”的趋势十分明显，重型载货车比重从2015年的19.3%上升到2019年的30.5%，提高了11.2个百分点；中型载货车则从2015年的7%下降到2019年的3.6%（见图3）。

从月度销量走势看，载货车销量大致呈V字形。2019年前4个月累计销量好于2018年同期。突如其来的“5·21”事件中断了增长进程，市场急转直下，连续四个月下行，6月降幅达19.8%，到达全年底部，7月开始市场逐步恢复，从9月到年底的4个月，每月同比转正（见图4）。

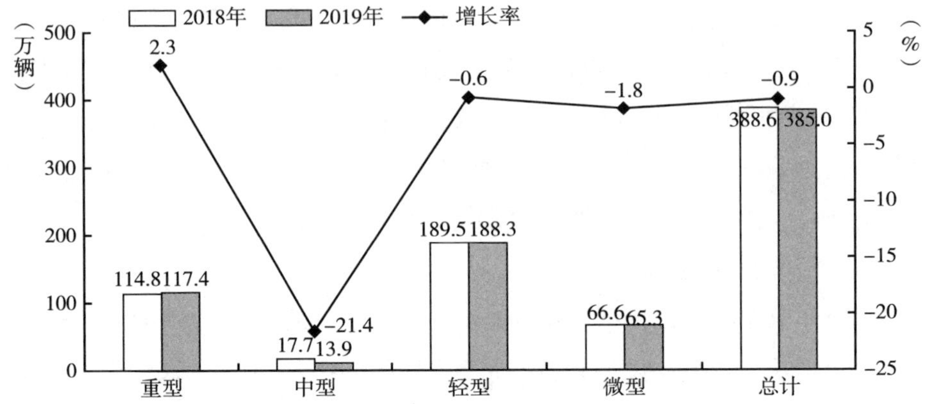

图 2　2018～2019 年货车各车型销量及增长率

资料来源：根据中国汽车工业协会数据整理。

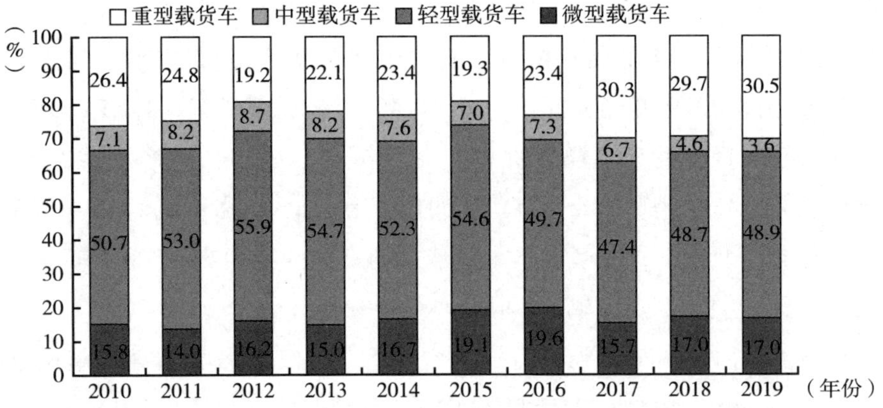

图 3　2010～2019 年货车各车型销量占比结构

资料来源：根据中国汽车工业协会数据整理。

从竞争格局看，有几个特点。

①行业集中度不高。2019 年排名前五货车厂家市场份额为 54%，比 2018 年提高 2.3 个百分点。市场集中度虽有提高，但还有整合空间。

②行业龙头企业市场优势不突出。行业排名前两位的东风、福田势均力敌，销量差距小。市场占有率（简称“市占率”）不高，都在 13% 以上水

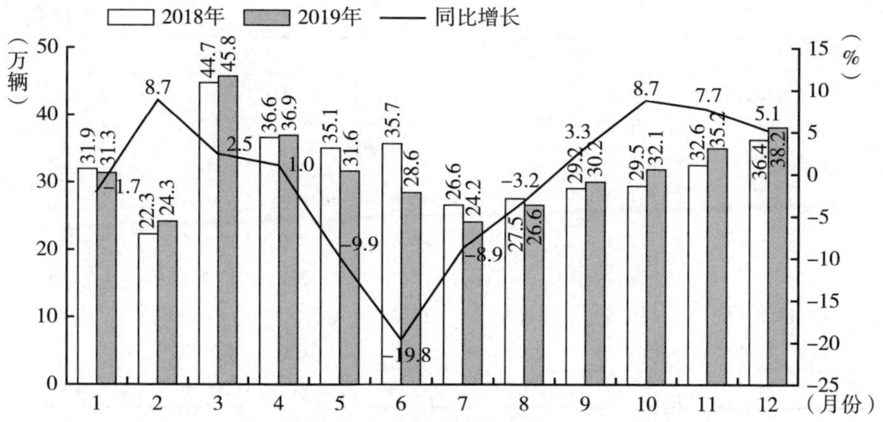

图4　2018～2019 年载货车各月销量走势

资料来源：根据中国汽车工业协会数据整理。

平，竞争地位不稳固。

③强者愈强，主业精、专。前五位企业除重汽外，市占率都有不同程度的提升。北汽福田 2019 年进入上升通道，逆势增长 11.3%，市占率提高 1.4 个百分点，行业前十企业中进步最大；一汽集团重型载货车优势突出，龙头地位稳固，拉动全集团市占率提升 0.3 个百分点；上汽通用五菱凭借微卡垄断优势，销量同比增长 5.2%，市占率提高 0.6 个百分点。中国重汽因受“5·21”事件影响，销量下降 10.6%，市占率下滑 0.8 个百分点（见表 1）。江铃、长安出现两位数下滑，降幅比较大。

表 1　2018～2019 年载货车各企业销量

排名	企业名称	2018 年		2019 年			
		销量（万辆）	市占率（%）	销量（万辆）	销量同比（%）	市占率（%）	市占率同比（百分点）
1	东风汽车	49.6	12.8	52.3	5.5	13.6	0.8
2	福田汽车	45.2	11.7	50.3	11.3	13.1	1.4
3	上汽通用五菱	39.7	10.2	41.8	5.2	10.9	0.6
4	一汽集团	34.1	8.8	34.9	2.2	9.1	0.3
5	重汽	32.2	8.3	28.7	−10.6	7.5	−0.8

续表

排名	企业名称	2018 年		2019 年			
		销量（万辆）	市占率(%)	销量（万辆）	销量同比（%）	市占率(%)	市占率同比（百分点）
6	江淮汽车	24.5	6.3	24.2	-1.5	6.3	0.0
7	长安汽车	24.7	6.4	20.6	-16.5	5.4	-1.0
8	陕西汽车	18.3	4.7	19.6	7.3	5.1	0.4
9	长城汽车	13.8	3.6	15.7	13.8	4.1	0.5
10	江铃集团	18.5	4.8	15.3	-17.3	4.0	-0.8
	其他	87.2	22.5	81.5	-6.5	21.2	-1.3
总计		387.9	100.0	385.0	-0.7	100.0	—

资料来源：根据中国汽车工业协会数据整理。

（二）载货车市场发展趋势分析

1. 载货车市场发展因素分析

2020 年，刺激经济的宏观政策红利叠加行业法规政策驱动，载货车外围环境整体趋好，有两个特点。

（1）宏观经济向好基本面没变

载货车作为一种生产资料，其产品属性决定了行业发展不可避免地受到宏观经济周期波动的影响。习近平总书记在多次会议中指出，中国经济长期向好的基本面没有改变，总体上是可控的。有信心有能力实现 2019 年经济社会发展目标。总的来说，财政政策积极，减税、降费、免缴、提高负债等多措并施；货币政策方面，降息，降准，提供充足流动性。国家启动新一轮基建投资，将直接利好工程类用车。

（2）行业法规政策升级，机遇与挑战并存

“蓝天保卫战”提出的各项目标将在 2020 年底全面达成，新能源物流车增量空间大。城市车辆全面实施国六排放标准，增加载货车升级需求；治超常态化，促进产品结构分化，轻量化产品受极大青睐。单车运力减少，利好车辆需求总量增加，更新需求加大；随着“公转铁、公转水”的持续推进，货物运输结构将发生较大调整，长途重型车受替代影响最直接，长期看，会减少长途重型车需求量。与此同时，短途物流接驳车需求会增加。

2. 载货车2020年市场发展预判

2020 年载货车市场预计和 2019 年基本持平。

首先，基建投资将持续带动工程用砂石料运输车、自卸车、渣土车、搅拌车等需求增长。受经济下行压力影响，各省市将进一步出台重点项目投资计划，将带动工程类车及干线物流类车辆的持续增长。

其次，快递类用车需求将保持增长，各大食品、生鲜及餐饮企业寻求转型，消费者线上采购需求持续提升，倒逼线下商超便利店线上化，生鲜电商也进一步扩充 SKU，从而促进快递用车需求增长。

二　2019年中重型货车发展分析

（一）中型载货车市场发展情况

中型载货车是载货车行业中规模和份额最小的细分市场，2017 年之前基本维持在 20 多万辆水平。2018 年跌到 10 万辆级，2019 年继续下滑，跌幅 24.9%，销量 13.9 万辆，占载货车行业总销量的 3.6%。在轻卡上延、重型载货车下延的挤压下，中型载货车多年来一直在夹缝中生存。从历史走势看（见图 5），2019 年中型载货车的市场销售规模是 2005 年以来的最低水平。

从分车型结构看（见图6），2019 年中型载货车整车销售 10.3 万辆，同比下降 26.64%，占中型载货车的 74.1%；中型载货车非完整车辆销售 3.6 万辆，同比下降 1.2%（见图 7），在中型载货车中占比 36%，比 2018 年提高 5 个百分点。

中型载货车主要特征之一是专用改装车（底盘）占比很高，约 50%，专用车中又以环卫车为主。

从月度走势看，2019 年旺季不旺，持续时间短。与往年一样，3 月是全

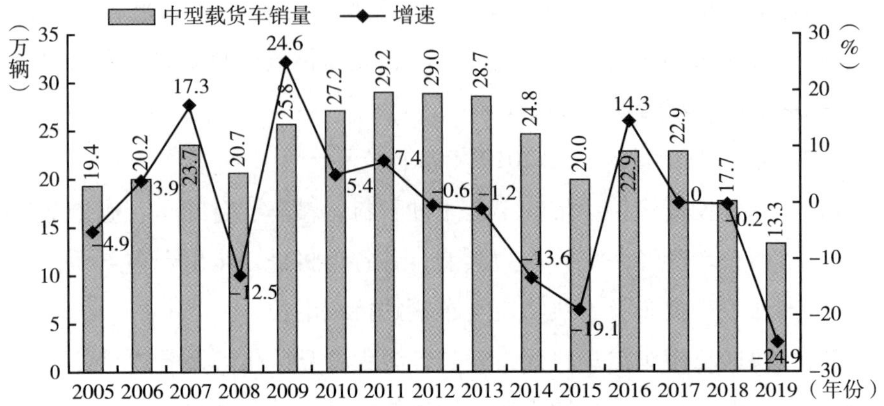

图 5　2005～2019 年中型载货车销售走势

资料来源：根据中国汽车工业协会数据整理。

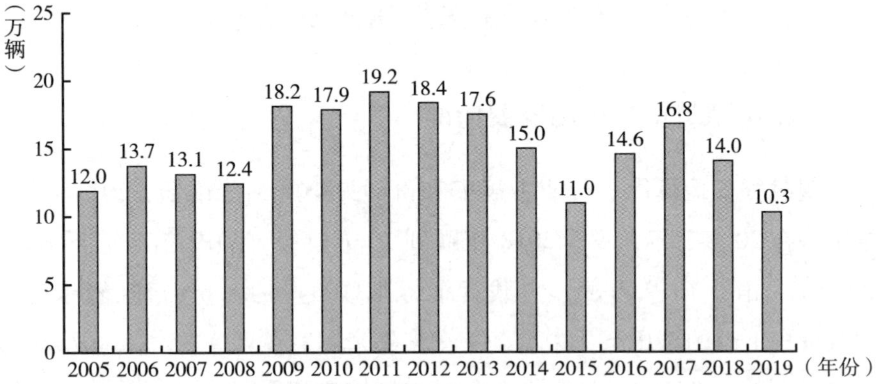

图 6　2005～2019 年中型载货车完整车辆销量走势

资料来源：根据中国汽车工业协会数据整理。

年峰值，但销量远低于前两年。下半年不温不火，月销量在 1 万辆左右波动（见图 8）。

从 2019 年中型载货车行业格局看。中型载货车行业集中度显著提高。2019 年排名前五的市场份额合计 72.5%，比 2018 年的 64% 提升 8.5 个百分点。分企业来看，福田上升趋势最为明显，东风依托全国最大的随州改装车基地，专用车市场仍然处于行业领先地位。

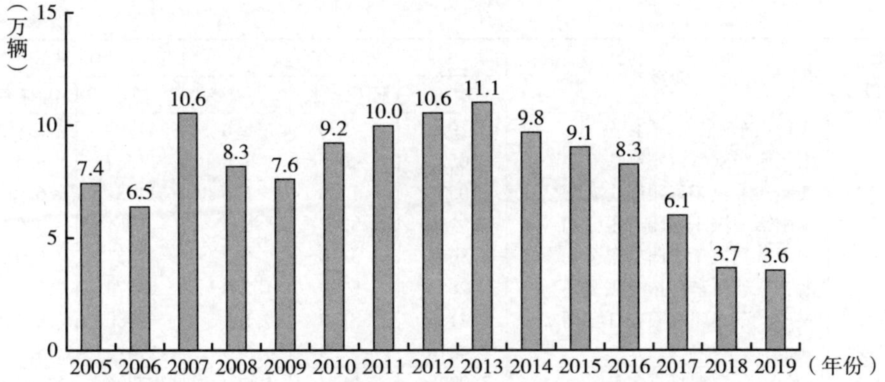

图7　2005～2019年中型载货车非完整车辆销量走势

资料来源：根据中国汽车工业协会数据整理。

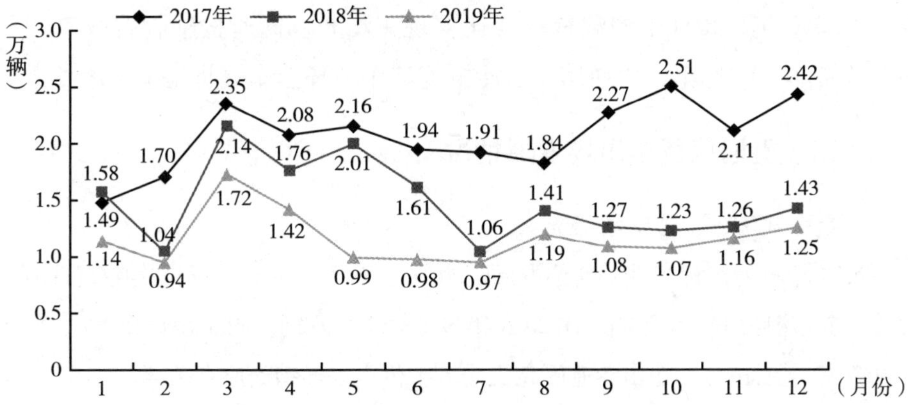

图8　2017～2019年中型载货车月度销量走势

资料来源：根据中国汽车工业协会数据整理。

表2　2019年中型载货车企业销量排名

单位：辆，%

排名（2019年）	企业	2019年			2018年	
		销量	同比增长	占有率	销量	占有率
1	北汽福田汽车股份有限公司	34293	165.7	24.6	12908	7.3
2	成都大运汽车集团有限公司	23018	0.1	16.5	22999	13.0
3	东风汽车集团有限公司	21182	-29.6	15.2	30101	17.0

续表

排名（2019年）	企业	2019年			2018年	
		销量	同比增长	占有率	销量	占有率
4	庆铃汽车(集团)有限公司	11925	-0.6	8.6	11993	6.8
5	山东唐骏欧铃汽车制造有限公司	10593	-6.6	7.6	11337	6.4
6	安徽江淮汽车集团股份有限公司	10528	-10.3	7.6	11731	6.6
7	中国第一汽车集团有限公司	9359	32.7	6.7	7051	4.0
8	中国重型汽车集团有限公司	8605	-51.0	6.2	17551	9.9
9	浙江飞碟汽车制造有限公司	2853	-87.9	2.0	23578	13.3
10	陕西汽车集团有限责任公司	2166	351.3	1.6	480	0.3
	其他	4816	-82.5	3.5	27477	15.5
	中型货车小计	139338	-21.4	100.0	177206	100.0

资料来源：根据中国汽车工业协会数据整理。

“5·21”事件后，轻卡回归标载，释放出原本属于中型载货车的市场空间。2020年，预计中型载货车同比实现正增长。同时按轴收费政策利好中型载货车。绿通车、快递用车、冷链物流车、环卫车等将是主要增长点。

（二）重型载货车市场发展情况

1. 重型载货车整体市场情况

2019年重型载货车维持高位发展。2019年重型载货车市场再次突破百万辆大关，全年销量117.4万辆，比2018年多销售2.6万辆，同比增长2.3%，创下历史新高（见图9）。超出专业研究机构、主机厂、经销商原有预期。

回顾近十年重型载货车发展历程，2010年销量首次突破100万辆，之后持续下行，到2015年降到55万辆，5年时间跌去一半。2017年大幅反弹，再次突破100万辆，创历史新高，2017～2019年连续三年110万辆以上。近十年出现两轮百万辆高峰，背后的逻辑却大不相同。2010年的101.7万辆，主要驱动力来自国家启动的大规模基建投资，充分体现了重型载货车与宏观经济强相关关系。2017～2019年主要受行业法规政策变化驱动。欧、美先行国重型载货车发展规律显示，成熟期影响重型载货车波动的主要因素从发展期的经济增长因素转变为以下两类因素，一是日益严格的节能环保、安全等技术、法规政策；二是成熟期更新需求占主导，重型载货车周期与更新周期同频共振。中国重型载货车行业在2010年后逐步进入成熟期，尽管2019年创下117.4万辆新高，但和2010年比，净增不到16万辆，年均复合增长率只有1.6%。2019年重型载货车维持较高景气度，主要受蓝天保卫战、排放法规和超载治理加严等影响，还有来自更新需求的贡献。

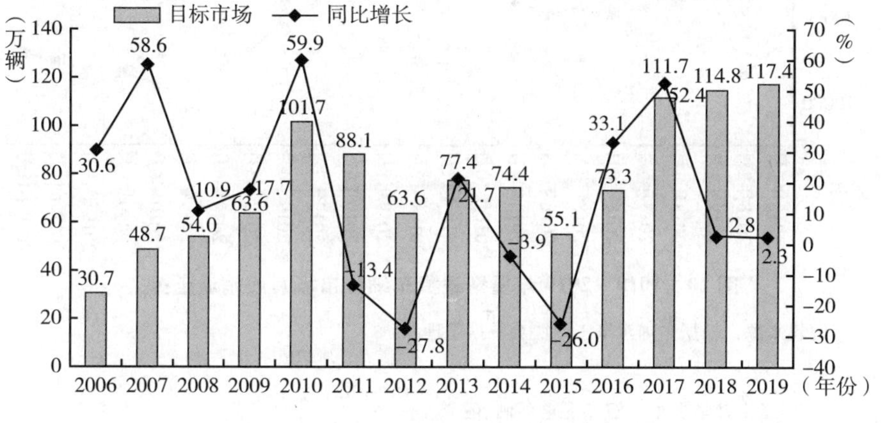

图9　2006～2019年重型载货车市场销量走势

资料来源：根据中国汽车工业协会数据整理。

牵引车领跑重型载货车行业。2019年全年半挂牵引车销量56.5万辆，非完整车辆销量35.6万辆，重型载货车整车销量25.3万辆。受益于电商、快递行业高速发展，长途物流重型载货车保持高位水平，半挂牵引车占重型载货车比重从2018年的42.1%提高到2019年的48.1%（见图10、图11）。

2. 重型载货车2019年竞争格局

2019年重型载货车行业排名前五企业市场集中度持续稳定，一汽集团龙头地位再度夯实；福田汽车市占率继续下滑；上汽依维柯红岩向行业前五逼近。

重型载货车排名前五的企业依次为一汽、东风、陕汽、重汽、福田，共计市场份额82%，与2018年82.7%持平。一汽解放公路牵引车产品竞争力强，长春本部与一汽青岛形成高低搭配的业务布局，充分挖掘出长春本部的J6平台和青岛J5平台产品的应用潜力，2016年后市占率连续稳步提升，2019年全年市占率达到24%，龙头优势突显。陕汽凭借黄金价值链组合，

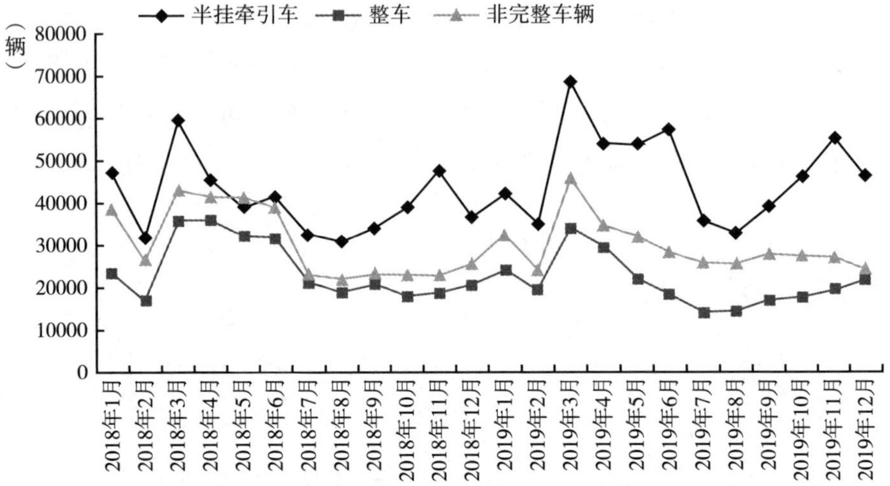

图 10　2018～2019 年重型载货车细分市场月度销量走势

资料来源：根据中国汽车工业协会数据整理。

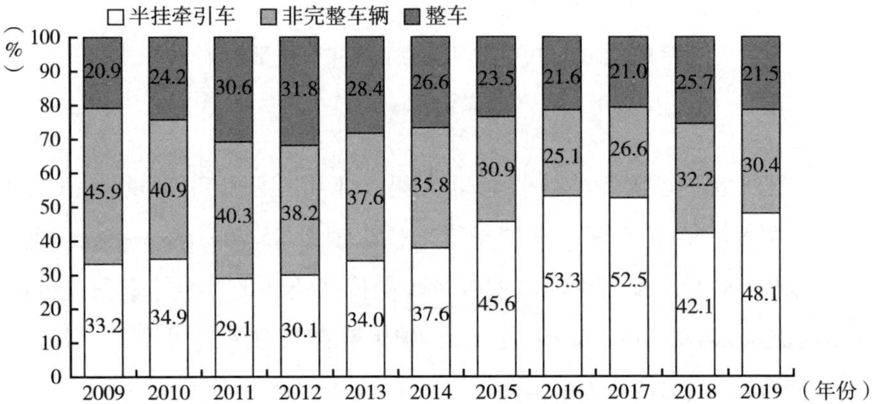

图 11　2009～2019 年重型载货车细分市场结构变化

资料来源：根据中国汽车工业协会数据整理。

LNG 重型载货车产品优势，在行业中的地位不断加强。上汽依维柯红岩充分发挥自卸车优势，市场占有率逐年攀升，与福田的差距越来越小。福田欧曼重型载货车过去几年产品改进速度下降，部分核心零部件依赖外供，旺季期间，产能受限；加上市场响应不及时，始终未能走出下滑困境，2020 年预计随着产品调整，创新营销有望回升（见图 12）。

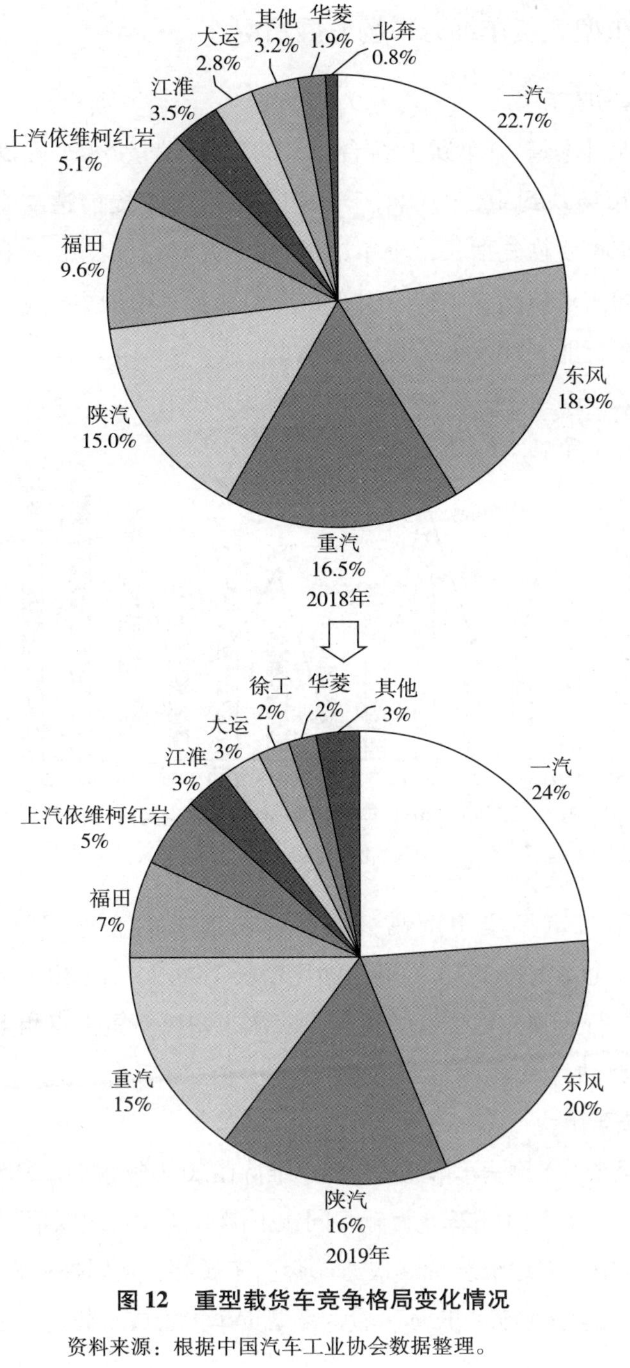

图 12　重型载货车竞争格局变化情况

资料来源：根据中国汽车工业协会数据整理。

（三）重型载货车细分市场发展情况

1. 半挂牵引车市场

2016 年后半挂牵引车跃上新台阶，2017 年销量 58.3 万辆，创历史峰值；2018 年市场跌到 48.3 万辆，与 2017 年牵引车提前透支有关系；2019 年半挂牵引车再度恢复增长，全年销量 56.5 万辆，同比增速 16.9%。受益于长途物流的需求拉动，半挂牵引车在重型载货车中的主导地位越来越强将是重型载货车行业长期发展趋势（见图 13）。

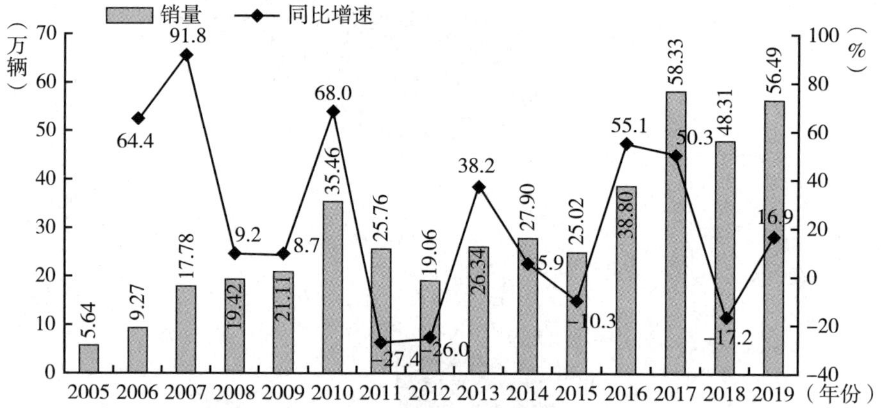

图 13　2005～2019 年半挂牵引车年度走势变化情况

资料来源：根据中国汽车工业协会数据整理。

半挂牵引车市场集中度高，销量排名前五的企业累计市场份额为 87.4%。一汽全年销售 17.3 万辆，同比增长 14.4%，以 30.6% 的市占率远超其他企业，行业领先地位持续稳固。陕汽、东风、重汽不相上下，市占率在 15% 左右波动（见表 3）。

2. 重型货车市场

2010 年至今，重型货车市场需求基本维持在 20 万辆水平，2018 年首次突破 30 万辆，2019 年全年销量 25.3 万辆，同比下滑 18%，再次回落到 20 万级。在法规影响下，中长途运输载货车快速向牵引车转移，从国外成熟市场经验看，重型载货车专用化是趋势，长远来看，重型货车不会成为载货车主流车型（见图 14）。

表 3　2019 年半挂牵引车市场主要企业销量及市场占有率变化

单位：辆，%

企业	2017 年		2018 年			2019 年		
	销量	市占率	销量	同比增长	市占率	销量	同比增长	市占率
一汽	173083	29.70	151089	-12.40	31.30	172816	14.38	30.59
陕汽	102830	17.60	83050	-19.20	17.20	98184	18.22	17.38
东风	91874	15.80	73960	-11.30	15.30	91141	23.23	16.13
重汽	83354	14.30	62581	-32.30	13.00	80540	28.70	14.26
欧曼	61727	10.60	49374	-20.00	10.20	51243	3.79	9.07
其他	70389	12	63089	-10.40	13.10	70964	12.48	12.56
合计	583257		483143	-17.20		564888	16.9	100

资料来源：根据中国汽车工业协会数据整理。

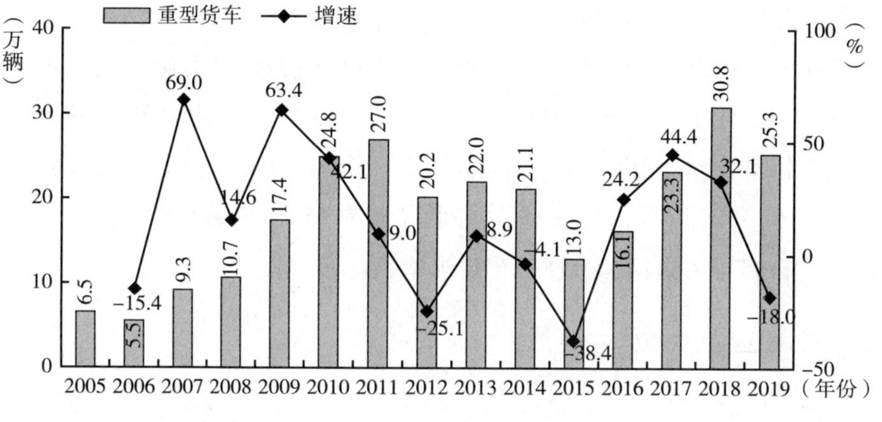

图 14　2005～2019 年重型货车年度走势变化情况

资料来源：根据中国汽车工业协会数据整理。

重型货车集中度低于半挂牵引车，排名前五的企业份额占到 69.7%，比 2018 年的 76.4% 降低 6.7 个百分点。2019 年，排名前五企业全部是负增长。重汽在重型货车市场遥遥领先，全年销量 7.0 万辆，占有率 27.5%，为重汽 17.6 万辆的重型载货车总销量贡献了近 40%。排名第二的陕汽市场占有率 14.3%，仅为第一名的一半多点；福田、江淮、东风彼此差距不大，市占率在 10% 左右（见表 4）。

表4　2019 年重型货车市场主要企业销量及市占率变化

单位：辆，%

企业	2018 年			2019 年		
	销量	同比增长	市占率	销量	同比增长	市占率
重汽	80817	45. 90	26. 20	69540	-13. 95	27. 53
陕汽	58201	89. 90	18. 90	36220	-37. 77	14. 34
福田	36399	7. 40	11. 80	21209	-41. 73	8. 40
江淮	32203	-21. 80	10. 50	29348	-8. 87	11. 62
东风	27578	3. 90	9. 00	19725	-28. 48	7. 81
其他	72773	60. 30	23. 60	76594	5. 25	30. 32
合计	307971	32. 15		252636	-17. 97	

资料来源：根据中国汽车工业协会数据整理。

3. 非完整车辆（底盘）市场

2010～2019 年，非完整车辆（底盘）多数年份在 30 万辆左右水平。主要受基建、城建工程驱动，所以各年市场波动比较大，2010 年创下历史峰值，当年销量 41. 5 万辆；2018 年销量 35. 7 万辆，再次达到历史次高水平，2019 年销量 35. 7 万辆，与 2018 年持平（见图 15）。销量高峰都源于基建工程拉动。自卸车、搅拌车、环卫车需求增长。

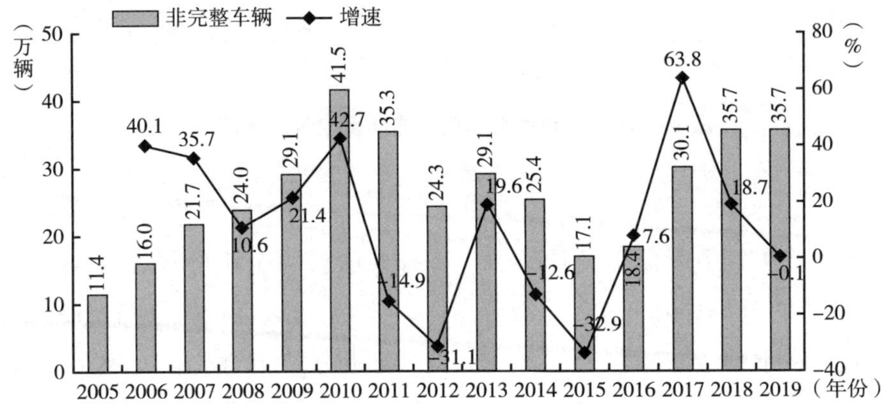

图 15　2005～2019 年非完整车辆（底盘）年度走势

资料来源：根据中国汽车工业协会数据整理。

非完整车辆的集中度行业最高，排名前五的企业市场份额为94.8%，比2018年提高了2.6个百分点。东风2019年销量12.7万辆，同比增长10.0%，占有率从2018年的32.4%提高到2019年35.6%；一汽销售10.4万辆，同比略有下降，两家市场占有率达到64.8%，初现双寡领先局面。红岩2019年全年销售非完整车辆4万辆，同比增长27.5%，占其当年全部重型载货车销售的近7成（见表5）。

表5　2019年非完整车辆市场主要企业销量及占有率变化

单位：辆，%

企业	2018年			2019年		
	销量	同比增长	占有率	销量	同比增长	占有率
东风	115489	8.80	32.40	127029	9.99	35.64
一汽	104771	61.30	29.40	103782	-0.94	29.11
重汽	46307	9.20	13.00	42917	-7.32	12.04
红岩	31552	35.40	8.80	40215	27.46	11.28
陕汽	30758	-22.40	8.60	24089	-21.68	6.76
福田	24532	31.40	6.90	14010	-42.89	3.93
其他	3361	-37.10	0.90	4424	31.63	1.24
合计	356770	18.70		356466	-0.09	

资料来源：根据中国汽车工业协会数据整理。

（四）重型载货车市场其他特点

燃气车国六排放法规从2019年7月1日起在全国范围实施，比重型柴油车提前两年。2019年上半年，经销商和用户提前购买国五天然气重型载货车，使得上半年燃气重型载货车市场呈井喷式上涨，但也透支了下半年需求；动力升级，13L及以上大排量、500PS及以上大动力发动机应用继续加速；智能化、车联网应用加速，并逐步显示出对物流公司、用户在车队管理、运营效率提升、收益增值上的价值。

（五）重型载货车发展趋势

2020年重型载货车市场需求预计有望再次突破100万辆，保持高位水平。

1. 重型载货车市场需求或将上升

①企业信心充足。行业头部企业均表示出对2020年重型载货车市场的乐观看法，并依此制订了全年销量计划。

②基建加持，工程类重型载货车需求先行，带动行业景气度提升。

③环保升级推动更新需求释放。2021年7月1日重型载货车将全面实施国六，2020年7月1日起城市车辆开始实施国六，部分重点地区已提前实行。到2018年底，全国国三重型载货车保有量为260万辆。2020年是《打赢蓝天保卫战三年行动计划》收官之年，预计国三及以下中重型载货车淘汰力度将加大，促进更新需求释放。

④严查超载超限促进重型载货车产品结构调整，合规产品拉动需求增长。长途物流重型载货车合规化程度高，而支线物流、工程重型载货车领域普遍存在超重现象将受到整顿；无锡事件后各地严查超载，加之2020年1月1日起，货车统一按轴收费，并将全面实行入口不停车称重检测，严查超限超载车辆使单车运力下降，有助于重型载货车需求总量增加。

2. 重型载货车AMT将成市场新宠

用户的年轻化正在让自动挡成为潮流，用户对操控性的要求越来越高，自动挡省油的观念在卡车驾驶员心目中逐步被接受。重型载货车行业自动挡产品将进一步推广。此外，LNG重型载货车持续向好；电动重型载货车在特定封闭场所推广；随着5G的推广应用，智能网联技术将继续扩大应用。

三　2019年轻型载货车发展

（一）轻型载货车市场发展分析

2019年，轻型载货车销售188.3万辆，同比下降0.6%（见图16）。其中，轻型载货车整车销售171.2万辆，同比下降2.6%；轻型载货车非完整车辆销量17.2万辆，同比上升24.3%。2019年轻型载货市场微降，主要受一致性法规加严影响。

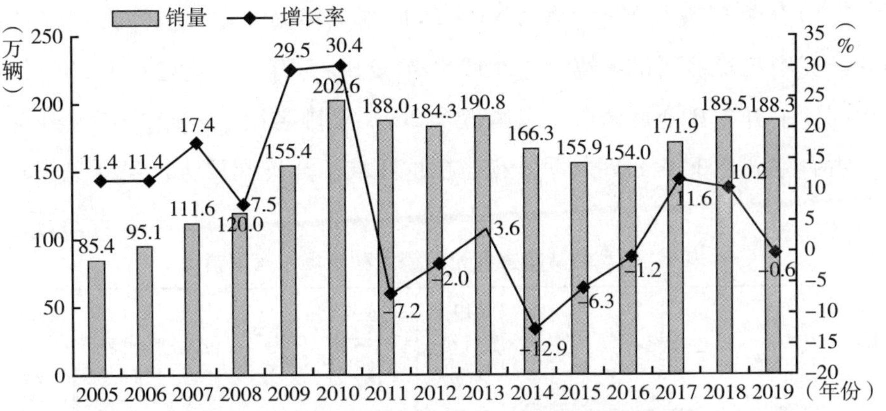

图 16　2005～2019 年轻型载货车销量增长情况

资料来源：根据中国汽车工业协会数据整理。

2019 年，影响轻型载货车的主要政策有一致性法规加严、安全法规升级。各地区进一步加强车辆上牌一致性检查、高速查超治理，规范了轻型载货车的市场，一致性不达标的车型逐步被淘汰。同时，安全法规升级，进一步加快了轻型载货车的升级。

2019 年轻型载货车全年走势呈典型“V”字形。轻型载货车销量占载货车行业近一半份额，它的走势直接导致整个载货车行业呈 V 形曲线走势（见图 17）。

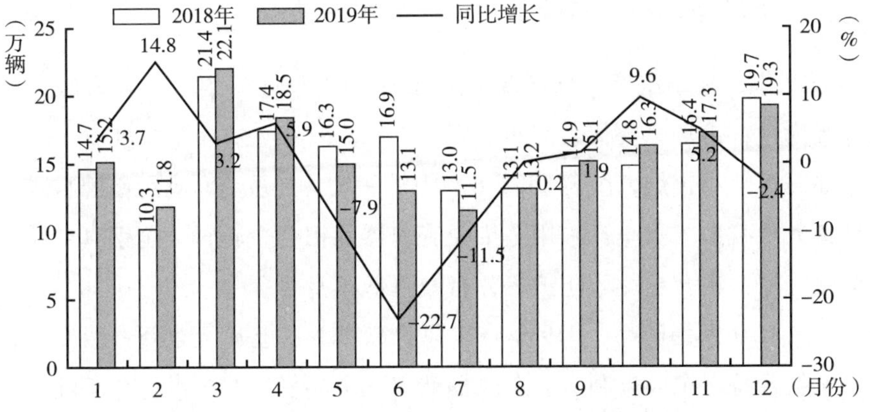

图 17　2018～2019 年轻型载货车各月销量情况

资料来源：根据中国汽车工业协会数据整理。

2019 年轻型载货车竞争格局进一步加剧。福田、东风、江淮销量位居前三，其中福田稳居市场第一，2019 年销量 36.5 万，同比增长 11.0%，占有率同比上升 2.0 个百分点；东风汽车 2018 年排名第五，2019 年上升至第二，占有率同比上升 1.7 个百分点，超越江淮、江铃和重庆长安（见表6）。

表 6　轻型载货车主要企业销量和市场占有率情况

排名	企业名称	2019 年累计销量（辆）	2018 年累计销量（辆）	同比增长（%）	2019 年份额（%）	2018 年份额（%）	份额增减（百分点）
1	北汽福田汽车股份有限公司	364713	328598	11.0	19.4	17.3	2.0
2	东风汽车集团有限公司	195096	164598	18.5	10.4	8.7	1.7
3	安徽江淮汽车集团股份有限公司	192809	191797	0.5	10.2	10.1	0.1
4	江铃汽车股份有限公司	155451	181903	-14.5	8.3	9.6	-1.3
5	重庆长安汽车股份有限公司	153527	168327	-8.8	8.2	8.9	-0.7
6	长城汽车股份有限公司	148830	138000	7.8	7.9	7.3	0.6
7	中国重型汽车集团有限公司	95473	117844	-19.0	5.1	6.2	-1.1
8	中国第一汽车集团有限公司	65523	61697	6.2	3.5	3.3	0.2
9	金杯汽车股份有限公司	57461	52621	9.2	3.1	2.8	0.3
10	保定长安客车制造有限公司	56480	48672	16.0	3.0	2.6	0.4

资料来源：根据中国汽车工业协会数据整理。

（二）轻型载货车新技术和新产品发展情况

2019 年，轻型载货车新产品以满足车辆一致性需求、排放升级、内外饰升级为主，市场主要代表产品如下。

福田奥铃小钢炮，配备 ISF2.8、D30 重载动力系统，满足蓝牌自重，同时具备大承载需求。车辆采用全铝壳变速器、铝合金轮辋、全钢真空胎、铝合金储气筒、铝合金侧后防护等，有效降低车身自重。

东风 B19 系列产品，B19 是在东风轻型车 B07 基础上全新升级产品，覆盖东风凯普特、东风多利卡、东风福瑞卡三个品系，在车身、整车配置、动力性、可靠性、轻量化等方面进行迭代升级。

江铃全系国六产品内外饰全面升级。凯锐、凯运中宽体车身同时覆盖，通过内外饰造型区分产品线，顺达窄体、宽体内外饰同步升级。

（三）轻型载货车发展存在的问题与趋势

1. 轻型载货车发展存在的问题

现阶段各地对车辆的一致性检查加严，“蓝牌重载”市场大幅萎缩，轻型载货车市场向合规化方向发展，但部分区域在法规执行中仍存在漏洞，给市场及客户带来风险。此外，现阶段计重劝返、按轴收费政策实施标准尚未明确，政策明确后客户需求如何满足尚待关注。

2. 轻型载货车市场发展趋势分析

轻型载货车市场总体已进入成熟期，市场需求总规模将保持相对稳定，市场需求将以更新为主。2020 年影响轻型载货车市场需求的主要因素有两个方面。

①计重劝返政策实施。本着“货车必检，超限禁入，违法必究，依法执法”的原则，自 2020 年 1 月 1 日起，全国所有封闭高速公路入口将实施车辆称重，超载一律不予放行。这一政策短期对轻型货车市场产生负面影响，长期看导致物流分工更细，货车需求增加，带来增量。

②受国三车淘汰补贴、新能源补贴及路权等政策影响，2020 年新能源物流车市场将有所增长。

综上，预计 2020 年轻型载货车市场将与 2019 年基本持平。

3. 轻型载货车产品发展趋势

①高端化。随着消费升级，同时受法规影响，轻型载货车市场结构将出现明显的变化，主要表现在产品由中低端向中高端升级。安全法规新增安全配置要求，使车辆价格逐步升高。此外，车辆的排放升级不仅带来发动机的技术升级，而且促进排量小型化，使得车型更加精简。随着车辆制造工艺水平的提升与材料科技的进步，产品可靠性也得到提高。

②轻量化。受上牌一致性、计重劝返法规影响，轻型载货车轻量化步伐加速，当前各厂家均采用材料替代类的降重措施（铝合金储气筒、铝合金轮

辋、铝合金油箱等），未来轻量化技术研究与应用仍是轻型载货车的重点。

③新能源化。技术的不断进步使得新能源车具备在部分行业市场化应用的可能。深圳、成都、西安等城市已经采取技术、政策双轮驱动，推进城市车辆电动化。随着新能源车规模增长，核心的三电系统技术将快速迭代与升级，成本也将逐步降低，产品价格将逐步符合客户预期。

④专业化。随着人力成本的增加，未来货物搬运机械化、自动化程度将越来越高，标准的托盘、标准的包装箱结合的货物装载方式将逐步增加；同时，行业需求将不断升级，各个细分市场对产品的要求更加专业，如海鲜运输车、收割机运输车、液压尾板专用车、钢材运输车、冷藏车、环卫车等专用车。

⑤舒适性。客户年轻化、消费升级，对车辆舒适性要求越来越高，如座椅、卧铺、驻车空调等方面。

四　2019年微型载货车发展情况

（一）微型载货车市场发展分析

2019 年微型载货车市场销量 65.3 万辆，同比略有下滑。从全年分月销量走势来看，同比下滑时段主要集中在 5～8 月，主要受 2019 年 7 月 1 日 N1 类产品提前实施国六排放法规影响。国六实施后五菱、长安等主要微型货车厂家国六产品准备不全，影响国六产品投放，导致整个 5～8 月销量同比出现大幅下滑，随着国六产品的逐步到位，自 9 月开始销量同比快速增长（见表 7）。

表 7　2018～2019 年微型载货车各月销售情况

单位：辆，%

月度	1 月	2 月	3 月	4 月	5 月	6 月	7 月	8 月	9 月	10 月	11 月	12 月	累计
2019 年	50847	36813	70315	51798	48215	41637	42101	49048	56109	56178	65812	84529	653402
2018 年	46891	35805	70194	50181	54566	59320	51044	57199	53346	54658	60445	69269	665557
增速	11.9	7.1	0.2	3.2	-11.6	-29.8	-17.5	-14.3	5.2	2.8	8.9	22.0	-1.8

资料来源：根据中国汽车工业协会数据整理。

从微型载货车的动力结构来看，1.5L 动力销量比重快速上升，2019 年达到 69.5%，1.2L 小排量动力比重不足 20%。微型载货车动力升级的趋势日益明显（见图 18）。

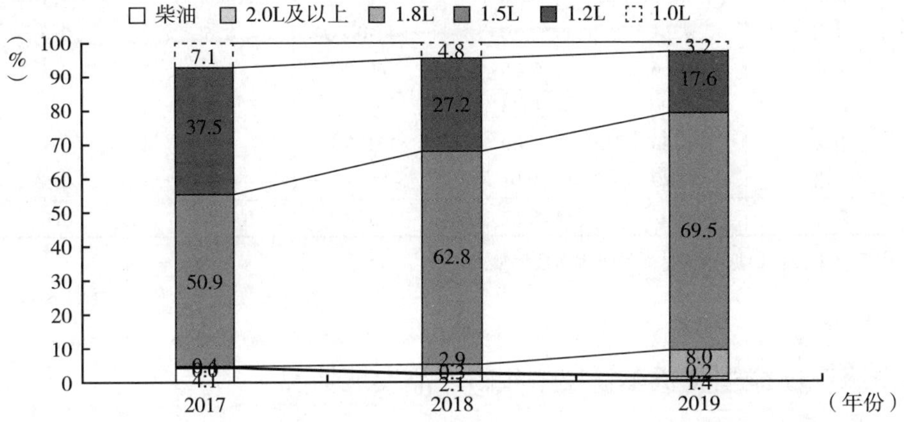

图 18　2017～2019 年微型载货车动力结构变化情况

资料来源：根据中国汽车工业协会数据整理。

分企业来看，2019 年五菱全年销量突破 40 万辆，市占率为 64%，同比增长 4.3 个百分点，市场领先优势继续扩大，主要得益于新产品的快速增长，拉动整体销量及市占率的增长。长安微型货车受长安汽车对商用车板块业务战略调整的影响，销量出现大幅下滑。其他品牌销量及占有率较低，销量上的波动对整体市场没有产生大的影响（见表 8）。

表 8　2019 年微型货车各厂家市场表现

微型货车	2019 年销量（辆）	2018 年销量（辆）	2019 年同比（%）	2019 年市占率（%）	同比（百分点）
五菱	418041	397471	5.2	64.0	4.3
东风小康	82625	86753	-4.8	12.6	-0.4
长安	52994	74218	-28.6	8.1	-3.0
奇瑞	52673	56598	-6.9	8.1	-0.4
凯马	24863	16586	49.9	3.8	1.3

续表

微型货车	2019年销量（辆）	2018年销量（辆）	2019年同比（%）	2019年市占率（%）	同比（百分点）
金杯	5768	6365	-9.4	0.9	-0.1
福田	5286	6098	-13.3	0.8	-0.1
昌河	4201	0	#DIV/Q!	0.6	0.6
唐骏	2366	6035	-60.8	0.4	-0.5
北汽	2100	1348	55.8	0.3	0.1
南骏	1249	540	131.3	0.2	0.1
一汽	970	4001	-75.8	0.1	-0.5
合计	653402	665557	-1.8	100.0	0.0

资料来源：根据中国汽车工业协会数据整理。

（二）微型载货车新技术和新产品发展情况

微型载货车生命周期普遍较长，作为工具用车，在满足用户使用的基础上，产品改进的需求较小。目前微型载货车的产品升级以应对政策法规变化为主，排放升级、安全升级、节能升级是微卡的主要技术发展方向。

传统能源产品为满足法规升级带来产品成本的快速增长，加之部分大中城市的路权限制，新能源微型货车存在较大的市场空间，纯电动产品2019年销量突破5000辆，同时各厂家加快研究增程式新能源产品，随着国家对新能源扶持政策的持续加大及城市末端物流配送的蓬勃发展，新能源微型货车销量将出现爆发式的增长。

从2019年主要厂家的产品市场表现来看，大动力、大货厢产品销量快速增长，为满足日益增长的末端物流运输需求、提高运输效率，微型货车大型化将成为一种趋势。

（三）微型载货车发展存在的问题与趋势分析

微型载货车作为工具用车，以个人客户为主，在国六排放标准升级后，企业主销产品价格普遍超过四万元。作为汽油三轮和低速电动三轮的升级产品（平均价格在8000元/辆以下），微型货车价格过高，是市场发展的主要障碍。下一步随着国家对三轮车进行规范和引导升级，三轮车市场升级将成为微型货车市场主要增长来源。

微型载货车处于物流链条和消费链条的末端，主要服务于第三产业，受经济下行压力影响更为明显，2020年全年市场目标预计下滑5%左右。

五　2019年皮卡车发展

（一）皮卡车市场发展分析

2019年，全国主要16家皮卡车生产企业累计生产442094辆车，同比下降1.6%；累计销售436813辆车，同比下降2.0%（见图19）。2019年汽车市场相对低迷，但皮卡车作为多功能产品，是消费的新增长点，持续保持较好态势。

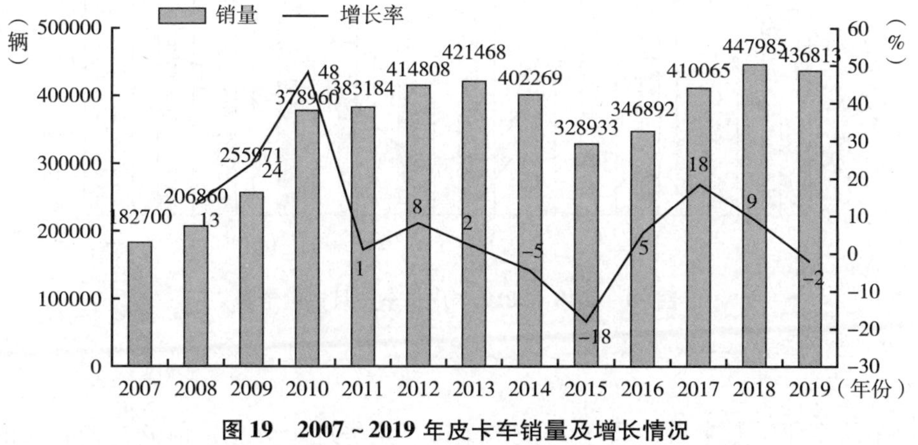

图19　2007～2019年皮卡车销量及增长情况

资料来源：乘联会产销数据。

2019年，随着国六排放标准在多省市区域的落地实施，我国皮卡车企业加快了推出国六产品的节奏；第二季度，经销商也开始全面清理库存，为迎接国六新品做足准备。但是由于国内多家皮卡车企业在推出国六产品时准备不足，皮卡车市场相对2018年出现微降。

从皮卡车月度销量走势图上看（见图20），2019年皮卡车的开局走势相对不错，3月创出高点，尤其是在2018年第一季度开局高增长的背景下。2019年1~4月的皮卡车市场走势相对较强，5~7月深度调整，8~12月逐步回暖。由于春节较早的因素，1月皮卡车销量3.48万辆，出现了同比4%的负增长；2月皮卡车销量达到2.85万辆，同比增长21%，呈现节后超强开局；3月皮卡车销量达到4.79万辆，同比增长3%；4月皮卡车销量达到4.47万辆，同比增长15%，走势强于历年的表现；5月皮卡车走弱，下滑8%；6~7月皮卡车销售受到国六标准实施的影响，加之部分地区需求不强，销量降幅较大。8~11月皮卡车市场逐步回暖，11月销量回升到4.3万辆以上；12月销量异常，环比增长偏弱。

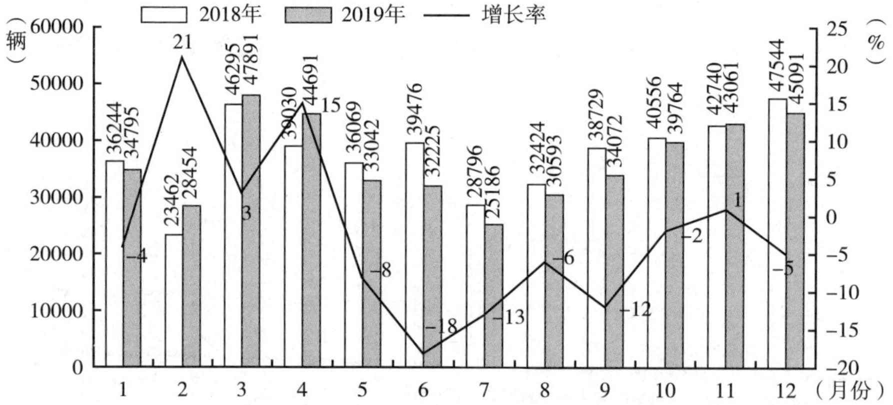

图20　2018~2019年皮卡车各月销量走势

资料来源：乘联会产销数。

从企业销量来看，2019年皮卡车市场竞争逐步分化，部分二线企业的批发稍好，零售很差。长城汽车一枝独秀，近几年皮卡车销量份额持续提升，2019年上半年占据皮卡车总销量的30%，下半年部分月份份额突破40%，持续增长。占据皮卡车市场份额10%以上的企业还有江铃和郑州日产，都是历史上相对强势的传统企业，两家企业全年销量占总量的25%左右。市场的第三梯队是份额在10%以下的诸多企业，其中上汽大通、长安皮卡、江西五十铃增长明显，江淮皮卡表现相对稳定，部分老牌车企有所下滑。

从市场份额占比（见图21）可以看出，虽然各品牌皮卡车销量与市场份额占比仍处于此消彼长之中，但是第一梯队与第二梯队市场份额有拉大迹象，后者相对稳定，第三梯队市场份额较第二梯队有所拉近。尤其是近年来杀入皮卡领域的新锐品牌皮卡对整体皮卡车传统市场格局产生了冲击及改变。

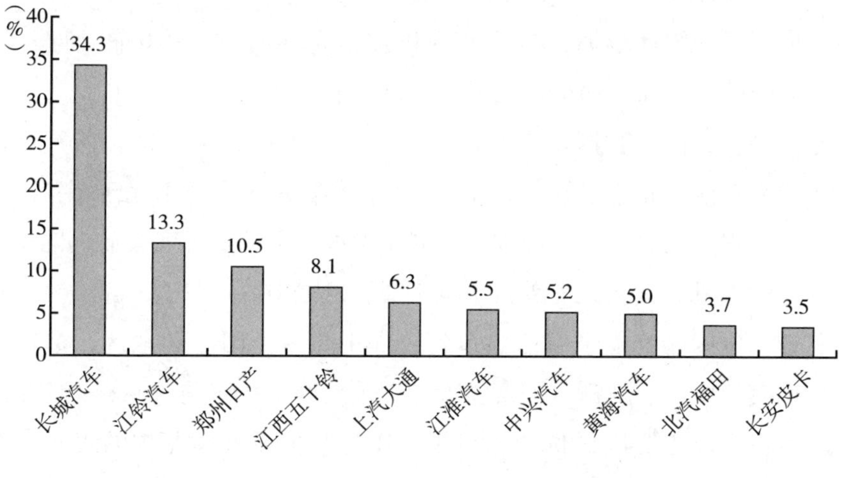

图21　2019年皮卡车分品牌市场份额占比

资料来源：乘联会产销数据。

从动力类型来看（见表9），汽油皮卡车和纯电动皮卡车走势相对较强。2019年汽油皮卡车占比达到32%。由于皮卡车向私人市场突破，相对轻卡，皮卡车的汽油机占比表现良好。2019年新能源皮卡车市场保持一定的需求，部分主力企业的皮卡车产品表现很好，尤其是江淮汽车的电动皮卡车2019年增量仅次于日产皮卡车。作为行业需求的特殊产品，皮卡车被普遍使用在电力、石油、城市绿化、道路救援、城市管理、后勤保障、消防救灾等诸多领域，这些行业对皮卡车需求相对较强，对电动皮卡车也有一定需求。

表 9　2017～2019 年皮卡车分动力类型

单位：%

年份	柴油	纯电动	汽油	合计
2017	73	0.18	27	100
2018	71	0.25	29	100
2019	68	0.23	32	100

资料来源：乘联会产销数据。

（二）皮卡车进出口概况

按照海关的统计数据，2019 年我国皮卡车共出口 40620 辆，同比增长 17.4%。受销售方面的约束，我国的进口皮卡绝大部分都是大排量、高端大皮卡车产品。目前，我国皮卡车出口呈现“多元性、层次化”的特点，皮卡车不但在功能上趋于多样化，在设计和操作性能上也逐渐趋于豪华。在排放技术上，皮卡已完全与国产乘用车同步发展，发动机尾气排放标准从国一至国六与时俱进，其无人驾驶技术也正在研发之中。

目前，中国品牌皮卡车已出口到全球 100 多个国家和地区，覆盖了欧洲、中南美、中东、亚洲、非洲及大洋洲等地区。在南美、亚洲、中东和非洲地区，皮卡车主要以低价切入市场，作为个体或私营业主的工具车在使用；在大洋洲地区，中国品牌皮卡车中高端车型出口占比较高，以个人客户为主。短期内，海外市场仅作为国内销量的一种补充，南美地区门槛较低，易切入；东南亚地区限制较高，大洋洲地区技术要求较高，对国内主机厂有一定的挑战。

（三）皮卡车市场展望

展望 2020 年皮卡市场，以下一些政策将使皮卡行业受益。

1. 解禁皮卡车进城，加快皮卡车快速发展

到目前为止，限制进城仍然是阻碍皮卡车发展的最大束缚，虽然皮卡车具备宜商宜家的多功能属性，且产品设计已经十分接近乘用车，但不能进城

还是让许多消费者对皮卡车望而却步。2019 年，三部委发文指出“鼓励有条件的地级及以下城市加快取消皮卡车进城限制”，山东济南、河北秦皇岛和唐山等地迅速响应，不久，重庆、吉林、宁波、南昌四地也发布放宽皮卡车进城文件。随着多地解禁试点，更多区域取消皮卡车进城限制，皮卡车行业将迎来快速发展。

2. 加大对中小微企业的扶持力度，加大基建投资

国家发布加大对中小企业、个体户的扶持力度，加大基建投资，这同样能对皮卡车市场产生积极的激活和推动作用。众所周知，皮卡车具有生产工具属性，在农、林、畜、牧、渔以及建材、批发、工业等各行各业发挥重要作用，更是创业者和个体户十分偏爱的车型。如果国家对个体及私营企业出台刺激政策，并加大基建投资，将会直接提高皮卡车的购车需求，给工具型皮卡车销售及皮卡车行业带来推动力。

3. 取消高速省界收费站，普及 ETC

2019 年 5 月 21 日，国务院办公厅印发《深化收费公路制度改革取消高速公路省界收费站实施方案》，将修订《收费公路车辆通行费车型分类》标准，调整货车通行费计费方式，从 2020 年 1 月 1 日起统一按车（轴）型收费，确保不增加货车通行费总体负担，同步实施封闭式高速公路收费站入口不停车称重检测。目前，我国皮卡车还是作为轻型载货车进行管理，皮卡车能实现高速 ETC 免停车收费不仅可以提高车辆的通行效率，更具重要意义的是皮卡车享受到乘用车同样的车权和路权。

（四）皮卡车市场发展趋势

因为时代的变迁、经济的发展以及产品功能的升级换代，皮卡车市场最近这些年，也呈现一些新趋势。

1. 乘用化

国内新一代皮卡车正在从传统日本皮卡车风格向欧美风格以及日美混合型衍生嬗变，并大量揉进了人性化、科技化、质感化的轿车设计元素，特别是大量汲取 SUV 的外形设计理念，给人以耳目一新的视觉冲击力，因此无

论在外形设计还是在内饰配置上，皮卡乘用车化的趋势越来越得以彰显。大型化趋于美式如 F150 猛禽彪悍威猛拉风造型、中型化克隆 SUV 多功能风格、小型化拷贝轿车（CAR）乘用车驾乘用舒适的功能，并向高端化方向发展，形成了经济级、中端、高端三个档次和长短轴距、单排、排半和双排，汽、柴油、CNG 双燃料、电动皮卡的多车型多品系化产品。

2. 高端化

高端化是皮卡车发展的重要趋势，为提升操纵方便性，自动挡皮卡车越来越普及。近年来，变速器挡位也从 5AT 发展到 6AT 甚至 8AT。从已经推出的皮卡车产品来看，国产自动挡皮卡车已有近 10 款之多。从当前的自动挡皮卡车看，产品类型还较为单一，较高的售价成本也影响了这类皮卡车推广应用。目前，中国市场需求部分皮卡车仍以商用货运为主体，高端皮卡车在市场中销量相对较少。随着皮卡车进城解禁及用户使用群体改变，未来皮卡车特别是高端皮卡车存在很大市场发展空间。

3. 清洁化

国外新能源皮卡车较多，主要涵盖氢燃料皮卡车、混合动力皮卡车、插电式皮卡车等，且绝大多数是与整车配套研发生产的全新新能源皮卡。我国相关新能源皮卡基本上是在原型车上改装而成的，以技术含量低、快速量产的纯电皮卡车为主，车型较为单一。虽然 CNG 双燃料皮卡车、插电混合皮卡车等也出现了，但基本上还处于样车状态，离量产化尚有距离，如江铃域虎 T500EV 电动皮卡车，江淮纯电皮卡车帅铃 i3 - T330 等。新能源技术与智能化技术进步必将冲击皮卡车行业形态，未来的技术、运营与产品模式还尚在探索中，乐观预见，新能源皮卡车或将在五年后替代燃油皮卡车。

4. 轻量化

皮卡车轻量化是目前皮卡车行业现实节能减排最行之有效的技术措施。皮卡车轻量化是社会整体水平提升、运输效率提高的体现，也是提高其燃油经济性、节能减排的有效措施之一，已成为当今皮卡车行业技术发展趋势与潮流。皮卡车从车身、车架、驾驶室、动力总成、传动系统等多方面进行轻量化的升级，同时在结构、材料、连接工艺上进行改进，其中轻量化材料模块化和通用化是其轻量化最基础，也是最核心的技术，在保证汽车强度、刚性以及安全性不变的情况下，通过选用镁铝合金、高强度钢板、非金属材料等轻质化材料，优化车身结构，减轻车身质量，并采用新型铆接工艺满足轻量化材料之间的连接工艺。

5. 提升安全性

近年来上市的中高端皮卡车基本上采用 ABS 和 EBD，前盘后毂制动和双回路四通道油路系统模式，配置大尺寸制动盘，双缸制动主泵，分别提供制动能量，以及独立前、后轮分缸式 X 形交叉双管路液压刹车系统，并配备发动机防盗、泊车辅助、胎压监测、行车电脑、GPS 导航等高端智能配置。部分品牌皮卡车在制动系统上，采用了最新型的 ABS + EBD 系统，来提升皮卡车安全性。

（五）皮卡车发展建议

1. 政策层面

建议管理层面给予皮卡车更多乘用车同等待遇。比如地市级以下城市尽快全面放开进城、省会城市基本放开、特大型城市适度放开；车辆一年一检、15 年强制报废、高速按货车标准限速等专用于货车管理的办法据实调整，不合时宜的及时废除；特别是对于皮卡车的多功能性需求比较大的农村、城镇郊区、山区等地方，建议地方政府可以考虑出台一定措施鼓励皮卡车消费，对提前报废车型更换皮卡车的，政府可以考虑加大相关补贴力度、延长补贴时间。

全面放开皮卡车进城限制作为供给侧改革的一部分，将会增强市场的有效供给，对于提升民生幸福指数、推进城乡创新运输管理和现代物流建设、推动城乡融合发展的意义重大。尽快全面放开皮卡车进城限制，满足广大城镇居民对皮卡的需求，将会更好地促进我国汽车产业健康稳定向上发展，更加有效地促进社会和谐以及经济繁荣。

皮卡车的使用工作负荷并不高。中国皮卡车用户大多为小微企业、个体私营业主、私人用户等，皮卡车使用、维修保养状况较好，车辆在报废前的行驶里程、损耗情况远远弱于普通营运类货车等商用车型。因此，建议取消皮卡 15 年强制报废规定，减少资源浪费及消费者损失，促进皮卡车行业健康发展。

2. 行业层面

引导皮卡车文化风潮，促进国内皮卡车文化的繁荣发展。从媒体传播和活动推广层面，正向引导社会各界支持皮卡车文化发展。产品热卖，文化先行，皮卡车媒体和从业者力争把皮卡车的实用与自由特性打造成一种文化。将发达国家风靡的皮卡车风潮加速本土化，影响更多消费者，使开皮卡车成为一种新潮、一种无拘无束又务实的选择。多组织皮卡车巡展、文化节等活动，让皮卡车文化的风潮真正走到人民群众中去。

3. 企业层面

皮卡车生产企业应该进一步提升皮卡车产品竞争力，向市场推出更加安全可靠、环保智能的多元化皮卡车产品。建议国家加大对皮卡车的政策扶持力度，支持引导企业加大皮卡车的研发投入，推动皮卡车多元化发展，有力促进皮卡车在城市物流等共享市场的推广；企业加大研发力度，推出更多满足消费者需求的新皮卡车产品；落实国家关于环保方面的最新要求，加快生产满足国家新排放标准的皮卡车并投放市场，加快新能源、智能化、网联化皮卡车的研发步伐；对于老旧皮卡车用户，从厂家层面给予补贴、引导以旧换新；企业的渠道建设、精细化服务能够进一步向乘用车企业学习、同步跟上。企业的管理必须走向精细化管理，在未来一段时间，国内皮卡车企业必须不断地导入和创新先进的企业管理理念，不断优化管理流程，进行智能化改造，以此实现生产制造和销售成本的大幅度下降，以实现皮卡车企业的产品竞争力、成本竞争力和管理竞争力提升。

（六）部分主要皮卡车企业发展概况

1. 长城汽车

2019 年，长城皮卡车全年累计销售 148830 辆，同比增长 7.8%。2019 年，长城皮卡相继上市了长城炮风骏 7 柴、汽油车型。长城炮发挥了皮卡车的国际化多用途价值，乘用皮卡车、商用皮卡车以及越野皮卡“三炮齐鸣”，彻底打破皮卡车“工具车”的标签，引领皮卡车文化多元发展。

2. 江铃汽车

2019 年江铃皮卡车全年累计销售 59366 辆，同比下降 18.4%。2019 年由于江铃皮卡车处于国六的调整中，前两个季度表现比较强，第三季度销量主动调整，后期逐步恢复。2019 年江铃推出了全新皮卡车产品域虎 9，前脸采用全新设计，动力上搭载 2.0T 汽油和 2.4T 柴油两款发动机。

3. 郑州日产

2019 年，郑州日产全年累计销量为 46065 辆，同比增长 7%。其中，纳瓦拉全年终端销量为 17973 辆，同比增长 15.9%。2019 年郑州日产相继推出了纳瓦拉国六 MT 车型、锐骐皮卡 EV 等车型满足终端客户的需求，丰富了客户对高端合资皮卡车型的选择。

4. 中兴皮卡

2019 年中兴皮卡累计销售 22089 辆，同比下降 28.5%。2019 年，中兴汽车对于两款主力产品进行了升级，主要对于配置进行追加，增强其市场竞争力。同时，全部换装了国六排放发动机，以应对最新的排放要求。其中，中兴威虎推出一改款车型——威虎 1.5T 越野版，此款车型在延续威虎越野版设计和多项优势的同时，换装了高性能 1.5T 国六 b 汽油发动机，大领主柴油 2.5T 国六 b 柴汽油车型也于 2019 年底在全国同步上市。

5. 江西五十铃

2019 年，江西五十铃累计销售 36054 辆，同比下降 0.9%。其中 D－MAX保持了良好的发展势头，全年销售 17234 辆，同比增长 36.8%。2019 年五十铃相继推出了 2019 款 D－MAX，采用全新的家族设计风格，智能科技赋能，2019 款铃拓搭载自动挡，对内饰进行全面升级；全新瑞迈 S 对内外焕新升级。

B.4
2019年客车行业发展报告

摘　要： 本报告阐述了2019年我国客车市场总体情况、客车行业竞争态势、行业出口以及政策的发展情况，探讨了客车行业发展面临的问题，对客车行业发展趋势做出判断，并对部分主要企业发展概况做了介绍。

关键词： 纯电动客车　传统客车　混合动力客车　燃料电池　智能驾驶

一　2019年客车发展概述

（一）客车市场分析

2019年客车市场总体需求依然下降。全年客车生产45.34万辆，同比下降3.1%；销售45.53万辆，同比下降1.9%（见表1）。

分车型看，大中型客车市场持续下滑，轻型客车情况较好。其中，大型客车销售7.54万辆，同比下降4.4%；中型客车销售6.6万辆，同比下降11.6%；轻型客车销售31.39万辆，同比小幅增长1%。中型客车下滑幅度最大。

分市场看，依然呈现国内市场下降、出口市场增长的局面。其中，国内销售39.27万辆，同比下降3.8%；出口6.27万辆，同比增长11.6%。国内市场大中型客车明显下滑，轻型客车与上年持平；出口市场增速较快，各车型增幅不一。

表1　2019 年客车销售情况

单位：万辆，%

车辆类型	2019 年	同比增长	其中			
			国内市场	同比增长	出口市场	同比增长
客车合计	45.53	-1.9	39.27	-3.8	6.27	11.6
其中:大型客车	7.54	-4.4	5.74	-9.0	1.80	13.6
中型客车	6.60	-11.6	6.02	-13.9	0.58	22.1
轻型客车	31.39	1.0	27.51	0.0	3.89	9.3
其中:大中客合计	14.14	-7.9	11.76	-11.5	2.38	15.5

资料来源：根据中国汽车工业协会数据整理。

1. 大中型客车

大中型客车国内市场需求持续萎缩。2019 年大中型客车销售 14.14 万辆，同比下降 7.9%，比 2016 年历史顶峰的 18.94 万辆减少 4.8 万辆。大中型客车的产销量已连续三年下滑，主要是国内市场需求持续萎缩所致。2019 年国内大中型客车产量仅有 11.83 万辆，比上年下降 17.6%，下滑幅度进一步加大（见表 2）。近七年来，大中型客车的出口起起落落，总体需求在 1.83 万 ~2.42 万辆。

分产品看，国内市场的公交客车下滑幅度大于公路客车。2019 年公交客车的产量仅为 7.2 万辆，已不及 2014 年的水平，而大中型公路客车下滑幅度虽低于大中型公交客车，但年产量仅为 2012 年的 45.4%，只有 4.63 万辆。

表2　2012 ~ 2019 年国内大中型客车细分市场产量

单位：万辆，%

类别	2012 年	2013 年	2014 年	2015 年	2016 年	2017 年	2018 年	2019 年
公路客车	10.20	9.64	7.16	7.96	8.01	6.95	5.17	4.63
同比增长	11.7	-5.5	-25.7	11.2	0.6	-13.2	-25.7	-10.3
公交客车	6.32	6.96	7.34	8.48	10.35	9.63	9.18	7.20
同比增长	24.2	10.1	5.5	15.5	22.1	-7.0	-4.6	-21.6
合计	16.51	16.59	14.50	16.44	18.36	16.58	14.35	11.83
同比增长	16.1	0.5	-12.6	13.4	11.7	-9.7	-13.5	-17.6

资料来源：工业和信息化部机动车整车出厂合格证数据。

城镇化率的稳步提高、公交都市建设的深入推进是公交市场的重要驱动力，但前几年在新能源补贴政策的刺激作用下，市场已大为透支。近五年来，公路客运量和公交客运量都在以两位数下滑（2013～2018 年，公路客运量由 185.4 亿人下降到 136.7 亿人，公交客运量由 771.2 亿人下降到 697.0 亿人），公路、公交客运量的下降势必将加剧客车市场需求的萎缩。

近几年，国内大中型客车月度产销走势与新能源政策休戚相关，2019 年亦然，市场补贴缓冲期效应明显。5 月 8 日财政部等四部委发布 2019 年新能源公交车补贴新政，5 月 8 日至 8 月 7 日为新能源公交补贴过渡期，过渡期补贴为 2018 年的 60%。国内大中型客车全年仅 1 月、6 月、7 月同比快速增长，7 月是同比增幅最大的月份（1.56 万辆，同比增长 106.4%）；其他月份则市场乏力，同比降幅不一，5 月的同比降幅最大，12 月销售 2.18 万辆，为全年月度最高值，但同比下降 20%（见图 1）。全年国内大中型客车销售 11.76 万辆，同比下降 11.5%。

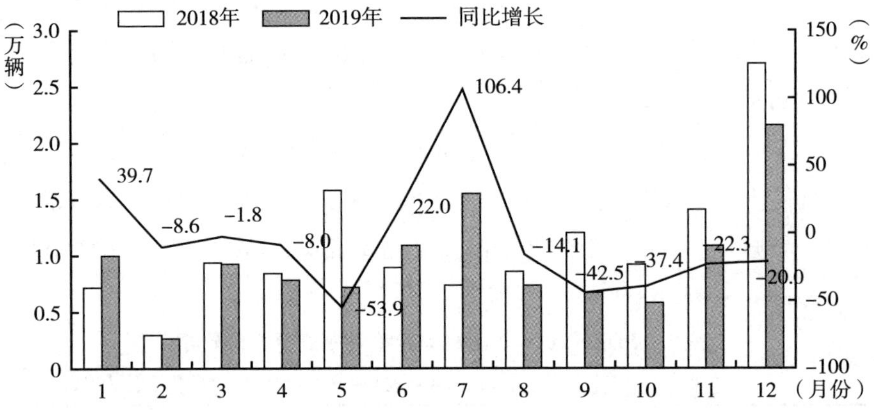

图 1　2018～2019 年国内大中型客车月度销量及同比情况

资料来源：根据中国汽车工业协会数据整理。

2. 轻型客车

2019 年，轻型客车销售 31.39 万辆，同比增长 1.0%。国内市场同比持平，出口同比较快增长。

在国内市场，受经济增速放缓、453号文发布、大型物流微客和低端MPV挤占市场、物流行业运营效率提高、二手提档车等因素的共同影响，轻客销售27.51万辆，与上年基本持平，轻客市场难以增长。从细分市场看，仅中巴公交、运钞车等增长，其他市场均有不同程度的下降，其中，通用厢式车、工程车降幅较低。在453号文的持续影响下，日系轻客主销车型已变为厢式运输车及各类专用车，M2类车型销量占比极小。

在复杂多变的出口环境下，轻客的出口波动较大。2014年轻客出口大幅增长，全年达5.97万辆，此后快速“三连降”，2017年仅出口3.16万辆，近两年市场有所恢复。2019年出口3.89万辆，比上年增长9.3%，主要销往埃及、玻利维亚、秘鲁、越南、缅甸、马来西亚等国家。

3. 新能源客车

2019年，新能源客车生产9.67万辆，同比下降19.2%；销售9.68万辆，同比下降17.5%，新能源客车产销同比降幅扩大。其中，纯电动客车销售8.9万辆，同比下降19.3%；插电式混合动力客车销售0.53万辆，同比下降7.5%；燃料电池客车销售0.26万辆，同比增长81%。燃料电池客车在部分城市的试运营步伐加快。

在国内市场，公交新能源化比例持续提高，2019年生产的公交车有97%为新能源产品；里程要求、充电限制等抑制了新能源公路客运市场的发展，新能源占比持续下滑，2019年大中型新能源公路客车产量仅0.35万辆，同比腰斩；以物流车为主的新能源专用车产量为1.43万辆，同比下降35.4%，南京金龙、昌河汽车占了60%的市场份额。

在海外，主要客车企业均开展新能源客车出口业务，全年约出口1765辆。其中，比亚迪约占1/3，宇通、三龙、福田、丰泰、亚星等均有批量出口。

（二）客车行业竞争趋势

随着国内市场的进一步下探，市场竞争加剧，新能源客车格局变化大，市场集中度持续提高，行业进入综合实力竞争时代。

2019 年，大中型客车市场集中度进一步提高，排名前十企业市占率合计高达 80.1%，比上年增加 2.5 个百分点（见表 3）。其中，郑州宇通稳居第一，中通客车、苏州金龙、中车时代、北汽福田、扬州亚星等企业的市场排名比上年提升，比亚迪的排名从上年的第二位跌至第七位，上年排名第八的上海申龙已跌出前十。

表 3　2019 年大中型客车企业排名

序号	企业名称	2019 年销量(辆)	市占率(%)	市占率增减(比 2018 年,百分点)
1	郑州宇通	49826	35.2	1.2
2	中通客车	11682	8.3	2.6
3	苏州金龙	9340	6.6	0.9
4	厦门金龙	8227	5.8	-0.4
5	厦门金旅	7019	5.0	-0.4
6	中车时代	6853	4.8	1.0
7	比亚迪	6317	4.5	-3.8
8	北汽福田	5268	3.7	1.5
9	扬州亚星	4885	3.5	0.4
10	安徽安凯	3837	2.7	-0.4
	排名前十合计	113254	80.1	2.5

资料来源：根据中国汽车工业协会数据整理。

2019 年，轻型客车销量 6000 辆以上的企业有 13 家，这些企业的市占率合计达 96.1%，比上年提高 1 个百分点。其中，上汽大通、保定长安、厦门金旅、东风汽车、郑州宇通、南京金龙、安徽江淮七家企业同比增长，而依维柯、金杯、江铃同比跌幅在 10% 以上（见图 2）。

新能源客车市场格局变化比较大，市场进一步优胜劣汰。2019 年新能源客车产量在个位数以上的企业仅 74 家，比上年减少 11 家，产量 300 辆以上的企业 36 家，比上年减少 7 家；产量千辆以上的企业仅 22 家，比上年减少 6 家，其中，南京金龙、中通、中车、福田、苏州金龙、亚星、申沃等企业同比增长。行业前十企业占 75.83%，比上年同期提高 5.61 个百分点，市场进一步集中，但比亚迪、广通两家企业销量腰斩尤过（见图 3），市场排名比上年分别

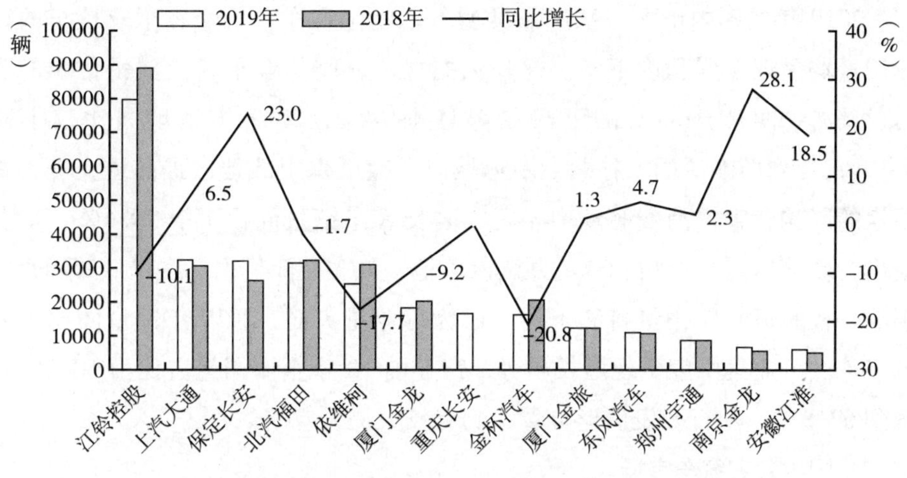

图 2　2018～2019 年主要企业轻型客车销量及同比情况

资料来源：根据中国汽车工业协会数据整理。

下滑 4 位、5 位。随着新能源热潮退去，不少地方政府才发现企业“投资换市场”画的“大饼”难以达成，往往还要面对不少后遗症，最终导致多输的结果。破除地方保护主义、改进财政补贴方式才能有利于客车行业长期发展。随着新能源客车补贴的逐步退坡，市场更趋理性，进入综合实力竞争时代。

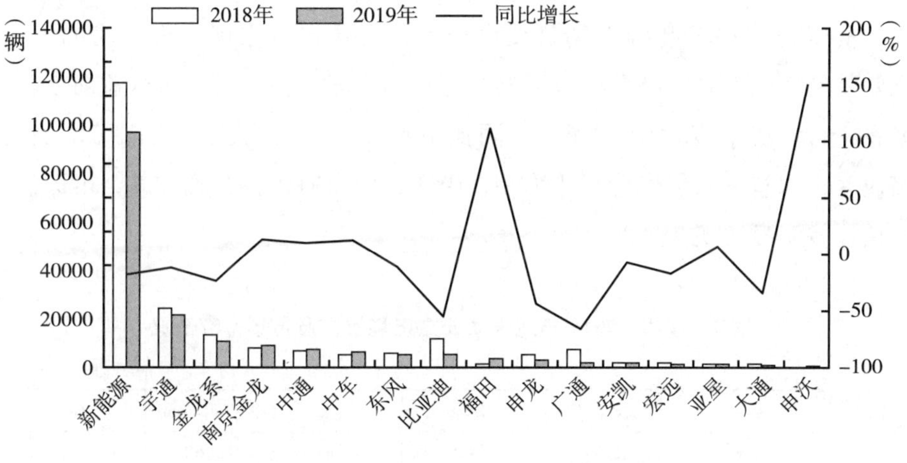

图 3　2019 年主要企业新能源客车销量及同比情况

资料来源：根据中国汽车工业协会数据整理。

2019年的国内市场，从产品类型看，座位客车、公交客车及校车的行业销量均呈现不同程度下滑。保险数据显示，座位客车（主要是传统的客运、旅游、团体产品）的下滑趋势逐渐放缓，2019年销量同比仅下降4.5%；受到新能源国家补贴不断退坡以及蓝天保卫战地区提前透支等多重因素的影响，客户消费驱动力不足，公交客车销量同比下滑20.6%；受各地出台政策迟缓，补贴、减免办法没落地，许多主流厂家热度降低等因素的影响，校车近几年销量持续下滑，成为行业重灾区，2019年销量同比下降21.7%。行业集中度呈现增长趋势，行业前10家企业销量占比由60.2%提升到67.8%，从行业发展形势看，仍有较大提升空间。

1. 国内公交客车市场

自2015年新能源补贴政策出台以来，纯电动公交结构占比大幅提升，2019年纯电动占比已达到91.5%，同比增加3.0个百分点。且随着蓝天保卫战等国家一系列的新能源政策实施及引导，人们关于“节能减排，利国利民”的环保观念不断提升，纯电动接受度会不断提高，基于全生命周期成本分析理论（LCC理论），纯电动较混合动力以及传统均有优势，预计纯电动结构占比将进一步提升，部分充电设施不全以及燃料自足的地区仍以插电式及传统车为主。

从2018~2019年纯电动公交市场看，行业销量出现一定程度的下滑，主要受到新能源国家补贴退坡影响，客户消费驱动力不足。从行业前十名厂家看，行业集中度达到73.6%，同比下滑2.1个百分点。从市场份额看，宇通客车占有率依然保持行业第一，中通、中车时代、金旅、苏金市场份额增长比较明显（见表4）。

表4　2018~2019年纯电动公交市场推广及市场份额情况

单位：辆，%

排名	品牌	2018年销量	份额	品牌	2019年销量	份额
1	宇通	19919	24.0	宇通	18680	27.5
2	比亚迪	12557	15.2	中通	6023	8.9
3	中通	5526	6.7	中车时代	4965	7.3

续表

排名	品牌	2018 年销量	份额	品牌	2019 年销量	份额
4	中车时代	5500	6.6	比亚迪	4286	6.3
5	广通	4633	5.6	广通	3354	4.9
6	金龙	3434	4.1	金旅	2794	4.1
7	东宇	3274	4.0	苏金	2704	4.0
8	金旅	2767	3.3	福田	2487	3.7
9	宏远	2724	3.3	安凯	2386	3.5
10	苏金	2381	2.9	金龙	2269	3.3
—	前十名	62715	75.7	前十名	49948	73.6
—	行业	82864	100.0	行业	67899	100.0

资料来源：保险数据。

从2018～2019年混合动力公交市场看，行业销量出现大幅下滑。从行业前十名厂家看，行业集中度达到95.6%，同比提升7.5个百分点。前十名厂家中，福田客车份额大幅提升，主要是北京市政府的集中采购，对行业整体市场份额影响较大。

表5　2018～2019年混合动力公交市场推广及市场份额情况

单位：辆，%

排名	品牌	2018 年销量	份额	品牌	2019 年销量	份额
1	宇通	1812	30.2	福田	1200	27.9
2	金龙	670	11.2	宇通	842	19.5
3	金旅	630	10.5	金龙	696	16.2
4	黄河	521	8.7	苏金	499	11.6
5	苏金	359	6.0	金旅	221	5.1
6	福田	314	5.2	中通	165	3.8
7	亚星	287	4.8	黄河	156	3.6
8	中通	266	4.4	亚星	150	3.5
9	中车时代	228	3.8	安凯	118	2.7
10	安凯	197	3.3	中车时代	70	1.6
—	前十名	5284	88.1	前十名	4117	95.6
—	行业	5999	100.0	行业	4307	100.0

资料来源：保险数据。

从2018～2019年传统公交市场看，行业销量出现断崖式下滑。从行业前十名厂家看，行业集中度已达到94.0%，同比提升10.5个百分点。

表6 2018～2019年传统公交市场推广及市场份额情况

单位：辆，%

排名	品牌	2018年销量	份额	品牌	2019年销量	份额
1	宇通	1194	25.6	宇通	443	21.9
2	中通	538	11.5	苏金	407	20.1
3	苏金	495	10.6	东风	189	9.3
4	金龙	492	10.5	中通	175	8.6
5	东风	376	8.1	蜀都	151	7.5
6	安凯	314	6.7	金龙	126	6.2
7	黄河	130	2.8	安凯	111	5.5
8	亚星	130	2.8	亚星	108	5.3
9	华新	125	2.7	金旅	103	5.1
10	象牌	104	2.2	福田	90	4.4
—	前十名	3898	83.5	前十名	1903	94.0
—	行业	4669	100.0	行业	2024	100.0

2. 国内座位客车市场

2019年，座位客车方面，传统车结构占比达到95.1%，同比提升1.7个百分点，短期内座位客车将仍以柴油燃料的传统客运为主。长途线路方面，受高铁的持续冲击（省会城市群周边的支线线路也会进一步挤压）及安全事件的影响；中短途方面，受网约车、私家车、定制座位客车等因素持续影响，预计座位客车行业销量将持续下滑。

从2018～2019年传统座位客车市场看，行业销量出现小幅度下滑。从行业前十名厂家看，行业集中度达到80.8%，同比提升4.1个百分点。宇通客车整体占有率提升4.7个百分点，依然保持行业占有率第一，并进一步拉大与其他厂家之间的差距（见表7）。

表7　2018～2019年传统座位客车市场推广及市场份额情况

单位：辆，%

排名	品牌	2018年销量	份额	品牌	2019年销量	份额
1	宇通	16200	20.7	宇通	19305	25.4
2	江铃	7406	9.5	江铃	7386	9.7
3	大通	6171	7.9	大通	6875	9.0
4	依维柯	6060	7.7	依维柯	5356	7.0
5	江铃全顺	5486	7.0	福田	4879	6.4
6	东风	4651	5.9	东风	4291	5.6
7	福田	3766	4.8	江铃全顺	4213	5.5
8	柯斯达	3490	4.5	金龙	3111	4.1
9	安凯	3464	4.4	苏金	3041	4.0
10	金旅	3394	4.3	金旅	3025	4.0
—	前十名	60088	76.7	前十名	61482	80.8
—	行业	78292	100.0	行业	76106	100.0

资料来源：保险数据。

从2018～2019年纯电动座位客车市场看，行业销量出现大幅度下滑，主要还是受新能源国家补贴退坡的影响，客户消费驱动力不足。从行业前十名厂家看，行业集中度达到86.5%，同比下滑0.3个百分点，整体维持稳定。

表8　2018～2019年纯电动座位客车市场推广及市场份额情况

单位：辆，%

排名	品牌	2018年销量	份额	品牌	2019年销量	份额
1	宇通	1871	33.7	宇通	1305	32.9
2	申龙	951	17.1	东宇	575	14.5
3	金旅	448	8.1	大通	372	9.4
4	广通	417	7.5	金旅	208	5.2
5	上饶	237	4.3	金龙	206	5.2
6	苏金	232	4.2	上饶	191	4.8
7	长江	181	3.3	申龙	171	4.3
8	中植汽车	178	3.2	广通	143	3.6
9	东宇	176	3.2	中通	134	3.4
10	中通	128	2.3	晶马	123	3.1
—	前十名	4819	86.8	前十名	3428	86.5
—	行业	5550	100.0	行业	3963	100.0

资料来源：保险数据。

3. 国内校车市场

2018～2019年，校车市场行业销量出现大幅下滑，主要还是因为校车主要销售地区趋于饱和，缺少新的政策刺激导致客户消费驱动力不足，预计行业销量将持续下滑，在校车市场进入更新周期后将会逐步反弹。从行业前十名厂家看，行业集中度达到94.7%，同比提升1.2个百分点。宇通客车整体占有率提升4.1个百分点，依然保持行业份额领先优势。

表9　2018～2019年国内校车市场推广及市场份额情况

单位：辆，%

排名	品牌	2018年销量	份额	品牌	2019年销量	份额
1	宇通	7393	48.2	宇通	6281	52.3
2	五菱	1696	11.1	中通	1219	10.2
3	中通	1347	8.8	五菱	1208	10.1
4	东风	929	6.1	东风	700	5.8
5	安凯	714	4.7	长安	521	4.3
6	长安	695	4.5	安凯	393	3.3
7	福田	480	3.1	上饶	338	2.8
8	苏金	468	3.1	福田	319	2.7
9	少林	322	2.1	华新	208	1.7
10	上饶	302	2.0	金旅	178	1.5
—	前十名	14346	93.5	前十名	11365	94.7
—	行业	15341	100.0	行业	12005	100.0

资料来源：保险数据。

从校车行业结构看，2019年幼儿专业校车市场（以B照轻型产品为主）占比49.9%，同比下降3.9个百分点，小学生专业校车市场（以大中型产品为主）占比31.3%，同比下降3.1个百分点，中小学生专业校车市场（以大型产品为主）占比18.8%，同比增加7.0个百分点。

未来校车市场仍以B照轻型幼儿产品为主，但销量呈下降趋势。主要受育龄人口的减少及生育意愿低影响，年新增人口数量将持续走低，导致刚性需求量减少。随着社会资本主导的校车租赁类客户进入，大中型中小学生专业校车产品占比将持续增加。

表10　2018～2019年国内校车行业结构情况

类别	2018年销量（辆）	2019年销量（辆）	2018年结构（%）	2019年结构（%）	结构变化（百分点）
幼儿专用校车	8255	5988	53.8	49.9	-3.9
小学生专用校车	5282	3761	34.4	31.3	-3.1
中小学生专用校车	1804	2256	11.8	18.8	7.0
总计	15341	12005	100.0	100.0	—

资料来源：保险数据。

二　新技术新产品发展

1. 新技术发展

（1）纯电动系统

《节能与新能源技术路线图》对新能源电驱动系统集成度和效率提出了指导要求。为满足未来整车动力性、经济性要求，高度集成、节能、全工况适用、平台通用性好是动力系统未来的发展趋势；由于各类商用车运行工况以及客户需求差异较大，需要开发多种构型以满足差异化市场要求。

（2）混合动力系统

行星功率分流式构型为目前客车混合动力系统发展方向，艾利逊行星混联系统在国外销售区域最广，宇通、金龙、福田、绿控、福工、大洋电机等国内企业均在研发的行星排功率分流系统，已成为国内新混动车型主流构型。

（3）燃料电池系统

燃料电池动力系统的核心零部件——燃料电池目前面临寿命、可靠性、成本和环境适应性等方面的问题，未来大功率、高效率、高环境适应性、高质量比功率、长寿命、低成本将是商用车燃料电池技术的发展趋势。

（4）辅助驾驶系统

随着汽车保有量的不断增加，交通安全越来越受关注，商用车在发生事故后造成的后果更加严重。

2019 年 9 月，通用汽车联合美国密歇根大学公布的一份研究数据指出，前向自动紧急制动系统能够将追尾事故发生率降低 46%，反向自动紧急制动系统能将倒车时的碰撞事故发生率降低 81%，带侧方盲区预警功能的车道变更辅助系统能减少 26% 的碰撞事故，车道保持辅助系统则能将偏离车道的事故减少 20%。辅助驾驶技术作为主动安全技术，能有效降低事故发生率，提高车辆行驶安全性，越来越受到国内外的重视，是未来汽车技术发展的必然趋势。

我国相关部委也在不断完善商用车驾驶辅助系统相关法规，在 JT/T 1094《营运客车安全技术条件》等法规中明确要求车辆配置 LDW、FCW、AEBS 等驾驶辅助安全技术，有效促进驾驶辅助技术落地实施。

（5）车载网联终端

随着通信技术的发展，车载网联终端正在由单车数据采集、数据监控、位置监控等传统的网联化功能向多车协同、车路协同、智能路由、高精定将位、智能驾驶等多场景网联化应用的方向发展，智能化、模块化、集成化水平将不断提升，车内网、车际网、车云网等网联化通信能力将不断增强。

2. 新产品发展

城市客车是当前客车市场的主力军，行业内推出了较多新产品。国内城市客车产品形成以纯电动公交为主，混合动力为辅，部分氢燃料电池车为补充的格局，柴油公交基本退出市场；海外市场对新能源产品需求呈快速增长趋势。各企业在高端智慧纯电公交、社区微循环纯电公交、智能化公交、氢能源客车产品、自动驾驶客车上推陈出新。

（1）面向未来的高端智慧纯电公交

国内外主要客车品牌相继推出高端智慧纯电公交，它是面向未来的产品，融合自动驾驶、5G 技术、行人识别、侧向保护辅助系统等主被动安全系统和自动驾驶、弯道补盲等智能网联技术，同时兼顾城市宣传，主要服务于高级别大型会议或大中型城市群。

（2）社区微循环纯电公交逐渐成长

地铁和高铁的快速发展而建造了大量远离原有交通枢纽的站点，对于市民从站点与站点、以站点到社区的末端出行需求，小型化城市公交提供了一种解决方案。它将伴随公交短途接驳以及地铁接驳需求的增长逐渐成长为一个新的细分市场，解决“最后一公里”需求。

（3）智能化公交进一步升级

主流客车企业的新造型智能网联公交推陈出新，整车智能化程度不断提升。2019 年，宇通推出智慧公交 E 系列和 U 系列，厦门金龙推出了金龙智慧城市之光 XMQ6125AG 客车，苏州金龙推出蔚蓝 A10 新造型公交，申龙推出白金刚新造型公交，中通推出新 N 系列造型公交产品。

（4）新一代氢能源客车产品相继问世

与传统汽车相比，燃料电池汽车具有零排放或近似零排放、运行平稳、无噪声等优势，且在一定程度上可解决纯电里程焦虑。各厂家都相继推出氢燃料客车产品，基本实现续驶里程 500km 以上，实现在 -30℃低温环境下的自动启动，可以充分满足城市公交的高强度运输要求。

2017 ~2019 年氢燃料电池汽车商业化趋势明显加快，燃料电池商用车合计推广 4229 辆，主要分布在公交（1043 辆）、公路（154 辆）、物流车（2612 辆）和轻型商务车（417 辆）四个细分市场。国家和地方纷纷出台鼓励氢能产业发展的政策，市场呈现整车厂 + 系统厂家主导的燃料电池推广格局，造成品牌集中度低。目前团体车福田推广最多，公交车宇通推广最多，物流车中通推广较多。（见表 9）。

表 11　2017 ~2019 年氢燃料电池客车细分市场推广情况

单位：辆

品牌	团体	公交	物流	总计
福田	60	94	65	219
飞驰	—	235	170	405
中通	3	110	1323	1436
宇通	—	288	—	288
青年	—	83	405	488
中植汽车	50	25	—	75
申龙	30	33	—	63

续表

品牌	团体	公交	物流	总计
金旅	7	51	—	58
东宇	—	45	—	45
蜀都	—	25	—	25
申沃	—	6	—	6
陆地方舟	—	5	—	5
苏金	—	35	—	35
大马	—	5	—	5
亚星	4	—	—	4
安凯	—	2	—	2
金龙	—	1	—	1
东风	—	—	580	580
大禹	—	—	57	57
达福迪	—	—	12	12
总计	154	1043	2612	3809

资料来源：保险数据。

氢燃料电池客车的米段分布（见表12）：公交车市场米段以公交主流米段8.5米（佛山、嘉善、潍坊、聊城）、10.5米（张家港、成都、大同等）、12米（张家口）为主；燃料电池公路团体车与传统公路团体车的主流米段相一致，主要为9米和10.99米两个米段，北京、潍坊销售的全部为9米段，金旅在武汉销售了7辆10.99米燃料电池公路车；燃料电池物流车车长米段主要为6~7米和7~8米两个，有效载货质量3.5~4T。

表12　2017~2019年燃料电池客车的米段分布

单位：辆，%

米段	2017年	2018年	2019年	总计	结构占比
7~8米	—	—	—	0	0.0
8~9米	—	113	276	389	37.3
10米	3	112	140	255	24.4
11米	—	16	13	29	2.8
12米	1	61	308	370	35.5
总计	4	302	737	1043	100.0

资料来源：保险数据。

燃料电池客车的城市分布：燃料电池车辆的推广主要受氢源、加氢站基础设施、产业基础和政策支持力度等影响，因此燃料电池的推广主要集中在珠三角、长三角、京津冀等氢能产业先导区（见表13）。

表13　2017～2019年燃料电池客车的城市分布

单位：辆

公交		公路		物流	
城市	汇总	城市	汇总	城市	汇总
郑州	223	北京	140	深圳	1076
张家口	174	潍坊	7	上海	500
佛山	206	武汉	7	西安	401
南阳	72			广州	209
大同	50			苏州	200
嘉兴	50			北京	65
成都	45			佛山	60
潍坊	30			南通	58
聊城	30			大同	22
云浮	28			德州	10
郑州	23			十堰	6
武汉	23			金华	3
苏州	45			盐城	2
南通	11			上海	500
广州	11				
盐城	10				
济南	10				
上海	8				
连云港	5				
北京	5				
福州	2				
六安	2				
太原	2				
芜湖	1				
总计	1043	总计	154	总计	2612

资料来源：保险数据。

（5）L4 级自动驾驶客车产品

在自动驾驶客车方面，各厂家基本都推出 L4 级自动驾驶客车产品，如宇通的“智慧岛”自动驾驶巴士、金旅的 6 米级城市微循环客车“星辰”、苏州金龙的“深蓝”自动驾驶客车。

三　客车出口情况

2019 年，全球经济下行风险加大，世界政治经济形势错综复杂，受保护主义蔓延的影响，地缘政治复杂多变，同时区域冲突时有发生，难以预料的国际政策环境仍然让海外业务面对诸多不确定性，造成出口风险激增。从机遇方面看，党的十九大提出要以“一带一路”建设为重点，创新对外投资方式，促进国际产能合作，形成面向全球的贸易、投融资生产服务网络，加快培育国际经济合作和竞争新优势；“一带一路”倡议为我们“走出去”搭建了一个新的平台，中国的影响力在国际上不断扩大。在整体外贸环境依旧严峻的 2019 年，中国的客车凭借着优秀的性价比以及不断上升的品牌影响力，实现了增长，在世界客车的竞争力得到了进一步提升，在国际市场的份额不断增长。其中在海外拥有较好基础与品牌影响力的部分企业实现了远超行业的两位数增长。

根据中国汽车工业协会统计，2019 年中国客车出口总共 6.27 万辆，同比增长 11.6%，其中大型客车出口 1.8 万辆，同比增长 13.6%；中型客车出口 0.58 万辆，同比增长 22.1%；轻型客车出口 3.89 万辆，同比增长 9.3%。此外，海关出口数据显示，客车行业全年出口超过 25 亿美元，同比增长约 3.1%，总共出口 157 个国家和地区，比 2018 年略有增长，其中前十大出口市场分别为沙特、中国香港、智利、菲律宾、俄罗斯、哈萨克斯坦、埃及、越南、秘鲁和玻利维亚，占据全部出口的 47.98%。位于中东的沙特延续多年都是中国客车出口的首要目的国，前十的国家和地区基本都在“一带一路”倡议的沿线，“一带一路”沿线已经成为企业“走出去”的重点和热点地区。

根据海关出口数据，2019 年中国客车出口排名前十的厂家有宇通、苏州金龙、厦门金龙、厦门金旅、比亚迪、中通、亚星、福田、江铃与丰泰汽车等。排名前十出口厂家的总出口比重约 78.71%，与 2018 年持平。前四家的排名与 2018 年保持一致，而比亚迪上升较快。其中，金龙汽车集团（含苏州金龙、厦门金龙和厦门金旅）出口交货值约 8.12 亿美元，金额方面约占中国客车总出口的 32.15%，相比 2018 年增长迅速；宇通公司出口金额约 4.97 亿美元，约占中国客车总出口的 19.68%。

2019 年的出口出现以下几个亮点值得行业关注。

一是发达国家公交市场批量订单不断获得，体现了中国客车竞争力的进一步提升。2019 年苏州金龙在塞尔维亚首都贝尔格莱德交付了 174 辆高端公交客车，服务当地公共交通出行。该批车不仅创造了中国客车出口塞国的最大批量订单，同时也是中国客车出口欧洲市场历史上单一合同额最大订单。

二是新能源客车出口依然处于上升趋势。中国客车引领世界新能源市场，2019 年全年出口约 1765 辆。金龙、宇通、比亚迪、中通、中车等企业在世界各地屡屡斩获新能源订单，通过提供新能源客车的整体解决方案，为目的国绿色节能减排方面做出贡献。

三是中国客车军团集体亮相欧洲客车展，展示品牌向上的力量。2019 年比利时布鲁塞尔欧洲客车展上，来自中国的金龙集团、宇通客车、比亚迪、中车等企业集体亮相，并带来了新能源、无人驾驶等前沿车辆，中国品牌积累起自己独特的优势，更加自信地走向海外市场。

四是散件出口不断扩大，成为国际产能合作的重要方式。金龙集团旗下厦门金龙在埃及轻客市场累计出口超过 33000 辆，其中在埃及工厂迎来第 1 万辆组装下线。散件合作在符合当地的产业政策的同时，也拉动了当地相关产业的发展以及当地人民的就业，拉近了中国客车与目的国市场的距离。

五是东欧中亚市场出口逐渐上升。作为“一带一路”的腹地地区，中国客车出口该地区的出口数量一直处于较低水平。随着“一带一路”倡议的推进，该腹地地区开始成为中国客车出口新的目的地。2019 年金旅客车斩获哈萨克斯坦 KD 项目订单，亚星客车出口乌兹别克斯坦，168 台宇通客车交付乌兹别克斯坦等无不在显示着中国客车领域与该区域的友谊正在不断加深。

随着越来越多中国客车品牌在海外市场上的耕耘，中国客车所取得的成绩也越来越多，得到了更多的认可。但是在以下几个方面还需要全行业共同努力。

一是参与海外市场的中国客车企业应该关注海外经营的质量和效益，认真调研目的地国客户的需求，确保产品质量以及服务水平，并着眼于可持续发展的能力建设。

二是在运营中防范风险。世界经济依然动荡，企业应该充分做好应收账款的管理工作，谨慎采用 OA 放账方式，果断舍弃赢利能力差的订单。同时随着更多人员派驻海外，还需要重点关注驻外人员在海外的安全问题。

三是共同参与行业协会的建设，形成行业自律，自觉维护中国客车的良好形象，不通过以次充好、恶意低价、诋毁等不正当竞争行为去获取订单。

相信在客车行业同仁的共同努力下，中国客车将会成为中国制造业的优秀代表，成为中国产能“走出去”的榜样力量。

四　客车行业政策发展

近几年，客车行业面临转型升级压力。伴随客车国内市场不断萎缩，海外市场份额进一步扩张，我国客车行业发展进入调整期，围绕产业规划、准入管理、新能源发展等层面，国家出台了多项产业政策，引导汽车行业持续健康发展。

1. 顶层设计逐渐利好，助力客车产业健康发展

2019 年 5 月 20 日，交通运输部等 12 部门和单位联合发布了《绿色出行行动计划（2019—2022 年)》，计划以实施新增和更新节能和新能源车辆为突破口，在城市公共交通、出租汽车、分时租赁、短途道路客运、旅游景区观光、机场港口摆渡、政府机关及公共机构等领域，进一步加大节能和新

能源车辆推广应用力度。完善行业运营补贴政策，加速淘汰高能耗、高排放车辆和违法违规生产的电动自行车、低速电动车。从购车补贴转向充电基础设施建设、运营，落实充电优惠等政策，促进客车行业健康绿色发展。

2019 年 9 月 19 日，国务院印发了《交通强国建设纲要》，到 2035 年基本建成交通强国，基本形成“全国 123 出行交通圈”，大力发展智慧交通，推动大数据、互联网、人工智能、区块链、超级计算等新技术与交通行业深度融合。客车作为公路交通体系中的主力军，《交通强国建设纲要》重点提到优化交通能源结构，推进新能源、清洁能源应用，推动城市公共交通工具和城市物流配送车辆全部实现电动化、新能源化和清洁化，指明了客车行业未来发展方向。

2019 年 12 月 3 日，工信部发布了《新能源汽车产业发展规划（2021－2035 年）》（征求意见稿），以“市场主导、创新驱动、协调推进、开放发展”为基本原则，力争经过 15 年持续努力，使我国新能源汽车核心技术达到国际领先水平，纯电动汽车成为主流，燃料电池汽车实现商业化应用，公共领域用车全面电动化，高度自动驾驶智能网联汽车趋于普及，有效促进节能减排水平和社会运行效率提升。公共领域用车全面电动化主要包括公交、环卫、邮政、出租和通勤等车辆电动化，随着各地节能减排的压力加大，新能源公交车已经逐步取代传统能源客车，助力城市环保开启节能新模式。

2. 回收利用变废为宝，提高客车资源综合利用率

2019 年 4 月 22 日，国务院发布了《报废机动车回收管理办法》，允许“五大总成”再制造，有效促进机动车回收利用行业上下游有序连接，推动机动车零部件再制造行业规模化发展，提高机动车回收利用率，改善回收拆解企业经营状况，提升报废机动车回收残值和消费者的交车积极性，实现消费者、拆解企业、再制造企业三方共赢，将“汽车废，零件废”变为“汽车废，零件用”，为汽车行业绿色发展树立新模式，同时也将促进老旧汽车报废更新，持续推动释放汽车消费潜力。

2019 年 10 月 31 日，工信部制定了《新能源汽车动力蓄电池回收服务网点建设和运营指南》。新指南对动力电池的源头与去向进行追踪，不仅便

于车企回收电池，还保障了消费者的利益。

2019 年 12 月 16 日，工信部发布了《新能源汽车废旧动力蓄电池综合利用行业规范条件（2019 年本）》和《新能源汽车废旧动力蓄电池综合利用行业规范公告管理暂行办法（2019 年本）》，加强了新能源汽车废旧动力蓄电池综合利用行业管理，规范了行业发展，推动了废旧动力蓄电池资源化、规模化、高值化利用，提高了资源综合利用水平。

3. 准入管理得到优化，帮助企业减负增效

2019 年 9 月 11 日，工信部公开征求对《道路机动车辆产品系族管理实施细则》（征求意见稿）的意见，国家进一步落实“放管服”工作，通过推行产品系族管理，进一步压缩公告产品数量，实现减负增效，公告产品数量可以减少 1/3 以上，产品审批事项减少 2/3 左右，企业审批事项减少 1/4 左右。汽车企业生产同一系族内的产品不需要重新申请公告，极大减轻了车辆生产企业的负担，使我国汽车产品公告管理走上科学、健康的发展之路。

4. 新能源政策进一步调整，助推客车产业新能源化发展

2019 年 3 月 26 日，财政部等四部委发布《关于进一步完善新能源汽车推广应用财政补贴政策的通知》，通知在单车补贴金额方面最大降幅超过 50%，同时，适当提高技术指标门槛，并减小了对高能量密度电池的鼓励力度。政策将新能源公交车、燃料电池客车政策独立分开，体现国家对新能源在公共交通方面开展运营的支持力度大于对其他用途的新能源车，从而促进公共交通领域消费，推动公交行业转型升级，加快公交车新能源化。

2019 年 5 月 8 日，财政部国家税务总局发布了《关于支持新能源公交车推广应用的通知》，设过渡期，标准同新能源公路车，保留地补，上牌预拨付补贴，以奖代补，加快充电设施建设。

2019 年 6 月 17 日，工信部发布了《关于开展新能源汽车安全隐患排查工作的通知》，促请各新能源汽车生产企业对本公司生产的新能源汽车开展安全隐患排查工作。重点对已售车辆、库存车辆的防水保护、高压线束、车辆碰撞、车载动力电池、车载充电装置、电池箱、机械部件和易损件开展安全隐患排查工作。这将保证新能源客车安全运行水平，保障人民群众的生命

财产安全，促进新能源客车健康可持续发展。

2019 年 6 月 28 日，财政部、国家税务总局发布了《关于继续执行的车辆购置税优惠政策的公告》，自 2018 年 1 月 1 日至 2020 年 12 月 31 日，对购置新能源汽车免征车辆购置税，公告自 2019 年 7 月 1 日起施行。这对稳定新能源客车消费、推广客车新能源化具有积极意义。

五 客车行业发展存在的问题和趋势

（一）客车行业发展存在的主要问题

1. 公路市场需求持续低迷

受国家“八横八纵”高铁建设即将完成，各城市轨道交通不断延伸，私家车旅游兴起快速发展等各种因素影响，近几年公路市场发展受到严重的制约，公路市场需求逐年下滑且目前无回升的趋势，各客运公司纷纷转型探讨新的运营模式。

2. 新能源产品成本压力骤增

2021 年，纯电方面不再对车企补贴已经基本明确，但插电、气电混合动力和燃料电池补贴均无明确说明，同时商用车双积分政策实施时间亦不明确，这些使各车企在新能源发展规划上走一步看一步，新能源电池等关键零部件资源抢夺激烈，生产研发成本压力较大。未来几年，客车企业势必要通过动力电池、驱动电力、车载操作系统等关键技术取得重大突破，以提升新能源汽车的市场竞争力。

3. 智能网联客车发展缺乏协调

随着国家智能网联高速发展，交通管理运营模式发生变化，客车制造与智能网联产业融合势必成为未来发展的主要方面。但智能网联客车涉及车辆、交通、通信、安全等诸多行业及部门跨界融合，亟须国家层面出手进行统一协调发展，同时出台相应的技术标准、法规等政策进行规范约束。目前整个新兴产业处于无序摸索的状态。

4. 充电基础设施建设管理有待完善

目前充电机行业准入门槛较低且缺乏监管，大量不具备充电机研发、设计、制造、售后服务能力的厂家通过贴牌进入该行业，甚至承建了部分充电站。由于产品验证不充分和设计、制造环节把控不严，充电安全事故和充电互联互通性问题时有发生，增加用户使用成本，增加整车企业售前、售后成本，严重影响行业的健康发展。应从建立充电设施制造企业准入制度、统一交直流充电接口实现互联互通两方面着手改变现状。

一是建立充电设施制造企业准入制度，投入运营的充电机应取得国家认可的第三方检测报告。建立充电设施制造企业和产品准入制度，并立即停用市场上有安全隐患的充电设备，确保投入运营的充电机取得国家认可的第三方检测报告。

二是统一交直流充电接口，实现互联互通。目前插枪充电存在直流和交流两种充电接口方式，接口不统一导致充电设施重复建设，造成电力和土地资源浪费，若能统一交直流充电接口、推动充电互联互通，可提高充电基础设施的利用效率。

5. 氢燃料客车推广面临难题多

目前我国还未形成成熟的氢能产业链，燃料电池电堆的技术成熟度和国际一流水平还有较大的差距；整车制造和使用成本依然较高。虽然氢燃料电池客车已实现示范运行，但使用成本远高于其他形式的客车；此外对比充电站，加氢站的建设和运营成本更高，加氢站的建设也相对滞后。充电基础设施不完善，整车购置成本偏高，这些都制约着氢燃料客车的商业化进程。

6. 自动驾驶客车推广还有待时日

虽然国内主流客车企业都推出了相应的自动驾驶客车产品，全国各地也已划出自动驾驶先导区、示范区，但我国现在还没有针对自动驾驶客车的相关政策法规，例如无方向盘的 L4 级自动驾驶客车无法获得车辆公告，不能在开放道路运行。目前，自动驾驶客车产品还处于场内试验阶段，离商业化运行还有较长的路。

（二）客车行业发展趋势研判

客车行业公共出行和旅游出行将受到一定程度的抑制。近几年，客车行业受国家宏观调控及宏观经济增速放缓等多重因素影响，虽有新能源补贴政策扶持但行业总体需求仍旧持续下滑且暂无止跌回落的趋势。受整体行业下行压力的影响，各车企寻求新增长，行业发展更加多元化。受政策引导，客车电动化程度正在逐步提升；国内客车市场的低迷，而海外市场空间不断发展，使得车企纷纷开始重视海外市场；科技创新、智能网联高速发展，融合应用于提升客车的舒适、安全、智能化；公共交通安全越发受到重视。

1. 公路客运市场萎缩，占比下降

2012 年后，高铁、地铁、网约租车快速发展，私家车普及以及政策法规倾斜调整等诸多不利因素，持续冲击客运市场。2018 年 7 月，国家出台新的《中长期铁路网规划》，明确提出在“四纵四横”高铁网的基础上规划建设“八纵八横”高铁网。这些线路深入西北西南二、三线城市，极大压缩了长途客运的线路。另外我国城市边缘化规划不断扩大，地铁线无缝接驳高铁向周边地区延伸，这些又极大影响了中短途客运，因此公路客车市场萎缩、占比下降是必然的。目前，客运公司通过提升乘客出行体验、运营管理效率或改变运营模式，传统客车市场转向公铁对接、城乡连接、运游融合的发展方向，产品米段集中度提升明显。

2. 定制化细分市场成为新的增长点

受航空和高铁、轨道交通发展，三公消费限制，私家车保有量提升等因素影响，公路市场需求持续下降，进而定制班车、定制包车、网约巴士等出行服务方式形成并成为细分市场的重要增长点。

3. 智能网联客车渐渐兴起

近几年客车市场持续低迷，各车企都在创新与研发上寻找新的突破口，寻求新动能。依托国家智能网联高速发展，交通管理运营模式产生变化以及自动驾驶技术快速发展，客车制造与智能网联产业融合势必成为未来发展的主要方面。

4. 高度无人驾驶，创造未来移动出行新模式

目前无人驾驶汽车使用领域已扩展到物流配送、送餐服务等与生活息息相关领域，具有多元化动力系统（插电、无线充电、太阳能补电等）、多元化产品功能等特点，集智能交互、自动驾驶、电动化、共享经济于一身，具有多种变形，如微循环公交、救护车、送餐车、物流车、共享汽车、移动店铺等，创造一种可行的未来移动出行新模式。

5. 加快海外市场拓展，进一步推动全球化发展

国内客车企业注重海外市场发展，不断优化经营模式，加快海外市场开拓步伐，逐渐形成海外合作建厂、参与中国对外援助项目、散件 CKD、新能源出口等多样化的发展模式，不断提升技术、价格和质量等方面综合优势，逐步缩减与世界主流客车厂商差距，助推国内客车产业向全球化发展迈进。

六　部分主要企业发展概况

（一）宇通客车

宇通客车公司是一家集客车产品研发、制造与销售于一体的大型制造业企业。产品可满足 5～18 米不同长度的需求，拥有 155 个产品系列的完整产品链，主要服务于公路客运、旅游客运、公交客运、团体通勤、校车、客车专用车等各个细分市场。

2019 年宇通客车共销售客车 5.87 万辆，同比下降 3.58%。其中国内市场销售 5.16 万辆，同比下降 3.6%，海外市场销售 0.7 万辆，同比下降 2.4%。

2019 年宇通发布了新 7 系中巴产品，打造了“智慧岛 5G 智能公交”项目，发布了“安芯”校车智能管理系统 5.0 版，先后推出了新能源“E”系列“宇光”造型高端公交产品、L4 级自动驾驶巴士“小宇”和全新造型高端智能网联纯电动公交车宇威 U12 等产品。

（二）金龙汽车

金龙汽车集团旗下拥有金龙客车、金旅客车、海格客车三大知名整车制造公司以及金龙车身、金龙座椅、金龙新能源、金龙空调、金龙礼宾车等主要子公司。主营客车产品的生产和销售，产品包括大、中、轻型客车，涵盖4.3～18米各类型客车，主要服务于公路客运、旅游客运、公交客运、团体运输、校车、专用客车等市场，产品销往全球168个国家和地区。国内大中型客车以直销为主、经销为辅；轻型客车以经销为主、直销为辅。海外客车市场以代理商销售为主。

2019年，金龙汽车共销售5.73万辆，同比下降7.43%。其中，国内市场销售3.2万辆，同比下降25.2%；海外市场销售2.53万辆，同比增长32.5%。金龙汽车在国内市场的下降主要是其轻客产品受453号文的影响比较大。金龙汽车在海外市场取得较好的增长，在2018年大幅增长的前提下，2019年继续快速增长，出口数量和金额均连续多年保持客车行业第一。

2019年，金龙客车全新换代升级推出捷冠3T中巴系列产品，联合百度将“阿波龙”园区小巴正式升级为“阿波龙”公交车，全新打造新款7米中巴—多功能商用车浩锐，发布5G智能网联公交客车——智慧城市之光；苏州金龙在塞尔维亚获得174辆公交车订单是欧洲市场历史上单一合同额最大订单，推出第六代智能网联城市公交蔚蓝Azure；金旅客车“星辰”无人驾驶客车获得江苏省首张无人驾驶客车路测牌照，在氢燃料客车批量商用化方面取得成效，中标浙江嘉善100辆、广东佛山186辆氢燃料电池公交车订单。

（三）中通客车

中通客车公司以客车为主，兼顾零部件产品的开发、制造和销售。产品体系涵盖了5～18米，包括公路客运、公交、旅游、团体、高端商务、校车等各个细分市场，共15个大系列260余个品种。公司经营以订单为主线，实施客户化定制。销售模式以直销为主，经销为辅。2019年10月16日，中通发布《关于实际控制人国有股权无偿划转事项的进展公告》，将中通100%国有股权划转至山东重工集团有限公司。

2019年，中通客车共销售1.5万辆，同比增长14.4%。其中国内市场销售1.22万辆，同比增长5.2%；海外市场销售0.28万辆，同比增长69.4%。

2019年，中通客车向沙特出口830辆中通校车。发布“新N系”公交车全系产品在北京正式上市发布。作为全新的品系，“新N系”共分为N8、N10、N12、N18四大系列，全面覆盖一、二、三、四线城市以及城乡公交用车。其中，N8面向城乡公交和一、二线城市接驳，N10面向一、二线城市支线公交和三、四线城市干线公交，N12面向一、二线城市干线、支线公交，而N18则服务城市BRT。山东济南绿色现代无轨电车公交示范项目首批采用25辆中通双源无轨电车。

（四）比亚迪汽车

目前，比亚迪商用车产品覆盖K9、K8、K7、K6、K8S等全系列纯电动公交客车，C8、C7、C6等全系列纯电动客运客车，T3、T4、T5、T7等纯电动卡车，以及纯电动环卫车、渣土车、混凝土搅拌车、特种车等车型产品。自2010年投入市场以来，比亚迪商用车产品已大规模应用于北京、深圳、南京、杭州、广州、大连、武汉、天津、长沙等国内众多城市，并成功投入日本京都、美国加州、英国伦敦、荷兰阿姆斯特丹、澳大利亚悉尼等全球逾50个国家及地区200个城市，实现全球六大洲布局。

2019年比亚迪汽车共销售5米以上客车0.63万辆，同比下降50.4%。2019年国内新能源客车市场由于补贴退坡，以及部分区域市场趋于饱和，行业总体需求下降。比亚迪全系产品均为新能源产品，单一的产品结构相比较其他企业受政策影响更大，下降幅度高于行业降幅。与国内客车行业不一样的是，2019年比亚迪客车在海外市场特别是纯电动客车市场表现较好。

2019年，发布全球首款27米纯电动双铰接大巴K12A，满载人数250

人。比亚迪先后中标印度浦那公交集团公司的 12 米 125 辆纯电动大巴和哥伦比亚 379 辆纯电动大巴订单，与印度奥莱克察公司签署 1000 辆最大电动巴士的订单。

（五）江铃汽车

江铃汽车是一家以商用车为主并拓展至 SUV 和 MPV 领域的汽车制造企业。主要业务是生产和销售商用车、SUV 以及相关的零部件。江铃采用双品牌战略：福特品牌和 JMC 品牌。福特品牌包括全顺系列产品、福特 MPV 途睿欧、福特 SUV 撼路者、中型 SUV 福特领界；JMC 品牌包括轻卡（凯锐系列、凯运系列以及顺达系列产品）、皮卡（域虎 3、域虎 5、域虎 7）、轻客特顺、江铃重卡威龙、驭胜 SUV 等。江铃汽车在轻客方面的产品主要有福特新全顺、新世代全顺、江铃特顺轻客，主要应用于城市物流、短途客运、商务出行等细分市场。

2019 年江铃汽车共销售 8 万台轻客，同比下降 10.1%。近几年江铃汽车在轻客市场份额一直位居行业第一，且以较大优势领先第二名。江铃轻客产品以国内市场为主，近几年也开始发力海外市场。

2019 年 6 月 29 日，江铃股份发布关联交易公告，批准与福特贸易公司之间的《V362 整车出口中东项目整车供应协议》，江铃将根据本协议的条款向福特贸易公司销售 V362 整车以及福特贸易公司将根据本协议的条款向江铃购买 V362 整车。与百度合作开发 L4 级别特顺 EV 无人驾驶车辆。

（六）南京依维柯

南京依维柯汽车有限公司由上汽集团和凯斯纽荷兰工业各出资 50% 成立，生产依维柯牌轻型商用车。南京依维柯产品覆盖物流、客货两用、专业改装、通勤商旅和军用五大领域，旗下产品包含依维柯欧胜、依维柯褒迪、依维柯新得意三大系列，另有依维柯 Ouba、依维柯威尼斯之旅、专用车、新能源车四大车系。

2019 年南京依维柯共销售 2.55 万辆轻客，同比下降 17.7%。南京依维柯轻客产品以国内客车市场为主，出口较少。依维柯作为国内欧系轻客第一款品牌产品，至今已有 25 年，近几年销量有所下滑，但仍在欧系轻客中位居前三。

2019 年，依维柯推出欧胜 2020 款国六车型，产品覆盖超瑞、商瑞、运瑞、专业底盘 4 大系列，满足国六 b 排放标准。

B.5

2019年房车产业发展报告

摘　要： 本报告综述了国内外房车产业及露营产业的总体现状和发展趋势，介绍了国内外房车标准体系建设情况。结合目前产业内外部环境和行业自身存在的不足，有针对性地提出了房车产业发展的意见和建议。

关键词： 房车产业　房车标准　房车露营　房车发展　房车市场

一　国外房车发展状况

房车旅行在美国、欧洲等地区已经是人们休闲旅游甚至生活的重要组成部分。国外房车消费的主要目的是旅行、打猎、钓鱼等休闲活动，使用人群以退休人群为主，个人购买居多。历时百余年的发展，美国、欧洲、加拿大、澳大利亚等国家和地区占据了全球90%的房车消费市场。截至2019年底，世界房车整体市场保有量为2000万～2400万辆，每年新增需求量为50万～70万辆。

（一）美国房车发展情况

房车是美国汽车文化重要组成部分，美国是房车发展最成熟的国家，已经形成了成熟的房车生态环境，同时，也影响着世界房车大环境的发展。美国的相关政策、行业法规、房车制造技术、相关设施的经营管理等都较为完善。美国的房车保有量和销量一直占据世界第一位。数据显示，美国拥有房车的家庭达到11%，其中每户家庭使用频次达到每年50天，约有1000万人常年居住于房车内。

美国是世界上房车保有量最多的国家，经过多年发展，截至 2019 年，美国房车保有量约为 1266 万辆。年销售额达到 130 亿美元。根据美国房车工业协会（RVIA）公布的数据，2010～2019 年美国房车年均销量约为 36.5 万辆。

2019 年美国房车销量为 406070 辆，同比下降 16%，其中，自行式房车销量为 46629 辆，占比 11.5%，同比下降 19%；拖挂式房车销量为 359441 辆，占比 88.5%，同比下降 15.6%。各类房车产品销量的大幅下滑说明市场购买力和整体需求在逐步下降，或许预示着美国整体经济走势的方向在改变。

美国拥有数百家房车生产企业，零部件产业完整，涵盖了房车的所有零部件总成件的生产与销售。美国高速公路基本不收费，只有不到 1/10 的高速收费，并且费用很低，降低了房车的使用成本。房车度假营地遍布全国各地，营地设施配备齐全，营地多为停靠式营地，使用成本也十分低廉。

（二）欧洲房车发展情况

房车旅行度假是欧洲最受欢迎的休闲方式之一。欧洲各国的房车销量几乎都有所增长，预计未来将会持续增长。

欧洲在世界房车工业排名榜上仅次于美国，位列第二。根据欧洲房车工业协会（ECF）公布的数据，2019 年欧洲房车销量达到历史排名第二的好成绩。2019 年欧洲房车总销量为 210315 辆，比上年增长了 4.1%，这是自 1980 年以来，欧洲房车总销量首次突破 210000 辆。其中自行式房车总销量为 131956 辆，占比 62.7%，同比增长 5.5%，创历史新高。拖挂式房车总销量为 78359 辆，占比 37.3%，同比增长 1.7%。由此看出欧洲市场与美国市场对房车类别的需求形成差异，欧洲市场以自行式房车为主。

2019 年，德国是欧洲房车市场的销售冠军，房车总销量为 80863 辆，不仅销量增长达到 13.6%，而且总销量达到德国房车销量历史第三名。瑞士、比利时和奥地利销量依次为 6927 辆、6276 辆、2681 辆。西班牙房车销量大幅增长25.3%，达到8376辆，这是西班牙房车市场自2007年以来达到的最高销量。荷兰、丹麦和芬兰的房车销量也都有增长，分别增长5.9%、12.4%和11.4%。

法国、英国销售有所下降。2019年法国和英国的房车销量分别为31496辆和33741辆。英国房车销售额下降近4.1%，法国的销售额几乎与2019年持平（销售额下降1.6%）。

（三）加拿大房车发展情况

加拿大房车产业发展比较迅速。随着房车产业的发展，加拿大逐步形成集生产、销售、运营、露营地、俱乐部、会员、展销于一体的完整产业链。根据加拿大房车经销商协会统计的数据，加拿大房车保有量为100万余辆，房车家庭拥有率为14%。据不完全统计，加拿大有12家房车生产商、670家房车经销商，同时拥有房车露营地约3000个。

（四）日本房车发展情况

日本房车历经30多年的积累，探索出一条符合本国国情的房车发展道路。1980年日本研发出第一辆自产房车。1994年日本房车协会的成立进一步促进了日本房车的发展，其随后发布的房车分类方法规范了日本房车行业，为行业快速有序发展奠定了基础。日本房车保有量一直处于稳定增长的势头，房车保有量超过10万辆。从2004年至今，增长率一直维持在5%以上，近年保有量增速略有放缓，平均年产量在5000辆左右浮动。

二　中国房车发展分析

（一）国内房车发展情况

1. 房车产业将逐步进入市场快速发展阶段

国内房车产业的起步是从2001年中天高科生产的中国第一辆房车算起，

在国内的发展有十几年的时间。房车产业发展大致分为三个阶段：起步阶段（2002～2010年），市场培育阶段（2011～2020年），快速发展阶段（2021～2025年）。在产业起步阶段，国内市场体系不完善，房车生产以及配套体系基础薄弱，政策法规标准滞后，房车消费观念不足，特别是进口房车超高的价格，在进入国内之初被定义为与私人飞机、游艇一样的奢侈品，这些在很大程度上限制了房车普及，初期发展比较缓慢。直至2011年前后，在国家汽车产业政策以及旅游产业蓬勃发展形势的带动下，商务车、房车市场需求增长，吸引了很多国内整车企业涉足房车市场，房车生产规模快速增长。2011～2016年，工信部公示车型数量年均增长近70%，国内房车产业进入市场培育阶段。根据目前国内房车产业的发展现状，我国房车产业正向产业快速发展阶段过渡。据统计，近三年（2017～2019年），工信部公示的车型中共有228家企业1195款车型，国内拥有公告资质的房车生产企业遍布全国25个省份，国内房车企业通过开展合资合作，引进发达国家房车生产技术、产品，在产品设计、生产工艺、质量保证体系、配套体系、营销体系和应用体系以及房车文化推广普及等方面已经能够基本满足国内市场发展的需要。国产房车已成为国内市场主流产品，得到消费者的接受。

2. 市场需求潜力大

房车主要用在旅游尤其是自驾游的过程中，因此未来自驾游人数的发展趋势也会对房车市场产生影响。马蜂窝旅游网等联合发布的《全球自驾游报告2019》显示，2018年中国国内自驾游达到5.8亿人次，同比增长35.6%。目前受限于房车营地不足，房车旅游成本高昂，便利性差，庞大的自驾出行爱好者群体很难转化为房车购买潜在人群，房车旅游尚未成为自驾出行的主流。如这一因素得到改善，将会激发更大的市场潜力。

房车本身价值较高，购买者多为“有钱有闲”的人群，近年来以50岁以上人群为主。随着60后和70后即将加入退休潮，过了奋斗期的“有钱有闲”的多金一族大量涌现，且拥有驾照和丰富驾驶经验的比例较大，意味着房车的潜在购买群体规模在逐渐扩大。

3. 房车消费者人群和地域较为集中

2019 年房车上牌排名前十的省份有江苏、北京、广东、山东、河南、浙江、四川、河北、辽宁和上海，目前市场上有意识购买房车的人群主要集中在了沿海城市，而内陆的省份以河南和四川为主。正在崛起的新一线城市经济增长上有非常优秀的表现，同时当地用户也对美好的精神生活开始追求，因此也催生了大量的购车需求，非一线城市消费能力目前还严重不足，而一线城市则依然保持同比的增长趋势。

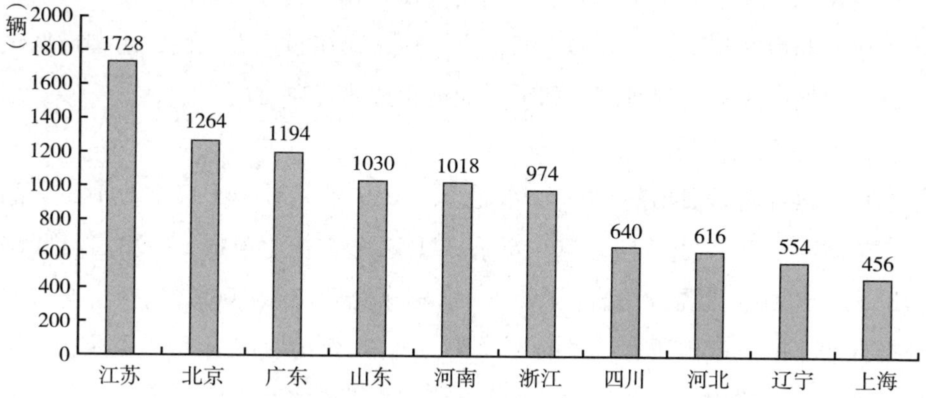

图 1　2019 年中国房车上牌前十省份

4. 自行式房车依然是用户购车首选

从国内主要房车产品类型来看，目前用户首选还是自行式 B 型房车，其次是自行式 C 型房车，主要原因在于首先自行式 B 型房车相对而言在价格上有更大的优势，同时驾驶上也更加轻松。自行式 C 型房车在功能和实用性上更加强大，价格上也相对更贵一些。除此之外，即便国内在拖挂房车政策上还有很多灰色地带，但并不影响用户对于拖挂式房车的喜欢，全年上牌量相当可观。

5. 房车产业初步形成规模

2019 年，中国房车产业市场容量继续扩大，逐步形成完整的产业链和更为激烈的竞争格局，越来越多的整车企业开始进入房车领域，上汽大通、宇通客车、奇瑞公司等传统市场的强势企业都已经进入房车市场，其旗下的改装企业纷纷成立了专门的房车公司，B 型、C 型、皮卡式房车等不同新车型层出不穷，从供给端为房车市场的发展注入很强的活力。与原有各专用改装车厂共同竞争房车市场。同时，随着供给端的丰富，高端房车所占比重逐渐下滑，中低端的以欧系轻客底盘和皮卡底盘为主的房车占比快速上升，底盘档次结构变得更加亲民，有助于拉动更多的潜在用户加入房车市场消费的队伍中来。

近年来，国家对房车产业发展不断重视，相关利好政策逐项发布，人均收入增长和房车旅游受众人群不断扩大，房车价格也愈发亲民，房车市场正由高端消费向大众消费过渡，相关产业链也逐步完善。

（1）整车生产情况

据工信部每月发出的房车公告统计，2019 年共有 145 家企业 145 个品牌 397 款新车型（见表 1）。其中共有 111 家房车企业申报 290 款自行式房车以及 1 款插电式混合动力房车，50 家房车企业申报 106 款拖挂房车，申报拖挂房车的厂家占所有厂家的 35.5%，与 2018 年的 22 家房车企业相比增加了 1 倍多。2019 年的房车公告数量与 2018 年相比有了明显增长，其中不乏因为自行式房车受到国五升级国六排放标准的冲击，同时拖挂房车的申报数量有了明显提升。通过整合所有的公示，山东、江苏、河南和湖北在全国房车制造型企业数量排名中稳居前四。

表 1　2016～2019 年工信部公示车型及厂家对照

单位：家，款

年份	2016	2017	2018	2019
厂家数量	73	128	113	145
公示车型	186	456	341	397

从 2019 年房车生产企业地区分布来看，目前数量最多的还是江苏，其次是山东、湖北、河南、上海等，整体分布情况与 2017 年相比，变化较大，仅江苏就新增加了 7 家企业，山东更是大幅度增长，总体而言，房车企业的

总数量还在不断增长。

2019 年自行式房车在产企业有 140 家，自行式房车产量为 11029 辆；拖挂式房车在产企业有 44 家，拖挂式房车产量为 3352 辆。由此看出，自行式房车增长缓慢，而拖挂式房车出现爆发式增长，较 2018 年的 1579 辆，增长 1 倍多。

（2）零部件情况

国内房车零部件行业还处于发展阶段，国内市场中房车零部件来源主要有三种：欧洲进口零部件、美国进口零部件和国产零部件。国内多以引进欧美技术为主，仿制对技术要求相对比较低的产品，像注塑件、五金件等。而遮阳帘、门窗等大部分部件还以进口为主。国内的生产硬件和技术可以替代部分进口零件，在价格和成本上具有一定的优势。在比较核心的、高端的系统零部件方面，比如功能件、电力分配及管理、水循环系统、智能空调系统、报警预警信息智能化收集整理等，以及新材料和新工艺方面，国产零部件还处于劣势，在成本控制和产品质量上还有待提升。未来，随着国内房车市场的扩大，零部件企业逐步加大投入，在研发水平、制造水平、管理水平上逐步提高，在检测手段、行业规范等方面逐步完善，提高产品细节质量及可靠性，在满足国内市场要求的同时，国产房车零配件会走向世界。

6. 合资合作取得一定成效

我国房车产品虽然经过近 20 年的发展具备了一定的基础，但相对于国外成熟产品依然有很大的差距，因此国内的房车企业纷纷引入国内外的战略合作伙伴，推动技术、经验、市场等的发展，为我国房车产业带来发展机遇。目前国内多家房车企业与国外合作共同开发房车产品：唐山亚特专用汽车有限公司与意大利 PLA 集团、华晨专用车与斯洛文尼亚阿迪雅房车有限公司、湖南猎豹汽车、Pilote 集团（派力特）、德国霍夫勒与上海伟昊等。

2018 年 4 月 18 日，中德埃文海姆—朗宸房车项目合资合作发布会在洛阳举行。2018 年 9 月 1 日，埃文海姆集团与托尔集团宣布合并。

2019 年奇瑞汽车与美国 REV 集团，新吉奥集团与欧洲最大的房车制造商德国 HOBBY 房车公司达成战略合作协议。

（二）房车进口情况

目前国内进口的房车以欧美高端房车为主，因为其配置齐全，设施完善，较好地满足高端客户需求，因此目标市场大多针对成功人士。但自2018年1月开始，受相关政策调整的影响，进口房车无论是自行式还是拖挂式车型，在国内销售均需要办理国家3C认证证书才能销售并登记注册上牌，因为其办理的难度系数较高，这也导致许多进口房车代理商放弃了进口房车品牌，进口房车在国内发展步伐相对缓慢。

3C认证即中国强制性产品认证，3C认证的过程需要企业付出许多的人力、财力，并且需要得到国外生产厂家的大力支持。另外，认证需要一定的费用从而导致车辆成本增加。目前行业普遍做法是将这一部分成本转嫁至经销商与消费者。这就直接导致进口房车价格居高不下，目前进口自行式房车品牌主要有派力特、阿迪雅、海姆等欧式房车。

（三）房车出口情况

1. 整车出口

2019年我国房车出口总量为24720辆，较2018年20600辆的出口数量增长约20%。其中，中国房车出口产业基地——山东省荣成市，2019年出口房车约19000辆，占全国房车出口数量的76.8%左右。从总体上看我国近两年房车出口正按照超过20%的年增长率增长，房车出口总体形势向好。

2019年出口的房车车型以出口澳大利亚市场的帐篷拖挂房车为主，以硬顶拖挂房车和出口日本、韩国的自行式房车上装部分为辅。出口澳大利亚市场的房车车型中价值更高的硬顶拖挂房车比重开始较快提升，占比25%。

2. 房车出口产业基地建设

山东荣成市是国内最大的房车生产基地和房车出口基地。2019年，荣成市生产房车1.9万辆，销售收入9亿元左右，同比增长25%左右。荣成市以生产多功能运动式拖挂房车为主，产品基本全部出口，其中销往澳大利亚的产品占比55%。

荣成市拥有房车生产企业10多家，包括康派斯房车、龙河车业、名俊户外等。配套房车零部件生产企业50多家，已经包括五金加工、房车家具、房车墙板、房车门窗、房车家电等的房车零部件产业链。直接带动就业4000多人，是全国唯一的“国家外贸转型升级基地（房车）”。

未来荣成市将进一步对拖挂式房车进行规模生产，并大力发展自行式房车的生产，继续加密、加高、加宽两个产业链条，推进房车底盘、房车座椅、房车床垫、房车门窗等项目落地。预计2020年，荣成市房车产量将进一步增长，出口量也将进一步增加。

3. 零部件进出口

国内房车零部件市场整体呈上升态势，特别是零部件出口市场增幅在30%以上。出口主要集中在欧美、澳大利亚、韩国和日本等国家和地区，主要产品为五金件、注塑件、房车门窗、电子产品等，主要是高耗能、环保要求及劳动密集型产品，产品附加值较低。进口零部件主要集中在房车电器、马桶、厨卫、板材等产品，产品附加值较高。

（四）国内房车发展存在的问题

我国房车产业起步较晚，房车产业在发展中遇到诸多问题，包括消费观念薄弱、政策法规不完善、房车露营地基础配套不足、房车露营文化尚未普及、房车租赁旅游市场仍处于起步阶段等。

1. 房车休闲文化形成尚待时日

旅居房车是近年来新兴消费车型。根据在各大专业车展上的调研情况，参观者众多，但真正下订单进行购买的比较少，这个从每年的销量上就能看出来，虽然由于基数小，增幅大，但实际年销售量目前还没有突破万辆。消费者购买房车意愿不强，主要原因如下。①房车生产和研发能力不足，房车造价高，维修费用高，零部件生产专业技术低，缺乏汽车维修点。②交通路况欠佳，路标欠缺，加油站布局不合理。③房车旅游宣传不足，消费市场尚未建立。同时房车旅游对房车驾驶员的要求较高，房车旅游成本较高，传统思想观念制约，房车旅游常识和经验不足，信息收集困难，房车旅游人才缺乏等问题都困扰着消费者。近年来，互联网思维丰富了汽车产品销售模式，房车共享、房车租赁等消费方式逐步兴起，从而拉近了普通消费者与房车的距离。形成真正的房车文化仍然有待时日。

2. 行业配套基础设施及政策还需完善

中国房车营地建设起步较晚，虽然这几年迅猛发展，但仍存在很多问题：营地建设土地政策问题，房车营地用地紧张，房车营地建设滞后，营地运营模式落后。营地配套设施不足，配套服务设施不健全，安全保障缺乏，房车旅游配套服务水平不高。部分营地仅仅能提供游客住宿环境而已，不能给游客提供更多的配套服务和旅游体验。由于房车车辆高度较高（虽然目前国内大多采用轻型客车改装），车辆停放不方便，另外车辆的维修保养和补给问题都对房车的发展普及有所制约。房车企业对维修车辆的响应、维修周期都对消费者有影响。此外，我国关于房车上牌上路的相关法律法规有待完善，且各地方部门对于房车上牌上路采取的执法标准均不统一，都需要不断改进。

3. 房车发展尚需引导，潜力有待挖掘

从 2017 年到 2019 年，国务院陆续对自驾车、房车营地、配套生活服务功能区等领域的发展给出了引导，随后出台了房车行业发展的规划、政策和指导性意见。这些政策法规的及时出台，无疑为房车行业发展指明了方向，扫清了障碍，为房车行业加快健康发展保驾护航。目前我国房车产业具备了良好的发展环境和发展基础。但我国房车产业消费环境尚未成熟，从行业看，房车生活作为旅游的一部分，与旅游业的发展密不可分，中国旅游业也处于一个高速发展阶段。但目前房车的价格与主要的出游人群收入水平不符，同时房车租赁方面也需要各项政策的推动和消费者适应的过程。此外，从出行目的地上看，仍以景区为主，单纯的营地难以吸引游客。营地的选址建设和景区的结合应是未来发展的方向。

4. 房车产业化、规模化仍需提高

国内从事房车生产的企业从大型汽车集团到小型汽车改装工厂均有分

布，行业准入标准较低。房车生产企业大多数分布在北方和东部沿海地区。整车产品和零部件的配套体系仍很零散，各企业的房车产品的产销量及保有量相对欧美国家仍在一个较低的数量级上增长，导致为房车配套的相关零部件企业的产品技术发展不足，产能达不到一定的规模，从而影响产品升级。由于房车产量低，消费者对单品质量的可靠性有一定的担忧，也影响了产品的销售。在消费市场，目前中高收入家庭数量大、消费潜力强，休闲度假游需求明显，是房车旅游的重要消费群体，这部分群体对于房车旅游的兴趣还未激活，唯有使这部分潜在需求激活，才能实现由需求带动的产能增多，从而实现房车产业化、规模化的快速发展。

三　我国房车标准化建设

（一）我国房车标准现状

房车是一种特殊车辆，主要属性是车辆，因此，相关的强制性标准必须要满足。在全国汽车标准化技术委员会各分委会构成中，我国没有房车分技术委员会，因此，我国没有国家、行业标准层面系统完善的房车标准体系。除汽车强制性标准外，目前现行的房车产业的国家标准有 8 项，按照目前各分标委会的专业分工，由不同的分标委会组织制定，与房车相关的现有标准主要包括如下几个。

（1）GB 7258－2017　《机动车运行安全技术条件》

标准是所有在生产车和在用车辆必须执行的强制性要求，针对房车的特点，对房车乘员数核定、室内专用设备设施、产品使用说明书、汽车安全带、座椅等方面给出了相应的规定。

（2）GB/T 3730.1－2001　《汽车和挂车类型的术语和定义》

标准为基础类通用标准，规定了房车、中置轴挂车的术语和定义，是最早提出房车概念的标准，有利于房车标准的制定和规范化，但该标准并未对房车相关的术语和定义进行细化。

（3）GB/T 22550－2008　《旅居车辆－术语及其定义》

标准等同采用 ISO 7418：1989《旅居车辆－术语及其定义》。它定义了房车辆作为临时住所的相关术语以及影响房车辆作为整车满足道路使用目的的术语。

（4）GB/T 22551－2008　《旅居车辆　旅居挂车　居住要求》

标准等同采用 ISO 7422：1991。主要规定了旅居挂车居住方面的功能要求和安全要求，不包括有关道路方面的要求，不适用于商用挂车、帐篷挂车和自行式房车。

（5）GB/T 22552－2008　《旅居挂车　质量和尺寸　术语及其定义》

标准等同采用 ISO 7237：1993《旅居挂车质量和尺寸词汇》。该标准规定了 GB/T3730.1 所定义的旅居挂车的质量和尺寸的术语和定义，但本标准不涉及相对应的测量方法以及质量和尺寸的大小等级。

（6）GB/T 25980－2010　《道路车辆　旅居挂车和轻型挂车的连接球尺寸》

标准等同采用 ISO 1103：2007。该标准规定了旅居挂车和轻型挂车与牵引车之间采用连接球牵引时机械连接装置的尺寸。连接球周围的净空间应能满足与牵引车的连接和脱开，以及机械装置连接和脱开时的操作安全。

（7）GB/T 25988－2010　《道路车辆　牵引旅居挂车或轻型挂车的牵引连接装置　机械强度试验》

标准等同采用 ISO 3853：1994。该标准规定了连接装置的机械强度试验方法。

（8）GB/T 36121－2018《旅居挂车技术要求》

该标准由交通运输部公路科学研究院、青岛春田科技车辆有限公司等单位共同完成。标准主要规定了旅居挂车的分类、整车要求、专用设备设施要求、可靠性要求、试验方法及检验规则。

（9）QC/T 757－2006　《乘用车列车通用技术条件》

标准主要规定了可牵引挂车的乘用车及乘用车列车的要求及试验方法，并对乘用车和挂车之间的球头连接装置做出了要求。

（10）QC/T 776－2017 《旅居车》

标准主要规定了房车的分类、要求、试验方法、检验规则等，主要适用于定型底盘或整车改装的房车。

此外，房车还参照执行了部分乘用车相关行业标准。

从国内现行的房车相关标准看，仅限于基础术语和定义，部分零部件等方面给出了规范性要求，大多数等同于采用国际标准，体现房车产品特征特点的标准不足，产品与配套体系的标准化、通用化、系列化水平较低，尚未形成完善的标准体系，远不能满足房车产业的发展需求。因此，房车标准化建设任重而道远。

（二）房车团体标准化建设方案

1. 房车团体标准建设目标

立足现有基础，结合国内房车产业发展现状，参照国际房车标准，通过整合资源，建立起一个结构合理、层次清晰、相互协调、指标先进、适应需求的，具有整体性、系统性、开放性和一定差异化特征的房车标准体系，促进房车产业的健康可持续发展。通过团体标准体系统筹标准制修订工作，弥补房车标准的空缺，满足房车发展急需，并为制定国家和行业标准奠定基础。

2. 房车团体标准制定思路

结合国情，立足产业。在借鉴国内外房车标准及工作经验基础上，从我国房车产业的角度全面梳理我国房车标准规范框架结构及体系内容，立足产业、立足公共、立足服务、立足市场，在现有标准基础上编制相对系统、全面的标准体系。

3. 房车团体标准体系组成

房车标准由管理标准和技术标准组成，其中技术标准包括整车技术要求、车身结构安全性、防火安全性等要求；底盘牵引系统、电气及控制系统、燃气供给、拓展装置、家具，污水处理系统、净水供给系统等系统部件；以及基础通用、接口及营地类等相关标准。

为满足房车急需，当前，中国汽车工业协会正在组织一系列的房车整车及部件系统的团体标准的研究和制定工作。

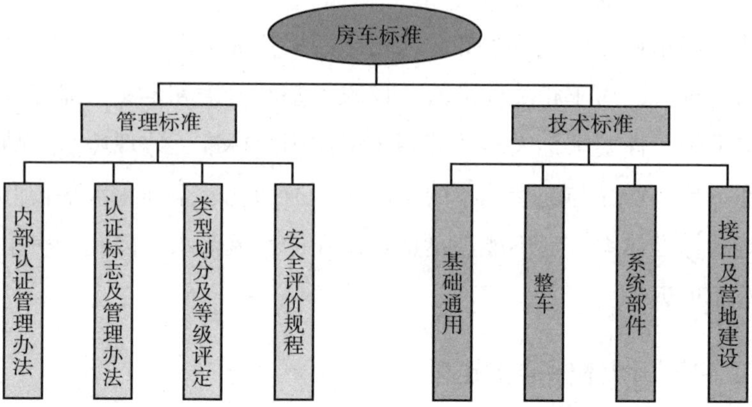

图 2 房车标准体系框架

四 房车露营发展状况

房车和露营地是紧密相连的，房车旅游离不开营地的支撑，营地不仅作为房车（汽车）的停车地，而且还是一个综合旅游度假地。房车露营旅游始于20世纪50年代中期。最早是旅游者自驾车并带着睡袋、简易床、帐篷、炊具及食品等周游世界，旅游成本低廉，给旅游者带来无穷的乐趣。自驾车旅游的发展推动了房车新产品和露营地的诞生。这些营地最初只是提供加油、加水和停车等简单服务，发展到现在，成为复合型多功能营地，集食宿、游乐、休闲度假、汽车保养与维护、汽车租赁等功能于一体。

（一）国外房车露营地概况

在欧美等发达国家和地区，露营地的发展历史悠久：从早期青少年露营地，随汽车文化和旅行方式衍生出第二代自驾车及房车营地，到20世纪以来逐渐成形的第三代旅游度假型营地，历经规模从小到大、功能从单一到综合的迭代式发展，拥有成熟配套体系和广泛的爱好者，已成为欧美人的一种日常生活方式。自驾房车休闲旅游更是逐渐成为人们日常生活中的一部分，同时也是最重要的基础产业之一。

国外房车露营地的飞速发展得益于国外对房车的大力推广，进而使房车得以快速普及；以及各地高速公路的建成，使出行越来越便捷；再加上生活观念的转变，使更多的人热衷于出行度假。

欧美为了大力推广房车露营旅游市场，露营地功能不断拓展，服务项目持续改进。欧美国家建立了比较完善的房车露营地相关的标准法规体系、规章制度及配套设施，拥有一套完整的房车露营地经营理念、发展模式及服务体系。房车露营旅游的蓬勃发展，带动了旅游消费、旅游业转型升级及新的经济增长点，同时也为国家做出 GDP 贡献。为完善房车这个蓬勃发展的大市场，欧美国家已建立起许多个与之配套的房车露营地。欧洲各国的营地总数量已超过 4 万家，美国建有营地近 2 万家。加拿大露营地约 0.4 万家；澳大利亚拥有约 0.25 万家露营地；日本房车露营地约 0.3 万家。世界各国露营地的种类众多，等级分布广泛，露营地选址大多位于景色优美的国家公园或风景名胜景区，不仅能满足各种不同消费群体的需求，同时也能提供各种不同规格优质的服务。

澳大利亚房车营地网较为发达，拥有专门的大型房车公园，澳大利亚的国家公园都设有房车营地。澳大利亚的房车营地可以把水和电接入房车，晚上可用交流电提供电器及照明用电，并给蓄电池充电。星级营地，都有可租住的木屋，并具有冷热水淋浴、洗衣房、烧烤区、游泳池和儿童乐园等设施。

欧洲的营地按星级划分为 1～5 星等级，以 5 星级营地为最高级，一般营地设有盥洗中心、洗衣房、小卖部、医务室等，高星级的营地一般都有游泳池、儿童乐园、运动场、商场、酒吧、饭馆以及健身房等。

（二）国内房车露营地建设现状

露营地是具有公共服务设施，占有一定面积，安全性有保障的娱乐休闲小型社区。露营地自然风光较为优美，可供人们使用自备露营设施，如帐篷、房车或营地租借的小木屋、移动别墅等，可供旅行者在外出旅行短时间或长时间居住、生活，并配有一定的运动游乐设备和娱乐活动、演出节目等。

根据所处环境的不同，露营地可划分为以下六种类型：山地型露营地、海岛型露营地、湖畔型露营地、海滨型露营地、森林型露营地、乡村型露营地。

对于国内的房车旅行和营地宿营来说，大多为“房车主题特色酒店”，支撑其运营的并不是房车自驾游客人入营地产生的消费，而是普通游客入住其特色的固定拖挂式房车所带来的收入，或者营地修建其他住宿类型来维持其经营。主要原因是国内的房车保有量少，再加上房车营地数量少和部分营地设施不完善，愿意入营的房车游客并不多。露营行业的发展是旅游需求多样化趋势的产物，特色的设施设备契合多样化的需求，是支撑露营产业发展的强劲动力。目前我国已有多家依托当地特色资源建设形成的特色露营地，如青岛市金沙滩蓝夙愿汽车房车露营地、新疆喀纳斯营地、山海关营地、大连金石滩营地等。这些营地均拥有自己的主题特色，并且提供烧烤、垂钓、踏青、沙滩运动、海上观光等多种个性化旅游产品。

因此促进房车营地与房车旅行的发展，需要国家政策与企业共同推进市场的深耕。

1. 政府统筹规划

自2017年以来，国家针对房车露营、房车旅游的政策越来越明确，全国各省市的“十三五”规划也纷纷落实，按照各省市营地规划统计，2020年房车营地建设规划将超4000家（见图3）。更有许多露营地取得了营地经营资质，如途居露营、318集团等。

2. 露营地建设概况

（1）营地建设方面

我国目前的露营地主要分布在两大区域带上，一是由市场需求驱动，东部沿海的三大经济圈集中了全国约33%的露营地。二是主要依靠环境吸引，

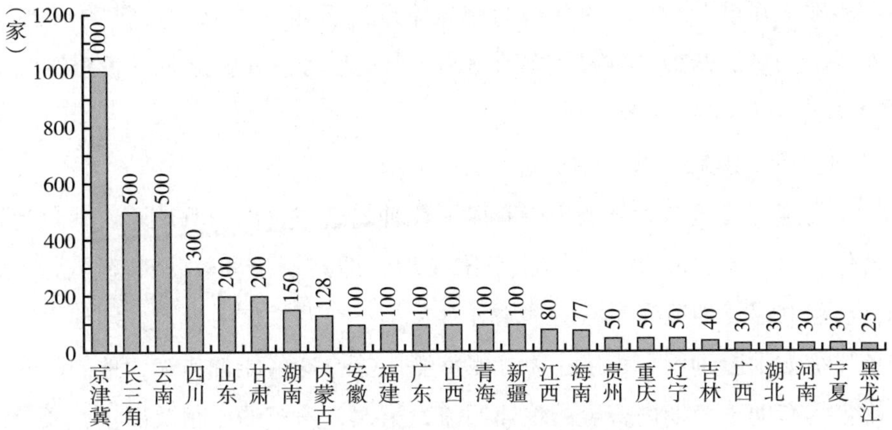

图3　中国分区域房车营地发展规划

资料来源：中商产业研究院整理。

沿内蒙古 - 甘肃 - 四川 - 云南一线分布，集中了大约22%的露营地。近几年大量资本涌入，露营地的发展进入爆发期，2018年我国已建成露营地1239家，在建451家，共计1690家；其中新建成露营地414家，露营地（已建）数量增速放缓。截至2019年全国已建成露营地1300家左右，根据“十三五”旅游发展规划，到2020年要建成2000家露营地。

（2）营地规模方面

国内露营地整体呈现小而美态势，平均营位数略有增长，大部分营地规模在300亩以内，其中100亩以内的占比约46%，平均营位数量为228家，较2018年（215家）略有增长。近半数营地平均接待量高于7万人，占比约43%，且淡旺季特征明显。2018年我国优秀露营地平均出租率为40%，淡季优秀营地平均出租率为21%，旺季出租率为96%。

房车露营地的投资都比较大，少则千万元，多则上亿元，而营地最快也需要在3~5年投入产出实现平衡。国外的房车汽车露营地很多都是政府投资，作为一个公益或半公益的公共设施、场所设立的，一般投资回报在4年左右。国内目前的房车露营地主要还是个人投资，从规模方面来看，如果是停靠式营地，20~30亩的体量比较适宜；如果是目的地式的，至少需要占地面积在150亩左右。以100亩为例，建设三星级营地基础投资在1000万元左右，四星级营地基础投资额在3000万元左右，五星级基础投资则需要5000万元左右。

（3）营地赢利方式

国内房车营地赢利方式主要有以下几种。第一，出租营地营位，包括露营营位、房车营位；第二，出租空闲场地，即共享空间，比如举办一些展会，出租会议场地或者承接一些婚礼等；第三，开发旅游地产，即建设一些特色住宿如木屋别墅、木屋小院、帐篷酒店等，这些能都作为营地的配套产品出售，有助于短期内资金的快速回流；第四，房车的出租及出售，或者帮助一些客人代运营房车；第五，多元化的娱乐项目，比如，亲子游乐场、房车KTV、真人CS等皆可建收费性游乐设施；第六，出租广告位，提供车辆维修服务等。

3. 国家政策支持

近年来，我国露营地政策密集出台，行业迎来了高速发展的黄金时期。政策主要分为三类，分别为鼓励类政策、管理类政策和用地政策，政策从交通、土地、乡村、人才等领域给予大力支持，推进露营地发展。到2020年，重点建成一批公共服务完善的自驾车房车旅游目的地，推出一批精品自驾车房车旅游线路，培育一批自驾游和营地连锁品牌企业，增强房车产品与使用管理技术保障能力，形成网络化的营地服务体系和完整的自驾车房车旅游产业链条，建成各类自驾车房车露营地2000家，初步构建起自驾车房车旅游产业体系。这些政策文件把自驾车房车和露营旅游提高到一个空前的重视程度，尤其是将露营地作为交通、体育、旅游融合发展的重要领域，为露营地发展带来了广泛的空间。2019年国家陆续发布以下文件。

2019年6月6日，国家发改委、生态环境部、商务部联合印发《推动重点消费品更新升级　畅通资源循环利用实施方案（2019－2020年）》的通知，其中第六条：着力培育汽车特色消费市场。积极探索住行一体化消费模式，统筹规划建设房车停车设施和营地，完善配套水、电、通信等设施，促进房车市场发展。

2019 年 9 月 8 日，文化和旅游部发布了两项自驾游营地标准，即《LB/T 077－2019 自驾游目的地等级划分》和《LB/T 078－2019 自驾车旅居车营地质量等级划分》。标准中规定，我国将对自驾车房车营地划分为 3 个质量等级，从 3C 到 5C 不等，C 的数量越多代表等级越高，也说明营地的建设越完善。这两项标准的制定，自驾游营地将能够按照类似景区评级的方式得到明确的等级划分，将对自驾车旅游和房车露营旅行产生推动作用。

2019 年 9 月国务院《交通强国建设纲要》（简称《建设纲要》）正式发布，《建设纲要》中提出加速新业态、新模式发展。深化交通运输与旅游融合发展，推动旅游专列、旅游风景道、旅游航道、自驾车房车营地、游艇旅游、低空飞行旅游等发展，完善客运枢纽、高速公路服务区等交通设施旅游服务功能。

交通与旅游融合发展是大众旅游时代的必然。从旅游部门来看，旅游需要“有钱、有闲、有交通”，交通是必备要件之一，而且很多情况下交通不仅是旅游要素之一，其本身也转化成景区、景点。从交通部门来看，交通建设日益完备，局部地区趋于饱和，需要通过旅游来提高道路利用率，而且交通部门需要通过旅游来实现拓展新的业务领域，实现业务转型，这将给自驾车、房车露营地的建设直接带来利好。

中国的露营行业按照现在的发展速度，十年后，将会实现 1.5 亿人规模的常态露营人口，即使每人年均露营消费 1000 元，年均收益将达到 1500 亿元，再加上拉动上下游产业链的相关行业，未来，中国的露营行业将达到万亿。但是“中国式”房车营地需要完善和改进的地方还有很多，除了对消费者房车文化的普及和教育外，还需要不断提升营地的特色化，通过创新和服务提升自己的竞争壁垒。此外，各个房车营地需要根据自身地理位置、周边设施的不同来打造差异化的营地，避免硬性复制或者陷入价格战的困局中。

五　房车产业发展建议

房车产业的发展要积极和自驾游与旅游产业结合，需要政策与资本、文化内容与服务、人才等多方面的融合，才能推动“中国式”房车营地的发展。

（一）政府层面

1. 大力鼓励房车旅游发展，完善房车产业链

房车行业发展要以政策为导向，行业发展需要政府出台政策推动，企业也需要政策作为支持。从目前国家陆续出台的各项政策可以看出，国家政策对房车行业是抱支持态度的，是为了进一步刺激房车行业发展。我国房车行业拥有巨大的市场空间，目前整个行业在产业规模、产品质量、用户认知度等方面都有了全面提升。同时我国在发展房车及露营地产业方面还存在诸多瓶颈，政府方面还需要完善政策体系及相关标准法规，规范行业发展模式及产品标准应用、服务规范、优惠政策等。总体看，不管是房车发展方向，还是露营地基础设施建设等，国家已经为房车市场持续发展打下了良好的政策环境基础。

2. 加快制定服务标准，推动行业快速发展

随着房车产能、销量、保有量的快速提升，售后服务相比之下显得相对滞后，因此，制定房车售后服务标准已刻不容缓。

制定相关标准成为急需，其目的是规范房车售后服务，促进房车售后服务的标准化建设，为房车售后服务实施标准化管理提供依据，尤其是对房车售后服务的各服务环节和服务形态提出明确要求，同时提出房车售后服务的综合保障要求，从而提高房车经销单位的服务水平、管理能力及市场竞争力，维护房车消费者及租赁经营单位的合法权益，同步提高社会效益和经济效益。

国家及各地方政府应加快推进消费政策的进一步落地，推动房车出游的配套设施和相关服务的逐步完善，同时推进国家标准的规范发布和应用，从而促进房车产业快速发展。

（二）行业层面

对于房车领域来说，大众认知度不足，房车文化普及滞后，露营环境相

对缺乏等问题的存在，为体验式营销增添了诸多瓶颈。现如今，房车行业内普遍流行的试乘试驾、吃吃玩玩等活动，已不能满足广大车友体验房车生活的需求。房车行业应通过引导消费、整合资源等方式推进行业发展。

1. 积极引导消费，逐步形成房车消费观念

目前我国消费者对房车的概念和消费意识一直处于高端消费认知阶段，或者对房车消费、认知没有概念，房车市场仍然处于小众市场。房车企业和露营地应联合起来，协同行业协会多举办房车及营地展览会，展示各类型的房车产品和营地设施，并供游客试用体验，宣传推广房车露营生活理念。相关行业积极提供房车露营企业资源整合、经验交流、提升品质的专业平台。培育游客对房车文化的认知，共同拓展市场。2018 年中国自驾游达到 5.8 亿人次，相比 2017 年增长 35.6%，说明中国游客对自驾游的需求很大，如果能把房车露营理念导入这部分旅客的自驾需求中，对中国房车市场的发展将是极大的促进。

2. 整合资源，推进跨行业融合发展

现阶段，除了宇通、大通等几家企业，我国旅居房车生产企业规模普遍较小，产量低，大部分企业年产销仅有几百辆房车甚至几十辆。无法调动、串联行业链条的各种资源，因此引进外部力量显得尤为重要。推动“旅游 +”产业思维，让房车生产制造、投资金融、后市场服务等多产业与旅游业深度融合，配合房车露营地及车位建设。相关部门应加快制定房车露营地法规和标准，鼓励包括房车企业在内的社会资本投资房车露营地。推动重点城市、景区的房车露营地和房车车位建设，进而带动房车旅游和房车消费，促进房车产业的发展。由政府主导，将营地建设纳入当地政府基础设施建设范畴，统一衔接城乡规划，加强对营地建设的指导。

3. 努力构建行业服务平台

国务院明确将房车露营旅游纳入“十三五”旅游业产品创新的八个重点方向之一。建议国家设立房车露营地管理机制，将房车露营旅游发展有机融入现有的法律法规、政策标准体系中，在露营地运营及发展上，发挥与相关部门政策合力，从交通、土地、乡村、人才等领域的政策上给予露营地创

造有利条件和良好环境。除此之外，各地方政府行业主管部门也出台相关房车露营政策，协调地方相关部门，引导社会资本投资露营地建设，扩大产业规模，搭建行业协会的服务平台。

（三）企业层面

1. 加快创新发展，不断提高房车技术水平

房车生产企业需要增强研发实力，可通过自研和合资并购等多种形式，将重心放在创新、优化技术等方面。科技是第一生产力，而我国房车在技术创新方面依旧十分薄弱。上汽大通、福特江铃、览众以及依维柯等企业在房车行业呼声较高，但国内底盘与国外底盘存在差距，国内房车制造商必须在整车改装技术上做出强有力的提升，技术将成为决定房车企业成败的重要因素。在研发过程中，促进新的能源供给系统、智能房车管理系统、车辆设计轻量化等方面新产品新技术的推广和应用，在提高并保证产品质量的基础上降低产品售价，提升消费者对房车的认可度和信任度来推进房车的销售。

2. 加强人才队伍建设，支撑产业快速发展

房车生产企业和营地运营企业应加强行业高端人才的培养和建设。房车生产更多的是一种文化价值的体现。行业专业设计人员匮乏，普通生产人员缺少产品体验，房车产品缺少引导文化消费魅力等问题依然存在，建议房车生产企业先采用拿来主义、跨行业融合及本土化吸收等多举措，培养相关设计人员与生产能手，快速填补人才缺口；同时在房车生产管理、营地运营管理等方面也要不断加快人才培养，推动国内房车行业与国外生产企业、行业机构的深度交流，吸收、消化国外旅居房车文化及产品技术，实现我国房车和露营地行业快速发展。

3. 加强合资合作，促进房车升级发展

企业可以通过合资合作逐步向融资租赁、旅游服务等市场延伸，提升产业链的协同能力，与营地建设协调发展。在重点加强主打产品的开发与技术引进的同时，强化产品规划和产品储备，为长期发展奠定坚实基础和技术保障。同时，在车载配件集约化采购、售后服务业务、智慧房车定制推广等领

域展开深入合作，共建房车生态，助力中国房车行业转型升级。加速房车大规模制造和大规模定制转型同步进行，努力推动中国房车产业朝着智能化、定制化、全生态等方向快速健康发展。另外，随着“互联网+”的发展，企业在市场宣传推广方面加强与新媒体的合作，通过新媒体宣传房车文化和房车露营文化，如利用微信、微博等自媒体，抖音、微视、快手等小视频App，推进房车文化和房车露营文化的传播。借助“互联网+”思维，开展合作，促进房车产业的发展。

4. 推动房车租赁业务发展，不断提升服务水平

租赁服务提升方面，我国于2017年6月出台了《关于促进汽车租赁业健康发展的指导意见（征求意见稿）》，针对汽车租赁业务提出了三项基本原则。一是要以用户为本，安全第一，加快提升行业服务水平，提供安全、便捷、优质的汽车租赁服务。二是要改革创新，融合发展，推动汽车租赁业与互联网融合发展，促进汽车租赁业创新发展。三是要科学监管，规范有序，加强信用体系建设，保障各方合法权益。汽车租赁业健康发展对于房车租赁业务有着不言而喻的重要意义。现在汽车租赁业市场已经有了多家“互联网+”房车平台，比如，小鸟房车、CC房车、One房车等，为房车租赁业务注入新的活力。逐步加强自驾车房车租赁产业发展，建立连锁租赁服务网络，开展异地还车业务。加快制定房车租赁管理政策，进一步放宽房车租赁企业的资质申请条件、经营范围和经营规模，简化营地的前置性审批手续，鼓励取得汽车租赁经营许可的企业从事房车租赁业务。随着中国自驾游市场兴起及发展，房车应用范围不断扩大，国家政策的进一步利好，大集团、大资本的多方介入及市场化运作，毫无疑问，中国必将成为房车租赁的大市场。

5. 加强配套基础设施建设，提升营地服务能力

目前，房车配套基础设施不够完善，房车营地建设刚刚起步，与之配套的相关设施的完善，是房车行业无法回避的问题。应加快建设公路主干道、旅游景区与营地的连接道路。建设完善自驾游服务中心、加油站、维修站、停车场、观景平台、水源供给、充电、排污等相关设施及服务体系。同时除

营地内部户外拓展、餐饮、住宿、户外烧烤、商店、真人 CS、休闲运动、儿童游乐、会议室之外，WiFi 也已成为露营地必不可少的配套。

随着国民经济的不断发展，人们生活水平的不断提高，消费结构转变，旅游休闲已成为国民日常生活中的重要组成部分，已成为拉动消费和经济增长的新动力。房车露营旅游是我国旅游业发展、消费潜力巨大的新兴产业。为推动我国自驾车房车旅游快速发展，政府部门应加强规划指导，优化空间布局，统筹规划露营地建设，完善公共服务功能。同时，加强科学管理，促进产业协同，培育旅游消费新热点，引导大众进入房车露营、休闲度假旅游消费新潮流，充分发挥房车露营旅游的带动作用，使之成为引领旅游供给侧结构性改革、中国旅游业发展的新的经济增长点。

B.6

2019年专用车行业发展报告

摘　要： 本报告阐述了2019年度专用汽车行业的市场发展概况，详细介绍了专用车各细分产品的市场情况，重点论述了专用车行业产品技术和产线工艺的发展特点，从国内外技术差异、行业结构、市场规范方面分析了专用车行业面临的主要问题，从行业政策和产品技术方向预测分析了专用车产业发展趋势，并提出了相关发展建议。

关键词： 专用汽车　行业发展　市场情况　产品技术　行业政策

一　专用车发展综述

专用汽车行业产品更新换代快，市场需求与区域经济发展、工业转型升级、工程项目建设和城市化进程等息息相关。当前，中国正处于社会和经济平稳发展时期，为专用车行业市场发展奠定了坚实的基础，各种专用车产品在国民经济发展进程中广泛应用于交通、城建、环卫、市政等行业。

（一）专用车行业发展概况

专用车市场的重要客户群体包括于政府部门、企业团体和个人用户等，客户涵盖了工程、水电、城市建设等方面的传统大中型国有企业，以及环保、应急、工程、文化等政府职能部门。近年来，中央陆续出台一系列鼓励政策，我国民营经济发展也逐渐步入快车道，民营企业在各行业的综合竞争力不断增强，成为继国有企业之后的又一大经济主体，民营主体在各自领域对专用车的需求已成为专用汽车行业的新动能。

在市场需求方面，在社会快速发展的进程中，专用汽车市场客户主体发生巨大变化，市场逐步放开，民营经济和个体经济发展迅速。如在市政环卫、电力、工程建筑、专业运输等领域，随着相关部门服务职能转变、企业业务外包、民营和个体参与程度增加等，相关行业市场需求主体由政府职能部门和企业机构变更为现在的民营团队和个人，购买主体由过去单一的政府部门变为政府职能机构、企业公司、民营团队和个人。

在产品需求特征方面，近年来，市场越来越强调产品的综合性价比和针对系统解决方案全系列产品的采购。专用汽车产品作为营销产品，企业往往为打开市场关系需要较高的营销成本，如产品过于单一，造成企业营销成本和营销资源的严重浪费。目前，如市政环卫领域、应急产业体系，各个企业都争先向用户提供在市场领域的全系列产品及整套的解决方案。此种形式的变化，对生产企业的产品供应方案和客户采购特征的转变产生了深远的影响。

从行业企业数量来看，近年来，市场对专用汽车产业投资热情随着市场发展有所高涨，各地方政府也愿意接纳新项目落户本地，并给予很大的优惠政策，加之产业准入政策相对宽松，因此有大批企业逐步进入行业，其中新增企业主要由相关机械加工企业、专用汽车经销商、专用汽车修理厂以及部分新能源商用汽车生产企业构成。从调研情况分析，大部分新企业以传统运输类专用汽车、环卫类专用汽车等为切入点进入行业开展生产活动，企业研发能力相对不足，导致行业内重生产轻研发趋势越来越明显。截至2019年12月（《道路机动车辆生产企业及产品公告》第327批次），我国专用汽车、半挂车及普通自卸车等八大类公告内企业有1600余家，在产企业1362家，全年新增专用车企业219家，与2018年同期相比增长23.03%（见图1）。

从产业布局来看，山东是我国专用汽车生产第一大省，省内在产企业达到348家。专用汽车生产企业主要集中在我国中、东部地区。在产企业前5

图1　2013～2019年我国专用汽车行业在产及新增企业数

资料来源：工业和信息化部机动车整车出厂合格证数据。

的省份，占全国总生产企业的58.12%（山东348家，湖北128家，河北118家，江苏118家，河南85家）（见表1）。长远来看，我国专用汽车生产企业没有保持较高增长数量的基础支撑，同时行业内龙头企业正逐步进行产线升级改造，产能释放更加迅速，普通运输类产品产能过剩情况比较明显，中小企业面临的生存压力加大。加之受国内汽车行业总体发展偏软影响，未来地方政府引进新企业的力度会有所减小。

表1　2019年我国分区域在产企业情况统计

序号	生产区域	累计产量（辆）	产量同比（%）	在产企业数（家）	新增企业数（家）
1	山东省	1193267	58.37	348	42
2	河北省	376929	130.34	118	28
3	湖北省	325516	17.56	128	18
4	重庆市	218510	11.24	28	—
5	安徽省	184501	-1.88	57	11
6	河南省	170796	56.45	85	29
7	江苏省	130131	3.82	118	21
8	四川省	102671	-4.70	35	7
9	广西壮族自治区	100327	28.16	14	1

续表

序号	生产区域	累计产量（辆）	产量同比（%）	在产企业数（家）	新增企业数（家）
10	湖南省	98756	55.86	45	12
11	江西省	76264	-2.25	27	3
12	辽宁省	60398	71.03	59	7
13	吉林省	52279	8.89	22	2
14	陕西省	52185	-10.54	25	5
15	山西省	48889	127.00	24	3
16	福建省	41244	-0.77	41	9
17	北京市	37123	-15.35	27	—
18	广东省	26004	13.72	39	5
19	云南省	17075	-5.58	7	1
20	内蒙古自治区	10716	36.63	11	4
21	宁夏回族自治区	10247	18.12	3	—
22	甘肃省	9239	245.00	12	1
23	黑龙江省	8406	135.92	13	2
24	浙江省	5673	-9.38	31	2
25	天津市	3925	17.02	13	1
26	上海市	3756	96.44	17	1
27	贵州省	1122	-69.50	9	—
28	新疆维吾尔自治区	282	-64.26	3	3
29	青海省	49	—	3	1
合计		3366280	36.36	1362	219

注：专用汽车生产企业存在异地生产的情况，在产企业数根据企业注册地址进行统计，各省份在产企业数根据企业生产地址进行统计。以北汽福田为例，该企业在山东、北京、湖南、河北等地都进行生产，因此在各省份在产企业数量会重复统计。故统计各省份在产企业总数会大于企业在产数量，特此说明。

资料来源：工业和信息化部机动车整车出厂合格证数据。

（二）专用车行业市场分析

2019 年我国专用汽车及普通自卸车、半挂车等八大类产品累计生产 336.63 万辆，同比增长 36.36%（见图 2），其中厢式类专用汽车累计生产 85.54 万辆，同比增长 6.4%；罐式类专用汽车累计生产 15.48 万辆，同比

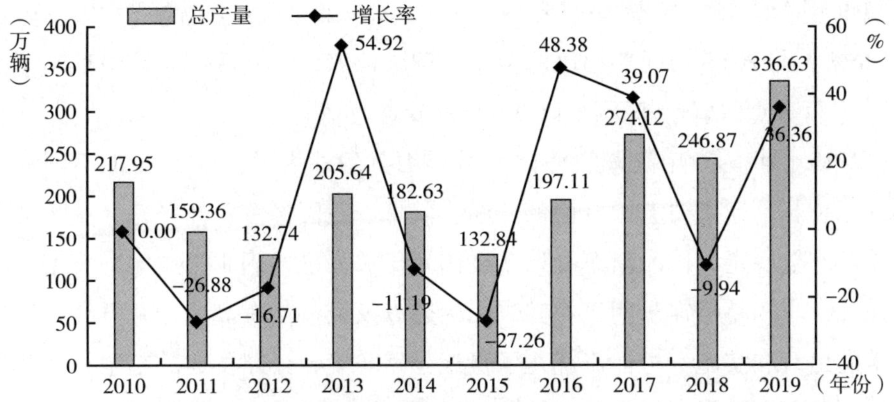

图 2　2010～2019 年专用汽车行业八大类产品产量情况

注：专用汽车行业统计数据依据企业上传汽车产品合格证进行采集，从行业实际调研情况来看，因 GB 7258 中部分条款实施的影响，造成 2019 年行业数据特别是半挂车统计数据失真虚高严重，不排除后期重新修订的可能。

资料来源：工业和信息化部机动车整车出厂合格证数据。

增长 24.9%；专用自卸车累计生产 10.13 万辆，同比增长 5.4%；仓栅类专用车累计生产 35.18 万辆，同比增长 14.9%；举升类专用车累计生产 7.38 万辆，同比增长 41.4%；特种类专用汽车累计生产 8.88 万辆，同比增长 5.6%；普通自卸车累计生产 35.55 万辆，同比增长 4.0%；半挂车累计生产 138.48 万辆，同比增长 109.8%（见图 3）。从车型吨位上分，重型（包

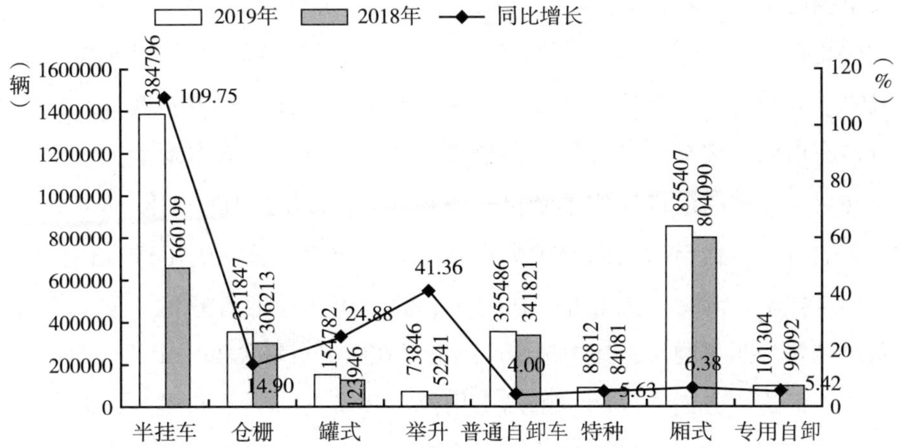

图 3　2018～2019 年专用车行业产量情况

资料来源：工业和信息化部机动车整车出厂合格证数据。

括超重型）车占 60.32%，中型车占 3.31%，轻型（包括微型）车占 36.36%，与 2018 年同期相比重型车比例增长 11.92 个百分点，中型车下滑 0.78 个百分点，轻型车下滑 11.14 个百分点。

2019 年我国专用汽车的整体产量和细分的八大类产品均实现不同程度的同比增长，这主要有三方面的原因：其一，我国经济总体平稳，各大类车型需求基数稳定，同时新车开始实施国Ⅵ排放标准，国Ⅲ排放的旧车型开始被淘汰，车辆替换需求明显；其二，治超以及调整货车高速计费方式等管理政策的出台和实施，进一步优化了货运公路环境，公路货运的超限、超载得到抑制后，刺激了对轻量化运输车的需求，同时释放的运量也需要更多车辆来消化；其三，基建投资刺激经济发展，直接拉动工程类专用汽车的需求，2019 年地方政府债券发行 43624 亿元，发行速度及规模较往年有大幅提升，地方债券的发行、使用对补短板、稳投资、扩内需有重要作用，也推进了重大项目和民生工程等的建设。

（三）进出口情况

近年来，我国专用车行业规模不断扩大，专用车行业在努力满足内部需求的同时，还积极实施国家“走出去”的战略路线。早期，国内专用汽车出口地主要集中在非洲、东南亚、中东、东欧等国家，如安哥拉、缅甸、越南、泰国等，主要面向一些不发达国家输入产品；近年来，随着国内专用汽车企业不断在技术、人才、资金方面加大投入，国内专用汽车技术实力不断提升，拓展国外汽车市场的成果已经开始有所显现，产品出口流向整体发生了一定的变化，在以上国家的出口比例不断提升的基础上，逐渐增加了对欧洲部分国家的产品出口。虽然当前路面养护类车辆、油田作业类车辆的出口规模依旧很小，但半挂车、混凝土搅拌车、医疗车、洒水车和轻型清障车等车型的出口数量已有较为明显增长，其中挂车产品已经在欧美市场占据一定优势地位。

在产品进口方面，伴随着国内专用汽车技术实力的不断提升，近年来专用车进口车型也在逐步发生变化，国内生产的部分车型已经很好地满足国内市场需求，从而很好地替代了原有的进口产品，如电源车、混凝土搅拌运输车在2010年已经不再需要进口，消防车、高空作业车和道路清扫车等车型进口数量也逐步下降；而机场除雪车、无线电通信车和放射线检查车等高技术含量的车型进口数量却有一定的增长。这也说明尽管近年来我国专用汽车企业自主研发能力不断提升，但在高技术含量、高附加值专用汽车产品方面，国产化产品在技术上还无法和国外高端车型媲美，不能完全满足国内市场的要求。

在技术引进模式方面，我国专用车行业早期一直以吸收消化国外专用车行业技术的模式不断探索、发展。2010年之前，国内对于国外专用汽车产品的引进主要停留在通过贸易商批量进口的模式，大多只是采取贴牌的形式进行销售，个别有一定技术实力的企业会对国外产品进行仿制。近年来，许多国外专用汽车企业也逐步发现国内市场的优势，如劳动力成本低、市场容量大、发展空间大等，开始寻求与国内企业合资办厂，将国内企业作为其在中国的生产基地，同时也将相关产品技术引入国内。此外，随着国内企业经济实力的增加和市场需求的不断增大，国内许多实力雄厚的专用汽车企业开始尝试买断国外相关车型技术，将高技术引进国内进行生产制造，从而推动我国专用汽车技术的快速发展。

二　专用车行业产品发展情况

专用汽车具有“小批量、多品种、个性化”等特征，按照产品用途来分，主要有运输类专用汽车及作业类专用汽车，并按照结构型式分为八大类产品。受近几年我国货物运输市场变化的影响，厢式和半挂车两种车型近六年来市场占有比例变化很大，而其他几类车型产销量比例虽然有所波动，但比例无太大变化。2019年，在所有车型中，运输类专用车产品仍然占据主要市场需求，普通自卸车占比10.56%，半挂车占比41.14%，厢式车占比25.41%，仓栅车占比10.45%；作业类产品稳中有升，罐式车占比4.60%，起重举升类占比2.19%，特种结构车占比2.64%，专用自卸车占比3.01%（见表2）。从类别划分来看，近年来我国专用车产品需求结构基本趋于稳定，但在细分领域，面对各行各业客户的广泛和特殊需求，现有专用车产品的个性化特征已经在发生细微的变化，一些特殊的批量较小的作业类专用车和技术含量高、附加值高的专用车正契合使用领域的新变化，如清洗环卫车、文化宣传车、工程专用车、休闲旅居车等。近年来，随着我国经济的飞速发展，用户观念的更新换代以及制造水平的不断提高，用户对定制的产品提出更多、更新、更细的要求，需求呈新的增长特征。

表2　2015～2019年专用车八大类产品产量情况

单位：辆，%

年份	2015	2016	2017	2018	2019
普通自卸车	120921	204998	391711	341821	355486
占总产量比	9.1	10.4	14.3	13.85	10.56
半挂车	239484	611792	747947	660199	1384796
占总产量比	18.03	31.04	27.3	26.74	41.14
厢式车	641741	717251	894653	804090	855407
占总产量比	48.31	36.39	32.6	32.57	25.41
罐式车	71595	70691	133210	123946	154782
占总产量比	5.39	3.59	4.9	5.02	4.60
起重举升类	17281	23695	47694	52241	73846
占总产量比	1.3	1.2	1.7	2.12	2.19
特种结构车	30046	39502	81482	84081	88812
占总产量比	2.26	2	3	3.41	2.64
专用自卸车	34296	51158	98507	96092	101304
占总产量比	2.58	2.6	3.6	3.89	3.01
仓栅车	173033	252029	345988	306213	351847
占总产量比	13.03	12.79	12.6	12.4	10.45
总产量	1328397	1971116	2741192	2468683	3366280

资料来源：工业和信息化部机动车整车出厂合格证数据。

从产品结构上看，2019年，普通自卸车、仓栅车、罐式车、起重举升类、特种结构车、专用自卸车占比变化小，厢式车占比明显减少，半挂车比例快速提升（见图4、图5）。半挂车占比提升主要受标准实施刺激，市场需求提前释放。总体来看，我国产品需求结构稳定，运输类及作业类产品与2018年同期相比变化不大，抛开刺激因素专用汽车行业结构日趋合理、稳固。

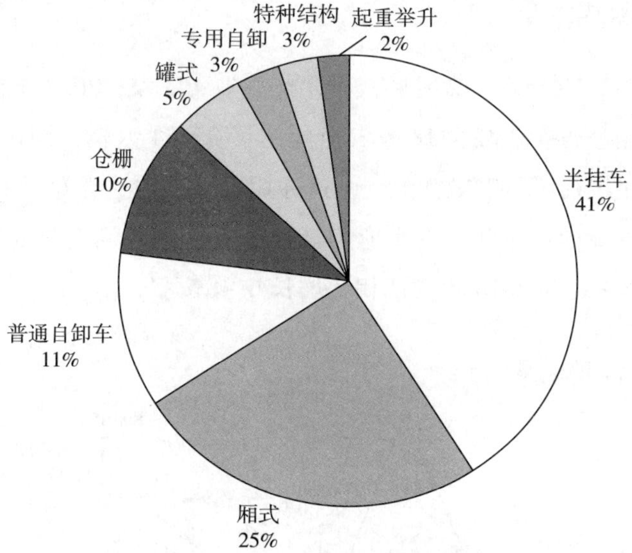

图4　2019 年专用汽车分产品构成

资料来源：工业和信息化部机动车整车出厂合格证数据。

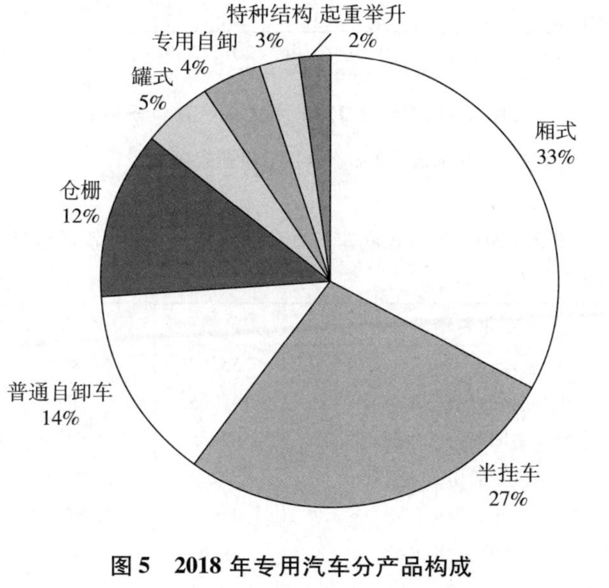

图5　2018 年专用汽车分产品构成

资料来源：工业和信息化部机动车整车出厂合格证数据。

(一)厢式汽车

据统计，2019 年 6 ~ 12 月厢式类生产企业 463 家，2018 年在产企业 481 家，上报产品公告企业减少 18 家，全年产量 85.54 万辆，同比增长 6.38%（见图 6）。北汽福田、安徽江淮、上汽通用五菱是厢式类专用车产品产量前三的企业，行业内产量前十的企业累计生产 51.17 万辆（见表 3），占行业总量的 59.82%，与 2018 年同期相比增长 6.48%。

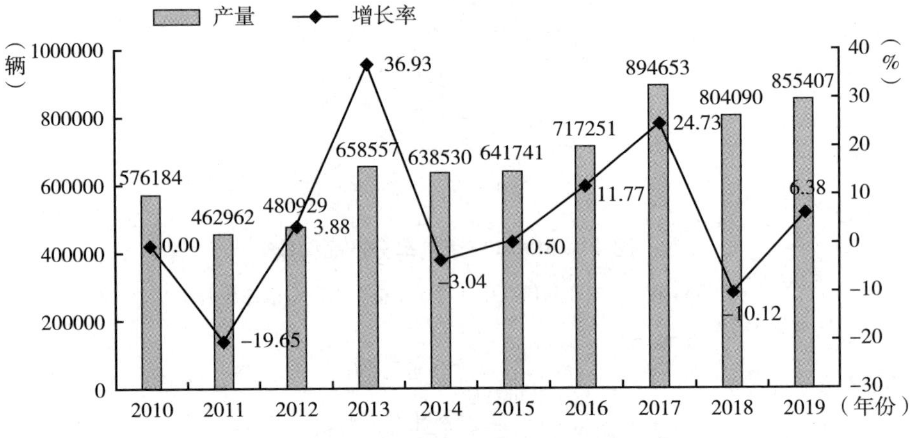

图 6　2010 ~ 2019 年厢式车产量情况统计

资料来源：工业和信息化部机动车整车出厂合格证数据。

表 3　2019 年厢式汽车行业年产量前 10 企业情况统计

单位：辆，%

序号	企业名称	产量	同比增长	占行业产量百分比
行业合计		855407	6. 38	100
1	北汽福田汽车股份有限公司	143965	31. 19	16. 83
2	安徽江淮汽车集团股份有限公司	62985	-12. 53	7. 36
3	上汽通用五菱汽车股份有限公司	57244	128. 97	6. 69
4	华晨雷诺金杯汽车有限公司	45690	102. 63	5. 34
5	江西江铃专用车辆厂有限公司	38002	-24. 10	4. 44
6	河北长安汽车有限公司	37305	9. 68	4. 36

续表

序号	企业名称	产量	同比增长	占行业产量百分比
7	中国第一汽车集团有限公司	34747	42.66	4.06
8	重庆长安汽车股份有限公司	34493	-12.14	4.03
9	柳州五菱汽车工业有限公司	31476	35.15	3.68
10	青岛五菱专用汽车有限公司	25777	25.22	3.01

资料来源：工业和信息化部机动车整车出厂合格证数据。

厢式类专用车主要细分产品中厢式运输车年产量依然保持高位，达到68.94万辆，同比增长了5.43%（见表4），产品以轻微型服务城市物流运输产品为主。冷藏车在2019年同比增长28.64%（见表4），这主要是因为近年来食品领域、医疗卫生领域、高精尖电子行业领域、化工领域、花卉保鲜运输领域以及对恒温恒湿有要求的其他物品运输的需求进一步增大，对冷藏车的需求也逐步提升。加之我国冷链运输一直处于不温不火的状态，前期市场空白较多，因此，各大企业把目光纷纷投入该细分领域。通过技术引进建立先进的生产线，产品技术及质量都有了较大的进步。但在行业调研中发现各企业产能投入比较集中，短期内如果无法合理消化产能，冷链物流会面临产能过剩的困扰。

表4　2019年厢式专用车主要车型产量情况统计

单位：辆，%

序号	车型名称	微型	轻型	中型	重型	2019年产量	2018年产量	同比增长
	厢式车合计	24908	739504	21647	69348	855407	804090	6.38
1	厢式运输车	23559	619868	8350	37589	689366	653865	5.43
2	冷藏车	1	35238	2229	17563	55031	42779	28.64
3	翼开启厢式车		6292	81	9191	15564	15217	2.28
4	售货车	20	14824	13		14857	11048	34.48
5	旅居车		9723	25	25	9773	9600	1.80
6	救护车		8936	11	2	8949	10466	-14.49
7	商务车		7272	1	9	7282	11243	-35.23
8	工程车		5228	187	23	5438	4893	11.14
9	检测车		4926	18	20	4964	4381	13.31
10	气瓶运输车		2250	1387	1107	4744	2629	80.45

资料来源：工业和信息化部机动车整车出厂合格证数据。

（二）普通自卸汽车

据统计，2019 年 6～12 月普通自卸车生产企业 85 家，2018 年生产企业 120 家，上报产品公告企业减少 35 家，全年产量 35.55 万辆，同比增长 4.00%（见图 7）。北汽福田、陕西集团、上汽依维柯红岩是普通自卸车产品产量前三的企业，行业内产量前十的企业累计生产 21.68 万辆（见表 5），占行业总量的 60.99%，与 2018 年同期相比基本持平。

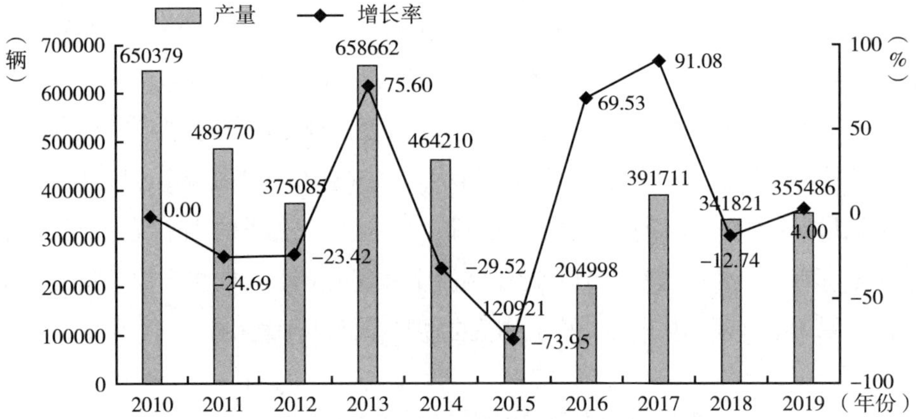

图 7　2010～2019 年普通自卸车产量情况统计

资料来源：工业和信息化部机动车整车出厂合格证数据。

表 5　2019 年普通自卸汽车行业年产量前 10 企业情况统计

单位：辆，%

序号	企业名称	轻型	中型	重型	产量	同比增长	占行业产量百分比
	行业合计	143699	19320	192467	355486	4.00	100
1	北汽福田汽车股份有限公司	29732	2227	8151	40110	38.65	11.28
2	陕西汽车集团有限责任公司	1739	189	28340	30268	2.68	8.51
3	上汽依维柯红岩商用车有限公司			23326	23326	1.92	6.56
4	中国第一汽车集团有限公司	616	236	19634	20486	56.70	5.76

续表

序号	企业名称	轻型	中型	重型	产量	同比增长	占行业产量百分比
行业合计		143699	19320	192467	355486	4.00	100
5	浙江飞碟汽车制造有限公司	16431	1530	1021	18982	14.51	5.34
6	成都大运汽车集团有限公司	10851	1615	6054	18520	-3.46	5.21
7	北京福田戴姆勒汽车有限公司			17424	17424	-10.43	4.90
8	四川南骏汽车集团有限公司	9594	4303	2953	16850	33.85	4.74
9	山东时风商用车有限公司	15666	1126	7	16799	-10.41	4.73
10	中国重汽集团济南卡车股份有限公司			14059	14059	-39.68	3.95

资料来源：工业和信息化部机动车整车出厂合格证数据。

2019 年普通自卸车需求受我国宏观经济固定资产投资情况及环保检查正反双重影响明显。年初基建资金到位项目逐步开工，对普通自卸车需求稳步上升；我国环保检查持续进行，一是对上游砂石料生产进行管控，车辆无货可运。二是在重度污染情况下区域企业需要停工停产无法对车辆进行生产。这些都对普通自卸车的需求造成了抑制。

（三）仓栅式汽车

据统计，2019 年 6～12 月仓栅式汽车生产企业 98 家，2018 年生产企业 110 家，上报产品公告企业减少 12 家，全年产量 35.18 万辆，同比增长 14.9%（见图 8）。一汽集团、北汽福田、重汽济南商用车是仓栅式汽车产量前三的企业，行业内产量前十的企业累计生产 25.94 万辆（见表 6），占行业总量的 73.74%，与 2018 年同期相比上升 1.95%。

仓栅类专用车产品结构简单，适用性高，在货运市场一直有着较高需求。但受困于使用阶段的不规范，车辆超载、违法改装等情况，一直是政策调控的重点车型之一。2019 年，在标准调整加持下，各类产品提前透支，市场需求取得较大增长，但从长远看该类车型还是会被厢式类产品逐步取代。

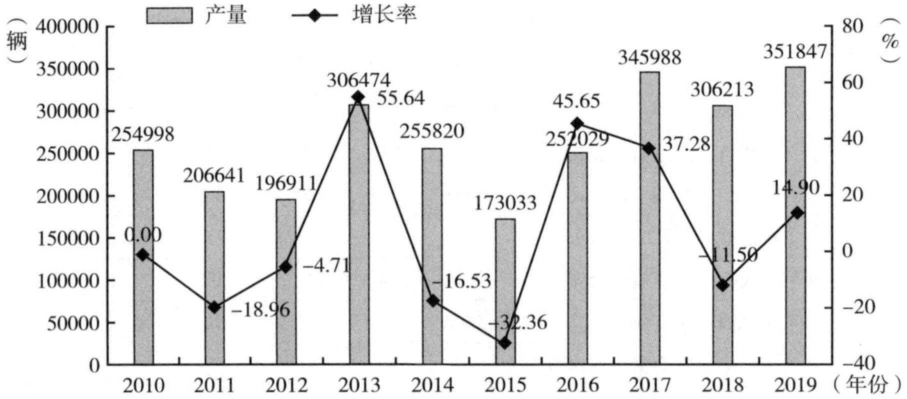

图 8　2010～2019 年仓栅车产量情况统计

资料来源：工业和信息化部机动车整车出厂合格证数据。

表 6　2019 年仓栅式汽车行业年产量前 10 企业情况统计

单位：辆，%

序号	企业名称	产量	同比增长	占行业产量百分比
行业合计		351847	14.90	100
1	中国第一汽车集团有限公司	60543	39.61	17.21
2	北汽福田汽车股份有限公司	40657	40.10	11.56
3	中国重汽集团济南商用车有限公司	32611	1.58	9.27
4	柳州五菱汽车工业有限公司	27638	97.12	7.86
5	安徽江淮汽车集团股份有限公司	25512	-24.90	7.25
6	重庆长安汽车股份有限公司	23306	-13.05	6.62
7	东风商用车有限公司	14419	39.56	4.10
8	青岛五菱专用汽车有限公司	11909	51.19	3.38
9	东风汽车股份有限公司	11534	4.47	3.28
10	河北长安汽车有限公司	11313	15.37	3.22

资料来源：工业和信息化部机动车整车出厂合格证数据。

（四）半挂车

2019 年，半挂车市场增幅较大，全年在产企业 747 家，同比增加 122

家，累计产量138.48万辆，同比增长109.75%（见图9）。山东锣响、驻马店中集华骏、山东九州是半挂类专用车产品产量前三的企业，行业内产量前十的企业累计生产25.05万辆（见表7），占行业总量的18.09%。

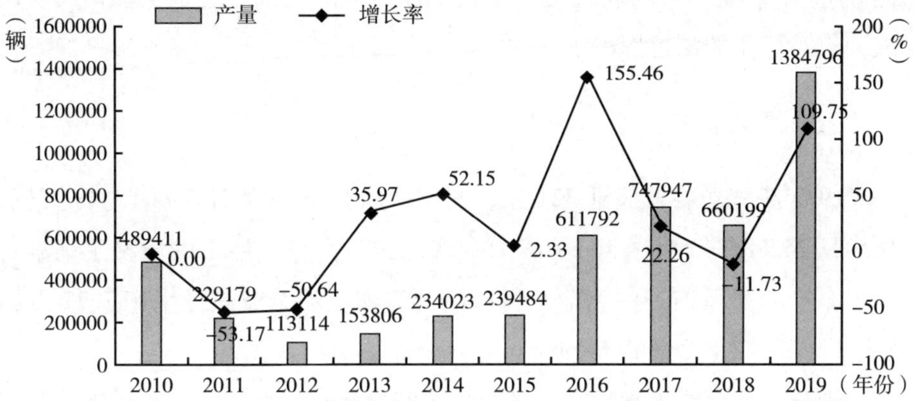

图9　2010~2019年半挂车产量情况统计

资料来源：工业和信息化部机动车整车出厂合格证数据。

表7　2019年半挂车行业年产量前10企业情况统计

单位：辆，%

序号	企业名称	产量	同比增长	占行业产量百分比
行业合计		1384796	109.75	100
1	山东锣响汽车制造有限公司	60586	399.27	4.38
2	驻马店中集华骏车辆有限公司	32534	144.73	2.35
3	山东九州汽车制造有限公司	29090	249.72	2.10
4	石家庄永达挂车有限公司	22422	157.90	1.62
5	河北双富专用汽车制造有限公司	21413	789.61	1.55
6	扬州中集通华专用车有限公司	18958	34.80	1.37
7	河北宏泰专用汽车有限公司	17254	67.34	1.25
8	安徽开乐专用车辆股份有限公司	16400	78.22	1.18
9	辽宁金天马专用车制造有限公司	16075	174.41	1.16
10	河北华佑顺驰专用汽车有限公司	15780	439.86	1.14

资料来源：工业和信息化部机动车整车出厂合格证数据。

从市场反馈来看，GB7258 对半挂车行业影响巨大，标准中对安全装置的强制要求提升了车辆使用成本，加之对应的车型在市场上本身就具有较大的占有量，仓栅、普通栏板、自卸式半挂车从数据反馈的增量超过 250%。因此 2019 年半挂车市场表现良好是政策加持下的效果，这也从侧面反映出标准调整对行业的深远影响。

（五）罐式汽车

2019 年罐式车在产企业 321 家，同比增加 17 家，累计产量 15. 48 万辆，同比增长 24. 88%（见图 10）。程力专汽、三一汽车、洛阳中集凌宇是罐式类专用车产品产量前三的企业，行业内产量前十的企业累计生产 7. 72 万辆（见表 8），占行业总量的 49. 9%。

从细分产品上看工程罐车及环卫罐车产量都有所增长，这也反映出我国经济总体形势平稳，财政支出稳定。总体来看，工程罐式车需求主要集中在经济发达、工程项目开工密集、有排放升级置换需求的地区，如深圳、广州、长沙、南京、武汉等地。环卫罐车需求则集中在地方财政相对富裕的地区，如武汉、广州、郑州等地。

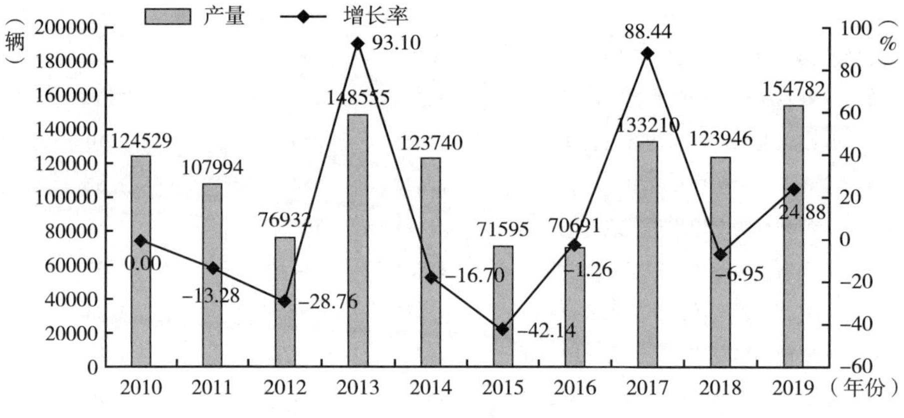

图 10　2010～2019 年罐式车产量情况统计

资料来源：工业和信息化部机动车整车出厂合格证数据。

表 8　2019 年罐式汽车行业年产量前 10 企业情况统计

单位：辆，%

序号	企业名称	产量	同比增长	占行业产量百分比
行业合计		154782	24.88	100
1	程力专用汽车股份有限公司	16548	38.02	10.69
2	三一汽车制造有限公司	13926	76.41	9.00
3	洛阳中集凌宇汽车有限公司	7297	32.14	4.71
4	中联重科股份有限公司	6715	142.68	4.34
5	芜湖中集瑞江汽车有限公司	6680	20.17	4.32
6	华菱星马汽车(集团)股份有限公司	6511	-47.72	4.21
7	陕西汽车集团有限责任公司	6342	4.31	4.10
8	唐鸿重工专用汽车股份有限公司	6119	21.94	3.95
9	随州市东正专用汽车有限公司	3701	23.12	2.39
10	唐山亚特专用汽车有限公司	3392	-30.97	2.19

资料来源：工业和信息化部机动车整车出厂合格证数据。

（六）专用自卸车

2019 年专用自卸车在产企业 266 家，同比减少了 93 家，累计产量 10.13 万辆，同比上升 5.42%（见图 11）。上汽依维柯红岩、一汽集团、长沙中联是专用自卸类产量前三的企业，行业内产量前十的企业累计生产 5.58 万辆（见表 9），占行业总量的 55.01%，同比上升 0.7%。

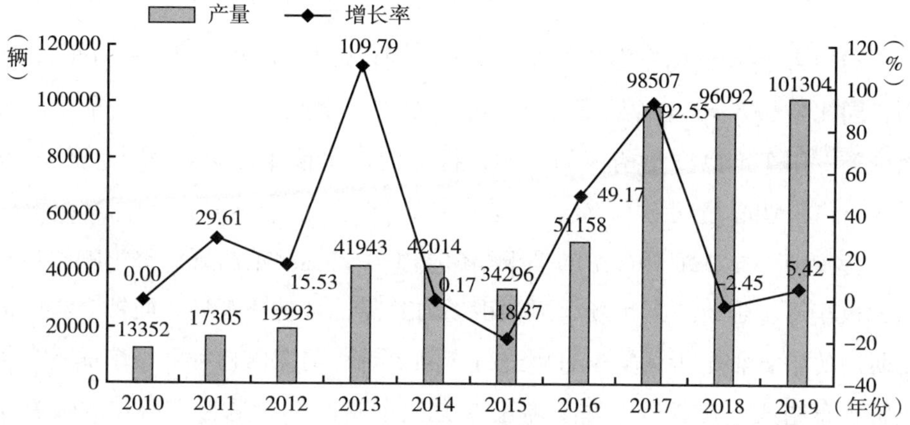

图 11　2010 ~ 2019 年专用自卸车产量情况统计

资料来源：工业和信息化部机动车整车出厂合格证数据。

表 9　2019 年专用自卸车行业年产量前 10 企业情况统计

单位：辆，%

序号	企业名称	产量	同比增长	占行业产量百分比
行业合计		101304	5.42	100
1	上汽依维柯红岩商用车有限公司	14798	24.33	14.61
2	中国第一汽车集团有限公司	7417	46.18	7.32
3	长沙中联重科环境产业有限公司	7051	17.83	6.96
4	程力专用汽车股份有限公司	6317	24.64	6.24
5	陕西汽车集团有限责任公司	5895	-29.19	5.82
6	驰田汽车股份有限公司	3602	-28.55	3.56
7	徐州徐工汽车制造有限公司	3324	111.85	3.28
8	福建龙马环卫装备股份有限公司	3075	18.96	3.04
9	北汽福田汽车股份有限公司	2222	-12.03	2.19
10	北京福田戴姆勒汽车有限公司	2097	-44.73	2.07

资料来源：工业和信息化部机动车整车出厂合格证数据。

近年来环卫类特别是垃圾车生产企业增长迅速，行业竞争压力巨大。龙头企业及地方割据企业占据市场主流。产品以围绕垃圾周转运输要求的功能性车型为主，并且车型电动化趋势潜力巨大。随着我国垃圾分类逐步推行，在垃圾运输环节专业化分工需求逐步显现，为垃圾车市场需求带来动力。

（七）特种结构汽车

2019 年特种结构车在产企业 469 家，同比增长 38 家，累计产量 8.88 万辆，同比增长 5.63%（见图 12）。程力专汽、中联重科、三一汽车是特种结构类专用车产品产量前三的企业，行业内产量前十的企业累计生产 3.98 万辆，占行业总量的 44.85%（见表 10）。

特种结构车中细分车型的平板车值得关注，受政策法规调整影响，17.5 米大板车逐步退出货运市场，运输市场内急需一种替代车型，而针对空白市场研制的中置轴平板运输车有望进行产品更替。前车由特种平板车加后车中置轴挂车组成，在货运效率上高于普通挂车及单车，是未来潜在的爆款车型，目前已有多家企业准备好产品公告，等待市场检验。

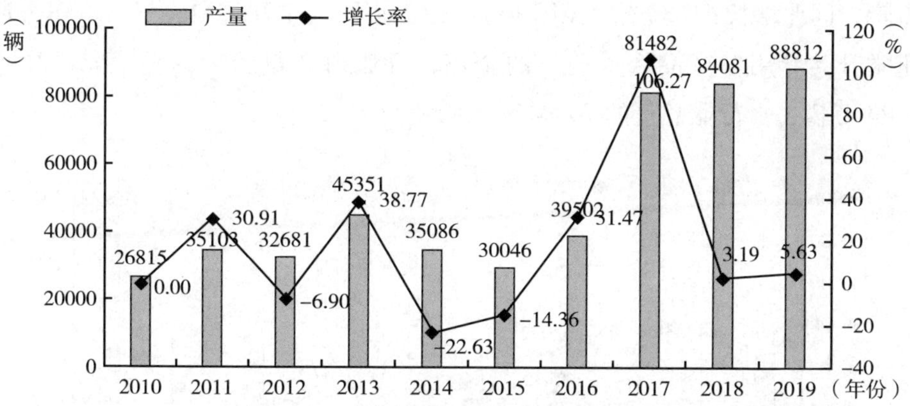

图 12　2010～2019 年特种结构车产量情况统计

资料来源：工业和信息化部机动车整车出厂合格证数据。

表 10　2019 年特种结构汽车行业年产量前 10 企业情况统计

单位：辆，%

序号	企业名称	产量	同比增长	占行业产量百分比
行业合计		88812	5.63	100
1	程力专用汽车股份有限公司	8413	53.89	9.47
2	长沙中联重科环境产业有限公司	7254	13.15	8.17
3	中联重科股份有限公司	5134	67.23	5.78
4	三一汽车制造有限公司	4183	88.17	4.71
5	成都大运汽车集团有限公司	3608	135.97	4.06
6	福建龙马环卫装备股份有限公司	2957	-2.79	3.33
7	广东粤海汽车有限公司	2327	22.09	2.62
8	中国第一汽车集团有限公司	2087	-28.94	2.35
9	湖北新东日专用汽车有限公司	1952	305.82	2.20
10	徐州工程机械集团有限公司	1921	146.28	2.16

资料来源：工业和信息化部机动车整车出厂合格证数据。

（八）起重举升汽车

2019 年起重举升汽车在产企业 158 家，同比增长 12 家，累计产量 7.38

万辆，同比增长41.36%（见图13）。徐工集团、中联重科、三一汽车是起重举升类专用车产品产量前三的企业，行业内产量前十的企业累计生产5.23万辆，占行业总量的70.93%（见表11）。

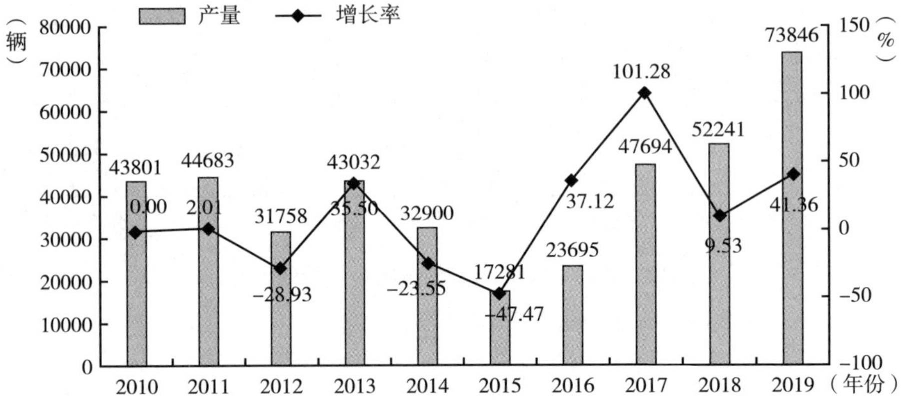

图13　2010～2019年起重举升车产量情况统计

资料来源：工业和信息化部机动车整车出厂合格证数据。

表11　2019年起重举升汽车行业年产量前10企业情况统计

单位：辆，%

序号	企业名称	总计	同比增长	占行业产量百分比
行业合计		73846	41.36	100
1	徐州工程机械集团有限公司	17473	22.57	23.66
2	中联重科股份有限公司	11609	108.01	15.72
3	三一汽车制造有限公司	11168	46.27	15.12
4	东风汽车集团有限公司	2605	12.28	3.53
5	东风商用车新疆有限公司	2357	655.45	3.19
6	东风随州专用汽车有限公司	1539	112.86	2.08
7	北汽福田汽车股份有限公司	1507	-22.40	2.04
8	安徽柳工起重机有限公司	1427	54.27	1.93
9	中国第一汽车集团有限公司	1373	791.56	1.86
10	陕西汽车集团有限责任公司	1321	107.70	1.79

资料来源：工业和信息化部机动车整车出厂合格证数据。

（九）专用车底盘

2019 年各主机厂累计销售专用汽车改装底盘累计 1981484 辆，同比增长 9.57%，其中东风、福田、解放、五菱、金杯的市场占有率同比出现较大幅度增加，而江淮、长安和江铃的市场占有率同比出现降低（见表 12）。随着准入政策调整，普通运输类专用汽车企业需要使用其底盘厂产品公告进行生产，普通专用车企业与底盘厂绑定更加紧密，品牌影响力大的主机厂更容易占领市场主动。

表 12　2019 年专用车底盘分品牌统计

单位：辆，%

序号	底盘品牌	微型	轻型	中型	重型	总计	市场占有率
行业合计		26827	1193314	107358	653985	1981484	9.57
1	东风牌	10158	80619	42357	133468	266602	14.21
2	福田牌	688	208533	11210	20377	240808	32.07
3	解放牌		53694	5464	103065	162223	28.09
4	五菱牌	4750	151062			155812	71.27
5	江淮牌	16	95502	5460	23741	124719	-9.98
6	长安牌	4761	110937	5		115703	-4.32
7	豪沃牌		54340	2032	58812	115184	0.16
8	江铃牌		69494	5882	484	75860	-11.74
9	金杯牌	736	65971			66707	11.26
10	陕汽牌		2410	269	56276	58955	2.86

资料来源：工业和信息化部机动车整车出厂合格证数据。

根据专用车结构型分类分析改装底盘市场情况，东风、福田、解放、江淮、豪沃、江铃、陕汽各品牌底盘在专用车各类型车辆中均占一定的市场份额，而五菱、长安、金杯各品牌的底盘主要用于仓栅和厢式类车辆（见表 13）。

表 13　2019 年专用车底盘分产品统计

单位：辆

序号	底盘品牌	仓栅	罐式	举升	普通自卸车	特种	厢式	自卸	总计
行业合计		351847	154782	73846	355486	88812	855407	101304	1981484
1	东风牌	37268	55241	13309	28528	27010	80779	24467	266602
2	福田牌	40717	2312	1580	40116	4245	147211	4627	240808
3	解放牌	67391	8328	2288	27384	9776	38802	8254	162223
4	五菱牌	41086	3			1	114698	24	155812
5	江淮牌	33010	1562	870	11425	4120	70584	3148	124719
6	长安牌	34911	247			1586	72525	6434	115703
7	豪沃牌	33004	29736	982	16623	4719	23230	6890	115184
8	江铃牌	3565	275	3221	2249	3267	59856	3427	75860
9	金杯牌	8590	1	1	93		57992	30	66707
10	陕汽牌	2705	10555	1907	30472	3687	2114	7515	58955

资料来源：工业和信息化部机动车整车出厂合格证数据。

按底盘型号分类统计，各底盘企业生产的改装底盘在轻型、微型、中型和重型各类车型上的市场占有率也各有侧重，北汽福田生产的改装底盘虽然在所有类型车辆均保有一定市场，但主要还是用于轻型、中型、重型三类车辆；一汽、东风、江淮、重汽生产的改装底盘主要用于轻型、中型、重型三类车辆；上汽通用和重庆长安生产的改装底盘主要用于轻型车辆；而陕汽集团生产的改装底盘主要用于轻型和重型车辆（见表 14）。

表 14　2019 年专用车底盘分企业统计

单位：辆，%

序号	底盘生产企业	轻型	微型	中型	重型	总计	同比
行业合计		1193314	26827	107358	653985	1981484	9.57
1	北汽福田汽车股份有限公司	208533	688	11210	20377	240808	32.07
2	上汽通用五菱汽车股份有限公司	150653	4750			155403	72.19
3	中国第一汽车集团有限公司	39081		5347	100473	144901	37.72
4	东风商用车有限公司	1405		8305	100266	109976	16.34
5	安徽江淮汽车集团股份有限公司	80419	16	5341	23329	109105	444.19

续表

序号	底盘生产企业	轻型	微型	中型	重型	总计	同比
6	东风汽车股份有限公司	43999	59	28864	17969	90891	15.98
7	江铃汽车股份有限公司	81189		5882		87071	-10.49
8	中国重汽集团济南商用车有限公司	54340		1979	11136	67455	10.73
9	重庆长安汽车股份有限公司	61620	3264	5		64889	-11.25
10	陕西汽车集团有限责任公司	2082		269	56276	58627	2.29

资料来源：工业和信息化部机动车整车出厂合格证数据。

（十）新能源专用车

2019 年我国新能源专用车累计生产 6.53 万辆，同比下滑 41.47%（见图 14），连续两年大幅下滑，这主要是因为近年来新能源汽车政策补贴的退坡，从而影响新能源专用汽车在市场的推广。未来电动化仍是专用车行业技术发展的主流趋势，但现阶段仍有大量工作需要推进，除了政府政策推动外，针对电动专用车辆使用环境和场景的技术改造和优化将成为新能源专用车发展的主要动力。

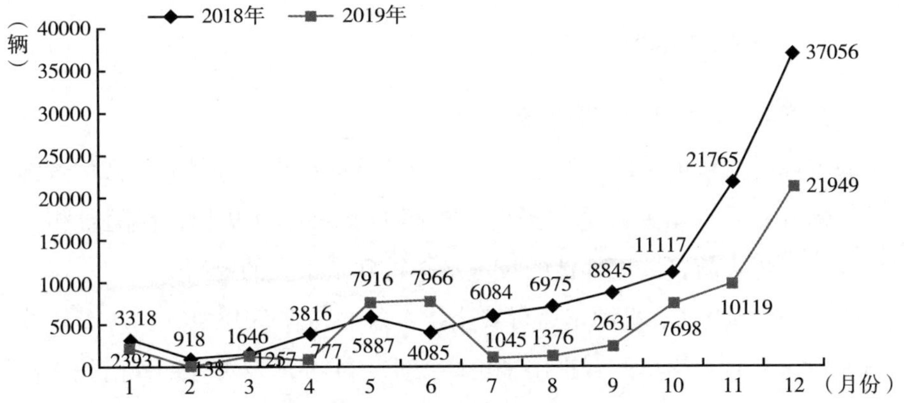

图 14　2018～2019 年新能源专用车产量趋势

资料来源：工业和信息化部机动车整车出厂合格证数据。

三　专用车发展特点分析

专用汽车行业是国民经济发展的重要支撑，其发展受管理政策及行业标准法规的影响明显。新政策和新标准的出台加快了技术和市场的更新换代，同时也推动了专用汽车行业更好地向高质量方向发展。近年来，行业管理政策调整进入高频期，行业管理在“放、管、服”的总体思路下，围绕高质量发展、产业升级出台多项政策，推动了行业的发展。当前我国专用车行业已经进入大规模发展阶段，并逐步转向高质量发展，在转型升级的过程中，专用车行业的发展面临着较多问题和调整，同时也给整个行业带来许多机会。

技术引领行业发展，行业壮大自然少不了技术的不断进步。2019 年，专用汽车行业进一步发展壮大，各种新技术、新工艺逐渐被应用于专用汽车领域，加快专用汽车产品更新换代的步伐。新技术不断的引入，在淘汰部分不合规车型的同时，也使专用汽车行业产品更加贴近市场需求，加快经济新常态下专用车产业转型升级。

（一）产品技术发展特点

1. 关键部件技术水平不断提高

通过标准法规的不断升级迭代，专用车行业在推动部件升级方面逐渐严格，对部分专用汽车关键部件提出了更高的要求。2019 年，伴随着相关法规标准的逐步实施，关键部件的技术水平得到了很大的提高。

GB 7258－2017《机动车运行安全技术条件》在 2018 年 1 月 1 日正式实施，该项法规对专用车配置提出了更高要求，主要涉及关键部件的技术水平提高。从 2019 年开始，危险货物运输车的前轮、危险货物运输半挂车所有车轮必须装备盘式制动器，盘式制动器之前广泛应用于乘用车领域，相对于鼓式制动器，盘式制动器具有热稳定性好、散热性好、易于维护以及热膨胀不会像鼓刹会引起制动踏板行程损失等优点。此部分车型存在较高安全隐患，须通过提高关键部件的技术等级，提高车型行驶安全等级。同时，2020年1月1日，该标准的C阶段也将正式实施，三轴栏板式、仓栅式半挂车的所有车轮也必须安装盘式制动器。此外，该标准要求2020年1月1日起，对总质量大于等于12000kg的危险货物运输货车的后轴、所有危险货物运输半挂车以及三轴栏板式、仓栅式半挂车需装备空气悬架。同样该项要求也是基于安全性要求，对存在安全隐患车型的关键部件提供技术等级升级要求，空气悬架相对于普通钢板悬架，减震性能好并且重量较轻，并且提升行驶的平顺性，有效地减少不平路面的冲击载荷，降低运输过程中损坏货物的风险。

自2019年1月1日起，GB 7258－2017《机动车运行安全技术条件》要求装有紧急切断装置的罐式危险货物运输车辆，应保证运输液体危险货物的车辆行驶速度大于5km/h时紧急切断阀能自动关闭，或在发动机起动时发出明显的信号提示，从而保证在行驶过程中紧急切断装置处于关闭状态，降低运输风险。

随着市场需求的升级，专用车辆及部件的技术要求逐步提高。2019年，专用汽车行业市场从各个方面对专用汽车产品提出了更高的要求，进而不断提高各种技术升级产品需求。

结合专用汽车上装智能化控制需求，CAN总线控制技术开始代替PLC控制器在专用汽车领域应用，目前，在市政环卫车辆、高空作业车辆、路面养护车辆以及应急救援类等车辆上都有应用总线控制技术，总线控制系统具有可靠性高、实时性强、灵活方便、便于检修维护等特点，同时也可以保证相关智慧管理系统有效采集到各控制系统的全部信息，为远程维护、更新提供硬件基础，实现了专用汽车机械控制技术的智能化、网联化，显著提高了专用汽车行业技术水平。此外，专用部件技术升级也在不断涌现，如在市政环卫领域，作为底盘与上装动力传递装置的取力器，尤其是侧取力模式，历年来都是困扰整个行业的问题，传统的取力器对司机的驾驶水平有很高的要求，工作途中不能换挡，容易出现打齿现象，并且对于连续作业车辆，存在高负载起步的问题。2019年，市场上开始出现摩擦片式取力器，可以有效解决这些问题，在开启时不再需要司机踩下主车离合器进行配合，可在驻车或者行车过程中随意开启或关闭取力器，在作业途中可以随意加减变速箱挡位，解决了专用汽车行业多年来的困扰。

2. 新技术得到广泛应用

随着车联网和网联化技术的应用升级和迅速发展，专用汽车行业产品智能化正成为大趋势。2019 年通过融合人工智能、图像辨别、深度分析等技术应用，主动进行人物识别、路线规划、智能分析等功能运用，无人驾驶环卫清扫车、无人驾驶港口运输车、无人驾驶物流运输车等智能化专用车辆纷纷面世，在不断实现产品智能化发展的同时，也凸显出专用汽车行业技术水平的不断提升。

专用车网联化是随着运行模式的变化而诞生的，运输公司、运营管理公司、城市管理部门等已开始逐步运用车联网、智慧云平台技术，在提高车辆运行效率的同时，加强运行监管。2019 年，以城市服务为例，多家环保公司纷纷推出智慧环卫云平台，实时监督在路上车辆作业频次、作业路线等，实时掌握交通拥堵情况以及作业情况，及时对工作路线进行调度安排，提高工作效率。

在专用新材料应用和轻量化升级方面，2019 年，国家多部委加大对“大吨小标”专用汽车的核查力度，行业内轻量化需求进一步明显，相关领域技术人员纷纷投入新材料、新结构的研发，越来越多专用汽车企业研发人员开始借助有限元分析软件对已有结构进行设计优化，并且在优化范围内扩大轻量化材料应用范围，如铝合金护栏、玻璃钢罩板、高强板代理普钢板、冲压件代替焊接件、侧帘式半挂代替厢式半挂等，最大限度地降低整车整备质量，避免超载风险。此外，各板材供应商针对行业新材料应用问题，大力推进 EVI 技术服务项目，利用板材企业自身技术专项优势，主动解决专用汽车企业新材料应用方面存在的问题，例如，针对母材材质采用合理的焊接材料及焊接方式，避免因焊接引起的母材强度受损的情况出现，促进新材料有效应用。

在新能源推广方面，近年来随着蓝天保卫战的持续推进，国家逐步加快推动新能源车辆应用，非限购大中型城市的新能源车辆占比增长较快。2019年，根据相关数据，新能源专用汽车年度销量走势仍然很强。在各批次的新能源推荐产品目录中，专用汽车生产企业占比逐渐提高，且新增新能源专用汽车产品也逐批次增多，主要集中在城市专用车辆领域，如纯电动厢式运输车、纯电动环卫车、纯电动邮政车等；此外，也出现了燃料电池洒水车、插电式混合动力专用汽车等。新能源专用汽车市场潜力巨大，我国城市快递物流行业快速发展，城市内短途派送运力需求持续大增，为具有零排放、适合短途配送等特点的电动物流车带来了巨大的市场机会。相关数据显示，随着环保压力增大和路权的促进，大中城市的6米以下电动车表现很好，并有向大中城市推进的趋势，这也是路权推动和营运证取消等的必然结果。

在控制系统升级和上装智能化方面，当前国内的专用汽车智能化控制水平还比较落后，控制技术还停留在国外几十年前的水平。伴随着国内市场需求的不断扩大，控制系统也在不断优化升级，上装系统不断智能化，在借鉴国外先进经验的基础上，也逐步朝着智能化控制方向迈进。智能专用汽车专有的智能化功能可分为三个方面：上装专用装置自动监测管理控制、专门运输过程自动监测管理控制及专项作业过程自动监测管理控制。2019年，专用汽车市场出现多系列智能化上装、智能化控制系统，彰显出专用汽车行业技术水平的提升，例如，在市政环卫领域，智能终端执行机构、智能化专用装置，在一定程度上提高了作业精度，提升工作效率，同时降低作业成本；在自动化控制方面，智能称重系统、CAN总线技术、智能识别系统等也得到了大范围应用。此外，专用车整车性能的智能化水平也得到了大幅度提升，AEBS系统、ESC电子稳定程序、车道保持系统、车道偏离预警系统、ABS等先进系统也开始逐步应用于专用车整车。

3. 作业功能越来越专用化

近年来，专用汽车产品功能专用化的趋势越来越明显，分工也不断细化，越来越多的车辆开始针对特定应用场景合理化配置部件，以达到专车专用，如针对雾霾天气的抑尘车、针对不同冷藏需求的分区冷藏车、应对无损软挖掘的挖掘抽吸车、针对大型会议电源应急的UPS（不间断电源）应急电源车等，产品功能专用化程度越高，技术提升空间越大。

同时，我国专用车行业的底盘专用化的优势越来越明显，各大主机厂纷纷将目光转移到专用汽车市场，相继推出了针对不同类型专用车辆的功能型专用底盘，2019 年，继东风商用车之后，一汽解放、福田汽车也纷纷进入专用汽车底盘市场，推出适用于各类车型的专用底盘。底盘专用化能够有效保证工作效率和使用安全，并且可以将底盘优势最大化，降低冗余配置，提高底盘与上装匹配性，在一定程度上提升整车性能，也降低了成本。

（二）产线及工艺发展特点

生产制造工艺是保证产品质量的关键，随着专用车生产品种的不断增加，其功能需求也不断细化和提升，为满足产品生产的需求，近年来，专用车企业逐渐采用混线生产模式。混线生产具有柔性化优势，能较好地满足企业对多类型多品种产品的生产要求，相应的企业工艺管理水平也在不断提高。

1. 加强过程控制，提高工艺水平

为了提升产品的市场满意度要求，增强产品的竞争力，专用车生产企业也逐步把“提升工艺水平”作为企业做大做强的关键性因素，将生产管理重心逐渐由“重结果”向“重过程”转移，加大了过程控制监管力度，利用现代设计和工艺方法，对生产工艺中的资源管理、零部件和材料规范标准、关键工序控制、工艺检查等环节进行控制，从而提升企业的生产工艺质量，保证产品品质。以专用车涂装工艺的变化为例，随着企业环保压力增大，专用车企业的涂装工艺从油性漆到水性漆，从溶剂型喷涂到粉末涂装，从无组织排放到有组织排放，从高空排放到达标排放正在进行深刻的变革，不断朝着节能、环保、高效的方向发展。

2. 升级生产装备，促进先进制造

专用车行业的生产制造车间从最初的手工式作坊到半自动化生产，生产制造车间的生产效率一直在提升，现阶段已有专用车生产企业开始将数字化生产线引入并进行生产制造，数字化生产线在提高专用车生产效率的同时，还能保证产品的质量。

生产效率的大幅提升关键在于生产装备的升级换代，企业通过探索用数字化实现智造升级的目标，同时实现数字化企业、车间自动化、产品模块化以及工艺数字化，完成生产装备的升级。自动化、智能化生产设备已经被诸多专用车企业广泛应用，如使用激光切割工作站、三维机器人切割、精细等离子切割等高精度设备，全面提升下料精度体系，减少板材搬运，大幅提升板材物流效率。

通过科学的产线规划（自动化设备+物流）系统性地提升自动化制造水平。自动化装备升级技术方案核心是设备自动化升级，利用机械手等自动化生产设备替换车间生产工人，提升生产效率。近几年来，激光焊割成为焊割设备中的主流产品，采用激光加工方式代替等离子切割等传统加工方式，能有效提高生产效率与加工精度，方便下一道工序采用机器人焊接，提高产品品质与外观质量，真正实现柔性制造，搭建柔性生产线，助推专用汽车行业产线与制造装备的升级。

四　专用车发展面临的主要问题

国内专用汽车行业历经多年的发展壮大，已经初具规模，但是随着市场、技术、政策的不断完善，产业规模的不断扩大，也凸显了众多问题，在一定程度上阻碍了整个行业健康、有序发展。近年来，国内在政策法规、市场管控等方面积极有效地采取相应措施来规范市场，但是，整体而言，目前的专用汽车行业还存在一些行业共性问题，如行业集中度低，行业结构失稳，行业技术水平较差以及产品标准化程度不高等。

（一）国内外行业技术差异

1. 产品标准化方面

国外专用车经历了长时间的技术积累及沉淀，产品结构和形式已经趋向于标准化，从设计环节到生产环节都较为成熟，技术提升大多侧重于产品功能提升、设计改进，而对于产品配置方面改动不大；而国内的专用车市场，受整体市场环境影响，客户引导市场的方向，需求多样，产品难以标准化。企业在满足政策法规的基础上，为了迎合市场需求，延伸出多变的车型，产品定型困难，标准化程度低。另外，企业技术人员疲于应对市场需求，无力集中精力于产品研发和技术提升，产品技术更新缓慢。

2. 产品技术方面

国外专用车行业基于发达的工业基础和长期的技术积累，除了技术基础比较扎实之外，能够有效地将前沿技术导入专用汽车行业，各类技术应用完善，从设计理念到制作工艺直至销售市场都有夯实的技术基础；而国内专用车行业技术仍稍显落后，很多改装企业自主研发力量相对薄弱，自主创新能力不强，互相沿用现象还较为普遍；此外，由于国内专用汽车企业还有很大一部分规模很小，没有稳定扎实的资金基础，从而造成重市场轻技术的现状，也就直接导致企业技术积累严重不足，大多浮于表面，技术创新能力严重缺失，阻碍技术的发展。

3. 产品专用化方面

国外专用车行业产品注重产品的专用化，主要表现为两个方面：一方面，行业内企业均专注于生产一种特定产品或者一个特定应用场景下的产品系列，并且坚持长期的积累及总结；另一方面，国外的专用车产品专用化程度比较高，一种车型只在特定场景内使用。而国内专用车行业内企业生产产品往往是以市场为导向，造成在热门行业生产企业扎堆，行业竞争压力大，企业间恶性竞争，严重制约产品技术的发展。

（二）专用汽车行业结构性问题

1. 结构性产能过剩

2019 年专用汽车八大类产品累计生产 336. 6 万辆，较 2018 年同期增长 36. 3%，其中半挂车 2019 年产量达到 138. 5 万辆，这主要是 GB 7258 - 2017《机动车运行安全技术条件》的逐步实施，促使半挂车产量在 2019 年下半年骤增，导致产能严重过剩。

根据部分调查数据，专用车产能总体利用率大概为60%，个别细分领域甚至更低，如普通运输类专用汽车生产企业过多，部分企业呈现小、散、乱等情况；而技术含量相对较高的车型，如洗扫车、排水抢险车、桥梁检测车、重型清障车等系列产品则出现产能不足的现象，主要原因还是行业技术基础相对薄弱，生产工艺还不够成熟，对于结构复杂、控制多变的车型无法批量生产。

2. 行业集中度不高

行业整体集中度不高一直是我国专用汽车行业存在的问题，近年来，随着国家政策导向作用以及市场需求结构性调整，行业集中度不高现象有所改善，已出现个别具备规模实力、资本实力和品牌优势的企业占据市场主导，市场集中度也在向这些企业聚拢，但个别细分领域依然存在集中度过低现象。

在细分领域，根据2019年10月的行业产量统计数据，专用汽车及普通自卸、半挂车等八大类产品累计生产250541辆，环比上升12.6%。其中TOP30家企业共计生产156916辆，企业集中度为62.6%。八大类产品中厢式汽车生产70488辆，环比上升4.5%，其中TOP10企业共计生产40729辆，行业占比57.8%；罐式汽车生产10175辆，环比上升0.56%，其中TOP10企业共计生产4319辆，行业占比42.4%；专用自卸汽车生产6859辆，环比下降8.1%，其中TOP10企业共计生产3580辆，行业占比52.2%；仓栅汽车生产29000辆，环比下降0.56%，其中TOP10企业共计生产21164辆，行业占比73.0%；起重举升汽车生产4491辆，环比下降2.9%，其中TOP10企业共计生产3117辆，行业占比69.4%；特种汽车生产4483辆，环比下降12.6%，其中TOP10企业共计生产1589辆，行业占比35.4%；普通自卸汽车生产23660辆，环比上升3.5%，其中TOP10企业共计生产13922辆，行业占比58.8%；半挂车生产101385辆，环比上升34.0%，其中TOP10企业共计生产25473辆，行业占比25.1%。

3. 行业规模小

专用车产品相对小众，相比于乘用车，行业总体规模不大。以厢式类、罐式类、半挂类专用车辆为例，尽管这三大类车型产量历年来都处于行业内各类产品产量前列，但产量需达到数万辆以上，才可能具有相对较好的规模经济效益，行业内能够取得良好规模效益的专用车企业不多；特种结构类、起重举升类产品就更加达不到规模经济的要求，根据相关产量数据统计，这两类产品行业内处于产量前列的企业年产量仅为千辆左右，大多数企业年产量仅为数十辆。

2019 年，在行业个别细分领域，行业规模经济现象有所改善。如在工程类专用车市场，2019 年 1 ~ 12 月共有 246 家企业实现销售，平均每家企业销量 538 辆，有 9 家企业销量超过 5000 辆；物流类专用车市场 2019 年 1 ~ 12 月共有 335 家实现销售，平均每家企业销量 2800 辆，有 15 家企业销量超过 10000 辆；作业类专用车市场 2019 年 1 ~ 12 月共有 572 家企业实现销售，平均每家企业销售 438 辆，有 11 家企业销售超过 5000 辆。随着相关准入政策的引导，鼓励企业兼并重组，集团化发展，向大中型企业靠拢等现象将有所改善。

（三）专用车市场规范性问题

国内专用车行业整体规范性较差，一方面表现为产品标准化程度低，行业内未形成统一的标准化产品，造成整个行业内各企业相同产品形式多样，配件样式繁多，产品通用性差，各企业之间为形成市场壁垒，在配件尺寸样式、产品外形尺寸上故意制造差异化，不仅对产品本身技术提升产生影响，而且严重阻碍了行业的发展；另一方面表现为市场监管不严，导致非规范性产品流入市场。行业内大多数产品能按照相关标准规范进行生产，满足政策法规要求。但是行业内也存在一些粗制滥造企业，利用市场监管力度小的漏洞，生产非规范性产品；更有甚者在法规实施前扎堆生产不合规产品，不合规二手车型泛滥，扰乱了市场竞争格局，影响了行业公平竞争。随着新的准入模式、管理模式以及生产模式的引入，行业将会逐渐改变这种格局，监管力度会持续加大，行业乱象及灰色利益链将逐步得到遏制。

五 专用车发展趋势研判

专用汽车市场与经济发展高度正相关，未来中国经济发展仍将保持快速增长的趋势，经济总规模还将继续迅速扩大，这将直接拉动专用车的需求。国家发展改革委也部署各地依托全国投资项目审批服务，未来政策会进一步加大对基建投资的支持力度，对于工程类车辆需求是较大的利好；此外，随着市场需求的不断升级，行业技术、市场环境以及产业结构方面都将发生一系列变化。

（一）行业政策发展趋势

多年来，国家在政策上一直鼓励专用汽车企业提高研发能力和技术创新能力，提倡开发具有自主产权的产品，鼓励专用汽车产业结构调整和重组，扩大企业规模效益，提高行业集中度，避免散、乱、差的低水平的重复建设。随着市场自我调节能力的逐渐放大，以及道路车辆行驶安全要求的不断升级，我国专用车行业的标准法规不断迭代更新，质量监督管理体系和制度持续完善。

2019 年 8 月 1 日，《国务院办公厅关于印发全国深化“放管服”改革优化营商环境电视电话会议重点任务分工方案的通知》，提出“优化机动车产品准入，依法整合汽车产品公告、强制性产品认证、环保型式核准目录、道路运输车辆燃料消耗量达标车型公告等，实现一次送检、全面检测、结果互认”，将逐步改善专用汽车行业“多头管理”的现象，以更加灵活的市场机制，改革和调整专用汽车产业管理体制的适应性，促进中国专用汽车行业持续健康发展。

从政策引导趋势上分析，管理机构已经在逐步采取相应措施，逐步规范专用汽车市场，完善市场监管机制。如对挂车、营运车辆以及危险货物运输车辆都从政策、法规多个角度进行严格把控，淘汰不合规产品，进一步强调运输安全。在产业政策方面，鼓励行业内企业集团化发展，形成具有较强综合竞争力的规模企业，提高行业集中度，促进行业规模经济化发展，逐步淘汰一些小型企业，提升企业自身的自主创新能力，推动行业优势资源的合理化配置。在产品管理方面，限制普通运输类车辆项目的申报，避免同质化现象，引导企业开发高附加值、高技术含量的产品。

未来政策发展趋势依旧会围绕专用汽车行业存在的问题逐步完善，政府管理机制不断健全，政策方面会更加贴近行业市场环境，促进专用企业行业朝着健康、有序、持续的方向发展。

（二）行业技术及产品发展趋势

在国家经济水平不断提高、行业市场需求持续升级的大背景下，专用汽车行业技术水平也在逐步提升，高新技术的应用也更加广泛。未来专用汽车行业技术发展将围绕“提高专用汽车的技术水平，培育行业拳头产品，提高产品生产集中度，同时，吸引国外的先进技术和经验，并结合国内实际应用场景，加快新产品的研制开发，加强同行业之间的联系，协同发展，合作共赢”等方面。

1. 上下游联系更加紧密，更加专业化发展

专用汽车行业的发展壮大，不断吸引着上下游企业的目光，上下游企业之间的黏性增大，促进整个行业技术逐步向专业化发展，逐步改变以往的单向联系机制，建立双向互赢体系，完善行业服务机制，提升产品技术水平更上一个台阶。

上游供应商开始对专用汽车进行定向服务，如底盘供应商针对专用汽车的功能特点需求开发更加贴合的专用底盘，在技术上为专用汽车企业提供一条龙的技术服务；材料供应商从提供原材料，到开始对专用企业生产加工工艺进行技术指导；零部件供应商也不再仅仅为专用汽车企业提供零部件，而是提供整套系统解决方案，并且对售前技术沟通、设计技术服务、售后技术指导都全程参与；涂料供应商也改变以往单纯供给材料的模式，开始为专用汽车企业提供专业化的涂装方案、涂装工艺，并指导专用车企业建立涂装体系。随着上游供应商不断为专用汽车行业输入专业化的技术指导，整个行业技术将不断专业化，行业技术水平将不断提升。

下游经销售后体系也将不断完善，从而有利于资源整合。目前，部分专

用汽车企业也在尝试效仿乘用车汽车企业的经销模式，建立经销商销售体系，最大化整合各企业资源，促进行业流通；售后体系也在全面健康发展，共享化的售后体系也在逐步建立，更加合理地设计售后服务机制，建立快速反应体系，增加客户满意度，更加专业化地解决车辆售后问题。

2. 新能源化趋势将持续发展

相关数据显示，2019 年国内新能源专用汽车共计生产 7. 39 万辆，同比下降 34. 41%，这与政府逐步降低新能源车辆的补贴力度有关，环保压力和路权问题依然存在，而且还将延续。目前，大中城市的新能源车代替传统车趋势明显，尤其是在限购城市，新能源专用汽车的销量依然很高，非限购城市新能源专用车尤其是城市用专用汽车也有逐步代替燃油车的趋势。

随着新能源底盘与上装匹配性技术研究的不断深入，动力不足问题将逐渐改善，相比传统燃油车，新能源专用汽车除了环保节能外，还具有传动灵活、改装方便以及控制精确等优点，相信在路权推动和营运证取消等的推动下，城市专用汽车新能源化必将持续。

3. 高技术、高附加值产品推广加快

国内专用汽车企业纷纷加大技术投入，并且开展对国外先进产品的技术研究，技术水平不断升级。从生产工艺、产品设计到市场销售，都会逐步向高技术、高附加值产品转变，低端产品市场空间逐渐缩小，势必将被淘汰。当前，新型材料、总线控制技术、上装自动化技术、生产工艺及产线升级等得到广泛应用，国内专用汽车行业市场需求和技术水平将不断提高。

节能与新能源汽车篇

New Energy Vehicles

B.7 2019年节能与新能源汽车发展报告

摘　要： 本报告对节能汽车、新能源汽车市场、政策发展情况及存在的问题进行了分析总结，提出了发展建议，并对产业发展趋势进行了展望。同时，对动力蓄电池、驱动电机等关键零部件的发展情况进行了分析。

关键词： 节能汽车　新能源汽车　动力电池　驱动电机

一　节能汽车发展

（一）节能汽车市场分析

1. 产销总体情况

我国节能惠民政策主要针对 1.6L 及以下排量的乘用车实施。本报告定义排量在1.6L及以下的乘用车为节能乘用车。2019年节能乘用车市场占有率低于2018年。2019年节能乘用车销售1443.4万辆，同比下降约9%，占乘用车销售比重为67.3%（见图1），同比下降0.5个百分点。

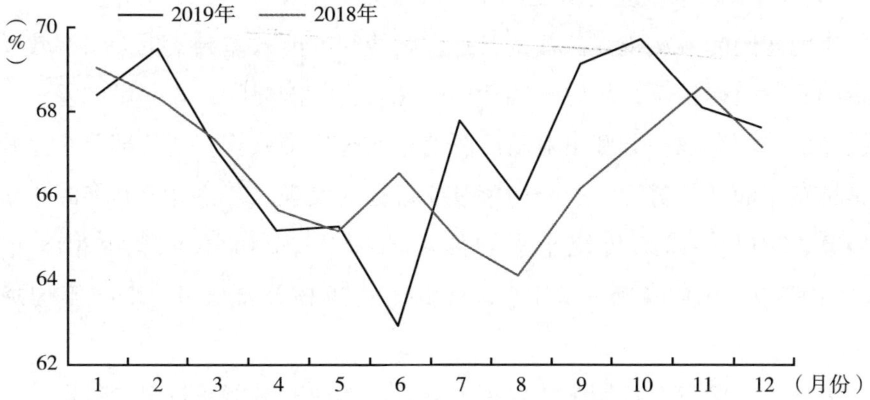

图1　2018～2019年1.6L及以下乘用车占乘用车销量比重

资料来源：根据中国汽车工业协会数据整理。

2. 产销细分情况

本报告对2019年节能乘用车产销量及各项参数进行统计分析，并与往年数据形成对比。总体而言，1.0L及以下排量的车型市场占比提升，1.0L<V≤1.6L节能乘用车市场同比萎缩，2019年1.0L及以下排量车型共销售44.7万辆，是2018年的2倍多。1.0L<V≤1.6L排量车型共销售1398.7万辆，较2018年下滑10.5%（见表1），1.0L<V≤1.6L车型销量占节能乘用车为96.9%，同比下降1.8个百分点。

表1　2018～2019年我国节能乘用车分排量产销量

单位：辆

排量	2018年产量	2018年销量	2019年产量	2019年销量
V≤1.0L	204053	203176	436300	446957
1.0L<V≤1.6L	15435709	15631852	13943454	13986647

资料来源：根据中国汽车工业协会数据整理。

（二）存在的问题及发展建议

1. 存在的问题

（1）当前政策法规对节能汽车发展助力不足

当前我国能效法规无法衡量各技术路线间的能效差异，也无法有效反映车辆的实际运行情况，导致车辆标称能耗与实际能耗间存在一定的差距。目前实施的乘用车双积分政策对新能源汽车实施优惠核算，会使部分企业减少改善传统车油耗的努力，影响国家节能目标的实现。若不计入新能源汽车优惠核算，2013 年以来传统车平均油耗从 7.33L/100km 下降至 2018 年的 6.6L/100km，年均降幅仅 2.1%，远低于优惠核算油耗 4.2% 的年均降幅水平。

另外，我国汽车税制未能发挥出对汽车行业的节能减排引导作用。我国汽车消费税、车船税以及发动机排量设置税率，未考虑节能环保指标；应用先进技术的节能汽车产品相对价格较高，消费税、车辆购置税均从价计征，对节能减排技术的应用和市场推广助力不足。

（2）节能汽车关键技术与先进水平仍有差距

乘用车节能技术。发动机方面，国内新一代发动机聚焦于涡轮增压机型，排量集中于 1.5T 和 2.0T 两个排量，缺乏大排量（>1.8L）自然吸气发动机，同时在混合动力专用发动机开发方面起步较晚，缺乏真正意义上的混合动力专用发动机，与国际领先产品性能差距明显。传动系统方面，国内 MT、CVT 扭质比基本能够达到国外主机厂水平，在 DCT 及 AT 与国外主机厂尚有一定差距，液力变矩器、双离合器、液压油泵、电磁阀、电控系统等核心零部件自主研发能力尚不成熟。

商用车节能技术。发动机方面，相比于 2017 年国内市场上主流国五排放的商用车柴油机，2019 年国内市场上的商用车柴油机油耗率有约 5g/kWh 的下降，重型柴油机有效热效率约为 46%。传动系统方面，我国与国外产品相比在齿轮材料、产品设计理论及验证、产品质量稳定性方面还存在差距。混合动力方面，国内卡车混合动力产品开发、推广方面进展不如国外大，客车由于普通混合动力在国内不属于新能源产品，没有政策补贴，因此未能得到大规模的推广。

此外，目前，我国对于低摩擦、轻量化、能量管理等基础技术储备较少，且缺乏核心零部件的技术前瞻性研究，对于如何将电动化、智能化等前瞻科技实现在核心零部件产品开发中的投入不足。

2. 发展建议

（1）优化汽车财税相关政策，引导向节能方向发展

随着汽车节能技术的发展，汽车排量与节能减排效果正相关性越来越弱，应加快启动汽车税收优化调整工作。针对当前按发动机排量大小征收消费税的单一方式，综合考虑车型排量、能耗、排放、级别等多元因素，进一步细化消费税征收条件，适时调整征收机制。通过从实际能耗与排放角度出发，优化汽车相关财税政策，引导消费者更多选择节能环保车型，提升企业开发混合动力等节能环保车型内在动力，并不断提高汽车行业节能技术水平。

（2）完善“双积分”政策，建立积分动态调整机制

加快建立乘用车“双积分”交易机制，明确各项交易细则及办法，在推进新能源汽车快速发展的同时，也应进一步提升节能环保汽车发展速度，促使企业加速布局混合动力车型。建议实施 CAFC 积分及 NEV 积分动态调节机制，根据技术先进度及发展阶段，对积分进行合理赋值，引导先进节能环保汽车与新能源汽车的协同发展，共同提升我国汽车产业节能减排水平。

商用车方面，行业认为应注重与环保、交通、财税政策协同提升商用车节能环保水平，科学研究和审慎推出商用车新能源积分管理制度。在政策制定过程中，重点考虑商用车多品种小批量特性，针对不同车型进行区别对待；充分考虑与乘用车积分的联动及流转特性，提升积分运行及管理效率；加强企业纳入管理的门槛研究，强化行业监管及运营规范体系建设，循序渐进推进管理制度实施，推动商用车节能减排科学有序发展。

（3）加强关键核心技术研发应用工作

引导先进技术快速突破和推广应用，培育形成具有自主知识产权的高效

率动力总成及混合动力系统产品，提升企业自主创新能力。高效发动机方面，重点研究基础燃烧理论，缸内直喷、电子增压、VVT 及 VVL 等进排气技术，汽油机 15 ∶ 1 高压缩比、HCCI 等先进燃烧技术，发动机热管理技术，曲柄连杆机构优化设计、DLC 涂层等低摩擦技术。高效变速器方面，在 AT、DCT、CVT 及电控开发及应用等方面进行关键技术、工艺制造、核心零部件国产化攻关，促进自主自动变速器大规模产业化突破。混合动力系统方面，重点开发应用 48V 系统及其关键零部件，阿特金森/米勒循环专用发动机、行星齿轮等动力耦合机构及一体化变速器、动力分配策略等。

（4）加快新材料新技术应用，提升整车轻量化水平

轻量化已成为汽车发展的必然需求。降低汽车自身重量可以有效提高整车输出功率、提升操控性、提高车速、降低噪声和油耗、减少污染物排放量。提升轻量化技术水平是促进发展节能汽车的重要举措。首先采用高强度和轻质材料，如高强度钢材、铝合金、镁合金、工程塑料及纤维增强复合材料等；其次是零部件的结构优化设计，利用结构解析和 CAD、CAE 等技术进行结构优化设计，以减少无用材料、减薄壁厚、减少零部件数量等；最后是采用先进的制造工艺，如激光拼焊、辊压成形、高强度钢热成形、内高压成形等先进制造技术，结构胶黏接和异种材料铆接等先进连接技术。

（三）节能汽车发展趋势及展望

节能汽车是我国汽车产业发展重要方向。2019 年我国传统能源汽车产量占比仍高达 95%，在燃油消耗量和排放法规进一步加严、新能源汽车补贴即将退出等因素的驱动下，持续降低燃油汽车产品能耗，发展节能技术、推广节能汽车是实现我国节能减排目标的重要举措。

1. 提高动力总成节能效果，拓展混合动力系统应用

目前我国发动机在新技术研究方面仍然落后于国外，核心技术应用实施率也低于国际水平，国际一流车企已量产推出热效率接近或已突破 40% 的先进发动机产品，国内主流车企正朝着 40% 热效率加速靠近，大量 38% ~ 40% 热效率的发动机产品正在研发，通过压缩比、空燃比、进排气压差、壁

面传热、机械阻力等可控因子的优化来实现降低发动机的冷却损失、排气损失、泵气损失、机械损失。变速器方面，将继续围绕提升动力总成燃油经济性开发，技术发展方向为多挡位、宽速比、低能耗、机型机构紧凑、小型轻量化、电气化、混动化等。除应用先进技术提高动力总成节能效果外，加快推动新一代混合动力专用发动机的开发成为我国汽油机的下一个重要发展方向，同时48V BSG系统可实现5%～8%节油率（WLTC），正被国内外企业视为解决排放法规问题的技术路线之一。

2. 替代燃料汽车将进一步得到发展

替代燃料汽车的发展主要依赖于其经济性，但随着节能、环保压力的升级，其节能、环保属性将逐渐成为替代燃料汽车发展的推动力之一。对于天然气乘用车，压缩天然气压力升级工程的实施，轻质高压储气瓶的使用，乘用车专用底盘的开发，以及高热效率、混合动力等发动机和整车节能技术的推广，使天然气汽车节能效果充分发挥，补齐续驶里程等短板，提升竞争力，使天然气汽车逐渐摆脱低端车型的印象，将会有不同层级的天然气车型供消费者选择。未来除运营车辆外，家庭用车也将成为天然气汽车的应用领域。商用车领域，随着LNG供给体系的完善，天然气在重型卡车上将进一步取代柴油成为重要的车用燃料。

3. 智能化节能技术节油效果显著，产业化应用将逐步提速

目前国外已开展道路预见性系统、驾驶人改进助手、列队行驶等新型节能技术的研究，对整车运行效率有极为明显的提升作用，我国在智能化节油技术路线上实践相对较少，随着智能网联进程加快，智能化节油技术将成为商用车节能减排的重要手段。

道路预见技术，目前，欧洲多家企业在开展以预见性驾驶为主的智能化技术，如大陆集团开发的“电子地平线系统”，目的是应用高精度地图提前判断坡度情况、应用交通流量预测提前判断线路拥堵情况，通过智能化控制巡航，实现节能的目标。根据欧洲市场反馈，该技术在高速公路路段节油率达到8%以上。

驾驶人改进助手对汽车节能有一定影响，美国对车辆特性的研究非常深

入，驾驶证发放考评严格，交通管理规范，道路基础设置良好，驾驶人改进助手应用效果明显。研究数据表明，在高速公路上，驾驶技术娴熟的比驾驶技术一般的驾驶员平均节约燃油 8% ~10%；通过指导驾驶技术一般的驾驶，尽量匀速行驶、在经济行驶区行驶，减少不必要的急加速、急减速，可节油 5% ~9%。

列队行驶技术，通过网联技术将同向行驶的车辆进行连接并编队，进而有效控制车辆之间的间距和车队的行驶状态，减小车队行驶中的风阻，从而降低车辆的燃油消耗。当前，欧洲已经可以实现在 90km/h 车速，车间距稳定在 10m 左右，领航车（HV）减少油耗 4.5%，第一辆跟随车（FV -1）减少了 10%，第二辆跟随车（FV -2）减少了 12%。

目前国内多家企业已针对智能化节油技术开展专项研究及道路试验工作，需加快推动其在商用车领域的应用及运营。

二　新能源汽车发展

（一）新能源汽车市场分析

1. 市场总体情况

2019 年新能源汽车产销分别完成 124.2 万辆和 120.6 万辆，同比下降 2.3% 和 4.0%，是新能源汽车发展十年来的首次下滑。其中纯电动汽车产销分别完成 102.0 万辆和 97.2 万辆，比上年同期增长 3.4% 和下降 1.2%；插电式混合动力汽车产销分别完成 22.0 万辆和 23.2 万辆，比上年同期下降 22.5% 和 14.5%；燃料电池汽车产销分别完成 2833 辆和 2737 辆，同比增长 85.5% 和 79.2%（见表 2）。除燃料电池汽车销量相比上年增长明显外，其他销量下降较多。

从月度销量来看，下半年呈现大幅下降态势，主要受新能源汽车补贴退坡影响。2019 年最后一个月，新能源汽车产销环比较快增长，但同比降幅依然明显。12 月，新能源汽车产销分别完成 14.9 万辆和 16.3 万辆，环比增长 36.0% 和 71.4%，同比下降 30.3% 和 27.4%（见图 2）。

表 2　2018～2019 年新能源汽车产销量

单位：万辆，%

车型产量	2019 年	2018 年	同比增长	车型销量	2019 年	2018 年	同比增长
总计	124.2	127.0	-2.3	总计	120.6	125.6	-4.0
纯电动	102.0	98.6	3.4	纯电动	97.2	98.4	-1.2
插电式混动	22.0	28.3	-22.5	插电式混动	23.2	27.1	-14.5
燃料电池	0.28	0.15	85.5	燃料电池	0.27	0.15	79.2

资料来源：根据中国汽车工业协会数据整理。

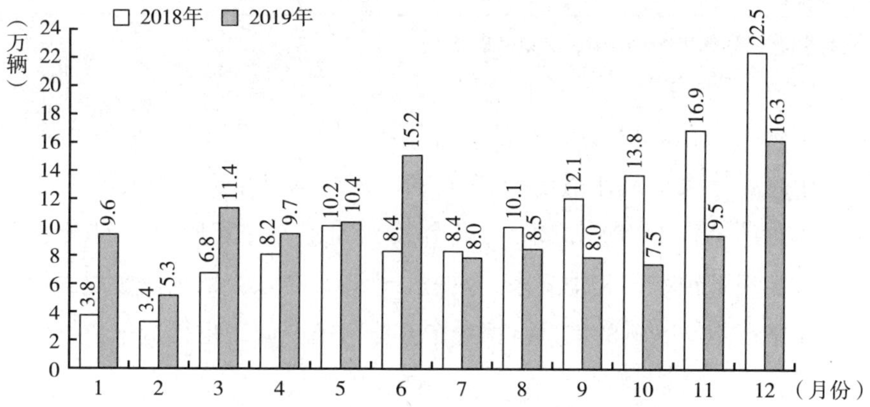

图 2　2018～2019 年新能源汽车月度销量

资料来源：根据中国汽车工业协会数据整理。

2. 产销细分情况

新能源乘用车方面，2019 年累计产销分别为 109.1 万辆和 106.0 万辆，同比增长 0.2% 和 0.7%，这也是新能源汽车市场中唯一实现增长的细分市场。其中值得一提的是，2019 年新能源乘用车实现增长主要得益于纯电动汽车产销上扬，2019 年全年纯电动乘用车产销分别为 87.7 万辆和 83.4 万辆，同比增长为 10.8% 和 5.9%。

新能源商用车方面，2019 年累计产销分别为 15.0 万辆和 14.6 万辆，与 2018 年同期相比下降 25.1% 和 28.3%。纯电动商用车和插电式商用车均呈现不同程度的下降。其中纯电动商用车 2019 年产销分别为 19.4 万辆和 19.6 万辆，与 2018 年同期相比下降 26.7% 和 29.9%，下降幅度较大。

表 3　2018～2019 年新能源汽车各类型产销量

单位：万辆，%

车型产量	2019 年	2018 年	同比增长	车型销量	2019 年	2018 年	同比增长
新能源乘用车	109. 1	107	0. 2	总计	106. 0	105. 3	0. 7
纯电动	87. 7	79. 2	10. 8	纯电动	83. 4	78. 8	5. 9
插电式混动	21. 4	27. 8	-22. 9	插电式混动	22. 6	26. 5	-14. 7
新能源商用车	15. 0	20. 1	-25. 1	新能源商用车	14. 6	20. 3	-28. 3
纯电动	14. 2	19. 4	-26. 7	纯电动	13. 7	19. 6	-29. 9
插电式混动	0. 5	0. 6	-3. 2	插电式混动	0. 5	0. 6	-4. 7

资料来源：根据中国汽车工业协会数据整理。

从车企表现看，2019 年新能源汽车累计销量突破 10 万辆的车企有两家，其中比亚迪汽车累计销售 21. 9 万辆，继续稳居年度销量冠军，北汽新能源汽车累计销售 15. 06 万辆，夺得年度销量亚军。2019 年，部分造车新势力企业实现了销售，其中蔚来、威马、小鹏、合众 4 家企业实现了销量破万辆，蔚来以 20565 辆的销量占据造车新势力第一位，也是造车新势力中唯一交付量突破 2 万辆的企业。

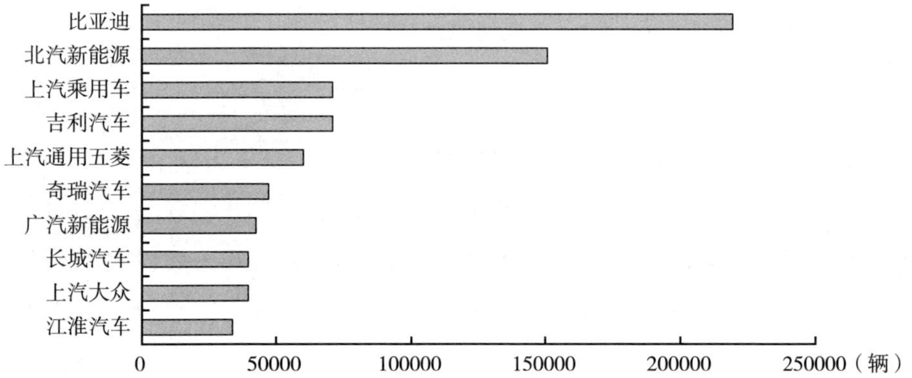

图 3　2019 年新能源乘用车销量车企排行榜

资料来源：根据中国汽车工业协会数据整理。

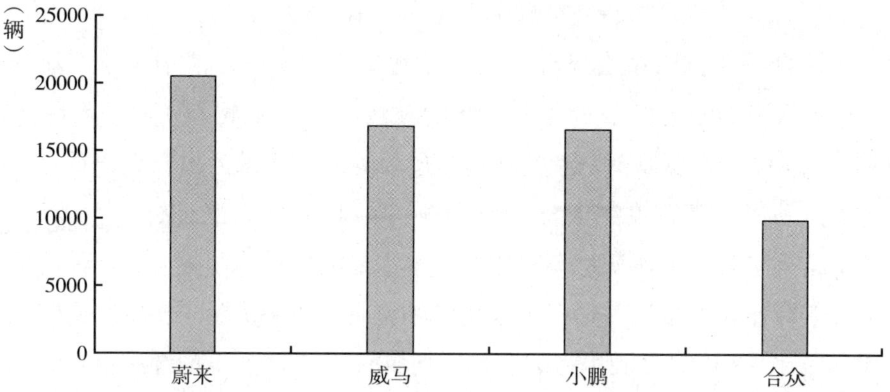

图 4　2019 年主要造车新势力销量

资料来源：根据中国汽车工业协会数据整理。

（二）存在的问题及发展建议

1. 新能源汽车发展存在的问题

（1）新能源汽车安全忧虑

根据国家市场监管总局掌握的舆情信息，2018 年至今已发生近 100 起电动汽车火灾事故。通过对事故进行分析，发现新能源汽车安全事故主要有 5 个场景，分别是充电自燃、行驶自燃、碰撞自燃、浸泡自燃、停车自燃，其中充电自燃与停车自燃占比最高。在自燃事故中，大部分事故车辆都是 2016 年前后生产的 NCM523 三元材料体系，而随着高镍的应用，电池的热稳定性将会变差。随着 NCM622 和 NCM811 电池更多地使用，未来安全性风险更大。

（2）新能源汽车成本高，残值率低

据分析，2019 年新能源上市车型主要集中在 15 万～25 万元；而燃油车主要集中在 15 万元以下。尽管新能源汽车的生产成本不断降低，销售价格也在持续下探，但与同级别燃油车仍有差距。在补贴完全退坡后，新能源汽车的成本压力将进一步加大。另外，新能源汽车二手车市场评估标准缺失，残值率低（40% 左右），影响了新能源汽车的长远发展。

（3）新能源汽车里程衰减较为严重

2019 年，中国汽车工程研究院联合北京理工大学、清华大学、新能源汽车国家大数据联盟发布了《中国新能源汽车评价规程》（以下简称《规程》），《规程》主要以消费者实际用车过程的使用场景为出发点，重点反映社会热点和消费者的关注点。按照《规程》对部分车型进行了测试评价，从评价结果来看，新能源汽车整体技术水平还需要进一步提升，电池在低温环境下衰减比较严重，高速工况车辆续驶里程“衰减严重”，高速适应性还需提升。在 -7 度时续驶里程的衰减达到 40%，在高速下的续驶里程衰减接近 30%，高温条件下相对比较稳定，只有 9% 左右的里程衰减。

（4）充电难、充电桩安全问题依然存在

截至 2019 年 12 月，全国公共充电桩和私人充电桩总计保有量为 121.9 万台，车桩比 3.4∶1，充电基础设施结构性供给不足的问题仍然存在。但另外，公共充电桩的使用率还不到 15%，充电设施的布局不够合理。充电基础设施的不完善也在一定程度上导致了消费者里程焦虑的问题。另外，充电桩的安全隐患问题也不容忽视，据统计，因充电导致的自燃占到 24%，其中充电桩自身问题是一个重要的原因。2019 年 8 月央视曝光的充电桩风险监测，七成充电桩存在安全隐患，这是个亟待解决的问题。

2. 新能源汽车发展建议

（1）进一步完善安全标准体系

新能源汽车安全是一个系统工程，涉及新能源汽车整车的安全、动力电池单体及系统的安全、充电基础设施安全等，需要加快完善各环节安全标准，提升新能源汽车全生命周期的质量安全水平。同时，随着智能化、信息化技术的发展，要加快布局功能安全和信息安全等方面的标准建设。加大力度开展动力电池安全防控研究，加强动力电池热失控机理研究，形成动力电池安全评估及预警机制。加强全产业链安全监管，建立安全隐患排查机制，加大对企业生产一致性监督检查和召回管理工作力度；形成完善的车辆运营和充电设施监管体系，长期开展全方位的运营监测，通过监控平台进行安全监测与数据分析，做好安全预警。

（2）加快明确后补贴时代政策支持体系

完善新能源汽车购置税等税收优惠政策，加大新能源汽车在公共服务领域的推广应用支持力度。实施差异化的交通管理政策，对新能源汽车在通行、使用方面给予优惠政策支持。加快制定新能源汽车二手车评估标准的制定，规范二手车残值评估，促进车企从源头上提升产品的保值率，降低消费者换车成本；完善新能源汽车的二手车交易等营销和服务体系，促进二手车的市场流通。

（3）做好动力电池升级工作，促进动力电池综合性能提升

兼顾高比能量和安全性等综合性能要求，开发新型锂离子动力电池，重点解决能量特性、功率特性、热特性、循环稳定性和安全性问题，同时提升系统热管理、智能能量管理技术水平，改善低温适应性，降低能耗，促进整车综合性能提升。

（4）加快充电基础设施建设，提升充电基础设施服务水平

重点加大私人充电桩建设。截至 2019 年 12 月，我国私人充电桩 70.3 万个，完成率仅为 2020 年目标的 16%，私人充电桩建设远未达到预期。受车位限制、对小区电网负荷冲击较大是制约私人充电桩建设缓慢的重要因素。应依托“互联网 +”智慧能源，推广社区智慧充电，降低电网负荷。同时推进高功率快充、无线充电、移动充换电等技术装备研发应用，提高新能源汽车充换电便利性。加强充电基础设施监管，规范基础设施抽检制度，提高充电设施安全性、一致性、可靠性，提升服务保障水平。

（三）产业发展趋势与展望

2019 年新能源汽车产销出现了十年来的首次下滑，但市场渗透率仍在上升，已经接近 5%。新能源汽车作为国家汽车强国战略的关键，长期向好的发展态势没有改变。

1. 补贴逐渐退出，综合扶持政策或将加强

自 2016 年开始，国家针对新能源汽车的补贴政策均会根据产业发展情况进行调整，技术门槛逐步提高，补贴金额明显下降，预计 2020 年以后除

燃料电池汽车外补贴将会取消。在汽车销量下行压力不断加大的情况下，新能源汽车扶持政策将会加强，主要表现在推进促消费政策落地，对新能源汽车实施差异化的交通化管理，对无车家庭购置首辆家用新能源汽车给予支持；推动城市公共领域车辆更新升级，鼓励地方加大新能源汽车运营支持力度；完善基础设施建设，为新能源汽车使用提供便利；完善双积分政策，以市场化方式缓解补贴退坡带来的影响，促进新能源汽车市场发展。

2. 纯电动为主，新能源乘用车呈现高端化趋势

2019 年，纯电动乘用车占新能源汽车市场销量的约 70%，纯电动乘用车是市场的主流。从增速上看，自 2016 年起，新能源乘用车市场增速一直超过商用车，且优势不断扩大，2019 年纯电动乘用车市场销量仍逆市上涨，同时从购车用户来看，私人用户占到 80%，说明新能源汽车已经得到了市场的认可，私人消费也仍将是新能源汽车增长的主要着力点。从新能源汽车产品来看，2019 年，纯电动 A 型车已达 54%，而 2019 年以前以 A00 车型为主，随着新能源汽车的日趋成熟，低价低质的小微型车市场越来越小，消费升级成为大趋势，产品呈现高端化发展趋势。

3. 车企竞争格局分化，促进集中度提升

市场头部效应明显，2020 年集中度有望进一步提升。自 2017 年起，新能源汽车车企市场占有率向头部集中，2019 年市场占有率为 48%，相比 2018 年有所下滑，主要是受合资车企新车型销量影响，其中比亚迪与北汽新能源长期占据约 1/3 市场。2020 年整车端整体面临较大降本压力，随着一大批外资品牌的新能源汽车进入中国市场，市场竞争将进一步加剧，落后车企将逐步被淘汰，预计市场集中度将进一步提升。

4. 燃料电池汽车产业化将进一步发展

2019 年，氢能首次被写入政府工作报告。补贴政策中也提出对燃料电池汽车不退坡，地方政府也加大了支持，据不完全统计，国内有 30 多个省市出台了扶持氢能和燃料电池产业的相关政策，10 余个城市提出进一步加快布局氢能。2019 年，燃料电池汽车实现销量 2737 辆，同比增长约 80%，预计 2020 年燃料电池汽车市场规模将会进一步扩大。

三　节能与新能源汽车相关政策

（一）节能汽车重要政策法规分析

1. 第五阶段燃料消耗量标准正式发布

2019年12月31日，国家标准化管理委员会发布了GB 27999－2019《乘用车燃料消耗量评价方法及指标》标准，该标准将于2021年1月1日起实施。这是我国面向2025年的乘用车第五阶段燃料消耗量标准。制定和实施第五阶段燃料消耗量标准是贯彻落实《汽车产业中长期发展规划》的重要措施，旨在推动我国汽车先进节能技术发展和应用，持续降低我国乘用车燃料消耗量，促进新能源汽车产业快速健康发展，提升国际竞争力，使我国乘用车平均燃料消耗量在2025年下降至4L/100km（NEDC工况），对应二氧化碳排放约为95g/km（NEDC工况）。

标准对2021~2025年中国乘用车燃料消耗量目标进行了明确，除油耗标准进一步加严外，主要还有以下变化。①测试工况由NEDC切换至WLTC，标准的各项指标均是基于WLTC制定的。②扩展了标准的适用范围，将醇醚类燃料车辆纳入管理范围。③将车型燃料消耗量的评价体系从基于整备质量分组的阶梯式变更为基于整备质量的直线式。④为鼓励新能源汽车的发展，在确定2025年及以前各年度纯电动乘用车、可外接充电式混合动力乘用车、燃料电池乘用车车型燃料消耗量及企业平均燃料消耗量时给予一定优惠，电能消耗量仍按0计算，但核算倍数逐步退坡，由2021年的2.0逐步退至2025年的1.0。

2. 双积分政策调整方案正在抓紧研究

为了更好地发挥双积分办法的作用，促进我国节能与新能源汽车产业高质量发展，工信部组织对双积分办法进行了修订，并分别于2019年7月和9月发布征求意见稿。与节能汽车相关的主要变化如下。

一是将醇醚燃料车型纳入传统乘用车。

二是提出低油耗乘用车的概念，并给予低油耗车型新能源汽车积分达标值核算优惠，新能源汽车不参与企业传统能源乘用车平均燃料消耗量核算。

三是修改了新能源汽车正积分交易规则，支持新能源汽车正积分结转使用，但对企业的传统能源乘用车平均燃料消耗量提出要求。

四是放宽小规模企业核算要求。从主要调整的内容可以看出，双积分政策修正案为新能源汽车产业的发展提供了较为宽松的环境，同时，也兼顾到节能汽车的发展需要，对行业发展起到了很好的引导作用。在新能源汽车尚未完全市场化、成本压力巨大的情况下，双积分办法应兼顾整个汽车产业和新能源汽车的协调发展，营造传统汽车反哺新能源汽车的良性机制，以市场化手段促进新能源汽车发展，顺应市场需求，而不应过度强调技术指标要求。

3. 柴油货车污染治理攻坚战行动计划

2019 年 1 月 4 日，生态环境部、国家发改委及工信部等 11 部门联合发布了关于印发《柴油货车污染治理攻坚战行动计划》的通知（以下简称“通知”）。通知指出将加强新生产车辆环保达标监管。严格实施国家机动车油耗和排放标准，不满足标准限值要求的新车型禁止进入道路运输市场。自 2019 年 7 月 1 日起，重点区域、珠三角地区、成渝地区提前实施机动车国六排放标准。推广使用达到国六排放标准的燃气车辆。同时强调加快老旧车辆淘汰和深度治理。2020 年底前，京津冀及周边地区、汾渭平原加快淘汰国三及以下排放标准营运柴油货车 100 万辆以上。通知还指出，要加大用车监督执法力度。对于一年内超标排放车辆占其总车辆数 10% 以上的运输企业，交通运输和生态环境部门将其列入黑名单或重点监管对象。另外，通知还强调要推动发展绿色货运。

表 4　2019 年发布或实施的部分节能汽车政策

政策法规名称	颁布时间	颁布单位
《柴油货车污染治理攻坚战行动计划》	2019 年 1 月 4 日	生态环境部、国家发展改革委、工业和信息化部、公安部、财政部、交通运输部、商务部、国家市场监管总局、国家能源局、国家铁路局、中国铁路总公司

续表

政策法规名称	颁布时间	颁布单位
《关于在部分地区开展甲醇汽车应用的指导意见》	2019年3月19日	工业和信息化部、国家发展改革委、科技部、公安部、生态环境部、交通运输部、国家卫生健康委、国家市场监管总局
《乘用车企业平均燃料消耗量与新能源汽车积分并行管理办法修正案(征求意见稿)》	2019年7月	工业和信息化部
《关于修改〈乘用车企业平均燃料消耗量与新能源汽车积分并行管理办法〉的决定(征求意见稿)》	2019年9月	工业和信息化部
《乘用车燃料消耗量评价方法及指标》	2019年12月31日	国家标准化管理委员会

（二）新能源汽车政策分析

据不完全统计，2019年，国家累计出台20余项直接与新能源汽车相关的政策，涉及宏观规划、补贴、基础设施、行业管理等诸多方面。经分析，2019年新能源汽车政策呈现如下特点。

1. 新能源汽车补贴大幅退坡

2019年3月26日，财政部、工业和信息化部、科技部和国家发展改革委联合发布了《关于进一步完善新能源汽车推广应用财政补贴政策的通知》，明确了2019年补贴标准。2019年补贴政策相比2018年，主要变化表现在如下方面。①技术门槛进一步提升，补贴标准下降明显，除燃料电池外，单车补贴整体下降50%以上。②明确对于非私人购买或用于营运的新能源乘用车，按照相应补贴金额的0.7倍给予补贴，对具有运营里程要求的车辆，从注册登记日起两年内运行需满足2万公里，否则不予补助，并在清算时扣回预拨资金。③再次设置过渡期，2019年3月26日至6月25日为过渡期，过渡期补贴设置更加细化。④明确过渡期后取消地方补贴。⑤燃料电池汽车和新能源公交车补贴政策另行公布。此次政策并未明确燃料电池汽车的补贴标准，但总体支持方向未变。⑥将强化非补贴政策作用，新政策规定自2019年起对符合汽车产品公告要求但达不到补贴技术门槛的产品，纳入推荐车型目录。

2. 强化顶层设计，继续推动新能源汽车发展

2019年9月，中共中央、国务院印发了《交通强国建设纲要》（简称《纲要》），《纲要》中提出推进新能源、清洁能源应用，促进公路货运节能减排，推动城市公共交通工具和城市物流配送车辆全部实现电动化、新能源化和清洁化；加强城市交通拥堵综合治理，优先发展城市公共交通，鼓励引导绿色公交出行，合理引导个体机动化出行；推广新能源、清洁能源、智能化、数字化、轻量化、环保型交通装备及成套技术装备；科学规划建设城市停车设施，加强充电、加氢、加气和公交站点等设施建设等，涵盖基础设施、交通装备、出行服务、科技创新、绿色发展等方向，新能源汽车在交通强国建设中具有举足轻重的地位，国家支持新能源汽车发展的方向未变。

2019年，工业和信息化部、国家发展改革委、科技部等多部门联合启动了《新能源汽车产业发展规划（2021－2035年）》的编制。2019年12月3日，国家发布了征求意见稿，规划明确了力争经过15年持续努力，新能源汽车关键核心技术取得重大突破、融合发展协调高效、产业生态健全完善，纯电动乘用车成为主流，燃料电池商用车实现规模化应用，高度自动驾驶智能网联汽车趋于普及，我国进入世界汽车强国行列。该规划从提高技术创新能力、构建新型产业生态、推动产业融合发展、完善基础设施建设、深化开放合作等方面，为推动新能源汽车高质量发展，加快建设汽车强国制定了详细的规划。这一规划将成为未来15年中国新能源汽车政策的纲领性文件。规划注重产品质量和产品安全提升，以自主创新为契机，持续提升产品质量，提高新能源汽车安全性，将从根本上提升我国新能源汽车品牌价值与核心竞争力。

3. 进一步加强新能源汽车安全质量管理

目前相关部门越来越重视新能源汽车的安全问题，从生产环节、销售环节到使用环节，均加大了安全管理力度。随着新能源汽车推广数量的不断扩大，安全管理工作力度还将不断加大。

产品召回方面强化了新能源汽车质量管理的要求。2019 年 3 月 18 日，国家市场监管总局办公厅发布《关于进一步加强新能源汽车产品召回管理的通知》。对新能源汽车交通碰撞、火灾等相关事故，新能源汽车三电核心零部件缺陷等问题建立召回机制。此外，为进一步规范新能源汽车事故报告制度，2019 年 10 月 9 日《市场监管总局质量发展局关于进一步规范新能源汽车事故报告的补充通知》发布了，应按要求及时报告事故信息或报告信息，并排查同型号、同批次或使用同样零部件的车辆是否存在火灾安全隐患。

2019 年 3 月 14 日，国家市场监督管理总局发布《家用汽车产品修理、更换、退货责任规定（修订征求意见稿)》。对家用电动汽车主要零件的三包责任做出规定：一是将动力蓄电池、行驶驱动电机作为与发动机、变速器并列的家用汽车主要系统，纳入免费更换总成的规定范围；二是将动力蓄电池、行驶驱动电机与其主要零件反复发生的质量问题纳入退换车要求；三是要求生产者将动力蓄电池放电容量衰减限值和对应的测试方法明示在三包凭证上；四是在退换车要求中补充了家用电动汽车动力蓄电池起火的故障规定，将为电动车维权提供依据。

安全监管方面，工信部于 2019 年 6 月 17 日发布了《关于开展新能源汽车安全隐患排查工作的通知》，重点对已售车辆、库存车辆的防水保护、高压线束、车辆碰撞、车载动力电池、车载充电装置、电池箱、机械部件和易损件开展安全隐患排查工作。针对私家车的安全隐患排查提出了更加详尽和细致的要求，提出了“应当主动向主管部门备案召回”的新要求。同时对售后服务机构提出更严格的排查要求。

4. 动力电池回收管理体系日臻完善

为推动新能源汽车动力蓄电池回收利用，适应行业发展新形势，引导行业健康发展，在深入调研基础上，工信部对 2016 年公告发布的《新能源汽车废旧动力蓄电池综合利用行业规范条件》《新能源汽车废旧动力蓄电池综合利用行业规范公告管理暂行办法》进行了修订。征求意见稿于 2019 年 9 月发布，说明国家重视动力电池回收规范，并结合产业发展对相应政策修订完善。规范条件指出综合利用企业应严格按照相关国家、行业标准进行废旧动力蓄电池储存、梯次利用和再生利用等，并积极参与废旧动力蓄电池回收利用标准体系的研究制定和实施工作等。

2019 年 11 月 7 日，工信部印发《新能源汽车动力蓄电池回收服务网点建设和运营指南》，要求新能源汽车生产及梯次利用等企业应按照国家有关管理要求通过自建、共建、授权等方式建立回收服务网点，新能源汽车生产，动力蓄电池生产，报废机动车回收拆解、综合利用等企业可合作共用回收服务网点。新能源汽车生产企业应在本企业新能源汽车销售的行政区域（至少地级）内建立收集型回收服务网点，在本企业新能源汽车保有量达到 8000 辆或收集型回收服务网点的储存、安全保障等能力不能满足废旧动力蓄电池回收要求的行政区域（至少地级）内建立集中储存型回收服务网点。该指南的发布将促使动力电池回收利用管理进一步具体化，推动我国新能源汽车动力蓄电池规范管理。

5. 大力推进新能源汽车推广应用和消费

推动新能源汽车的市场化发展一直是政策的重点，除了财政补贴政策外，国家还在购置税、公交车推广应用、促消费等政策中支持新能源汽车的应用。

2019 年 6 月 28 日，财政部、国家税务总局发布《关于继续执行的车辆购置税优惠政策的公告》，从 2018 年 1 月 1 日至 2020 年 12 月 31 日，对购置新能源汽车免征车辆购置税。

2019 年 5 月 8 日，财政部、工业和信息化部、交通运输部、国家发改委联合发布《关于支持新能源公交车推广应用的通知》（下称《通知》）。《通知》明确，在普遍取消地方购置补贴的情况下，地方可继续对购置新能源公交车给予补贴支持。同时《通知》还提出，根据规模效益和成本下降情况，调整完善新能源公交车购置补贴标准，具体按照此前发布的《关于进一步完善新能源汽车推广应用财政补贴政策的通知》执行。有关部门将研究完善新能源公交车运营补贴政策，从 2020 年开始，采取“以奖代补”方式重点支持新能源公交车运营。

为促进经济平稳健康发展，2019 年国家出台 3 项促消费政策，其中促进汽车消费特别是新能源汽车消费均是重点方向。《国务院办公厅关于加快发展流通促进商业消费的意见》、《进一步优化供给推动消费平稳增长 促进形成强大国内市场的实施方案（2019 年)》和《推动重点消费品更新升级 畅通资源循环利用实施方案（2019－2020 年)》重点推动汽车产业电动化、智能化、绿色化，鼓励发展高技术水平新能源汽车，大力推动新能源汽车消费使用，落实全面取消二手车限迁政策，已实施汽车限购政策的地方，应优化机动车限购管理措施等。

2019 年 5 月 20 日，交通运输部、中宣部、国家发改委、工信部等 12 部门联合发布了《绿色出行行动计划（2019－2022 年)》（简称《行动计划》)，提出推进绿色车辆规模化应用。以实施新增、更新节能和新能源车辆为突破口，在城市公共交通、出租汽车、分时租赁、短途道路客运、旅游景区观光、机场港口摆渡、政府机关及公共机构等领域，进一步加大节能和新能源车辆推广应用力度。还要求加快充电基础设施建设。

6. 积极优化新能源汽车行业准入要求

2019 年 6 月 24 日，工信部发布公告称，为进一步贯彻落实党中央、国务院关于转变政府职能和深化“放管服”改革精神，经研究决定，自 2019 年 6 月 21 日起废止《汽车动力蓄电池行业规范条件》（以下简称规范条件)，第一、第二、第三、第四批符合规范条件企业目录（简称“白名单”）同时废止。“白名单”的实施，很大程度上促进了本土动力电池产业的高速发展，间接抑制了外资企业的进入，为本土企业争取了宝贵的时间，产业集中度大幅提升，产品布局趋于合理。“白名单”的废除，意味着国内的动力电池行业将全面进入自由竞争时代，未来市场将更加开放，但相关企业将面临严峻的挑战。

2019 年 6 月 30 日，国家发改委、商务部发布了《鼓励外商投资产业目录（2019 年版)》，此次目录修订明显体现促进高质量发展的政策导向，尤其是鼓励外资参与制造业高质量发展。汽车目录新增或修改条目基本上属于新能源和智能网联范畴，有利于支持外资更多投向高端制造、智能制造、绿色制造等领域。新能源汽车关键零部件制造及研发特别提到了能量型动力电池单体、电池正负极材料等关键零部件，另外目录也是特别支持氢燃料电池技术的发展，实现能源多元化，促进能源供给安全。新能源汽车行业呈现更加开放的态势。

表 5　2019 年我国新能源汽车主要政策汇总

政策名称	发布时间	部门
《进一步优化供给推动消费平稳增长　促进形成强大国内市场的实施方案（2019 年）》	2019 年 1 月 28 日	国家发展改革委、工业和信息化部、民政部、财政部、住房城乡建设部、交通运输部、农业农村部、商务部、国家卫生健康委、国家市场监管总局
《关于进一步加强新能源汽车产品召回管理的通知》	2019 年 3 月 18 日	国家市场监管总局
《关于进一步完善新能源汽车推广应用财政补贴政策的通知》	2019 年 3 月 26 日	财政部、工业和信息化部、科技部和国家发展改革委
《关于支持新能源公交车推广应用的通知》	2019 年 5 月 8 日	财政部、工业和信息化部、交通运输部、国家发展改革委
《2019 年新能源汽车标准化工作要点》	2019 年 5 月 15 日	工业和信息化部
《绿色出行行动计划（2019 – 2022 年）》	2019 年 5 月 20 日	交通运输部、中宣部、国家发展改革委、工业和信息化部、公安部、财政部、生态环境部、住房城乡建设部、国家市场监督管理总局、国家机关事务管理局、中华全国总工会、中国铁路总公司
《关于城市公交企业购置公共汽电车辆免征车辆购置税有关事项的公告》	2019 年 6 月 6 日	国家税务总局、交通运输部
《推动重点消费品更新升级　畅通资源循环利用实施方案（2019 – 2020 年）》	2019 年 6 月 7 日	国家发展改革委、生态环境部、商务部
《关于开展新能源汽车安全隐患排查工作的通知》	2019 年 6 月 17 日	工信部装备工业发展中心
《废止〈汽车动力蓄电池行业规范条件〉》	2019 年 6 月 21 日	工业和信息化部
《关于继续执行的车辆购置税优惠政策的公告》	2019 年 6 月 28 日	财政部、国家税务总局

续表

政策名称	发布时间	部门
《乘用车企业平均燃料消耗量与新能源汽车积分并行管理办法》修正案(征求意见稿)	2019年7月	工业和信息化部
《关于加快发展流通促进商业消费的意见》	2019年8月16日	国务院办公厅
《交通强国建设纲要》	2019年9月19日	国务院
《关于修改〈乘用车企业平均燃料消耗量与新能源汽车积分并行管理办法〉的决定(征求意见稿)》	2019年9月	工业和信息化部
《新能源汽车动力蓄电池回收服务网点建设和运营指南》	2019年11月8日	工业和信息化部
《新能源汽车产业发展规划(2021－2035年)》(征求意见稿)	2019年12月3日	工业和信息化部

四　关键零部件产业发展

(一)动力电池发展分析

1. 动力电池市场发展

2019年全年累计动力电池装机电量约62.26GWh，同比增长9%。其中乘用车动力电池装机电量为42.2GWh，占总装机电量的67.8%，客车动力电池装机电量为14.6GWh，占总装机电量的23.5%，专用车动力电池装机电量为5.4GWh，占总装机电量的8.8%；各车型除乘用车实现大幅增长外，客车和专用车装机电量均出现明显下滑现象。

从动力电池月度装机电量来看，2019年上半年动力电池月度销量同比2018年有明显的增长，其中1月动力电池装机电量增速最快，接近2018年1月装机电量的4倍，但下半年，动力电池月度装机电量与2018年相比，呈现下降趋势。这主要是下半年随着补贴政策的退坡，新能源汽车销量呈现下降趋势，导致动力电池装机电量下降。

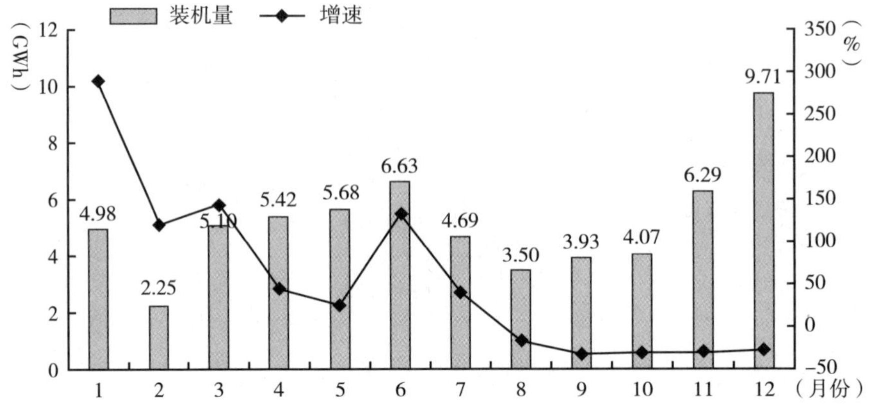

图 5　2019 年新能源汽车动力电池装机量

资料来源：根据中国汽车工业协会、中国动力电池产业联盟整理。

从电池材料来看，全年三元类电池装机电量突破 40GWh，同比增幅超过 20%，所占市场份额接近 60%。磷酸铁锂、锰酸锂、钛酸锂装机电量均有不同程度的下降，说明三元材料是动力电池材料应用的主力。

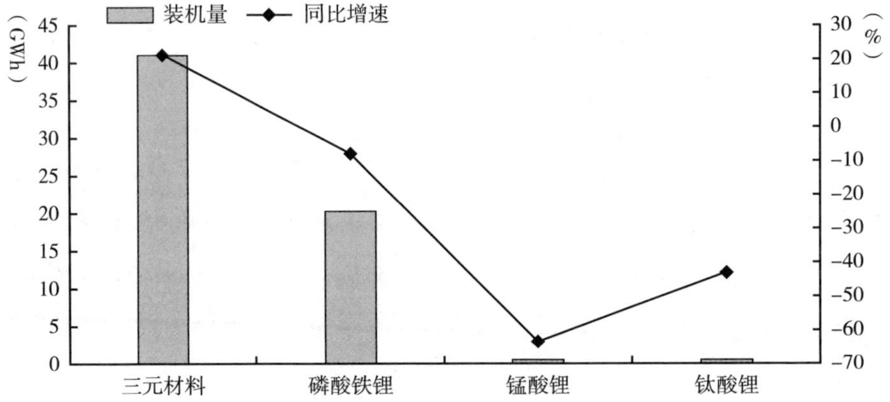

图 6　2019 年新能源汽车动力电池结构分布及同比增速

资料来源：根据中国汽车工业协会、中国动力电池产业联盟整理。

装机量 TOP10 企业 2018 年累计装机量达到 54. 88GWh，占总装机量的 88. 1%，较 2018 年的 TOP10 企业占比 81% 有所提升，市场集中度进一步提升。宁德时代2019年装机量达到32.31GWh（见图7），目前已和一汽、北汽、吉利、上汽、上汽通用五菱、长安汽车、蔚来、广汽、奇瑞、长城、东风和江淮等国内主流整车企业建立合作关系，配套优势明显，装机电量达到排名第二的比亚迪的2倍之多。宁德时代与比亚迪2019年装机量共43GWh，占总装机量的70%，动力电池企业头部优势地位明显。

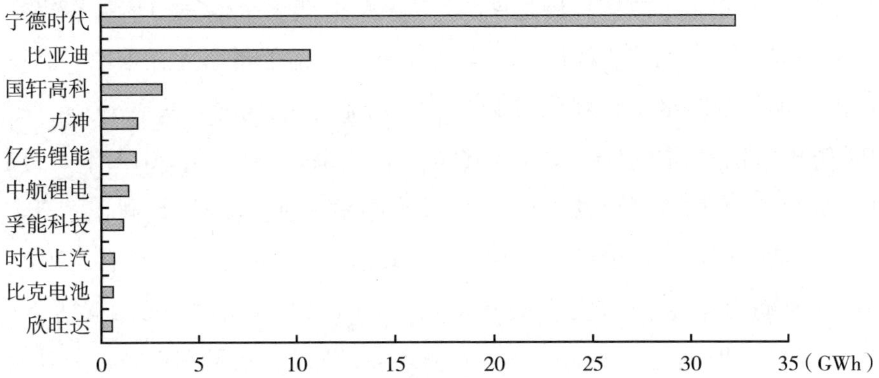

图7　2019年动力电池装机总电量TOP10企业

资料来源：根据中国汽车工业协会、中国动力电池产业联盟整理。

对比2018年动力电池装机量TOP10，前4位的企业排名没有变化，第5～10名则发生变化。其中，亿纬锂能由第7位晋升至第5位，中航锂电由第9位跃居至第6位。孚能科技由第5位下降至第7位，比克电池由第6位下降至第9位。

国能电池、卡耐新能源掉出TOP10，时代上汽、欣旺达跻身入榜。

表6　2019年主要动力电池企业与整车企业配套关系

整车企业	配套主要企业
宁德时代	北汽新能源、宇通客车、上汽集团、吉利集团、广汽集团、东风集团、蔚来汽车、中通客车、一汽集团
比亚迪	北京华林、广汽比亚迪、长安汽车、中联重科、徐工机械、中天高科
国轩高科	江淮汽车、奇瑞汽车、安凯汽车、北汽新能源、吉利商用车、秦星汽车、新楚风汽车、南京公交厂、申龙客车、江南汽车
力神电池	江淮汽车、东风集团、长安汽车、广汽本田、上汽通用五菱、北汽福田、华晨汽车、威马汽车、海马汽车、一汽集团

2. 动力电池发展存在的问题及建议

（1）动力电池发展存在的问题

安全性还需进一步提高。2019 年 7 月，清华大学电池安全实验室发布《2019 年动力电池安全性研究报告》。报告提及，进入 2019 年以来，电动汽车自燃起火事故频发。据不完全统计，根据国内外媒体所报道和动力电池相关的电动汽车安全事故统计已达 40 余起，其中锂离子电池的热失控仍然是动力电池安全事故的核心原因。当前为了提高电池能量密度，采取了高镍三元电池，但高镍降低了材料的热稳定性，提高了电池的热失控风险。根据《新能源汽车国家监管平台大数据安全监管成果报告》，自 2019 年 5 月起，新能源汽车国家监管平台共发现 79 起安全事故，涉及车辆 96 辆。

市场竞争加剧，产能结构过剩。从 2019 年全年装车数据来看，2019 年共有 79 家动力电池公司实现装车配套，与 2018 年的 99 家又有所下降，2019 年工信部取消动力电池白名单，未来 LG 化学、三星 SDI 等实力外资企业将重新进入中国市场，行业优胜劣汰速度加快。从产能来看，2019 年动力电池产能约 200GWh，装机电量约 55GWh，产能平均利用率不足 30%，从装机量排名来看，排名前三、前五、前十家动力电池企业动力电池市场份额分别为 73.4%、79.1%、87.9%，宁德时代市场份额占比超过 50%，市场集中度较高，产能结构性过剩严重。

电池成组效率还需进一步提高。按照工信部 2017 年发布的《促进汽车动力电池产业发展行动方案》，要求到 2020 年，动力电池单体比能量达到 300Wh/kg，系统达到 260Wh/kg。这要求从电芯到系统的集成效率做到 85% 以上，而当前乘用车电池包的集成效率普遍在 60% 左右，集成效率需要大幅度提升才能满足要求。电池成组效率低，造成了系统能量密度低，满足一定续驶里程需要装配更多的电池，在一定程度上也影响了整体成本的下降。

盈利能力下降，资金压力大。近年动力电池产品价格不断下降，使动力电池毛利水平持续下滑，在补贴退坡趋势以及产能过剩的局面短期难以缓解的状况下，预计未来动力电池价格将进一步下降、动力电池行业将继续呈现营业收入快速增长、销售毛利率不断下滑的局面。同时动力电池行业相较于上游资源类企业与下游整车行业处于弱势地位，同时受新能源汽车补贴清算周期长、动力电池厂家普遍面临回款周期长的问题，经营压力加大。2019年，众泰汽车对比克动力的6亿元欠款尚未落定，比克动力自身也陷入约5.8亿元原材料欠款无法偿还的境地。

（2）动力电池产业发展建议

完善动力电池安全评价，建立安全监管机制。在加强对动力电池安全性机理研究的基础上，完善动力电池安全评价体系，引导动力电池企业重视动力电池安全性，提升动力电池在设计、制造、装配等环节的一致性与可靠性。同时还要加快全生命周期安全监管体系建设，强化动力电池一致性抽检，利用大数据平台等建立动力电池安全预警机制，继续加大使用环节的安全常识普及及宣传力度，提高消费者安全意识。

加强产能预警，规范市场发展。建立动力电池产能预警机制，引导产业理性投资和发展，淘汰技术落后、规模过小、缺乏竞争力的低端企业，减少无效或低效供给。对于具有一定基础和竞争力的优势企业，鼓励通过技术创新、转型升级或与其他企业兼并重组方式，提高市场竞争力。

提升产品竞争力，积极布局下一代电池。2019年6月24日，工信部宣布自6月21日起废止《汽车动力蓄电池行业规范条件》，同时在《鼓励外商投资产业目录（2019年版）》中也鼓励外资动力电池企业来华投资。我国动力电池企业在面对国内市场激烈竞争的同时，将面临外资动力电池企业的竞争，面对外资品牌的技术与成本壁垒，降本增效才能提升产品的竞争力，才能保持市场份额，提高盈利能力。市场的竞争终归是技术的竞争，在持续提高三元电池的比能量和循环寿命的同时，也要加快固态电池等新体系电池的工程化研究，才能在市场竞争中取得先发优势。

提高系统集成效率。随着国家对新能源汽车的续驶里程、动力电池的系统能量密度以及能耗的要求越来越高，在电池电量一定的情况下，集成效率越高，系统能量密度越高。按照目前的系统成组效率计算，要达到《促进汽车动力电池产业发展行动方案》提出的2020年新型锂离子电池系统能量密度260Wh/kg的要求，不同类型单体电芯能量密度需要达到370Wh/kg以上。按照目前技术水平，存在较大难度，因而进一步提高动力电池的成组效率就变得十分必要和紧迫。提高动力电池成组效率可以从模组优化和轻量化设计等方面入手，2019 年 CATL 推出的全新 CTP 高集成动力电池开发平台（Cell To Pack）和比亚迪“刀片电池”，通过减少、省略模组，直接将大量的电芯串联在一起，使电池系统能量密度提升了 10% ~15%，为提升动力电池成组效率提供了一种新的思路。

（二）驱动电机系统发展分析

1. 驱动电机系统市场发展

2019 年全年，我国新能源汽车配套驱动电机装机量超过 124 万台，比 2018 年的 133 万台下降 7%。其中乘用车电机占比 87%，客车电机占比 7%，专用车电机占比 6%。从产品类型来看，永磁同步电机因体积小、质量轻、峰值效率更高等优势占据电机市场的主流地位，2019 年永磁同步电机占比达到 95% 以上。

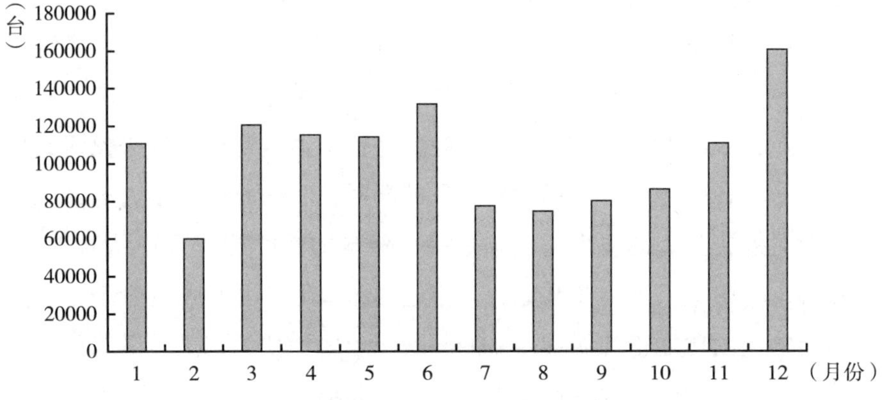

图 8　2019 年新能源汽车驱动电机月度装机量

资料来源：根据中国汽车工业协会、第一电动网整理。

2019 年前十位电机配套企业依次为比亚迪、大洋电机、精进电动、方正电机、华域电动、奇瑞新能源、大众汽车、上海电驱动、蔚然动力、日本电产（见图 9）。比亚迪依托新能源整车的销量优势，其电机电控产品份额遥遥领先。外资供应商方面，日本电产和大众汽车进入前十。自主驱动电机依然占据国内市场的主体地位，这主要是由于我国经过多年持续发展，自主开发的永磁同步电机、交流异步电机已经实现了整车产业化配套，驱动电机功率密度、效率等与国际水平基本相当。从电机的竞争格局来看，目前中国新能源电机生产企业主要有三类：一是具有传统整车及零部件生产经验的企业，如比亚迪、中车时代、上汽等；二是专门针对新能源汽车成立的专业电机企业，如上海电驱动、深圳大地和上海力信等；三是具有其他领域电机或相关生产经验的企业，如大洋电机、方正电机等。从电机装机量TOP10来看，这三类企业均具有一定优势。电机控制器装机量比较多的主要有比亚迪、联合电子、北汽新能源、上海电驱动、奇瑞新能源等。企业类型方面，当前主流电机控制企业主要分为两类：一类是新能源汽车整车企业，其电机控制器一般为整车产品进行配套；另一类是零部件企业，其生产的电机控制器与整车企业形成配套关系，目前以第二种供应关系为主（见表7）。

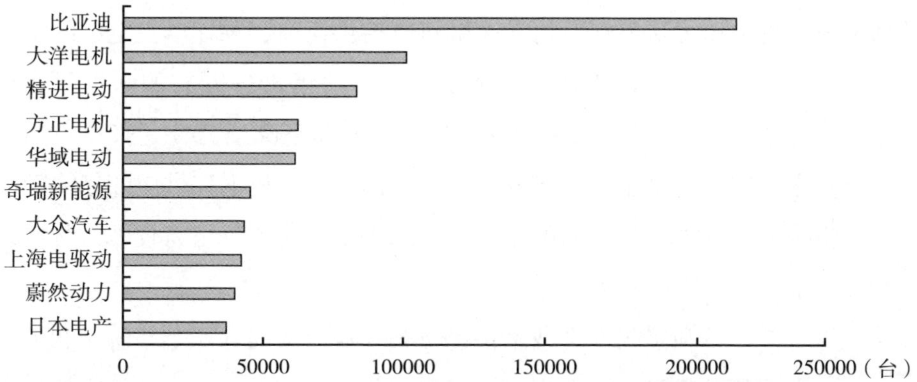

图9　2019年新能源汽车驱动电机装机量TOP10

资料来源：根据中国汽车工业协会、NE时代整理。

表7　电机主要供应商与配套车企

电机供应商	配套整车企业
比亚迪	比亚迪、北京华林
大洋电机	北汽新能源、长安、奇瑞

续表

电机供应商	配套整车企业
精进电动	吉利、小鹏、广汽
华域电动	上汽乘用车、上汽通用、上汽大通
方正电机	上汽通用五菱、吉利汽车、吉利商用车
上海电驱动	长城、合众新能源、奇瑞新能源
奇瑞新能源	奇瑞新能源
长安	长安
大众汽车	上海大众
蔚然动力	蔚来
日本电产	广汽

2. 驱动电机发展存在的问题及建议

（1）驱动电机发展存在的问题

盈利能力低，市场竞争会进一步加剧。由于目前新能源汽车仍以 A0、A 级车居多，产品技术要求不高，电机电控产品同质化竞争较为严重，并且补贴退坡的价格压力从整车厂传导至电机电控供应商，预计电机电控的价格仍有一定的下降空间。行业整体毛利率已从前两年 35% 左右的水平下降至 2019 年的 20% 左右，预计在 2020 ~ 2021 年两年将下降至 10% ~ 15% 。另外随着合资车企的新能源车型逐步开始投放，国内的电机电控供应商还将面临来自博世、大陆等外资供应商的竞争，国内企业市场竞争压力较大，行业重组淘汰会加快。

产业分散，不利于降本和技术快速提升。目前全国有百余家研发和生产驱动电机的企业，主要分布在华北、华东、华中和华南地区。在供应体量方面，除去整车厂自我满足外，其他驱动电机供应商的供应数量基本都在 10 万台以下，甚至是 5 万台以下，同时还面临品类多、参数差异大的供应问题。这种产业格局和供应现状无法聚集优势资源进行技术的提升和产品成本的降低。

核心零部件自主能力仍不足。我国在行星齿轮、电/液离合器及驱动系统、电/液换挡及驱动系统、电子油泵系统、高转速/高精度齿轮及低摩擦轴承等精密零件设计制造方面仍存在短板，较依赖国际供应商。我国自主IGBT器件已经开始在国内市场应用，但在高电压等级、芯片性能指标、芯片关键工艺、芯片和模块寿命认证等方面仍存在差距；第三代宽禁带半导体器件，我国从外延材料、芯片设计、芯片制造、模块封装方面开始起步，但性能与可靠性相当的产品级器件仍缺乏。

系统集成化设计仍需提升。对标国外先进驱动电机系统，我国驱动电机+减速器+控制器三合一集成技术、新型电机结构、高效散热（油冷系统集成）仍需要持续加强。我国在电力电子集成控制器的机、电、热、磁的设计与分析能力需要加强，宽禁带器件及封装、高密度无源器件及封装（含陶瓷电容）、新型变流器拓扑与EMC技术等方面需要加强。与国外先进系统相比，在高集成机电耦合装置的核心零部件可靠性和成本控制方面也存有一定差距，在工况适应性、系统集成度、系统综合效率、系统NVH等方面仍有提升的空间。

（2）驱动电机发展建议

一是促进电机产品品质的提升。在补贴退坡、市场萎缩、稀土涨价等的冲击下，加上电机的同质化严重，驱动电机2019年市场竞争较为激烈，随着国外企业纷纷布局国内市场，国内市场竞争压力加剧，但新能源汽车市场需求还是呈增长的趋势，对电机需求也会增大。随着新能源汽车中高端车型的逐步增多，对电机电控产品的技术要求会逐步提升，将有利于技术积累深厚、体系建设完善的电机电控厂商，高品质电机的市场竞争力将提升。

二是加大力度支持电机关键技术的开发和工程化应用。整合行业上中下游资源，设立专项基金，加强对关键技术的联合攻关和工程化应用，开发高比功率、高效率驱动电机，提升电机驱动控制器比功率，实现关键技术的国产化。同时出台支持政策，鼓励驱动电机企业、上游原材料和器件企业加强协同，共同参与新产品的开发，对符合一定要求的新材料和新器件的应用给予支持。

三是注重系统化集成能力提升。集成化是电机电控行业实现成本和能耗双降的有效手段。集成化的动力总成减少了结构、机械、电气部件的数量，使其相比于分体式更为紧凑、轻盈，体积和重量能下降30%，直接成本下降33%；同时还能缩短能量传递路径，带来1%～2.5%的能耗优化，间接节省电池用量成本1%～2.5%，目前国内及海外的主流电机电控供应商均在陆续推出各自的三合一集成式电驱动平台，但国外集成优势更大，应引起重视。

四是强强联合，针对市场需求推出固定型谱驱动电机产品。考虑到当前新能源汽车销量及驱动电机供应格局，建议驱动电机企业进行优势资源整合，充分分析当前以及未来市场需求，制定合理的具有平台化拓展能力的产品矩阵，以此来进行产品的优化和技术迭代，打造具有国际技术竞争力的驱动电机产品。

智能网联汽车篇

Intelligent Connected Vehicle

B.8

2019年智能网联汽车发展报告

摘　要： 本报告从战略规划、标准法规、研发测试及应用示范等层面对2019年度国内外智能网联汽车发展现状做了较为全面的分析，阐述了各国智能网联汽车现阶段发展的特点和优势，分析了智能网联汽车未来的发展趋势，并提出了产业发展建议。

关键词： 智能网联汽车　自动驾驶　产业示范

一　美日欧智能网联汽车发展现状

（一）战略升级，加快法律法规与标准制定

美日欧等早已将发展智能网联汽车定为国家战略，并为之制定了国家政策来推动实施，近年来，进一步为智能网联汽车发展扫清障碍，开始制定和

实施相关的法律法规和标准来引导产业落地。

美国联邦政府已发布了《自动驾驶 4.0》（AV4.0），以确保美国在智能网联汽车技术方面的领先地位。计划整合 38 个联邦部门、独立机构、委员会和总统行政办公室在自动驾驶领域的工作，为州政府和地方政府、创新者以及所有相关者提供美国政府有关自动驾驶汽车工作的指导。美国政府将采取并促进灵活的、技术中立的政策，让公众选择最经济有效的交通和出行解决方案。另外，AV4.0 确立了开发和集成自动驾驶车辆的联邦原则，包括 3 个核心重点领域：优先考虑安全和安保、促进创新和确保一致的监管方法。AV4.0 强调统一和协作，进一步明确了政府的原则，为自动驾驶技术发展过程中的安全和创新提供指导。美国多州积极推进无人驾驶法规制定，各州针对自动驾驶汽车的立法内容主要包括自动驾驶汽车的概念、功能、技术条件，驾驶人员的资质，自动驾驶汽车运行规范，道路测试的管理方式，基本的法律责任以及事故报告制度等，其中道路测试是自动驾驶汽车法律法规的核心。目前，已有加州、密歇根州、俄亥俄州、佛罗里达州、亚利桑那州、宾夕法尼亚州、弗吉尼亚州、马萨诸塞州、内华达州、华盛顿等地区颁布了道路测试法规。

日本 SIP 项目（战略性创新创造计划）已进入 2.0 阶段，下一步的重点将是自动驾驶与未来智能社会的协同。政府计划 2020 年在限定地区解禁无人驾驶的自动驾驶汽车，东京奥运会、残奥会期间，推出具有自动驾驶功能的出租车、巴士车运营服务，维持日本在智能网联汽车领域的领先地位。自 2016 年起，日本宣布开始修订《道路交通法》和《道路运输车辆法》；在 2017 年 2 月对《道路交通法》进行修订，允许在特定区域内的公开道路使用智能网联汽车，并由日本警察厅负责相关许可工作，并对《道路运输车辆法》规定的安全标准进行了修订，允许具备适当安全措施的智能网联汽车（包括一般测试和远程测试）进行车辆登记。为推动商业化部署，2019 年 5 月，日本再次对《道路运输车辆法》进行修订，可行驶的道路环境与速度等条件将从纸面要求转为技术模式实现，由厂商方面提供“设计运行区域”（ODD），经日本中央政府确认合理性后进行认定。从 2020 年 4 月开始，日本将允许 L3 级别的自动驾驶车辆在高速公路行驶。另外，日本正在开展关于智能网联汽车发生事故的赔偿机制讨论，并提出要在 2020 年之前实现智能网联汽车立法。

欧盟各国一直致力于加强顶层规划，促进各国协同推进。欧洲道路交通研究咨询委员会在 2015 年发布智能网联汽车技术路线图，2019 年对该路线图进行更新，进一步强化了网联化、车路协同方面的规划和要求。在 2019 年 4 月，欧盟批准了《自动驾驶汽车的豁免程序指南》，以协调国家对自动驾驶车辆的临时安全评估。该指南重点关注有限条件自动驾驶的汽车，即 L3 和 L4 级别的自动驾驶汽车。为了制定一套通行的自动驾驶汽车安全标准，2019 年 7 月，戴姆勒、宝马、奥迪、安波福等 11 家企业联合发布《自动驾驶安全第一》白皮书。白皮书首次为自动驾驶汽车安全研发和验证提供了一个清晰可追溯的系统规范，涉及如摄像头、转向系统等具体部件，也总结了国际汽车工程师学会（SAE）自动驾驶分级标准（J3016）L3 和 L4 级别中的设计安全、检验和验证方法，以推动监管机构对 ISO26262 等标准进行全面修订。与此同时，围绕智能网联汽车的定义、分级、技术开发、汽车制造以及各项安全法规和道路交通规则等，瑞典、芬兰、德国、荷兰、英国等国家纷纷启动修订智能网联汽车相关法律法规的程序，以破除现阶段欧洲自动驾驶发展面临的法律法规障碍。

（二）开展研发测试，加快产业化发展进程

美国拥有众多知名的自动驾驶企业，如 Waymo、Cruise、Ford Autonomous Vehicles、特斯拉等，这些企业都在积极投身技术研发。Waymo 新工厂落地密歇根，主要负责无人驾驶车辆的改装；Cruise 推出 SuperCruise 系统已正式搭载在凯迪拉克 CT6 上，可以实现在高速上“解放手脚”；特斯拉推出 Autopilot3.0，通过 OTA 持续升级，成为最广泛的自动驾驶量产车辆，并在中国建立汽车工厂。美国有 60 多个自动驾驶试验场，多个试验场因地制宜，各具特色。不少测试场地联合多场景，关注场景间互联互通，有望在个人出行、物流运输、公共交通各场景实现应用。与此同时，美国的道

路测试进展很快，2019 年 6 月，超过 80 家公司在美国 36 个州测试 1400 多辆自动驾驶汽车、卡车和其他类型车辆。根据美国加州车辆管理所（DMV）的最新数据，已获得加州路测牌照（需配备安全员）的自动驾驶公司在 2019 年度累计在自动驾驶模式下测试的里程超过 288 万英里，比上一年增加超过 80 万英里。Waymo 遥遥领先，超过 145 万英里。排名第二的通用汽车旗下的 Cruise 测试里程达到 83.1 万英里，两大龙头企业的测试里程占据了总测试里程的约 80%。目前，Waymo 和 Cruise 都开始推出自动驾驶出租车服务，其中 Waymo 的一部分自动驾驶出租车已不需要配备安全驾驶员；而 Cruise 则与 DoorDash 建立了合作关系，在旧金山湾区为特定顾客试行食品和杂货配送。

日本虽然对自动驾驶的发展规划比较谨慎，但在产品研发测试方面却保持了比较全面的水平。丰田已开发出全新移动新平台 e - Palette，计划直接取消驾驶员；在 2019 年的北美 CES 上，丰田展出了以雷克萨斯 LS500h 为原型、具备 L4 级自动驾驶功能的测试车；2019 年 7 月，日产发布了 ProPilot2.0 自动驾驶辅助系统，允许实现高速公路上的自动巡航、自动车道变更、自动驶出匝道及高速出口等，达到 L3 的水平。电装、爱信、爱德克斯、捷太格特 4 家公司合资成立自动驾驶技术研发公司，加快软件的开发速度，提高开发效率，同时也能根据汽车制造商的需求进行灵活研发。2019 年 3 月，日本早先成立的自动驾驶基础地图平台公司（DMP）的高精地图已经覆盖了日本所有的高速公路，DMP 的地图标准也被日本丰田、本田、日产、马自达等 10 家主机厂所接受。2019 年 2 月，日本爱知县利用 5G 测试平台进行了远程同时控制 2 辆自动驾驶汽车的试验。该试验使用了丰田公司两辆“普瑞维亚”MPV 商务车，其中一辆使用 5G 通信技术，另一辆使用现行的 4G 通信技术。2019 年 7 月，日本在福井县启动长达 6 个月的自动驾驶车辆载客测试。下一步，日本政府将组织各大车企和行业组织，在东京奥运会和残奥会上投放大量具有自动驾驶功能的巴士、出租车以及巡逻车辆，试验规模化应用。

欧洲作为汽车工业最发达的地区，聚集了奥迪、宝马、大陆、戴姆勒、菲亚特—克莱斯勒、英飞凌、英特尔、Aptiv 和大众等知名企业，技术实力强劲。车企扎堆研发自动驾驶，例如奥迪、奔驰、宝马都在研发更高级别的自动驾驶功能。大众集团旗下的奥迪是第一个开发 L3 级自动驾驶功能的公司，该公司在 2018 年底推出了具备 L3 级自动驾驶旗舰轿车 A8；戴姆勒和宝马则准备推出自动驾驶级别更高的汽车。戴姆勒即将发布奔驰的 S 级轿车，具备 L3 级自动驾驶功能，这款车将会在 2020 年上市。宝马将于 2021 年推出 iNEXT 电动汽车，预计将搭载更先进的自动驾驶功能。在测试方面，除了瑞典 AstaZero 测试场外，欧洲还开展了瑞典 DriveMe 项目、德荷奥三国 ITScorridor 项目、德国 A9 高速公路测试项目、英国测试项目等来推动自动驾驶测试。目前，欧洲正考虑将可以由制造商控制的 robotaxi（L4 级）引入市场，在指定的区域内进行测试。奔驰与博世、英伟达组成了铁三角，发力无人出租车，已在美国圣何塞地区启动无人出租车试点项目。宝马计划和英特尔、Mobileye 一起在 2021 年把 L3 级自动驾驶车推向市场。大众将于 2022 年在卡塔尔首都多哈推出 L4 级自动驾驶电动车队。

二　中国智能网联汽车发展现状

2019 年，我国产业发展目标明确，路径清晰，标准法规引导在不断加强；本土配套企业在智能网联汽车软硬件领域快速成长，技术供应能力有所提高；智能网联商业化进程明显提速，载物测试首次开启，部分城市开放载人测试，L2 级产品大批量投放。车联网专利申请量全球领先，LTE－V2X、5G－V2X 规划部署，整车企业积极构建多维 5G 生态圈。

（一）产业顶层设计：聚焦2025目标，完善各项部署

1. 战略规划

目前，我国已形成了跨部门配合的行业管理架构。2017 年，国家成立制造强国建设领导小组，由工信部、国家发改委、科技部、财政部、公安

部、交通部等20个部门和单位组成车联网产业发展专委会，负责组织制定车联网发展规划、政策和措施，协调解决车联网发展重大问题，督促检查相关工作落实情况，统筹推进产业发展。2018年11月，车联网产业发展专委会第二次全体会议在河北雄安新区召开。会议期间，工信部、公安部、交通部、雄安新区共同签署《关于在雄安新区开展车联网及智能交通示范应用的合作协议》，推动在雄安新区开展车联网及智能交通示范应用，为新产品应用和跨界技术发展探索新机制和新管理方法。

国家进一步加强智能网联汽车顶层设计。国家发改委将发布《智能汽车创新发展战略》。到2025年，中国标准智能汽车的技术创新、产业生态、基础设施、法规标准、产品监管和网络安全体系基本形成；实现有条件自动驾驶的智能网联汽车达到规模化生产，实现高度自动驾驶的智能汽车在特定环境下市场化应用；智能交通系统和智慧城市相关设施建设取得积极进展，车用无线通信网络（LTE－V2X等）实现区域覆盖；新一代车用无线通信网络（5G－V2X）在部分城市、高速公路逐步开展应用，高精度时空基准服务网络实现全覆盖。2035～2050年，中国标准智能汽车体系全面建成、更加完善。安全、高效、绿色、文明的智能汽车强国愿景逐步实现，智能汽车充分满足人民日益增长的美好生活需要。与2018年发布的《智能汽车创新发展战略（征求意见稿）》相比，正式稿中对战略愿景及部分内容均做出了相应调整，使之更加务实、理性。明确了建设智能汽车强国目标，并提出建设六大战略体系的主要任务，包括：构建协同开放的智能汽车技术创新体系、构建跨界融合的智能汽车产业生态体系、构建先进完备的智能汽车基础设施体系、构建系统完善的智能汽车法规标准体系、构建科学规范的智能汽车产品监管体系、构建全面高效的智能汽车网络安全体系。

交通部作为汽车的运营管理单位也积极开展智能网联汽车政策规划工作，通过加强示范试点验证、推广辅助驾驶技术应用等方式促进智能网联汽车的示范运行，推动产业化发展。交通部已经出台《自动驾驶封闭场地建设技术指南（暂行）》，结合营运车辆特点，制定发布营运客车和营运货车安全技术条件，推广应用成熟的辅助驾驶技术，提高车辆运营安全性。2019 年 5 月，发布《关于促进道路交通自动驾驶发展的指导意见（征求意见稿)》，提出提升基础设施信息化智能化水平，推进自动驾驶车辆技术创新及应用，培育自动驾驶运输服务新模式，加强适应自动驾驶的法规标准体系建设。2019 年 7 月，发布《数字交通发展规划纲要》，提出推动交通基础设施全要素、全周期数字化，布局重要节点的全方位交通感知网络，推动载运工具、作业装备智能化，推动自动驾驶与车路协同技术研发，开展专用测试场地建设，加快自动驾驶国家及行业标准体系建设。

2019 年 9 月 7 日，国家制造强国建设领导小组车联网产业发展专委会第三次全体会议在江苏无锡召开。专委会在关键问题及重点任务上达成多项共识。一是要抢抓发展机遇，主动趁势而上。结合 5G 商用部署，发挥我国在网络技术、试点示范、产业融合、体制机制等方面的基础和优势，加快 5G 与车联网融合创新，坚定产业发展信心和决心，扩大发展成果。二是要强化应用牵引，推动创新突破。聚焦车用芯片、计算平台、车载操作系统等“卡脖子”技术环节，逐一实现突破，支持有条件的地区和企业先行先试，在实践中提升技术水平和产品可靠性。三是要坚持统筹推进，实现协调发展。在基础设施、标准与测试认证、数据管理等方面进一步提升部门协作的深度和力度，为产业生态体系构建打好基础。四是要持续深化改革，打通关键环节。推动完善有关法律规范，加快车联网先导区建设，加强管理机制与运营模式探索，提高安全防护技术水平，保障车联网产业健康发展。五是要加强国际合作，形成共赢格局。充分利用政府双多边合作协议、国际标准组织与国内外企业合作等机制，深化国际交流合作，构建开放包容、合作共赢的国际生态。

2019 年 9 月，中共中央、国务院发布《交通强国建设纲要》，在智能网联汽车领域，提出，全面提升城市交通基础设施智能化水平；加强智能网联汽车（智能汽车、自动驾驶、车路协同）研发，形成自主可控完整的产业链；大力发展智慧交通，推动大数据、互联网、人工智能、区块链、超级计算等新技术与交通行业深度融合；推进数据资源赋能交通发展，加速交通基础设施网、运输服务网、能源网与信息网络融合发展，构建泛在先进的交通信息基础设施；构建综合交通大数据中心体系，深化交通公共服务和电子政务发展；推进北斗卫星导航系统应用。

2019 年 12 月 3 日，工信部发布《新能源汽车产业发展规划（2021 - 2035 年)》(征求意见稿)，意见对新能源车销量行业占比、技术路线选择，智能化、网联化水平，“三纵三横”研发布局等进行了目标设定，明确提出到 2025 年智能网联汽车新车销量占比要达到 30% 的目标，为研发复杂环境融合感知、智能网联决策控制、复杂系统重构设计、智能网联安全和多模式评价测试等关键技术，突破计算平台、云控平台、高精度地图与定位、V2X（汽车与外界信息交互)、关键传感器、智能车载终端、线控执行系统等核心技术与产品指明了方向。

表 1　2019 年中国发布的智能网联汽车产业主要规划政策

时间	发布部门	政策名称
2019 年 5 月	交通部	《关于促进道路交通自动驾驶发展的指导意见(征求意见稿)》
2019 年 7 月	交通部	《数字交通发展规划纲要》
2019 年 9 月	中共中央、国务院	《交通强国建设纲要》
2019 年 12 月	工信部	《新能源汽车产业发展规划(2021 - 2035 年)》(征求意见稿)(含智能网联)

资料来源：公开资料整理。

2. 标准法规

2017 年 12 月，工信部、国家标准化管理委员会（简称“国家标准委”）联合发布《国家车联网产业标准体系建设指南（智能网联汽车)》。全面规划智能网联汽车标准制定工作。按照智能网联汽车的技术逻辑结构、产品物理结构相结合的构建方法，将标准体系框架定义为“基础”“通用规范”“产品与技术应用”“相关标准”四个部分，并根据各具体标准在内容范围、技术等级上的共性和区别，对四部分做进一步细分，形成 14 个子类，规划提出99项领域标准项目，其中24项标准项目研究和制定工作已于近期启动。2018年6月，工信部、国家标准化管理委员会共同组织制定了《国家车联网产业标准体系建设指南（总体要求）》等系列文件，与此前印发的指南配套使用。

2018年4月，全国汽车标准化技术委员会（简称“汽标委”）成立智能网联汽车分技术委员会，围绕汽车驾驶环境感知与预警、驾驶辅助、自动驾驶以及与汽车驾驶直接相关的车载信息服务等专业领域展开，目前已经启动多项标准制定工作。2018年11月，为进一步加强标准协同，全国汽车标准化技术委员会、全国智能运输系统标准化技术委员会、全国通信标准化技术委员会、全国道路交通管理标准化技术委员会共同签署《关于加强汽车、智能交通、通信及交通管理C－V2X标准合作的框架协议》，推动车联网相关标准的研究、制定及实施工作。2019年，上述四个标委开展了跨行业标准协同工作，智能网联汽车、C－V2X、先进驾驶辅助系统以及网络信息安全等重点技术标准制定与修订不断加快。

2018年4月，工信部、公安部、交通部三部委共同发布《智能网联汽车道路测试管理规范（试行）》。我国各省市积极出台地方智能网联汽车道路测试管理实施细则，选定开放测试道路，推进智能网联汽车封闭测试工作。截至2019年，全国共有北京、上海、重庆、深圳、长沙、广州、杭州等20多个省区市出台了智能网联汽车测试管理规范或实施细则，合计发放牌照数量超过250张。

2019年5月，工信部发布《2019年智能网联汽车标准化工作要点》，主要内容包括：落实标准体系建设指南及动态完善标准体系、系统布局技术领域及加快重点标准制定与修订、履行国际协调职责并加强标准交流与合作。此外，我国积极参与国际标准制定工作。国际标准化组织（ISO）是各国标准组织的全球联盟，智能网联汽车领域国际标准制定工作主要由道路车辆技术委员会（ISO/TC22）和智能运辆系统技术委员会（ISO/TC204）承担。其中，中国承担自动驾驶汽车测试场景工作组（SC33/WG9）召集人工作，组织国际专家完成测试场景国际标准的制定工作。

表 2　我国智能网联汽车标准法规

时间	发布部门	政策名称
2017 年 12 月	工信部、国家标准委	《国家车联网产业标准体系建设指南(智能网联汽车)》
2018 年 4 月	工信部、公安部、交通运输部	《智能网联汽车道路测试管理规范(试行)》
2018 年 6 月	工信部、国家标准委	《国家车联网产业标准体系建设指南(总体要求)》
2018 年 6 月	工信部、国家标准委	《国家车联网产业标准体系建设指南(信息通信)》
2018 年 6 月	工信部、国家标准委	《国家车联网产业标准体系建设指南(电子产品与服务)》
2018 年 8 月	汽标委、创新联盟	《智能网联汽车自动驾驶功能测试规程(试行)》
2018 年 11 月	工信部	《车联网(智能网联汽车)直连通信使用 5905 – 5925MHz 频段的管理规定(暂行)》
2018 年 11 月	汽标委、ITS、通信和交通管理标委会	《关于加强汽车、智能交通、通信及交通管理 C – V2X 标准合作的框架协议》
2019 年 5 月	工信部	《2019 年智能网联汽车标准化工作要点》
2019 年 10 月	中国汽车工业协会、上海检测中心	《智能网联汽车自动驾驶功能测试技术规范》

资料来源：公开资料整理。

（二）关键技术进展：车联网 +5G 应用本土化优势凸显

1. 感知系统

（1）激光雷达

国外的研究起步相对较早，知名供应商主要集中于海外，例如 Velodyne、Ibeo、Quanergy 等，现阶段在车规化以及技术方案前沿性上仍具有一定的优势。国内激光雷达企业的产品开发也不断取得突破，在激光雷达性能、关键器件性能以及激光雷达产品化等方面不断缩小差距。国内的禾赛科技、速腾聚创等企业纷纷推出了量产的多线激光雷达产品，产品性能直追欧美。禾赛科技于 2017 年 4 月推出了 40 线激光雷达 Pandar 40，并在 2018 年 12 月推出了具有完全抗干扰能力的升级版本 Pandar 40P；2019 年 1 月推出了垂直分辨率更高的 64 线激光雷达 Pandar 64。速腾聚创于 2016 年 8 月完成小型多线激光雷达 RS – LiDAR – 16 样机；2017 年 4 月，RS – LiDAR – 16

完成量产准备；2017 年 9 月，推出角分辨率 0.33 度的 32 线激光雷达 RS - LiDAR - 32，并开始量产。

除了在高线数高性能机械式激光雷达发展上的突破，国内在固态激光雷达的开发上也取得了一定的进展。禾赛科技于 2017 年 12 月推出了固态激光雷达解决方案 Pandar GT，并在 2019 年 1 月发布 Pandar GT 3.0，高速振镜系统以及高性能光纤激光器均为自主研制。速腾聚创于 2017 年 10 月推出了固态激光雷达 RS - LiDAR - M1Pre，并在 2018 年 CES 上进行了公开演示。近年，国内如速腾聚创、镭神科技、思岚科技、禾赛科技、华达科捷、北科天绘等创业公司，以及中海达、大族激光等上市公司亦开始逐步布局进入车载激光雷达领域。随着国内激光雷达的研发加速，全球激光雷达市场竞争格局正在改变。

（2）毫米波雷达

当前，77GHz 毫米波车载雷达的市场份额主要由大陆、博世、电装、奥托立夫等传统汽车零部件巨头所垄断。我国在 24GHz 和 77GHz 毫米波雷达集成电路关键技术上已取得突破，24GHz 毫米波雷达实现量产。国内上市公司中，德赛西威量产了 24GHz 毫米波雷达；非上市公司中，行易道科技、木牛科技、苏州毫米波等企业都获得了后装订单。但 77GHz 毫米波雷达的国产化进展缓慢。2018 年我国毫米波雷达出货量约为 358 万颗，同时也伴随着国产毫米波雷达芯片厂商包括厦门意行、清能华波、上海矽杰微、上海加特兰等的崛起，如华域汽车 24GHz 后向毫米波雷达实现批产供货。

（3）视觉摄像头

国外有着长期的技术积累，车载视觉处理芯片主要由国际传统芯片巨头掌控，国内企业在产品价格竞争力、产品可靠性、产品性能指标等综合方面具有一定差距。但值得一提的是，摄像头的总体制造，50% 以上的全球市场被台湾大立光电、舜宇光学和玉晶光电三家中国企业瓜分，占据了较大的市场份额。目前，在国内创业团队中，Minieye、Maxieye、中科慧眼涉足视觉识别算法，表现出不错的实力；FPGA 芯片、地平线机器人、寒武纪等涉足芯片制造。Minieye 已经和万向集团合作，开始研发切入控制端的整套车载视觉系统解决方案。中科慧眼采用双目摄像头，搭载视差计算及障碍检测算法实现了车道偏离警告、车道保持、碰撞预警、行人探测与防撞警示等功能。人工智能公司商汤科技、格灵深瞳等通过打造计算机视觉通用平台，积极参与到自动驾驶领域。

（4）高精度地图与定位

国外在高精度地图领域，既有 TomTom、HERE 这类以集中制图为主的传统地图服务商，也有 DeepMap、CivilMaps、lvl5 等以众包为主的初创企业。此外 Mobileye 利用已经装载在汽车上的摄像头芯片采集数据，提出以“图像 + 智能 + 网联”的方案提供高精度地图服务。我国政府规定只有具备导航电子地图制作资质的企业才能合法制作导航电子地图，目前，国内仅有 17 家企业取得了导航电子地图制作甲级资质。而真正能够提供完善电子地图的只有七家，分别是四维图新、高德软件、凯立德、易图通、灵图、瑞图万方、城际高科。国内，四维图新、高德和百度三大图商的高精度地图采集进展大体相当，依托采购和自研高精度地图测绘设备，基本完成我国 30 多万公里高速公路和城市快速路的地图采集，并规划到 2020 年完成城市道路采集。但现阶段地图数据仅限于基础地图信息，地图的更新频率为 1 ~ 3 个月，尚未实现动态信息采集。

美国的 GPS 定位系统研发较早，应用较广，目前占据绝大部分的市场份额。我国北斗系统具有后发技术优势，正进行大规模市场推广和产业化应用。目前，北斗导航已经成为全球第二大导航系统，北斗芯片销量突破 5000 万片，在航空航天领域应用广泛。同时，定位方面也涌现出基于信号的差分定位、UWB 定位、5G 定位、陆基区域定位、磁钉定位，基于航迹推算的惯性导航定位，基于环境特征匹配的车端 Lidar 与视觉定位、高精度地图特征与传感器融合定位，基于 V2X 场端 Lidar 与视觉传感器定位等不同方案。

2. 决策系统

（1）芯片

我国在 CPU、GPU、FPGA、MCU 等通用计算芯片领域与国外差距较大。英特尔旗下子公司 Mobileye 已量产用于自动驾驶专用芯片 EyeQ4，可以为 L4 级及以上智能网联汽车的图像处理提供足够的计算力；英伟达推出 Drive PX Pegasus，可以为 L5 级智能网联汽车提供每秒操作超过 320TOPS（万亿次/秒）的算力。国内企业从 ADAS 专用芯片到高等级自动驾驶计算平台等领域逐渐参与竞争，主要企业有地平线、华为、全志、杰发科技等。地平线发布高级别智能网联汽车计算平台 Matrix1.0，支持面向 L3/L4 的智能网联汽车解决方案；华为发布支持 L4 级别自动驾驶的计算平台 MDC600，算力高达 352TOPS，功耗算力比低至 1TOPS/W，同时符合最高级别的车规标准。当前自动驾驶辅助算法市场表现为 Mobileye 与 NVIDIA 英伟达双雄称霸的格局，国内企业鲜有进入。

（2）计算平台

自动驾驶计算平台是智能网联汽车的核心技术，基于自动驾驶计算平台有望建立新一代产业格局，整车企业、科技巨头都对这个领域进行大规模投入，国内代表厂商有地平线、华为、黑芝麻智能科技等，并且取得了重要进展。地平线公司推出的 Matrix 计算平台，利用 AI 加速 IP 最大化了嵌入式 AI 计算性能，可支持激光雷达、毫米波雷达的接入和多传感器融合，已经成功实现大规模商业化。目前，地平线又推出 Matrix 升级版，基于地平线 BPU2.0 处理器架构，能够为 CA 和 HA 级别的自动驾驶提供高性能的感知系统，已向世界顶级自动驾驶厂商大规模供货。华为在自研 AI 芯片昇腾的基础上打造出 MDC 计算平台，已经取得多方测试合作。搭载华为 MDC 的奥迪 Q7 已经开始在国内开展自动驾驶道路测试。另外，华为也分别与一汽红旗、东风汽车、苏州金龙、新石器、山东浩睿智能等多家车企和伙伴达成合作。

3. 执行系统

汽车进入智能网联时代，控制系统收集来自感知层的大量传感器的信息，将其处理分析，感知周围环境，规划驾驶线路，最终通过线控执行系统操纵车辆。在制动系统方面，目前国内企业尚停留在配套部分零部件的水平上，如制动系统刹车盘、刹车鼓。市场竞争激烈，同质化严重，主要市场被采埃孚、博世、大陆等占据。由于国内技术储备弱，中国品牌受到合资品牌的挤压，因此，以商用车、单一件供应为主，供应商有亚太股份、万安科技等。可喜的是，拓普集团的电子真空泵研发已经进入量产装车阶段，并且持续投入智能刹车系统的开发。转向系统方面，捷太格特和博世等外资厂商仍然占据主导地位，与此同时，中国汽车系统股份公司（CAAS）、浙江世宝、富奥股份、新航豫北、易力达等本土企业也表现出较快地成长，市场份额不断扩大。

4. 车联网

国际上，DSRC 与 C－V2X 车联网通信方案并存。美国近年来在网联化方面也开始更多地关注 C－V2X 技术，2019 年 12 月美国联邦通信委员会（FCC）给 C－V2X 分配了专用频谱，打破了 DSRC 独大的局面。欧盟同时采用 DSRC 与 C－V2X 两种，日本将采用 C－V2X 作为备选技术。我国主张采用基于 C－V2X 的通信机制。目前，基于 LTE－V2X 的网联通信技术标准体系已经基本完成，可以支撑车路设备的开发和测试，LTE－V2X 第一阶段的应用场景和交互信息集标准也已经定义完成，支撑车—车、车—路在应用层面的互联互通。

从产品来看，在通信芯片方面，华为推出了支持双模通信芯 Balong 765 和商用车规级通信模组 ME959；大唐电信发布了 PC5Mode4LTE－V2X 自研芯片和车规级通信模组 DMD31；上海移远通信联合高通发布了 LTE－V2X 通信模组 AG15；高新兴推出了支持 LTE－V2X 的车规级通信模组 GM556A。在通信终端方面，大唐、德赛、东软、华为、金溢科技、千方科技、三旗通信、万集科技、星云互联、中兴等国内企业均可提供支持 LTE－V2X 的车载终端和路侧单元产品。在通信协议栈方面，东软、星云互联、ASTRI 等企业均可以为终端模块厂商以及 OEM 提供稳定可靠的协议栈软件以及开发支持服务。在测试验证方面，中国信通院、中汽中心、上机检测等测试机构已建立实验室测试环境，可提供 C－V2X 应用功能、通信性能、协议一致性等测试服务。同时，各测试示范区均加快部署 C－V2X 网络环境，全国已建立和规划建设 C－V2X 路侧单元 1000 余台，北京、长沙、上海、重庆等建成了覆盖测试园区、开放道路、高速公路等多种外场测试验证环境。2019 年，在上海再一次进行了 C－V2X“四跨”互联互通应用示范，与 2018 年相比，增加了安全攻防演示，实现首次“跨芯片模组、跨终端、跨整车、跨安全平台”的 C－V2X 应用展示。在量产车方面，2019 年 4 月，上汽集团、一汽集团、东风公司、长安汽车、北汽集团等 13 家车企共同发布 C－V2X 商用路标，宣布将于 2020～2021 年量产具备 C－V2X 联网功能的汽车。13 家车企的 C－V2X 量产车载计划，标志着如何提升车载装车率的问题即将得到更广泛地关注。

（三）整车产品研发：乘用车 L2 过渡到 L3，商用车以 L4 为突破方向

1. 乘用车

国际主流乘用车企业的 L1、L2 级辅助驾驶产品日益普及，并已经开始量产 L3 级产品，通用、福特、奔驰、宝马、沃尔沃、丰田等均已推出 L2 级智能网联汽车产品，奥迪于 2018 年正式推出量产的 L3 级自动驾驶车型奥迪 A8。国内主要乘用车企业也已开始在量产车上装备 L1、L2 级辅助驾驶系统产品，并积极开展更高级别智能网联汽车技术及产品的开发。自主品牌的 L2 级自动驾驶汽车开始陆续量产。2018 年 2 月，长安汽车在 CS75 和 CS55 上发布 L2 级别的全自动泊车和集成式巡航功能，并于 2019 年推出远程遥控自动泊车功能；2018 年 5 月，吉利汽车发布具备 L2 级别自动驾驶功能的吉利博瑞 GE 车型；2018 年 11 月，广汽新能源发布了全新的 AION. S 车型，搭载了交通拥堵辅助、集成巡航、自动泊车等 PA 级自动驾驶技术；同年，上汽发布了具备高级辅助驾驶系统与代客泊车功能的荣威 MARVELX；2019 年，比亚迪发布的宋 PRO 车型也搭载了 L2 级别自动驾驶功能。此外，造车新势力拜腾、小鹏、蔚来都陆续发布了具有 L2 级自动驾驶功能的车型。

国内众多车企纷纷发布了智能网联汽车发展计划，制定各级别技术落地时间表，全力开展智能网联汽车核心技术的研发。中国一汽发布“旗偲计划”，北汽集团发布“海豚＋”计划，东风汽车发布“五化”技术路线规划，广汽集团制订“GIVA 计划”、研发“Adigo 系统”，长安汽车制定“北斗天枢”智能化战略，吉利制定“G－Pilot”战略，上汽集团制定“新四化”战略，比亚迪计划打造“D＋＋生态圈”。

表 3　自主品牌 L2 级自动驾驶乘用车上市量产车型

	长安汽车 CS75	长安汽车 CS55	长城哈弗 F7	长城 WEY VV6	吉利缤瑞	吉利缤越	吉利博瑞	上汽荣威 MARVELX	小鹏 G3	蔚来 ES6
自动刹车系统类	√		√	√	√		√	√		√
全速自适应巡航系统	√	√	√	√	√	√	√	√	√	
智能领航系统					√	√	√			
自动泊车辅助系统	√	√				√	√	√		
车道偏离/保持控制类					√	√	√	√	√	
自动变道辅助							√		√	
并线辅助	√	√	√	√			√	√		√
交通拥堵辅助				√	√		√	√	√	
窄路辅助						√	√			√
智能远近光控制系统		√		√	√	√	√	√		
盲点监测			√	√			√	√		√
自动限速调节/车速辅助类							√	√	√	
限速标志识别与提醒类		√	√	√	√	√	√			
驾驶疲劳探测			√				√			
车道偏离预警	√		√	√	√	√	√	√		√
前碰撞预警			√	√			√	√		√

资料来源：亿欧、民生证券研究院。

表 4　国内车企智能网联乘用车未来计划

企业名称	研发计划
一汽	将于 2019 年小批量生产红旗 L4 级自动驾驶汽车,2020 年全面量产
广汽	将于 2020 年初量产 L3 级自动驾驶车,成为国内第一家真正推出自动驾驶车辆的车企;2022 年达到 L4 级量产能力
北汽	预计于 2020 年实现拥堵情况下的 L3 级自动驾驶功能;L4 级的有限制条件路况自动驾驶要等到 2025 年或更晚
长城	将于 2020 年量产 L3 级自动驾驶商品车;2023 年计划量产 L4 级商品车;2025 年推出达到 L5 级自动驾驶商品车
长安	预计于 2020 年量产 L3 级自动驾驶车;2025 年实现量产 L4 级自动驾驶车
奇瑞	争取于 2020 年实现 L3 级自动驾驶汽车量产;2025 年计划实现 L4/L5 级或完全层面的自动驾驶
吉利	2019 年实现 L2 级各车型量产;2020 年发布 L3 级(GPILOT3.0)平台
江淮	2019 年完成 L3 级别研发
蔚来	2020 年发布 L4 级自动驾驶车型
拜腾	2020 年后实现 L4 级自动驾驶

续表

企业名称	研发计划
车和家	2019 年完成 L4 级自动驾驶样车;2023～2025 年实现量产
小鹏	2018 年底 2019 年初,大批量交付搭载 L3 级系统车辆
奇点	2019 年实现 L3 级自动驾驶
零跑	2020 年前软件升级至 L3 级自动驾驶

资料来源：公开资料整理。

2. 商用车

奔驰、沃尔沃、Easymile、Navya 等国外传统车企及造车新势力，开发了面向景区、园区、矿山等封闭区域以及城市快速公交线路、高速公路的卡车编队等产品。国内宇通、金龙、金旅、中车、苏州金龙、一汽解放、东风、中国重汽及北汽福田等商用车公司也相继开展了智能驾驶商用车的开发工作，实现了封闭区域短程接驳、港口矿山自动作业、高速公路编队行驶等功能。

（四）测试示范：测试区及道路测试全面铺开，探索商业新模式

1. 测试示范区

工信部、公安部、交通部和各地方政府积极支持智能网联汽车测试示范区建设，正在规划和建设的各级别、不同规模和特色的测试示范区达到 20 多个。这些测试示范区大致可分为两类，一类是由国家相关部委联合地方政府批复，由相关企业或研究机构承担建设的国家级测试示范区。其中交通部批复认定的有长安大学车联网与智能汽车试验场、交通部公路交通综合试验场、重庆车检院自动驾驶封闭场地测试基地；工信部批复认定的有吉林、北京－河北、无锡、上海、浙江、武汉、长沙、广州、重庆、成都共 10 个国家智能网联汽车测试示范区。另一类是在地方政府的支持下，由高校、车企、研究机构自主建设的测试道路或地方级智能网联汽车测试示范区，据不完全统计，这类测试示范区目前至少有 14 家以上。各类不同的测试示范区结合各地发展状况，依托当地优势与特色资源，正在进行积极建设与探索，

极大地推动了我国智能网联汽车的发展。

一方面，国家积极推进智能网联汽车测试示范工作，测试示范区的功能和合作不断增强。2019 年 5 月，工信部正式批复支持创建江苏（无锡）车联网先导区，论证通过了《国家级江苏（无锡）车联网先导区创建实施方案》，明确了先导区发展定位，谋划了车联网产业发展路径，明确了先导区建设重点工作，提供了组织保障。2019 年 9 月，上海市、江苏省、浙江省、安徽省共同签订了《长江三角洲区域智能网联汽车道路测试互认合作协议》，在受理智能网联汽车道路测试申请时积极推动道路测试互认，可以有效规范测试行为，加强检验机构协调合作，加快智能网联汽车的技术研发进程。2019 年 10 月，由工信部、交通部、公安部支持的 16 个测试区（场）联合签署《智能网联汽车测试区（场）共享互认倡议》，未来将进一步实现资源共享、结果互认，减轻测试主体负担，全面提升我国智能网联汽车测试服务水平。2019 年 12 月，中国汽车工程学会团体标准《智能网联汽车测试场设计技术要求》（送审稿）通过专家评审，填补了智能网联汽车测试场设计标准空白，对规范我国各地智能网联汽车测试场设计、推动测试结果互认、支撑智能网联汽车准入测试评价具有积极意义。

另一方面，测试示范的范围不断扩展，正在逐步开展智能网联汽车道路测试和载人测试。截至 2019 年 8 月底，北京、上海、重庆、长沙、广州、杭州等超过 20 个城市规划开展自动驾驶道路测试，合计颁发测试牌照超过 250 张，其中有 6 个城市开始发放自动驾驶载人测试牌照（见图 1）。2019 年 9 月，上海市政府颁发首批“智能网联汽车示范应用牌照”，宝马、上汽和滴滴公司获得牌照，意味着三家公司可以率先在城市道路中开展载人示范应用。同月，国家智能网联汽车（长沙）测试区也新增载人测试，市民可通过志愿者身份参与测试体验。10 月，河北省沧州市也发布允许载人测试的自动驾驶测试管理办法。与此同时，国家智能网联汽车（长沙）测试区新增高速公路测试路段，100 公里智慧高速测试路段布局了 5G 网络，路侧设备全息感知高速环境。此外，武汉等地也在积极尝试开展自动驾驶商业运营，制定相关管理规范等。

20余省市开放智能网联汽车道路测试

序号	地区
1	北京
2	保定
3	上海
4	重庆
5	深圳
6	福建平潭
7	长春
8	长沙
9	广州
10	天津
11	肇庆
12	济南
13	杭州
14	江苏
15	襄阳
16	河南
17	武汉
18	海南
19	广东
20	西安
21	合肥
22	沧州

图1　各地方智能网联汽车道路测试开展情况

资料来源：中国汽车工业信息网。

2. 典型案例

（1）长安 L4 级无人出租车重庆试运行

2019 年 7 月，长安汽车 L4 级无人出租车在重庆仙桃数据谷正式投入试运营。长安汽车新一代 L4 级自动驾驶基于逸动 EV 开发，提升了感知范围和精度、计算平台的运算能力、决策规划控制的性能，同时具备单车智能与车路协同的自动驾驶系统，实现“电动化”“智能化”“网联化”“共享化”的“四化”融合。

作为国内首个在开放道路场景下的 L4 级自动驾驶示范运营，长安汽车 L4 级自动驾驶运营长度 4.3km，全程设置 9 个站点，让用户亲身体验 5G 时代下的智慧出行。应用 5G 技术可实现远程驾驶控制，做到真实驾驶员坐在模拟舱室，仍可看到车辆正前方、左侧和右侧后的实时视野，同时可在屏幕上看到被操纵车辆回传的油耗、挡位、转速等实时数据，然后驾驶员再将转向、制动和加油三个指令信号通过 5G 网络传递到被操控车辆上，实现远程操控。在 RoboTaxi 模式下，用户可通过手机 App 一键实现随时随地约车，

图 2　长安汽车 L4 级无人出租车

上车人脸识别、无感生成订单，用户下车后，车辆将继续运营接单或自动进入待客区；在私家车模式下，用户通过手机 App 绑定车辆后招车，将用户送往目的地后，车辆自动寻找停车位泊车。

（2）百度自动驾驶落地长沙开展试运行

2019 年 8 月，百度与中国一汽红旗共同打造的国内首批量产 L4 级自动驾驶出租车 Robotaxi－红旗 E・界亮相长沙展开测试，首批共投放 45 辆。普通长沙市民可登录 Apollo 官网申请试乘体验。

此次测试车辆是百度与一汽红旗联合打造的 Robotaxi－红旗 EV，其搭载的自动驾驶技术达到 L4 级。可以通过车顶的摄像头、激光雷达等一系列传感器设备自动识别红绿灯，感知车辆周边环境，检测识别障碍物。在行驶过程中，车辆可以根据路况进行智能变道，还可以判断周边车辆的行驶状况，对近距离超车等情况做出自动避让。如果碰上前方有行人通过，测试车

图3　红旗E·界亮相长沙

辆会减速刹车，礼貌避让等。即便如此，为了乘客的安全及目前政策法规要求，ApolloRobotaxi在驾驶位配有一名安全员，最大限度保证乘客安全。

（3）文远粤行无人出租车登陆广州开展试运行

2019年11月，文远知行旗下合资公司文远粤行，与广州市白云出租汽车集团、科学城（广州）投资集团一起，组建了全国首支RoboTaxi车队，在广州市黄埔区、广州开发区正式开启试运营服务。

图4　Robo－Taxi自动驾驶出租车

文远粤行于2019年11月底在广州开启Robo－Taxi试运营服务，运营范围覆盖广州市黄埔区、广州开发区中心区144.65平方公里的城市开放道路，是迄今为止中国唯一对公众全开放的Robo－Taxi服务。市民只需要下载叫车应用WeRideGo，即可呼叫使用，无须申请、审核。根据文远粤行发布的中国首份 L4 级自动驾驶出租车 Robo - Taxi 的试运营报告：试运营首月（2019 年 12 月），共完成 8396 个出行订单，零安全事故，日均出行服务 270.8 次，单天最多订单达到 438 单，服务订单总里程达 41140 公里，共服务 4683 名用户。截至目前，文远粤行 Robo - Taxi 上下车点已由运营初期的 30 余个扩充到百余个，增加两倍多，并且仍在持续添加中，覆盖运营区域内的商场、行政办公场所、大型小区、地铁、公交站点等热门叫车位置。

（4）百度自动驾驶出租车在沧州进行载人测试

2019 年 11 月，沧州举办开放道路自动驾驶测试启动暨首批载人测试体验活动，宣布中国首个区级全域自动驾驶可载人测试路网正式开放，百度 Apollo 自动驾驶车队在沧州正式启动测试。

图 5　Apollo 自动驾驶车

第一批 Robotaxi 从沧州开发区管委会出发，迅速融入沧州本地的车流中，部分参会嘉宾还现场体验到车辆平滑处理无交通灯左转、灵活躲避并线车辆等开放道路载人测试场景。本次落地沧州的百度 Robotaxi 是来自百度与红旗合作的前装量产 L4 级自动驾驶乘用车，这也是继长沙之后第二批前装量产 L4 级自动驾驶乘用车正式批量测试。沧州已在 2019 年 10 月向百度颁发京津冀区域首批 30 张自动驾驶载人测试牌照，Apollo 自动驾驶车队可在沧州经济开发区内所有测试路段进行规模化载人测试，开放测试道路的里程超过 100 公里。区域道路路网允许全域开放测试，意味着自动驾驶车辆从固定路段测试迈向不固定路段的一个突破性尝试，实现了从线到面的实用场景探索。

（5）5G 智能公交车落地萧山

2019 年 12 月，第二届浙江国际智慧交通产业博览会期间，由大唐移动、大唐信通等公司联合打造的“何方”5G 智能网联公交车正式在杭州萧山亮相，进行示范运行。该公交车基于 5G 通信和网联自动驾驶技术，实现车路协同、超前感知；智慧路口、安全出行；绿波引导、一路畅行；智能巡航、绿色环保；车车互通、无忧驾驶；智慧站台、e 站服务等功能。

图 6　“何方”5G 智能网联公交车

具体功能亮点如下。

①车路协同、超前感知：通过车联网通信，公交车实时接收远处路口红绿灯信息，同步反馈至驾驶室。同时还可以通过车尾智能 LED 反馈给邻车，解决因遮挡或天气造成的红绿灯不可见问题。

②绿波引导、一路畅行：智慧公交通过车联网提前获取前方红绿灯信息，为车辆提供当前路段通过红绿灯路口的最优行驶策略。

③智慧路口、安全出行：通过部署路侧感知设备实时精确获取路口行人、机动车、非机动车的信息，反馈给路口通过车辆，可有效降低由行人闯红灯、盲区等造成的路口交通事故发生率。

④智能巡航、绿色环保：车辆可根据路口、天气等环境因素，自动调整发动机输出效率，使车辆以最节电方式行驶，5G 环境下可节省约 10% 的电能。

⑤车车互通、无忧驾驶：通过车车直连获取彼此的位置、速度、航向角等信息，预判碰撞风险，提前减速防碰撞。

⑥智能站台、e站服务：打造一体化的便民智能公交站台，站台可以实现与公交车的互动，电子站牌可展现公交车的实时信息，站台内还设有5GVR/AR设备实时了解公交车内状态，在实现车路协同的同时，公交站台还提供恒温候车区、自动售货机、自助收储物流柜等便民设施。

（6）东风、中国重汽与北汽福田完成列队跟驰试验

2019年，在天津举办的中国首届列队跟驰标准公开验证试验中，三大重卡厂商——东风天龙、中国重汽与北汽福田联手呈现无人驾驶的列队行驶盛况。车队的三辆车中，头车为人工驾驶，而后两辆车为自动驾驶。全程行驶包括了车辆起步、车辆加速至60km/h、匀速行驶、变换车道、减速至刹停、停车等过程。所有列队均圆满完成任务。

图7　中国首届列队跟驰标准公开验证试验

此次公开验证试验中，车队从开始起步起，直至60km/h后匀速行驶，欧曼EST-A重卡前后两车行驶的最小距离为17.5m，达到两车距离在20m ±25%的范围的要求；列队车辆在匀速60km/h行驶后，在某一时间，头车开始减速直至停车，制动速度在2~4m/s^2之内，测试车辆之间没有发生碰撞，均满足要求；列队车辆以60km/h匀速的车速行驶时，当头车向相邻车道变道时，跟随车也能及时变道，并在此过程中，没有发生碰撞，前后车横向距离小于0.5米，满足要求。此次公开验证试验，福田戴姆勒的欧曼EST-A重卡，通过最优的跟车距离和最稳定的车辆状态，拿到了第一名。

三 国内外发展现状对比简析

目前，美、日、欧、中等国家和地区均将智能网联汽车作为汽车产业发展的战略方向，并通过发布系列战略规划营造良好发展环境，引导产业发展。为进一步推动智能网联汽车产业发展，顺利开展测试示范与商业化应用，美国、欧洲、日本已经开展大量法律法规与标准研究，在智能网联汽车测试验证、信息安全、责任认定、数据保护、保险规则等方面制定了相应政策法规，同时也深入开展了智能网联汽车标准化研究。我国在政策法规建设方面主要处于跟随状态；在自动驾驶道路测试方面，国家层面及部分城市出台了相关规定，推动智能网联汽车的测试和技术进步；在标准制定方面，已经启动相关标准研究与制定工作，并建立了相关标准体系。

美国以 AI 芯片企业为核心开展智能网联汽车布局，旨在掌控智能网联汽车车载核心芯片架构，取得人工智能计算时代的主导权，其在智能网联汽车产业链上具有明显优势；欧洲具有世界领先的汽车电子零部件供应商和整车企业，其基于车载传感器的自动驾驶技术相对领先；日本的交通设施基础较好，智能网联汽车技术水平也在稳步提升。中国的优势在于快速发展的信息通信产业及世界第一的汽车产销量市场需求，这些为中国智能网联汽车的发展奠定了良好的基础，但在车规级高精度传感器、计算芯片、操作系统、人工智能核心算法等方面仍然存在一定差距。

中外智能网联汽车发展还处于测试与示范运营阶段，测试条件是衡量自动驾驶基础设施的重要标准之一，关系到技术测试及数据积累，是自动驾驶商业化的必要条件。从测试场地的打造上来说，日本、欧洲与中国和美国是存在差距的。目前，我国智能网联汽车测试与示范场地建设已进入规模化阶段，建设主体、示范类型多样，各类测试场地数量 20 多个，测试环境丰富。而美国也在 2017 年 1 月就确立了 10 家自动驾驶试点试验场，分别分布于 9 个州，在气候、地理地貌特征等方面存在差异，测试环境亦十分丰富。在运营应用方面，美国和日本则表现得比较开放，进展也相对较快，中国和欧洲则相对保守。

四　未来智能网联汽车发展趋势

（一）地方政府加快推进自动驾驶测试布局

当前，国家政策已经出台了包含《智能网联汽车道路测试管理规范（试行）》等在内的一系列自动驾驶道路测试细则及管理办法，为加快推进自动驾驶产业加快落地，北京、上海、重庆、长沙、广州、杭州等超过20个城市规划开展自动驾驶道路测试，其中有6个城市开始发放自动驾驶载人测试牌照，全力推动自动驾驶商业化。包括互联网公司和技术公司、主机厂、出行平台在内的公司已拥有超过250张自动驾驶路测牌照，其中北京授牌最多，获牌公司涉及种类丰富，包含主机厂、互联网公司、出行平台等。各地方政府路测规范及发展战略相继落地。

（二）“地理围栏”内商用车自动驾驶有望快速实现

在自动驾驶行业热度飙升之初，算法型公司和主机厂对自动驾驶L4～L5级别的落地时间规划在2018～2022年，但从政府对自动驾驶的开放态度、复杂道路突发情况的发生和“地理围栏”效应对部分场景的适应性来看，不同场景的落地时间差异显著。乘用车，现阶段并没有完全出台与乘用车上路或量产的相关法律条文或政策文件，大部分解决方案无法满足L3～L5级别的技术条件，外加安全问题、法律责任问题、消费者认知普及问题等，目前来看落地有难度。商用车，由于不同的适用场景，因此在落地性上各不相同，目前主流落地性较强的场景包括自动驾驶叫车服务、高速运输、港口货运、矿区、市政环卫以及“最后一公里”物流。在自动驾驶未能驶上高速公路之前，在“地理围栏”内选择合适的应用场景，被认为是自动驾驶下一步突破的关键。

（三）C－V2X落地日程清晰，车联网快速发展

C－V2X已经得到我国政府、汽车、通信、交通等产业界相关各方的广泛认同，成为我国的唯一V2X技术选择。C－V2X将移动宽带和V2X直连技术融为一体，通过车联网平台实现数据和应用打通，能够提供更好的车－路－人－云协同和用户体验。对于辅助驾驶和自动驾驶来说，单纯靠汽车本身的传感器如摄像头、雷达等始终不能很好地应对一些特定场景，包括雨雪雾天、红绿灯识别、有遮挡情况下的识别以及大带宽、远距离的信息传递等，而这些场景却是C－V2X的强项。有了车与车（V2V）的通信，车与路边交通设施（V2I）的通信，让智慧的路和聪明的车有机协同，给汽车开启上帝视角，提升车的自动驾驶能力，有助于早日实现自动驾驶的规模商用。车联网可以有效弥补单车智能存在的能力盲区和感知不足的问题，提供中远程感知的上帝视角，对加速产业落地有着无可比拟的重要作用。

我国C－V2X产业在通信频谱分配、技术标准建设、通信芯片设计、模块终端和V2X协议栈的研发、道路测试验证、整车装配等整个生态体系上均实现了快速发展。2019年6月，工信部向电信、移动、联通、广电四家企业颁发了基础电信业务经营许可证，批准四家企业经营“第五代数字蜂窝移动通信业务”，将积极推动中国公路系统的数字化、智能化改造，利用5G技术发挥车路协同优势。2019年上海车展期间，上汽、广汽、东风、长安、一汽、北汽、江淮、长城、东南、众泰、江铃、BYD、宇通等13家车企联合推出中国车企C－V2X商用路标：2020H2～2021H2年量产C－V2X汽车，即在2020年下半年到2021年上半年量产支持C－V2X的汽车。

（四）基础大数据平台有效管控智能网联汽车运行

未来智能网联汽车与交通数据量将非常庞大，必须建立多个应用服务平台共存，逐渐接入大量路侧设备的感知数据，实现智能网联汽车和路侧智能终端感知数据的融合。具体包括如下几点。①实时交互性：通过车联网技术，能够实现其与周边车辆、行人等周边交通参与方的信息交互及其相关场

景应用；与交通云控平台交互获取全域交通信息，并共享给车辆、行人等交通参与者；能与自动驾驶汽车共享实时高精度地图和高精度传感器。②高精度定位：在不依赖全球导航卫星系统（GNSS）和地基增强系统（GBAS）的前提下，路侧感知设备能够支持对以车辆、行人为主的交通全方位、全要素实行亚米级的高精度定位，并共享给车辆、行人等交通参与者。③边缘（域）智能计算：在路侧边缘（域）能够借助机器智能算法，以交通数据流整合为核心，支持实现智能交通物联网和信息网的融合，并构建起全局动态的交通管控系统、数据驱动的智能化协同管控系统。

五 我国智能网联汽车发展建议

（一）持续加强顶层设计，加快制定符合实际发展的法规体系

相对于世界发达经济体来说，我国道路交通更加复杂，智能网联技术的推广存在较多障碍。因此，应从关键技术突破、产业化、市场化、信息安全、配套环境等诸多方面进行顶层设计。完善相关标准，根据智能网联汽车发展的进度，提前开展法规制定与修订的研究工作，比如，修订交通事故责任认定法律法规条款，豁免《测绘法》部分条款，完善企业知识产权的保护法律，健全车载网络信息安全标准法规，积极研究构建符合国情的智能交通法律法规体系。

协调各标准化组织和研究机构完善相关标准体系，制定和完善道路基础设施标准、场景数据库标准、地图数据标准、V2X 通信标准、交通法规；制定智能网联汽车认证、准入、联网运营监管、信息安全等相关标准；制定智能终端、通信系统、云平台、网关、驾驶辅助系统、自动驾驶系统等新架构汽车产品标准等，为我国智能网联汽车的快速发展保驾护航。

制定完善的智能网联汽车全生命周期管理体系，从产品认证、市场准入、运行监督、缺陷召回等多方面对智能网联汽车产品进行管理和规范。尤其要加快制定汽车信息安全相关标准和规范，推动中国汽车信息安全保障体

系的构建；加强对端—网—云各环节的信息安全监管，建设国家智能网联汽车运行的基础大数据运维及监管中心；加快制定用户数据隐私保护的有关法律法规，从法律层面对数据的存储、使用等方面做出要求，规避可能出现的用户数据泄露、数据滥用等数据安全问题；尽快开发智能网联汽车保险产品。

（二）整合国内外资源，构建适应自主可控ICV产业链

加强国际交流与合作，借鉴美国、欧洲、日本等国家或地区的优势和特点，通过开放合作、引进团队等方式，快速掌握核心技术；支持我国企业在境外设立研发中心，整合全球创新资源，并且促进国内智能网联汽车产品、技术、服务的出口，逐步扩大在本领域的影响力；不断扩大市场开放，进一步激发国内市场活力。

依托国内诸多便利条件，整合跨行业资源，实现关键共性技术协同研发和共享，解决共性基础问题，包括技术发展战略、ICV复杂系统体系架构、人工智能支撑技术、人机交互、人机共驾基础技术、ICV基础数据库及测试技术等；大力推动技术创新成果产业化转移，促进核心零部件的技术孵化和产业落地；加快产业链布局，培育关键零部件自主企业；培育具有核心竞争力的自主品牌市场主体，打造跨地域的ICV产业聚集区；推进产业链上下游合作，大力支持自主基础技术研究与自主零部件供应商成长。

中美贸易摩擦再一次提醒我们不掌握核心基础技术的风险，尤其对于涉及国家战略安全的智能网联汽车，必须更加重视自主基础技术研究与产品开发。因此，可以鼓励OEM与自主零部件企业配套合作，建立良性协作关系，共同规划产品战略，适度容忍供应商试错，尤其是在核心芯片、计算平台、数据平台、核心传感器、虚拟仿真测试软件等领域，可以通过项目支持鼓励自主供应商发展，攻克卡脖子技术。

（三）统筹智能网联汽车测试、示范应用及推广

建议在符合条件的城市及区域增加、扩大智能网联汽车示范区/测试场的数量和范围，建设和完善各类专用测试场，健全测试场景，完善示范区的

软硬件设施和测试能力；加快建立监管运营标准规范和测试评价标准规范等，推动不同测试示范区的测试结果互通互任；在测试示范区内酌情放宽采集道路和路边建筑物高精度信息的限制，提高智能网联汽车上路测试的效率，尽快开展智能网联汽车在公共道路的规模化、长距离测试，为智能网联汽车的市场化提供有利条件；建立自动驾驶开放道路认定和分级的标准规范、自动驾驶能力与开放道路等级的匹配制度，推进自动驾驶测试由示范区的封闭/半封闭道路走向开放道路，完成充分的验证。

探索测试示范区之间的数据共享机制，鼓励示范区之间的沟通和协调，建立示范区之间的数据共享平台；考虑公开高精度地图数据，逐步放开交通事故数据、自然驾驶数据的使用，脱敏后提供给行业研究机构使用，支持完成中国典型驾驶场景数据库的建设和完善工作，加速智能网联汽车场地、虚拟仿真、道路测试评价技术的发展进步。

在自动驾驶未能驶上公路之前，在“地理围栏”内选择合适的应用场景，是自动驾驶下一步突破的关键。在商用车辆领域，封闭/半封闭道路中那些相对分散的“小场景（限定场景）”对自动驾驶同样有着迫切的升级需求。这些场景或许相对分散，但其市场体量仍然可观，并且对自动驾驶需求强烈，正在成为自动驾驶商业化的突破口。建议加快在港口、工业园、仓库、机场、景区等限定场景下推广应用，探索自动驾驶商业模式。结合2022北京冬奥会、雄安新区等建设机遇，推进ICV技术、智能交通系统和智慧城市规划建设的示范应用。

（四）加大政府投资力度，加快推进智能基础设施建设

加大资金投入，完善城市道路规划，推进路面设施信息化升级与智能设施建设的“双同步”；提高路网V2X等通信网络覆盖率，实现车、路、人、云平台之间的互联互通；建设车—车、车—路网络信息交互与管理大数据平台，构建政府监管、企业运营、社会服务等一体化的智能交通体系；加强跨部门、跨地域的协同合作，破解智能网联示范公路建设难题，构建不同类型的示范道路，带动基础设施的智能化改造，与智能交通、智慧城市形成产业协同。

零部件篇

Components and Parts

B.9
2019年汽车零部件发展报告

摘　要： 本报告对2019年全球及我国汽车零部件产业发展总体情况进行分析，总结我国零部件产业存在的问题，结合零部件产业发展趋势，提出零部件产业的发展建议。

关键词： 零部件　产业发展　转型升级

一　汽车零部件发展概况

（一）全球零部件总体概况

1. 市场压力加大，企业利润下降

从主力国家代表的世界销量看，2018年，世界汽车销量9333万辆，同比下降1%，自2010年以来首次陷入年度负增长。2019年，汽车销量9032

万辆，同比下降3%，连续第二年负增长，并且下降幅度呈现加大的趋势。

在全球汽车市场销量下滑的情况下，零部件企业经营压力加大。近日，博世、安波福、李尔、佛吉亚、爱信精机、电装、普利司通等知名国际零部件集团陆续发布最新财报数据。从20家企业财报数据来看，几乎60%企业营收下滑，40%企业业绩与2018年持平或微增。营业利润方面，50%出现同比下滑状态，仅有2成企业营业利润同比增长。受到整车市场冲击，以及来自中国、印度市场的下行压力，2019年营收、利润双降者居多，零部件企业市场压力加大。具体来看，博世作为国际第一大零部件集团，2019年整体营收与前年持平。博世财报数据显示，2019财年集团总销售额779亿欧元（约合人民币5896亿元），息税前利润30亿欧元（约合人民币227亿元），同比下跌43.4%，息税前利润率3.9%，同比下降3.0个百分点。其中，博世汽车事业部销售额为470亿欧元（约合人民币3557亿元），也与上年基本持平。电装2019财年第三季度财报（2019年4~12月）显示，在报告期内，电装的合并营收总计38950亿日元（约合人民币2483亿元），较上年同期减少2.1%；综合营业利润为1627亿日元（约合人民币104亿元），同比下跌33.2%。

2. 竞争加剧，并购合作与业务重组加速

在全球汽车产业智能化、网联化、电动化变革不断深入的大背景下，当前汽车正加快从传统燃油车向下一代智能及新能源汽车升级。整车技术结构的变化，正迫使上游汽车零部件企业加速转型。而为能在未来竞争中，抢夺更多市场份额，近年来汽车零部件市场的拆分及并购重组活动有了明显加剧，2019年全球汽车零部件并购交易总额达到500亿美元。2019年比较有代表性的并购案有：博世买断戴姆勒所持双方合资电机公司股权、博格华纳收购莱因哈特驱动系统有限责任公司、舍弗勒收购软件和电子解决方案公司XTRONIC等。其中，传统零部件领域如底盘和动力总成仍是并购主体，而新技术领域如电子电气也受到零部件企业越来越多的关注。按区域划分，日本零部件企业有着良好的发展趋势，欧洲和北美企业虽然交易活跃度有所降低，但仍坐拥最大的交易市场（见表1）。

表1 2019年全球汽车零部件合作、并购及重组情况

时间	概况
1月	博世收购戴姆勒持有的合资电机公司EM - Motive GmbH股份
1月	TomTom向普利司通出售远程信息处理业务,争夺车载地图市场份额
3月	德赛西威收购德国百年天线技术公司ATBB
4月	博格华纳先后收购莱因哈特驱动系统有限责任公司及AM Racing股份有限公司,力求探索各种电力和混合动力驱动系统解决方案的利基和新兴应用
4月	李尔3.2亿美元收购汽车软件生产商Xevo,以扩大其智能网联业务
5月	舍弗勒收购软件和电子解决方案公司XTRONIC
6月	英飞凌90亿欧元收购赛普拉斯半导体
6月	采埃孚以超70亿美元收购威伯科
10月	佛吉亚从大陆手中收购合资公司剩余股份,将提升驾驶舱研发实力
11月	日立和本田宣布,将日立全资子公司日立汽车系统公司以及本田旗下的昭和、京滨和日信工业公司,整合成一家全新公司
12月	潍柴完成对德国ARADEX的战略收购
12月	高科技公司欧司朗(OSRAM)宣布与传感器解决方案制造商艾迈斯(ams)进行整合

3. 国外企业加快在中国布局

我国目前汽车零部件制造业年销售额在4万亿元左右。位居世界第一的汽车市场规模使国际零部件企业争相投资中国,在电动化、智能化等发展趋势下,零部件巨头企业纷纷加强与中国企业合作并布局。

博世集团作为全球最大的零部件供应商,2019年除了聚焦传统企业领域外,也在积极布局转型升级,重点投资新能源和自动驾驶。2019年初,博世集团旗下博世创业投资公司参与中国四维智联公司的A轮融资,博世将为四维智联公司团队简化车辆智能化提供强有力的支持,支持车联网集成解决方案发展。2019年3月,博世亚太地区首个博世智能助力器(iBooster)生产基地于南京正式落成启用,该生产基地作为德国、墨西哥基地之外的第三个工厂,生产网络覆盖整个亚洲,包括中国、日本与东南亚等地区,这也是博世推动电气化、智能化的又一突破。同时,博世未来驾舱(上海)技术中心于2019年7月启用,未来五年预计投入10亿元研发费用。其位于无锡的氢燃料电池中心也于2019年12月奠基,并将于2020年底建成,计划

于 2021 年实现小批量生产。此外，博世还加强与中国本土企业的合资合作。2019 年 4 月，博世（上海）智能科技有限公司携手上海漕河泾新兴技术开发区科技创业中心，共同成立博世“ShanghaiConnectory”创新孵化基地，双方将共同促进中国本土物联网生态系统的建立。2019 年 5 月，博世与蜂巢互联签署关于“联合创新提供数字化解决方案服务于中国制造企业转型升级”的战略合作备忘录；9 月，与动力电池龙头企业宁德时代正式建立长期战略合作伙伴关系，宁德时代将在全球范围内为博世 48V 动力电池系统提供动力内核。2019 年 11 月，博世中国氢燃料电池中心在无锡奠基，作为博世集团首个在德国本土以外设立的燃料电池中心，博世无锡氢燃料电池中心的奠基是博世布局车用燃料电池市场、积极推进其商业化的又一关键性战略举措。

电装公司也加大了在中国布局新能源。2019 年 5 月，电装与广州南沙经济技术开发区管理委员会正式签订《关于电装（广州南沙）有限公司华南新厂区项目投资合作协议书》，将投资 20 亿元在华建设新能源汽车零部件工厂。该工厂预计 2021 年开始投产，2022 年实现量产。

2019 年麦格纳在中国的布局仍在不断加大。2019 年初，麦格纳携手北汽新能源成立麦格纳卫蓝新能源汽车技术公司，主要从事高端智能纯电动汽车生产制造。2019 年 6 月，与豪能股份全资子公司泸州长江签署战略合作协议，双方将在“锻造件、同步器系统和驻车系统”领域建立战略合作关系。2019 年 10 月，华域麦格纳电驱动系统有限公司在位于上海的新工厂首台电驱动系统在中国投产。

大陆集团也看好中国市场，重点注重提升本土研发创新能力，跨区域合作成为其重点发展方向。2019 年 3 月，大陆集团位于重庆的研发中心正式投入运营，主要开发汽车电子产品，包括车身及动力总成的产品和解决方案，尤其是在网关、电动闭锁系统、车身控制器及变速箱控制器领域的研发与测试，这也是大陆集团持续加强“中国本土化”布局的重大举措。2019 年 5 月，大陆集团中国材料研发中心正式启用，此研发中心重点聚焦橡胶与塑料研发技术，继续推动材料本土化进程。2019 年 7 月，大陆集团第六大动力总成工厂——芜湖动力总成新工厂一期工程正式开业，这是大陆集团动力总成事业部独立后第一个开业的基地，也是大陆集团持续深耕中国市场的重要一步。2019 年 10 月，大陆集团长春净月工厂扩建项目正式投入运营。新建车间可以容纳 8 条 SMD 生产线及数条后端生产线，计划到 2024 年，超过 21 条后端生产线将落户此车间，用于生产高性能计算单元、车身控制模块、智能天线、蓝牙通信模块、天窗控制模块、胎压监测系统等产品。

采埃孚除扩大电驱动技术事业部、通过多种并购合作等方式拓展业务布局外，仍在不断加速其中国化的进程，投建新厂、研发中心等动作不断。2019 年 3 月，采埃孚与中国汽车技术研究中心有限公司正式签署战略合作协议，双方将在汽车行业标准与技术法规研究、C – NCAP 安全标准评估、产品检测试验与认证、管理培训、信息服务、科研项目等领域进行战略合作；2019 年 5 月，采埃孚在华建新底盘零部件工厂，进一步加强其在中国市场的布局；2019 年 8 月，采埃孚 8 挡变速器（8HP）在中国正式投产交付，生产线上大部分设备都实现了中国本土采购。2019 年 11 月，采埃孚与卧龙电气驱动集团成立合资公司，合资公司总部设于浙江上虞，生产电机和部件，将率先准备面向未来的市场需求，进一步支持采埃孚在中国市场的持续发展。同月，采埃孚与广州市花都区政府签订协议，将在当地建立其在中国的第三家研发中心，这也意味着其中国市场布局的进一步深入。

表 2　2019 年其他外资企业在华主要投资建厂情况

时间	事件
1 月	LG 化学再投资 73 亿元扩大南京工厂
4 月	安波福宣布，将在中国建立自动驾驶技术中心
4 月	宝马在江苏投产发动机，建碳纤维轻量化产业中心
5 月	SK Innovation 宣布，将斥资 5799 亿韩元（约 4.9 亿美元）在国内投资新建锂离子电池厂
7 月	康明斯宣布扩建武汉研发中心，增加投资 1.3 亿美元以上
10 月	法雷奥全球最大研发中心落地武汉
11 月	舍弗勒将在湖南湘江新区成立一家独资公司并设立舍弗勒大中华区第二研发中心暨舍弗勒中国智能驾驶研究院
12 月	SKI 投资 73.8 亿元建设盐城电池工厂

（二）我国零部件发展分析

1. 市场呈现下行趋势，企业经营压力加大

2019 年，我国汽车累计产销量分别完成2572. 1 万辆和2576. 9 万辆，同比下滑 7. 5% 和 8. 2%，延续下滑态势。在全球经济增速放缓、车市下行和中美贸易摩擦等背景下，汽车零部件产业发展面临了前所未有的挑战和考验。目前 A 股汽车零部件行业主要涉及 136 家上市公司。根据财报，2019 年前三季度零部件企业合计营收 4226. 3 亿元，同比下滑 3. 51%；合计归母净利润 229. 98 亿元，同比下滑 29. 62%，整体营收及归母净利润均出现回落趋势，且利润降幅高于营收降幅。就各企业来看，2019 年前三季度有半数以上零部件企业营收负增长，近 7 成企业归母净利润下滑，14 家企业同比由盈转亏。2019 年前三季度，汽车零部件行业中营收最高的企业是华域汽车（600741. SH），金额约 1055. 96 亿元。其次是均胜电子（600699. SH），金额约 458. 06 亿元。此外营收超百亿元的企业还有福耀玻璃（600660. SH）和宁波华翔（002048. SZ）。从营收增速来看，前三季度有 63 家零部件企业营收同比增长。其中，恒立实业（000622. SZ）以 369. 87% 的增幅列居首位。此外营收倍数增长的还有隆盛科技（300680. SZ），增幅约 132. 25%。73 家企业营收同比下滑，占比半数以上。其中，营收金额排名第一的华域汽车，1 ~9 月营收同比下滑 11. 11%，是 4 家营收超百亿元企业中唯一收入下滑的。

进出口方面，我国汽车零部件进出口也呈现下降趋势。2019 年汽车零部件进出口分别为 353. 1 亿美元、665. 59 亿美元，同比下降 12. 8%、4. 4%。这在一定程度上反映出当前市场下，零部件企业普遍面临着较大的压力。据不完全统计，2019 年安徽栋霖、国威科技、沃特玛等多家企业破产清算；银亿集团、信义集团、国鹏橡胶等越来越多企业走上破产重整之路。

2. 关键技术不断取得突破

在传统关键零部件产品领域，以动力总成技术为例，中国品牌汽车及主要发动机生产企业逐步掌握了汽油机缸内直喷、涡轮增压、柴油机高压共轨

等产品核心技术。变速器企业也已逐步具备 DCT、大扭矩 AMT、8 挡 AT 及 CVT 的自主研发、生产能力，部分产品已成功投放市场。其中以长城汽车为引领的整车企业，以盛瑞、东安、万里扬为引领的变速箱企业，在变速箱的产品研发方面取得了较大成绩。

新能源汽车方面，目前从产业发展情况来看，动力电池单体能量密度、循环寿命、充电倍率、使用寿命等性能指标均有了较大提升，研发的 NCA 三元高比能量动力锂电池能量密度达 303Wh/kg，已达到 2020 年政策目标。高效驱动控制器和驱动电机、变速器一体化的产品取得了新进展。在驱动控制器方面，研制成功了碳化硅的半导体芯片、IGBT 的双面芯片，提高了高密度电机的控制技术和能量回收效率。在整体设计上，驱动电机、电机控制器和减速器深度集成的电驱动一体化总成成为主要的技术方向。我国的电驱动企业和一些整车企业都推出了三合一电驱动的总成系统，最高转速为 13000 ~ 16000rpm，一些产品已经在整车上面实现了产业化。

智能网联汽车的技术也在快速发展，在车用的操作系统、车规级的芯片、电子电气的架构、信息安全等技术研发上也取得了进展。像斑马、百度等与车企合作开发的车载操作系统已经规模化在现有的车型上推广应用，华为、东软等也在加大车载计算平台的开发及车控系统的研发力度，端—管—云这种产业生态体系初步构建。

3. 企业竞争力有所增强

中国品牌零部件企业通过多年发展，大多已具备较强的生产制造能力和一定的市场竞争力。对内，零部件企业强化系统管理，以先进的现代企业管理方式为基础，不断培养和提升企业产品质量控制、采购物流管理、风险控制等能力，构建高效率的生产组织方式，控制产品成本。对外，零部件企业的供货方式逐渐由单一零部件向总成、向系统和模块化供货的方向发展。根据 Automotive News 发布的“2019 年全球汽车零部件配套供应商百强榜”，中国有 7 家企业入围，席位数比 2018 年榜单增加 1 个，创历史最好水平，体现出我国零部件企业国际竞争力不断增强，7 家上榜企业营收接近 300 亿美元。延锋仍以绝对优势继续领跑中国企业，延锋的排名从 2018 年的第 16 名上升至第15名，其2018年营收总额达145.06亿美元，2019年实现了1.6%的同比增幅。另外入围榜单的中国企业有北京海纳川、中信戴卡、德昌电机、敏实集团、五菱工业、安徽中鼎密封件股份有限公司。其中2019年上榜的安徽中鼎密封件股份有限公司2018年的配套销售额为17.14亿美元，较前一年上涨5.8%。而北京海纳川的名次为第61名（上年为第65名）、中信戴卡为第65名（上年为第71名）、德昌电机为第80名（上年为第79名）、敏实集团为第86名（上年为第92名）、五菱工业为第89名（上年为第80名）。需要指出的是，在百强榜中，除了中国本土企业之外，还有一些是中方投资的公司，比如，第87名的SEG Automotive已被郑煤机收购，第96名的Preh GmbH公司为均胜投资集团有限公司在2017年收购的子公司。

4. 零部件产业集群效应凸显

我国汽车零部件工业是伴随整车厂起步发展的，基本都是围绕整车生产基地，呈现集群式发展。经过多年发展，中国已形成东北、京津冀、中部、西南、珠三角及长三角六大汽车零部件产业集群。在六大产业集群中，汽车零部件产业产值占全产业的80%左右。围绕整车企业，汽车零部件企业以“扩规模、调结构、提升附加值”为抓手，提高了产业链纵向延伸和横向合作的效率，产业链协同效应初步显现，结构竞争优势大幅提升，集群规模和集群效应更加凸显。

5. 自主创新体系初步形成

中国品牌汽车零部件自主创新体系初步形成。一方面，汽车零部件企业加快研发平台建设，以企业工程（技术）中心为载体，构建了较为完善的流程开发、生产管理、采购流程、质量管理体系，逐步培育形成了以产品性能结构改进设计能力、制造工艺改进能力和成本领先的集约型研发组织能力为主要内容的工艺导向型研发能力。另一方面，企业不断加大研发投入，中国品牌规模以上零部件企业研发资金占销售收入的比例超过2%，重点新型领域的研发占比达到5%以上。同时，中国品牌零部件企业高度重视硬件方面的技术改造升级，加快自动化、数字化生产装备应用于技术研发中心建设，推动零部件技术与产品品质的全面升级。

6. 聚焦新兴领域，合资合作加大

随着低碳化、信息化、智能化的发展，推动形成以新能源汽车零部件、智能网联汽车零部件为代表的新兴产业领域，也将推动零部件企业与通信、互联网等企业跨行业、跨技术领域合作，并引发新一轮并购、重组活动的发生。同时，面对日益严峻的市场竞争，整零加强合作才是生存与发展的最佳选择。2019 年，吉利与百度宣布，双方在智能网联、智能驾驶、智能家居、电子商务等 AI 技术在汽车、出行领域应用展开全面战略合作，共同研究探索“最强汽车 + 最强 AI”，携手加速中国智能汽车的进化。长城汽车也宣布与腾讯达成战略合作伙伴关系，围绕智能座舱、数据中台、数字化用户运营、共享出行等领域展开全方位深度合作，支持长城汽车数字化转型战略。

表 3　2019 年国内企业在新兴领域主要布局情况

时间	事件
1 月	国轩高科全球总部基地在上海开建
1 月	伟丰新能源投建 20 亿元动力电池项目
1 月	恒大斥资 10.6 亿元布局动力电池
3 月	毅合捷燃料电池空压机项目无锡工厂启动仪式暨 Easyland 和英国 Aeristech 战略合作签约仪式
3 月	雪人股份总投资 45.5 亿元“氢燃料电池项目”落户重庆市
3 月	万向投资 680 亿元动力电池/储能项目开工
4 月	卫蓝新能源 1.8 亿元建固态电池项目奠基
4 月	吉利新能源电池研究院落户嘉兴
5 月	远东福斯特 12GWh 动力电池项目一期正式投产
5 月	北汽鹏龙布局全国首个大型动力电池梯次利用项目
6 月	比亚迪锂电池项目落户广州增城
10 月	正威集团将在四川达州建国家级新能源新材料产业基地

二　我国零部件发展面临的问题和趋势研判

（一）零部件发展面临的主要问题

1. 企业利润空间收窄，赢利水平不容乐观

在我国汽车产业发展低迷的背景下，2018 年零部件行业经济效益走低。

截至2018年底，根据对13019家规模以上汽车零部件企业的统计，利润总额2506亿元，下降2.3%；亏损额增长明显，比上年同期增长48.2%。从136家上市公司2018年业绩来看，整体赢利水平均下降，营业收入同比下滑企业占比接近30%。受汽车行业下行压力持续加大、上游原材料价格上涨，以及物流、汇率等多方因素的影响，短期内我国汽车零部件市场的赢利水平不容乐观。

2. 汽车零部件产业布局有改善，但结构仍需完善

我国汽车零部件关键领域仍以外资汽车零部件企业为主导。我国汽车零部件行业起步较晚，外资汽车零部件供应商则凭借其先行优势，在我国关键汽车零部件制造领域起到主导作用。在此背景下，我国汽车零部件企业积极寻求与外资汽车零部件企业的合作机会，通过不断地积累技术，缩小与跨国汽车零部件企业在关键零部件制造领域的差距，在某些整车关键零部件配套领域实现了一定的突破。

我国汽车非关键零部件领域市场集中度极低。中国品牌零部件企业中虽已出现一批专业性较强的企业，但更多的国内零部件企业集中在低附加值零部件领域，且分散重复，亟待进行结构调整和完善。

3. 全球化进程不断推进，国际竞争力还需增强

在严峻的国际形势下，我国汽车及零部件产品贸易、海外投资并购保持良好态势，说明中国零部件在国际市场具有一定的认可度。在产品贸易领域，我国零部件出口的产品仍以品牌附加值低、性价比高的产品为主，以零部件及功能件为主体的出口产品体系正在形成。虽然高技术含量的产品出口有所发展，如发动机整机，但很难进入跨国公司采购体系，在国际市场的话语权有待提升。在海外投资领域，均胜电子、潍柴动力等国内巨头零部件企业，在海外投资并购市场表现活跃，通过对国际一线企业业务的并购来提升企业在行业的竞争力，进入主流外资厂商的配套体系，初步完成了全球化战略布局。部分大型零部件企业在布局海外生产基础上，积极建立海外研发中心，进一步提升其全球研发、配套和生产能力，逐渐从“以产品出口为导向”向“以价值链优化为导向”的阶段转变。

整体上来看，我国汽车零部件企业全球化发展仍处于初级阶段，企业的海外发展受到诸多限制。我国是汽车零部件的“制造大国”，但依旧不是“制造强国”，国内大部分零部件企业的国际化发展缓慢，全产业链的国际化战略布局仍需要政策的有效引导和支持。在全球经贸形势的不确定性加大、发达国家对制造业回流的重视、新兴国家的产业竞争优势提升等背景下，中资企业在国际市场投资阻力加剧，投资后的融合效果与预期差距较大，海外投资风险管理仍待完善。我国汽车零部件企业全球化战略目标的达成，以及在全球产业分工和价值链地位的提升，仍需政府健全法规政策体系，以创造良好的外部发展环境和内部营商环境，需要企业在可行的国际化战略指引下，注重提升企业经营管理能力、品牌建设和技术自主创新能力。

4. 中美经贸摩擦的不确定性，给零部件产业带来影响

在汽车零部件领域，中国汽车零部件企业出口美国的零部件每年大约有100亿美元的规模，仅次于墨西哥，主要出口产品是车轮和轮胎等，受中美经贸摩擦影响中国汽车零部件生产企业会受到一定影响；另外，从美国进口的主要为发动机部件、变速箱、汽车电子部件等高附加值零部件，进口方面也会受到一定影响。

中美经贸摩擦给零部件产业发展带来不确定性。在市场方面，主要表现为海外业务营收占比较大且主要依赖出口的零部件企业受贸易摩擦的冲击较大，部分高端品牌汽车零部件加速海外发展进程。如：车轮、轮毂供应商迪生力、跃岭股份，减震器供应商正裕工业，刹车片供应商金麒麟等受到较大冲击。在技术方面，过于依赖美国芯片的汽车电子领域或将受到直接影响。作为全球最大的半导体芯片消费国家，我国半导体芯片市场严重依赖进口。中美经贸摩擦将倒逼中国零部件企业自力更生，立足自身，在核心技术上形成突破，重视在汽车电子领域的自主知识产权发展。在对外投资方面，美国对中国品牌汽车零部件企业在美国的发展将设置更多的障碍，不利于中国零部件企业整合美国零部件领域技术和人才。不管未来中美经贸关系态势如何变化，中美贸易摩擦将对中国汽车产业发展战略、发展形态、发展重点产生深刻影响。

美国加征关税不仅会打击中国本土制造商，还会打击包括美资企业在内的外资制造商。统计数据显示，我国出口的汽车零部件中约有70%为“三资”产品，其中美资企业占比约为35%，总额高达50亿~80亿美元。另外，中美经贸摩擦带来的不确定性给中国投资环境带来影响，对美贸易依赖性大的企业或将业务转移搬迁到第三国，不利于国内汽车零部件企业转型升级。

5. 结算周期过长，加重了零部件企业负担

零部件企业在给整车企业的配套业务中，整车企业的结算周期过长，结算方式落后，加重了零部件企业的负担，加大了零部件企业的生产成本。一方面，整车企业的结算周期过长。零部件企业大多数是中小型企业，在与整车企业的合作过程中，大多数处于劣势地位，而整车企业往往依靠强势的市场地位强迫零部件企业接受不合理的付款期限或者迟延支付零部件企业的款项。该现象普遍存在，大部分零部件企业特别是中小型企业不堪重负，不得不承受高额的贷款利息，导致资金周转困难，生产经营活动受到严重影响。另一方面，整车企业的结算方式落后。当前，大多数整车企业在付款时还在使用承兑汇票，这种结算方式存在一定的弊端。从付款周期看，纸面汇票的付款周期一般在6个月，电子汇票长达12个月，零部件企业不能马上获得货币资金，如继续资金周转需要承担高额贴息；此外，承兑汇票办理手续相对烦琐，企业的时间成本较高。

（二）零部件发展趋势研判

1. 汽车产业全球化趋势明显

随着汽车行业整体技术水平与研发能力的不断提升，我国汽车零部件产业不仅与国内整车厂形成了完整的产业链，而且在全球汽车配套市场扮演了越来越重要的角色，成为全球主要的汽车零部件制造与出口国之一，全球化、国际化的步伐不断加快。国际化将成为提升产业竞争力的必由之路。伴随着汽车零部件产业组织结构的变化，越来越多的整车厂将实行零部件全球化采购。欧美等国家或地区汽车工业生产成本居高不下，为了降低成本，国外汽车巨头纷纷把零部件的采购转移到我国。目前，国际采购商对于中国采购日

趋理性和实际，通过选择和培养潜在核心企业，加大自身物流整合，加强与外资在国内工厂的沟通，提高后者对于出口的积极性；同时采取分散采购目的地、与其他新兴市场进行对比决定采购地点等方式来推进中国采购的进程。

2. “新四化”引领零部件产业转型升级

电动化、智能化、网联化、共享化趋势正在引领汽车工业升级转型，促进零部件产业发生深刻变化，将推动以新能源汽车零部件、智能网联汽车零部件为代表的新兴产业领域的发展，也将推动零部件企业与通信、互联网等企业跨行业、跨技术领域合作，并引发新一轮并购、重组活动的发生。这些新兴领域，将成为汽车产业变革的代表，既是全球零部件巨头主动出击、实施技术创新的重点，也是中国品牌零部件企业迎头赶上、打造后发优势的契机，更将成为我国政府出台政策进行产业引导的重点领域。

3. 整零关系逐渐改善

与发达国家以及汽车产业发展要求相比，国内整零关系都还有相当大的差距。目前，国内整车企业和零部件企业各自比较独立。国内整车企业往往在与零部件企业合作一段时间后，选择自己生产零部件或更换供应商，造成很多零部件企业在投入大量研发费用后无法批量生产。对于核心零部件，整车企业更多的是选择自己生产，而不是与国内更专业的零部件供应商长期合作。同时，国内整车企业不断挤压零部件供应商的利润空间，造成后者在新的研发项目上压力较大。“新四化”的发展，对零部件产业的发展提出了更高的要求，整零关系将被重塑，逐步构建新型“整车—零部件”合作关系，探索和优化产业技术创新联盟、成本共担、利益共享合作机制，鼓励整车骨干企业与优势零部件企业在研发、采购等层面的深度合作，建立安全可控的关键零部件配套体系。零部件企业要深度参与整车新车型的全过程开发，积极融入整车研发、采购、生产、销售等各个环节，让零部件企业成为参与者甚至成为规则的共同制定者，实现共赢。

4. 行业整合成为发展趋势

目前国内大多数汽车零部件企业销售额较低，与销售额高达百亿美元的跨国巨头相比，中国零部件企业规模明显偏小。国内零部件企业要想在未来国际化市场竞争中占有一席之地，最快捷的途径就是通过兼并重组，形成规模化的零部件企业集团。零部件企业的兼并重组比整车更急迫，如果没有大的零部件企业出现，成本下不来，质量上不去，整个行业的发展就会极其困难。国内零部件企业若想快速发展，必须加快兼并重组，形成规模效应。

整体而言，我国汽车零部件企业的总体经营状况较好，但零部件企业在技术创新、品牌建设、渠道建设等诸多方面还存在明显的短板，企业综合竞争力仍需提升。因此在汽车零部件行业规模化、模块化、集中化的发展趋势下，通过业内的兼并收购以及淘汰技术含量低、规模小的企业，从而提高汽车零部件行业市场综合竞争力成为我国零部件行业发展的一大趋势。

5. 竞争格局将逐步由增量转向增量和存量并重发展

截至 2019 年底，我国汽车保有量突破 2. 6 亿辆，在增量市场出现结构性调整的情况下，存量市场将成为诸多零部件企业关注的重点。存量市场竞争一方面会加速零部件行业集中度提升，加快行业整合，行业资源将向一、二线企业集中，且一线企业话语权会越来越强；另一方面，更多企业将关注后市场高品质零部件的供给，推动中国汽车后市场规模化、规范化、高质量发展。

6. 零部件再制造产业将成新“蓝海”

欧美的零部件再制造占到汽车后市场 50% 的份额，而中国的再制造份额只有 2% ~3% 。随着我国汽车保有量的增加和车龄的增长，我国汽车零部件再制造或将造就一个新的巨大市场。

近年来，我国有关部门非常重视再制造产业的发展，出台和实施了一些新的政策，为国内企业开展汽车零部件再制造扫平了政策障碍，统一了思想认识，营造了良好的发展氛围。2019 年 5 月，《报废机动车回收管理办法》正式公布，发动机、变速箱、前桥、后桥、车架等“五大总成”的再制造解禁；2019 年 12 月，国家发改委发布了《机动车零部件再制造管理暂行办法（征求意见稿）》。

随着相关政策的出台，零部件再制造将得到快速发展，中国汽车零部件再制造产业将贯彻绿色发展理念，走出一条有中国特色的发展道路。

三 我国零部件产业发展建议

（一）优化产业发展环境

政府要积极推进体制机制创新，完善汽车零部件产业政策，为企业的成长提供良好政策环境。第一，积极推进企业改革，加快现代企业制度的建立落实，为企业发展创造公平与效率兼备、有活力的、完善的市场经济制度环境，以塑造、培育和扶植本国品牌的市场基础。第二，努力打破壁垒和制度障碍，健全国内市场体系，健全和维护市场交易规则和秩序，使我国企业在内外竞争机制的共同作用之下，通过优胜劣汰依靠自身能力的提升成长为大企业集团，培育出一批国际品牌。第三，完善法律法规体系和执法监督体系，并加大执法力度，严厉打击对企业的商誉、知识产权、专利技术等方面的侵权行为，创造有利于企业发展的良好法律环境，维护企业的合法权益，进而保护和提高整车和零部件企业发展积极性。第四，不断完善汽车零部件产业科技创新生态系统，为汽车零部件产业的技术创新营造良好环境。

改善贸易环境，降低贸易成本。第一，通过实际行动消除贸易合作国的误会与分歧，并扎实推进双边投资、贸易保护协定的商签，消除投资和贸易壁垒，促进双边投资和贸易的便利化，构建良好贸易环境。第二，建立政府部门间协调工作机制，加强宏观协调。建议政府牵头创立协调、预警、应急、服务和磋商五大机制，强化其功能，保障中国海外公民安全、海上贸易安全以及原料供应和能源供应渠道畅通等。第三，建立健全海外投资法律法规，使境外企业投资行为有法可依，以保障中国对外投资企业的合法权益。

（二）发挥传统优势，积极寻找转型升级新方向

互联网、信息技术等与零部件产业的深度融合带来了零部件产品的转型升级，零部件行业面临由制造业向服务型制造业转型的需求。在跨界与融合的大背景下，把握住零部件行业的发展脉络，紧跟行业发展趋势至关重要，

但同时也要夯实发展基础，发挥传统优势。

针对传统优势领域，零部件企业应坚持重点突破，依靠科技创新，引领企业发展。广泛应用高新技术改造企业现有制造装备，建立技术创新机制，对现有“拳头产品”不断优化升级，以适应市场对新产品的需求。开展与高等院校、科研院所技术合作交流活动。针对零部件行业特点，提出关键技术和共性技术难题，特别是针对“卡脖子”的技术，组织联合攻关，建立汽车零部件研发技术联盟，共享研发成果，加快实现科研成果的产业化转换。

在新能源汽车方向，虽然我国在新能源汽车零部件领域取得了一系列的技术突破，关键技术性能指标得到提升，但在固态电池、基础材料、基础工艺、电池安全管理、整车能量管理、动力电池回收技术等领域，与美、日等汽车发达国家有较大差距，仍然需要零部件企业进一步加大投入力度，全力赶超。在新能源补贴退坡及进一步开放的背景下，中国汽车零部件企业必须夯实内功、加大投入，培育核心能力、掌控战略资源，补齐短板、提升竞争力。

在智能网联汽车方向，随着汽车相关技术的发展、全新的汽车产业生态及汽车产业价值链的重塑，智能网联汽车给产业格局、产业融合发展、上下游产业链、产品功能带来了深远影响。零部件企业应瞄准方向，一方面，传统零部件企业必须拥有跨行业的视野，学会开展跨领域的竞争与合作，加强与互联网企业的跨界融合，积极开展跨界合作，充分吸收和利用互联网资源优势，弥补自身业务短板；另一方面，加强自身技术创新，针对激光雷达、智能座舱、车用传感器、车载芯片等核心产品进行研发突破，占领新的技术高地。

（三）构建新型整零关系，促进产业协同发展

由于全球经济复苏重振和科技的巨大进步，全球汽车产业都在大力推行大规模定制商业模型，这样必然要求众多的多层次、大小规模的零部件企业要大力创新，用创新驱动企业的发展，实行模块化同步工程，以至超前工

程，密切配合新型商业模型发展的需求。

协同创新工程是当前以及未来汽车产业整零关系的发展趋势，在我国汽车工业已广泛的发展和深化中，已成为走向汽车强国一个重要的缩影。实施协同创新工程是我国零部件企业转型升级的重要方向，谁做得好，谁就是优胜者。

整车和零部件企业应建立长期的战略合作关系。所谓战略合作关系，就是在产品技术、质量和成本三方面建立长期、稳定、相互依赖和信任的关系，三者缺一不可。其中最重要、最关键的是技术关系。实践证明，以技术为纽带建立起来的整零关系一定是长久、稳定、平等和相互尊重的。因此，零部件企业要具备满足整车技术要求的研发能力，拥有不易复制的产品技术，掌握使整车达到国家法律法规和行业标准的节油、排放、安全等各方面技术。如果零部件企业做到这一点，就可以掌握主动权，让整车企业对自己有所依赖，难以离开。所以，建立技术关系是改善整零关系的基础和前提。

在此基础上，构建新型“整车—零部件”合作关系，探索和优化产业技术创新联盟、成本共担、利益共享合作机制，鼓励整车骨干企业与优势零部件企业在研发、采购等层面的深度合作，建立安全可控的关键零部件配套体系。零部件企业要深度参与整车新车型的全过程开发，积极融入整车研发、采购、生产、销售等各个环节，让零部件企业成为参与者甚至成为规则的共同制定者，实现共赢。

（四）加强国内外合作，提高产品议价权

积极推动多形式合资合作。随着国家放开对合资企业股比限制，更多的国外整车企业、零部件企业和关联企业将通过合资合作方式进入中国。我国汽车市场多样化将更加明显，产业和资源的竞争会继续加剧，必然面临着更为复杂的发展与合作形势。集团化企业的多元化布局可以有效降低单一市场的波动风险，而借势而为、加速并购、积极拥抱新兴技术领域也成为汽车零部件企业提高市场竞争力的主要举措。同时，建议与国内外知名汽车零部件企业进行多途径、多方式的合资合作，以提升自主设计和制造能力、技术研

发水平等来实现对汽车零部件市场的掌控。

通过超前研发拓展新兴市场，提高产品议价权。超前研发是国外汽车零部件行业比较成熟的商业模式，也是国内汽车零部件行业未来发展趋势。根据行业惯例，超前研发产品往往能够为企业获得一定时期的独家供货权，且该类产品的创新性往往使超前研发产品具有较高的毛利率。超前研发能力是零部件企业实力的重要体现。在当前的大环境下，零部件企业应该以汽车“新四化”为契机，针对电动化、网联化、智能化等新方向早做布局，超前研发，从而在未来激烈的市场竞争中占有一席之地。

（五）形成模块化供货能力，提高产品附加值

培育系统化设计、模块化供货能力，扩大产品覆盖面，优化成本结构。系统化设计与模块化供货不仅可以促进大规模重组、进一步降低成本、更好地满足客户定制的要求，而且有利于重塑零部件产业内部关系、重新确定零部件企业与整车企业的关系。模块化供货是国外汽车零部件行业成熟的商业模式，国内汽车零部件行业正在向该模式转化。模块化供货在保障零部件配套企业市场份额、核心产品赢利能力等方面均有重要作用。

为了适应国内汽车产业的发展，在激烈的市场竞争中站稳脚跟，提高国际竞争力，国内汽车零部件企业在掌握核心零部件生产工艺和技术的基础上，需深入进行企业的系统化设计与模块化供货能力建设，逐步缩小与国际先进水平的差距，为国内零部件行业的发展打下坚实的基础。

标准化篇

Standardization

B.10
2019年汽车行业标准化发展报告

摘　要： 本报告概述了2019年我国汽车行业标准化的基本情况，介绍了2019年汽车标准化主要工作、汽车行业重要领域的标准修订和主要标准化活动，阐述了汽车行业标准的发展趋势；介绍了中汽学会和中汽协会开展汽车行业标准工作的情况，统计了2019年已批准发布的汽车行业标准。

关键词： 汽车行业　标准化　团体标准

一　中国汽车行业标准化发展概述

全国汽车标准化技术委员会（SAC/TC114，以下简称“汽标委”），承担汽车领域国家标准、行业标准的技术管理工作；受国家标准化管理委员会委托，承担国际标准化组织/道路车辆技术委员会（ISO/TC22）和国际电工委员会/电动车辆技术委员会（IEC/TC69）及未来可持续交通系统评估工作组（IEC/SEG11）的国内对口单位职责；受工业和信息化部委托，参与联合国世界车辆法规协调论坛（WP. 29）协调。2019 年在工业和信息化部、国家标准化管理委员会等政府主管部门指导、行业各单位支持下，汽标委积极适应国家推进“放管服”改革、深化标准化工作改革等政策要求，不断调整优化业务和组织结构，健全完善管理制度和流程，积极探索汽车标准化新业务、新领域、新模式，持续提升专业技术水平和能力，在加强政府服务、支撑产业发展、推动国际协调、履行公益职责、创新业务发展方面继续创造突出成绩，取得广泛的社会效益和行业影响。

二 2019年汽车行业标准化主要工作

（一）标准制定与修订

2019 年，汽车行业共申报了 59 项国家标准项目和 121 项汽车行业标准项目，有 58 项国家标准项目和 43 项汽车行业标准项目获得立项批复。全年共 13 项强制性国家标准、26 项推荐性国家标准、3 项国家标准修改单、55 项汽车行业标准、1 项行业标准修改单获得国家市场监管总局、国家标准委及工业和信息化部的发布。此外，还有 39 项国家标准、2 项强制性标准修改单以及 51 项行业标准、1 项行业标准修改单已经复核并上报国家主管部门待批。

截至 2019 年 12 月 31 日，在汽车强制性标准体系中，已批准发布的汽车强制性标准共 124 项，其中主动安全 34 项，被动安全 28 项，一般安全 37 项，环保和节能 25 项；推荐性国家标准（GB/T）388 项；汽车行业标准（QC/T）828 项。

（二）标准国际化

1. 系统规划、深度参与 ISO/IEC 工作

全年共完成国际标准化投票 287 份，投票率 100%；2019 年组织行业相

关企业申报国际注册专家20余名；组织参加ISO战略咨询组会议、TC22年会、SC31、SC32、SC33、SC37等分委会年会，组织行业专家参加IEC/TC69年度会议。成功申请IEC新设立的未来可持续交通系统评估工作组（IEC/SEG11）国内对口单位职责，组织行业专家参与国际电工组织“未来可持续交通系统评估工作组”（IEC/SEG11）国际标准战略研究，支撑中国召集人履行工作组领导职责，参与未来交通用例分析、IEC未来可持续交通体系战略文件编制等相关工作，从国际标准战略规划的角度提出中国思路和方案。切实履行自动驾驶测试场景工作组（SC33/WG9）召集人职责，协同推动测试场景标准制定协调，系统梳理自动驾驶测试场景国际标准体系，并完成《道路车辆　自动驾驶测试场景术语和定义》《道路车辆　基于场景的安全性评估框架和过程》《道路车辆　自动驾驶系统操作设计领域的分类》《道路车辆　场景属性和分类》等4项国际标准、1项预先研究项目立项工作，牵头承担自动驾驶测试场景术语和定义、场景质量评价等两个国际标准制定项目。全面参与ISO/TC22智能网联汽车相关国际标准制定，组织行业专家深入参与预期功能的安全性（ISO 21448）、信息安全（ISO 21434）、软件升级（ISO 24089）、感知融合（ISO 23150）等重点标准制定，跟踪测试设备、仿真、网联车辆等国际标准制定，累计提交中方提案40余项。联合提出ISO 13837《道路车辆－安全玻璃材料－太阳光透射比计算方法》新项目提案；拟提出“外部灯具防雾涂层技术规范”ISO提案并在行业内进行意见征求；就燃料电池汽车能耗标准修订提出建议，并就动力电池热失控“自加热”触发方法等推动中德、中日联合提案。

2. 积极履行C－WP. 29秘书处职责，全面参与联合国相关法规协调

2019年，在工业和信息化部指导下，组织、协调行业力量全面、实质参与WP. 29及其下属各工作组活动；支撑工业和信息化部装备工业司领导成功当选并连任GRVA工作组副主席；与德国、美国共同担任自动驾驶功能要求非正式工作组联合主席；联合欧盟、日本和美国共同推动联合国制定出台《自动驾驶汽车框架文件》，形成联合国自动驾驶法规制定顶层框架方案；积极参加自动驾驶功能安全工作组（FRAV）、自动驾驶汽车评价方法

工作组（VMAD）、自动驾驶数据记录系统工作组（DSSAD/EDR）技术法规协调；全面参与AEB/LDW、自动转向（ACSF）、信息安全与软件升级（CS/OTA）法规制定与协调相关工作，充分表达中国立场和意见。作为牵头国之一推进电动汽车安全（EVS）全球技术法规第二阶段研究与制定，就动力电池热扩散、振动、海水浸泡、毒气扩散等提出中国方案；全面跟踪电动汽车能耗（EVE）全球技术法规进展，就混合动力汽车最大功率确定方法提出研究意向；全面参与燃料电池汽车安全法规研究，就火烧试验、循环寿命等议题提出提案。

3. 依托政府间对话机制，加强与国外标准化组织和机构的交流与合作

在“中德标准化合作委员会”机制下，承办中德智能网联汽车标准工作组对话并支撑中德电动汽车标准工作组对话活动；在中欧工业对话机制下，支持并参与工业和信息化部装备工业司与欧盟的年度汽车对话会议；依托“中德智能网联汽车标准法规工作组”共同完成《中德智能网联汽车标准化路线图对比研究报告》。以新能源汽车和智能网联汽车为重点，与美国国家标准化机构（ANSI）加强交流，签署关于在标准化领域深化合作的谅解备忘录；与欧洲汽车工业协会（ACEA）开展节能、新能源等重点领域的专题技术研讨，与日本汽车标准化国际中心（JASIC）开展年度对话和专题交流；邀请法国标准局（BNA，ISO/TC22 秘书处）对我国专家进行国际标准化培训。

4. 积极践行“一带一路”倡议，深耕中亚、东盟、北非市场

在国家标准化管理委员会指导下，与塔吉克斯坦汽车法规认证主管机构签署合作谅解备忘录，组织开展“塔吉克斯坦专家汽车标准培训”，协助塔方搭建汽车标准化框架；与白俄罗斯国家标准化与认证研究院联合举办“中国—白俄罗斯电动汽车标准化合作会议”，成立电动汽车标准化联合工作组，推动中国标准走进白俄罗斯。在国家标准化管理委员会及东盟各国认证法规主管部门支持下，组织开展与泰国和马来西亚汽车法规认证主管机构、汽车主管部门的常态化交流；成功举办“第一届中国—印尼新能源汽车标准法规交流对话会”“第三届中国—东盟汽车标准法规交流合作对话

会”；与印度尼西亚汽车研究院签署合作备忘录，在印度尼西亚电动车标准体系建设活动中持续贡献中国方案。联合比亚迪公司与摩洛哥标准化研究所签署合作备忘录，正式加入摩洛哥电动车标准技术委员会，在摩方制定电动车标准活动中给予国家标准英文版、国际标准比对分析等技术资料支持，推动采用中国优势标准项目。

5. 中国汽车标准首次被欧盟法规采用

2019 年 11 月 8 日，欧盟投票通过新的《一般安全及保护车辆成员和弱势道路使用者的框架性法规》，在氢能与燃料电池车辆（HFCV）要求方面，将我国国家标准 GB/T 24549－2009《燃料电池电动汽车　安全要求》列为联合国法规 UN R134 的 5 个等同替代标准法规之一。这是中国汽车标准首次被采用写入欧盟汽车法规中。

三　2019年重要领域标准制定与修订情况

（一）落实规划目标，推动中国工况落地，推进节能标准制定

推动《中国汽车行驶工况》第 1、2 部分标准正式发布，研究提出工况切换方案；以 2025 年 4 升/百公里为目标，制定乘用车第五阶段油耗标准及轻型汽车、甲醇汽车燃料消耗量试验方法标准并报批；持续推进重型商用车辆燃料消耗量试验方法标准研究；启动轻型商用车第四阶段油耗限值、轻型汽车能耗标识、循环外技术标准预研。以中国工况等新工况导入为核心，推进《轻型混合动力电动汽车能量消耗量试验方法》《电动汽车能量消耗量和续驶里程试验方法　第 1 部分：轻型汽车》研究，完成标准征求意见及审查；持续推进重型混动、纯电动汽车能耗试验方法标准研究。

（二）完善新能源汽车标准体系，强化重点标准的制定与修订

有序开展电动汽车基础通用、整车、关键系统及零部件、接口及设施标准项目的组织推进工作。加强燃料电池电动汽车、动力电池回收利用等标准

子体系建设；推进电动汽车、电动客车和动力蓄电池安全等三项强制性标准的发布以及完成 BMS、动力电池回收利用等多项推荐性标准审查报批。完成《插电式电动乘用车技术条件》、《燃料电池汽车安全要求和定型试验规程》技术审查及传导充电 EMC、车载充电机、IGBT、DC/DC 变换器、高压接触器、熔断器等关键部件标准征求意见。推进电动汽车碰撞后安全、驱动电机系统、大功率充电、充电安全、对外放电、无线充电互操作性、无线充电 EMC、电动汽车用混合电源等重点标准研究和制定与修订工作。

（三）积极推进智能网联汽车领域标准研究与制定

贯彻落实《国家车联网产业标准体系建设指南（智能网联汽车）》和《2019 年智能网联汽车标准化工作要点》，科学筹划推进先进驾驶辅助系统、自动驾驶、信息安全及网联功能与应用、车用操作系统等细分领域共 39 项国家标准研究制定。《自动驾驶汽车数据记录系统性能要求及试验方法》《道路车辆　信息安全工程》等 10 项标准预研工作正式启动；《汽车软件升级通用技术要求》《智能网联汽车　自动驾驶功能测试方法及要求》等 16 项形成草案并提交立项申请；《汽车信息安全通用技术要求》等 8 项标准新获批立项；《汽车驾驶自动化分级》完成审查；《道路车辆　先进驾驶辅助系统（ADAS）术语及定义》等 4 项标准进入报批程序。此外，为加强新技术领域标准项目制定的科学性启动《智能网联汽车测试设备标准化需求研究》等 10 余项研究项目。

全面规划并系统开展多项智能网联汽车整车类、系统类标准验证试验。先后组织乘用车、商用车自动紧急制动系统等 8 项标准的试验验证工作；创新工作模式，开展全国首次自动驾驶列队跟驰功能标准公开试验验证工作，完成 3 组共 9 辆重型载货汽车的列队跟驰标准试验验证，邀请国内部委领导专家，联合国、ISO 等国际组织专家及近 40 家媒体全程参与，提升标准化工作的国内外影响力。

先后开展“自动驾驶技术状态及产业现状调查”“自动驾驶汽车数据记录系统（DSSAD）技术状态调研”“自动驾驶汽车专用照明设备和灯光信号

装置技术状态调研”“汽车网联技术应用及标准化需求问卷调研”等调研工作，基于调研结果开展自动驾驶、测试设备及网联功能与应用的标准路线图研究。

（四）不断健全和完善汽车安全标准体系

在乘用车、商用车、客车、专用车等整车及特定安全等方面快速提高标准要求，推动车辆安全技术进步。

在主动安全领域，积极推进汽车灯光强制性标准整合工作，《机动车道路照明装置和系统》《机动车和挂车光信号装置及系统》《机动车和挂车回复反射装置》等整合标准在汽标委统筹安排下按计划进行；GB 23255 - 2019、GB 5920 - 2019、GB 4785 - 2019 修订版灯光标准获批发布；《乘用车制动系统技术要求及试验方法》《商用车辆和挂车制动系统技术要求及试验方法》两项强制性国家标准修订正式启动；修订的 GB 17675《汽车转向系基本要求》标准准备提交审查；《乘用车自动紧急制动系统（AEBS）技术要求及试验方法》等 4 项标准报批完成；GB/T 38185 - 2019《商用车辆电子稳定性控制系统性能要求及试验方法》、GB/T 38186 - 2019《商用车辆自动紧急制动系统（AEBS）性能要求及试验方法》等标准正式发布。

在被动安全领域，《汽车对行人的碰撞保护》《汽车前、后端保护装置》《儿童约束系统化学安全要求及测试方法》等 10 项标准预研正式启动；《汽车侧面气囊和帘式气囊模块性能要求》《道路车辆交通事故分析》等 5 项标准已经报批；GB/T 37337 - 2019《汽车侧面柱碰撞乘员保护》、GB/T 37474 - 2019《汽车安全气囊系统误作用试验的方法和要求》、GB/T 37437 - 2019《正面安全气囊　离位乘员保护技术要求》、GB 18296 - 2019《汽车燃油箱及其安装的安全性能要求和试验方法》等 4 项标准及 GB 27887 - 2011《机动车儿童乘员用约束系统》第 1 号标准修改单获批发布；GB 26512《商用车驾驶室乘员保护》、GB 9656《汽车用安全玻璃》、GB 13057《客车座椅及其车辆固定件的强度》等标准修订工作按计划推进；GB 38262 - 2019《客车内饰材料的燃烧特性》获批发布，进一步提升客车产品防火阻燃性能。

在一般安全领域，GB 15742－2019《机动车用喇叭的性能要求及试验方法》、GB 24545－2019《车辆车速限制系统技术要求及试验方法》获批发布，对车辆的喇叭和限速系统提出更高要求；GB 15084 间接视野标准修订进入实质性工作阶段；GB 18564.1－2019《道路运输液体危险货物罐式车辆　第1部分：金属常压罐体技术要求》获批发布，GB 29753《道路运输　易腐食品与生物制品　冷藏车安全要求及试验方法》标准修订也已立项，进一步规范危化品运输安全。对应重庆公交车重大事故，在相关部委指示下，已提出 GB 13094—2017 第1号修改单，并针对客车驾驶员隔离防护装置提出相应产品技术标准制定计划。

（五）完善电磁兼容、功能安全等标准，推进汽车电子系统标准制定

统筹考虑传统燃油车、新能源汽车、智能网联汽车，提出面向未来，覆盖全领域、全频率的电磁兼容标准体系规划，全面启动汽车电子环境及可靠性评价系列标准；完成首个系统功能安全评价标准《电动汽车用电池管理系统功能安全要求及试验方法》技术审查；着眼自动驾驶技术发展，构建中国功能安全、预期功能安全技术和标准协同体系；统筹协调开展 GB/T《转向系统功能安全要求及试验方法》、GB/T《电动汽车用驱动电机系统功能安全要求及试验方法》、GB/T《道路车辆　预期功能安全》、GB/T 34590－2017《道路车辆　功能安全》系列标准制定与修订工作的推进。

完成《汽车事件数据记录系统》《不停车收费系统　车载电子单元》《车载视频行驶记录系统》等10项重要国家标准、1项行业标准的审查、报批；完成通信协议等25项推荐性国家标准立项，正式启动车载事故紧急呼叫系统（AECS）标准研究。车载电子领域以感知部件及通信协议为研究方向，提出的车载超声波传感器，车载视频行驶记录系统，汽车用主、被动红外夜视探测系统等国家标准立项获批。

（六）积极推进环保及资源综合利用标准体系建设

强制性国家标准《汽车禁用物质要求》和配套行业标准《汽车材料中六价铬的检测方法》获批立项；完成了《汽车材料中多环芳烃的检测方法》《非金属部件VOC检测》等行业标准审查报批；完成汽车零部件再制造产品标识规范、自动变速器、曲轴、连杆等4项再制造标准报批以及梯次利用、材料回收、拆卸要求、包装运输规范等4项动力电池回收方面国家及行业标准审查报批；推动梯次利用产品标识、放电规范等2项动力电池回收国家标准起草工作。按照生态环境部建议，将强制性国家标准《汽车定置噪声限值》整合纳入《汽车噪声限值及测量方法》并完成标准起草工作，形成《汽车加速行驶车外噪声室内测量方法》征求意见稿，开展《重型汽车多工况行驶车外噪声测量方法》标准项目立项预研工作。

（七）加强特定种类车辆及整车通用试验方法标准研究

根据政府主管部门对汽车产品的分类管理等需要，完成《汽车和挂车类型的术语和定义》国家标准修订计划立项；完成《厢式货运车系列型谱》《大件运输专用车辆》等2项国家标准和《甲醇燃料汽车》《甲醇汽车燃料系统》等2项行业标准技术审查；形成《多用途货车通用技术条件》标准草案稿；完成《车辆右转弯提示音》《汽车爆胎应急安全装置》等2项GB 7258配套标准的技术审查及报批；启动《汽车可靠性行驶试验方法》《汽车、挂车和汽车列车经侧倾稳定性台架试验方法》《汽车整车大气暴露试验方法》《微型货车防雨密封性试验方法》《汽车起动性能试验方法》等5项标准的修订立项工作。

（八）发布车辆识别代号等行业重要影响的基础标准

《道路车辆　车辆识别代号（VIN）》《道路车辆　世界制造厂识别代号（WMI）》两项强制性标准发布；《机动车出厂合格证》《车辆及部件识别标记》第1号修改单完成审查报批；协调公安部、工业和信息化部、国家质检总局等多部门制定形成《机动车产品使用说明书》征求意见稿；组织完成 GB/T 18410《车辆识别代号条码标签》立项申报，进一步规范车辆产品管理。

QC/T 1105－2019《接地螺栓性能要求及试验方法》等 4 项标准件标准获批准发布；QC/T《汽车零部件编号规则》获批立项，进入标准制定流程；完成覆盖紧固件、公差、涂覆等子领域的 69 项行业标准及 1 项推荐性国家标准立项，全面系统地更新汽车用基础、紧固件标准。

（九）落实标准化改革方案，升级一批汽车关键零部件标准

车轮领域，随着产品设计与验证能力的提高，一批车轮性能试验方法标准相继出台。《汽车车轮固有频率试验方法》《汽车车轮静态弯曲刚度试验方法》等汽车行业标准制定完成报批；QC/T 1111－2019《商用车　轻合金车轮 30°冲击试验方法》、QC/T 1112－2019《乘用车车轮　双轴疲劳试验方法》两项新标准发布。

非金属制品领域，一批非金属材料内饰件标准相继制定，其性能试验方法标准也同步更新。QC/T 236－2019《汽车内饰材料性能的试验方法》、QC/T 520－2019《汽车用摩阻材料惯性制动试验方法》、QC/T 216－2019《汽车用地毯》获批发布；《汽车外饰件用蜂窝夹层结构制品》、《道路车辆　气制动系统用尼龙（聚酰胺）管》等标准按计划推进。

汽车玻璃领域，目前标准水平与国际标准水平相当。GB/T 5137 汽车安全玻璃试验方法系列标准于 2019 年修订完成，已经报批，修订后的标准较相关国际标准更严谨，更具可操作性。GB 9656《机动车玻璃安全技术规范》修订稿已经结束公开征求意见，拟审查。

汽车仪表领域，紧紧围绕产业发展变化和需求来安排和布局标准工作。为满足液晶仪表的发展需求，汽车行业标准《汽车用液晶仪表》制定完成，标准通过审查进入报批程序；汽车仪表用步进电机、发动机冷却水及润滑油温度传感器等标准修订正在推进；汽车用压力报警器，汽车用车速传感器等修订项目也正在申请立项；针对 GB15082－2008《汽车用车速表》的修订

必要性问题展开讨论。

汽车电器领域，有关电气连接器、电缆、插接器、熔断器、智能开关等用于连接和控制汽车用电器的网络系统方面的标准增长和修订速度很快，《道路车辆 60V 和 600V 单芯电线》两部分系列标准、汽车用倒车报警器、汽车用蜂鸣器、汽车微电机用换向器、汽车用 SUB 功率电源适配器等标准已经通过审查；汽车天线放大器、汽车用空气流量传感器等标准也已完成征求意见公示。

车身附件领域，进一步落实“十三五”标准体系规划，提出《汽车防夹系统》《汽车安全带织带性能技术要求和试验方法》《乘用车门内饰板总成》《乘用车仪表板总成和副仪表板总成》等项目的立项申请，完成《汽车背门电动开闭系统》《汽车用普通气弹簧》《汽车遮阳板》等标准的审查。

底盘领域，除了在系统总成层面形成整体布局，还在向细分零部件标准扩展。QC/T 1114－2019《汽车机械式自动变速器》等三项标准获批发布；汽车驱动桥、汽车离合器分离轴承总成等标准通过审查即将报批；汽车变速器总成安装尺寸、汽车液力变矩器总成、汽车角转向器等标准制定项目获批立项，标准进入起草阶段。同时开展汽车悬架 V 形推力杆、汽车悬架用橡胶衬套、汽车离合器总泵、汽车空气悬架用高度控制阀、汽车离合器分泵、汽车离合器助力器等标准项目的预研。

四　汽车行业主要标准化活动

（一）贯彻标准化改革方案，在标准化领域进行供给侧改革

汽车标准化工作注重标准质量提升、强化工作规范要求、严查标准项目完成情况，在项目完成率上下功夫；积极落实强标精简整合结论，加大强标修订力度；注重促进国际化进程，集中力量参与国际标准化工作，提出国际标准提案，申请中国标准国际中心，走进东盟、中亚、北非各国，积极推动中国标准“走出去”。

（二）切实履行标准化技术支撑职责

全国汽车标准化技术委员会作为标准化主管部门、行业主管部门的技术支撑机构，全年配合国家标准化管理委员会、工业和信息化部完成有关促进新能源汽车、氢燃料电池产业健康发展，健全残疾人驾驶机动车法规，加快开发符合中国国情的关键汽车碰撞智能检测装备，鼓励新能源重卡，出台摩托车城市准入条例，推广危险刹车信号灯，加强非机动车上路安全识别要求等10余项人大、政协提案以及多项群众问题解答材料。配合国家标准委开展“三检合一”标准技术内容分析、论证；协助工业和信息化部完成“停车熄火”实施倡议；组织开展“两客一危”、车内空气质量、公交车门外开、纯电动汽车能耗标识、电动自行车电气安全等内容的标准化相关论证，就汽车安全法规、新能源车发展及重大事故调查等提供技术和管理建议；协助处理欧盟、韩国等对电动汽车强标的国际评议回复，提出新能源汽车标准化工作行动计划。

（三）加强跨部门标准协调合作

支撑工业和信息化部、公安部、交通运辆部开展“全国智能网联汽车道路测试情况”调研；与中国智能网联汽车产业创新联盟共同支撑工业和信息化部装备工业司组织相关测试区共同发起《智能网联汽车测试区（场）共享互认倡议》；参与工业和信息化部网安局组织的“车联网安全调研及检测评估”工作。以标准化工作为主体，有效支撑了行业管理工作的部署与实施。

（四）加强跨行业标准法规交流与合作

围绕新能源汽车、智能网联汽车两个战略新兴领域，功能安全，被动安全，灯光等行业热点以及行业标准化需求，成功举办“十一届电动汽车标准法规国际研讨会”“第八届汽车被动安全技术及标准法规国际研讨会”“第五届智能网联汽车标准法规国际研讨会（ICV2019）”“第七届道路车辆功能安全标准及应用国际研讨会”“第五届中欧汽车灯光标准法规交流会”“第七届海外汽车市场准入制度与技术法规国际研讨会”“2019 年中汽标协会员大会暨汽车行业标准法规信息交流会”。落实汽标委与通信、智能交通、道路交通安全等四方标委会《关于加强汽车、智能交通、通信及交通管理 C－V2X 标准合作的框架协议》，促进 C－V2X 技术在汽车领域应用，启动多项汽车网联功能的国家标准制定项目，其成果被纳入“制造强国领导小组‘车联网专业委员会’”第三次会议。

（五）以海外法规为重点，加强汽车标准法规信息咨询服务

依托标准技术资源，为企业提供定制化标准咨询服务，定期编辑出版《汽车标准法规动态咨询报告》《汽车标准法规月报》《海外汽车标准法规月报》《智能网联汽车简讯》等标准动态电子刊物；加强海外国际汽车标准及技术法规跟踪与研究工作，完成 57 项中欧汽车标准法规比对分析及俄罗斯、墨西哥、印度 3 国研究报告；动态更新国际汽车标准法规数据库 185 项标准法规原文、92 项译文清单、20 项研究报告。

五　汽车行业团体标准化工作进展

在国家深化标准化工作改革的政策和产业需求的双重驱动下，我国团体标准化工作已由培育发展阶段迈向高速发展的新阶段。

（一）中国汽车工业协会团体标准化工作情况

2019 年，中国汽车工业协会团体标准更新了制定与修订流程。按照最新的制定与修订流程，中国汽车工业协会组织相关会员单位、部门、分会和分支结构等单位申报相关团体标准。2019 年各项团体标准事项共计 61 项，其中，立项三批共 25 项，征求意见 26 项，发布 10 项。

目前国内针对自动驾驶系统的功能测试没有具体的测试规范，2019 年，中国汽车工业协会秉承团标先行、按需制定、注重实用、适时迭代的原则，

联合了各汽车企业、国家级第三方检测实验室、互联网科技公司等，共同制定了《智能网联汽车自动驾驶系统功能测试技术规范》。目前该团体标准已经完成征求意见阶段。

表1　中国汽车工业协会2019年发布团体标准

序号	团标编号	团标名称
1	T/CAAMTB03－2019	汽车用橡胶和塑料密封条
2	T/CAAMTB04－2019	汽车用橡胶和塑料密封条通用试验方法
3	T/CAAMTB06－2019	电子驻车制动钳总成性能要求及台架试验方法
4	T/CAAMTB07－2019	电子驻车控制器总成性能要求及台架试验方法
5	T/CAAMTB09－2019	乘用车制动盘产品标准及测试方法
6	T/CAAM08－2019	道路车辆—制动衬片摩擦材料—摩擦性能缩比试验方法
7	T/CAAM16－2019	电动汽车用动力蓄电池模组产品规格尺寸
8	T/CAAM17－2019	乘用车制动噪声及抖动整车道路试验方法及评价
9	T/CAAMTB18－2019	汽车后视镜的折叠器
10	T/CAAM19－2019	汽车零部件再制造企业管理体系评价规范

根据工作规划，中国汽车工业协会将根据行业发展需求，组织行业重点企业积极参与国家标准法规的制定、修订与论证工作，切实关注汽车安全、环保、节能、智能网联和新能源汽车等领域，反映行业意见和建议；组织行业企业开展前瞻性的基础研究和重点标准法规的调研，跟踪分析有关标准法规的实施情况，促进国家标准、行业标准制定与修订工作，以及汽车标准法规体系的不断完善。同时，组织制定团体标准化体系规划，完善团体标准制定与修订程序。结合市场和创新发展需要，大力推进在节能汽车、电动汽车及智能网联汽车等重要领域的团体标准研究论证与制定工作，全面推进协会团体标准化建设。充分发挥协会的协调作用，加大相关团体标准的宣传工作，大力推广团体标准的实施应用，积极推动产业团体标准成果的转化和应用，营造良好的市场环境，促进产业健康可持续发展。

（二）中国汽车工程学会团体标准化工作情况

中国汽车工程学会响应行业需求和创新发展，推动了电动汽车、氢燃料电池汽车、智能网联汽车和智能共享出行等新兴领域以及汽车防腐蚀老化、汽车空气动力学等基础共性技术领域的团标研制工作，全年共计新立项团体标准 41 项，发布团体标准 27 项，团体标准化工作得到行业广泛关注和参与。与中国消防协会联合研制发布的《电动汽车锂离子电池箱火灾防控装置性能要求和试验方法》（T/CSAE86－2018）正式入选 2019 年工信部百项团体标准应用示范项目。

第一，组织机制方面，启动 CSAE 标准专家组结构优化和专业细化工作，根据标准研制需求，参照汽车技术标准体系架构在 34 个技术方向优先组建标准专家组。

第二，体系建设方面，分别对传统燃油汽车、新能源汽车和智能网联汽车进行了技术体系架构梳理，并基于汽车技术发展趋势和应用规模，按照汽车产品实现过程链的主要环节分别对三类车型进行逐一细化，此外，积极推动各领域开展团体标准体系规划和研究。

第三，不断强化标准研制质量要求，初步建立 CSAE 标准品质形象。从标准立项评估、过程管理、标准审核以及标准编写规范等多方面推进实施标准质量提升工作，多家车企已将 CSAE 标准纳入企业标准管理体系并实时跟踪。

第四，多措并举推动标准宣贯工作，标准应用实施成效明显。积极组织宣贯新发布的团体标准，全年累计组织线下宣贯会 12 次，基本涵盖了新发布的 27 项标准；充分利用“中国汽车工程学会标准”微信公众号、CSAE 标准官网以及工作通信等渠道及时宣传 CSAE 团体标准化工作。

第五，《汽车工程师能力标准》实现国际互认，国际合作初显成效。2019 年 10 月 22 日，中国汽车工程学会与世界汽车工程师学会联合会共同签署了《汽车工程师能力标准》互认协议，标志着中国版本的汽车工程师能力评价标准成为取得国际互认的全球准则。

第六，继续深化团标与国标、行标协调，进一步加强跨行业合作。全国汽车标准化技术委员会与中国汽车工程学会一起，继续深化团体标准与国标、行标的协同合作，在重点标准项目上加强与汽标委及分标委的交流沟通，在重点领域加强与汽标委及分标委在顶层体系规划、标准需求调查研究等方面的合作。正在开展智能网联汽车领域团体标准体系规划的研究，探索联合开展标准需求调查及研究等方面的合作。

第七，开展已发布标准后评估工作，及时推动标准复审及修订工作。积极落实 2018 年的标准实施效果评估和标准复审决议，组织 16 项汽车材料相关标准的修订工作，明确修订牵头单位，组建标准修订工作组，已有 10 项完成征求意见稿。

六　汽车标准化存在的问题及发展趋势

（一）汽车标准化存在的问题

2020 年是“深化标准化工作改革”的收官之年，也是《节能与新能源汽车产业发展规划》实施的关键节点。受国内外汽车技术、产业及管理政策等多种不利或不确定因素的影响，汽车标准化工作正面临前所未有的复杂局面。

1. 全球经济增速放缓进一步影响标准化投入

受全球经济增速放缓影响，中国汽车市场继续呈下滑趋势，自主品牌产能过剩增加，拓展国际市场需求增加，但受成本压力加大的影响，对标准化的投入将会进一步削减，势必影响汽车标准化工作开展。

2. “放管服”工作推进对标准化管理提出新要求

政府部门“放管服”改革不断推进，汽车产业管理重心将继续向事中事后转移，技术标准特别是强制性标准在汽车产业管理中的作用进一步提升，对汽车标准化管理和标准质量提出了新的要求。

3. 进一步对外开放对自主创新标准化产生影响

汽车产业对外开放力度进一步加大，出现外商独资整车企业的可能性大幅度增加，如何在保障外资企业平等参与中国汽车标准化工作的同时有效支持国内自主品牌和自主创新技术标准化成为必须考虑的现实问题。

4. 智能网联化标准制定对政府部门提出新要求

在经过几年高速增长后，新能源汽车随着补贴政策退坡正逐步丧失市场吸引力，而保有规模快速增长也导致安全、续驶里程等问题逐步显现，整车及系统、部件安全标准将受到社会更多关注，制定协调难度和不确定性增加。

5. 智能网联标准体系亟待建立

随着智能网联汽车加快进入商品化推广阶段，对自动驾驶标准法规和管理体系日益迫切，各主要国家和国际组织围绕标准主导权的争夺愈发激烈，今后3~5年将成为国际标准法规的关键时期，一旦错过将彻底丧失对未来汽车国际标准法规的影响力，需要统筹规划、集中力量、加大投入。

（二）汽车行业标准化的发展趋势

将继续加强汽车行业标准顶层设计工作，制定好“‘十四五’汽车标准体系建设方案”，以燃料电池电动汽车、传导充电、热管理系统、电驱动系统的标准制定与修订为重点，推动电动汽车标准往纵深、高质量方向发展；促进先进节能技术推广应用，推动车辆能耗水平持续下降，助力国家节能与新能源汽车产业快速发展；聚焦车辆安全，加强主、被动安全协同控制及整车集成安全技术标准研究；全面贯彻落实《国家车联网产业标准体系建设指南（智能网联汽车）》，系统推进先进驾驶辅助系统、自动驾驶、网联功能及应用、信息安全及功能安全标准研究及制定工作；关注汽车行业绿色制造、回收利用领域标准发展，促进工业文明与生态文明和谐共融；积极推进汽车零部件产品的通用化、模块化、智能化、轻量化、环保化，鼓励新材料、新技术在汽车零部件领域的应用与发展。

1. 电动汽车标准领域

将根据产业发展现状和实际需求，整合汽车节能、电动汽车标准研究计划，启动第三版《中国电动汽车标准化工作路线图》修订工作，持续发挥路线图对标准体系的基础支撑作用。开展三项电动汽车整车强标发布后的宣贯；组织开展功能安全防护等安全问题研究；启动并推进电动汽车和混动汽车动力性、插电式混动商用车技术条件等标准修订；完成燃料电池发动机性能、能耗和续驶里程试验方法及加氢口、电池管理系统、混合电源等标准征求意见工作；完成 IGBT、DC/DC 变换器等关键部件标准报批工作；推进电动汽车用驱动电机相关标准立项及修订工作；继续推进大功率充电、充电安全、传导式车载充电机标准研究，启动充电兼容性相关标准研究工作。继续深入参与 WP. 29 框架下 EVS、EVE 等工作，积极参与 ISO、IEC 框架下电动汽车国际标准协调。

2. 智能网联汽车标准领域

加快推动正在制定标准项目的起草、审查与报批，初步建立能够支撑驾驶辅助及低级别自动驾驶的智能网联汽车标准体系。标准工作重心逐步由先进驾驶辅助系统向自动驾驶功能过渡，适应自动驾驶技术由测试验证向示范运营和商品化应用发展趋势，全面启动适用于高级别自动驾驶的标准制定工作，为系统形成能够支撑高级别自动驾驶的标准体系的第二阶段目标提供基础。形成 ADAS 标准体系，支撑更高级驾驶自动化技术需求；有序推进自动驾驶相关标准制定，着重完成自动驾驶安全保障类标准制定；全面开展信息安全标准制定工作；协同开展汽车网联功能与应用标准制定工作；根据体系规划启动车用操作系统标准制定工作。全面参与智能网联汽车领域国际标准法规协调工作，主动承担重点法规项目牵头及研究任务。

3. 汽车节能标准领域

继续推进《轻型汽车能源消耗量标识》、《轻型商用车燃料消耗量限值》、循环外技术标准修订工作。继续推进重型汽柴油车、混合动力汽车、纯电动汽车能耗试验方法标准修订工作。启动并推进《重型商用车辆燃料消耗量限值》标准修订工作。

4. 安全标准领域

完成 GB/T 24551《汽车安全带提醒装置》审查及报批；推动 GB/T 24550《汽车对行人的碰撞保护》、GB/T《低速后碰撞防止乘员颈部伤害的技术要求》、GB 17354《汽车前、后端保护装置》、GB 26134《乘用车顶部抗压强度》、GB/T 15743《轿车侧门强度》、QC/T 566《轿车的外部防护》

等标准的研究；开展汽车防盗装置标准的修订工作。

5. 功能安全标准领域

推进GB/T《转向系统功能安全要求及试验方法》标准制定，开展可控性试验，确定安全度量的量化指标；推进GB/T《道路车辆　预期功能安全》、GB/T《电动汽车用驱动电机系统功能安全要求及试验方法》、GB/T 34590－2017《道路车辆　功能安全》系列标准修订（修改采用ISO 26262－2018，共12个部分）、GB/T《道路车辆　功能安全流程开发和审核评估方法》（共4个部分）、GB/Z《道路车辆　电子电气系统ASIL等级确定方法指南》等19项功能安全标准的研制工作；开展GB/T《车辆纵向运动控制系统功能安全要求及试验方法》、GB/T《系统理论过程分析（STPA）方法》等标准的预研工作。持续深度参与ISO 21448《道路车辆　预期功能安全》制定，力争将国内研究成果（如车辆侧向/纵向运动控制关键电控系统可控性量化指标、安全评估模型建立、安全分析、测试评价方法等）导入国际标准；持续跟踪SAE功能安全委员会相关工作内容，重点跟踪STPA（System Theoretic Process Analysis）Application Guidance《系统理论过程分析（STPA）应用指南》标准项目，并适时启动国内GB/T《系统理论过程分析（STPA）方法》标准预研工作。

6. 汽车电子与电磁兼容标准领域

完成GB34660测试规程，开展有意发射强标豁免要求研究，推进GB/T《道路车辆车载天线性能要求及试验方法》标准研制；开展ISO 19453、LV148国际标准等同转化工作，弥补我国汽车电子标准体系的空白；全面推进车载事故紧急呼叫系统（AECS）触发条件、语音品质评价、数据集、身份芯片、无线接入终端及PC5符号集技术要点研究，以及北斗、通信、OTA、PSAP/TPSP、AECS布控地图实施研究；启动以EDR标准为基础的交通事故标准体系研究工作，启动EDR数据应用指南的标准研究制定工作；完成汽车用超声波传感器标准征求意见及审查；研究确立车载C－V2X无线接入终端、汽车用主动红外夜视探测系统、汽车用流媒体后视镜等标准评价及测试方案；开展车载蓝牙、车载WiFi以及倒车影像、酒精联锁装置、车内生物探测等标准预研。

7. 噪声领域

将完成 GB 1495《汽车噪声限值及测量方法》（中国第三、第四阶段）的征求意见和审查工作；完成《轻型汽车多工况行驶车外噪声测量方法》标准审查工作；完成《重型汽车多工况行驶车外噪声测量方法》的立项申报工作。

8. 整车试验方法标准领域

将重点开展车辆分类、脚踏板、可靠性、大气暴露等方面的标准制定工作；完成《汽车轴荷监测》标准的审查工作；组织力量在智能制造、人机交互领域进行预研。

9. 回收利用与绿色评价标准方面

完成 GB 30512《汽车禁用物质要求》标准公开征求意见及标准审查，加快 QC/T 942《汽车材料中六价铬的检测方法》标准修订并完成报批；推动汽车绿色制造领域《汽车产品单位产量综合能耗计算方法及限额》《汽车产品单位产量综合水耗计算方法及限额》等 5 项行业标准的工作进展；推动《车用动力电池回收利用　管理规范　第 2 部分　回收服务网点建设规范》《车用动力电池回收利用　管理规范　第 4 部分　存储规范》《车用动力电池回收利用　通用要求　第 1 部分　拆解指导手册编制规范》等三项标准的立项。

10. 基础标准领域

完成《机动车产品使用说明书》标准审查，完成《道路车辆　流体回路零部件清洁度》系列标准征求意见及审查，推动 GB/T 18410《车辆识别代号条码标签》标准修订工作。持续推动紧固件标准的制定、修订工作。

（三）汽车行业标准化下一步工作重点

面对复杂多变的汽车技术、产业及管理等标准化新形势，汽车标准工作也将主动适应汽车产业及标准化改革、发展的新局面，进一步完善标委会组织制度建设，持续提升技术实力和综合服务能力；加强政府主管部门的技术支撑，优化完善汽标委及下属分标委管理服务；不断夯实汽车安全、节能等传统重点领域标准研究制定，集中优势力量加强智能网联汽车、新能源汽车等战略新兴领域标准化工作；积极实施推进汽车标准国际化战略，全面加强国际标准法规制定协调；进一步落实“一带一路”倡议，扩大国际标准法规交流、合作范围和力度；积极探索汽车标准化新业务、新领域、新模式，进一步巩固汽车标准化领域的专业、权威行业地位，扩大汽车标准社会影响力和国际知名度。

1. 开展标准体系规划研究，做好政府部门的技术支撑

积极适应新《标准化法》实施及国家大力推进“放管服”改革对汽车标准化提出的新任务、新要求，加强政府主管部门的技术支撑作用，发挥标准在汽车技术、产业发展和管理中的基础性作用。

加强汽车标准体系的顶层设计，研究制定融合国家、行业及团体标准的“十四五”汽车标准体系建设方案，适应汽车技术、产业及政府管理趋势，推动和引领汽车行业转型升级。

2. 推动汽车标准化工作改革，适应汽车标准化质量新要求

加强标准制定、修订过程管理和协调工作，优化明确汽标委业务领域范畴，适应强制性国家标准管理变化；以强制性国家标准为重点，建立标准全生命周期管理体系，全面提升技术标准特别是强制性国家标准的质量；重视标准实施效果评估工作，保证标准体系可持续发展；进一步提高标准制定、修订效率，提高标准项目完成率。

3. 继续加强重点领域标准研制

加强重点领域标准研究和体系建设，协同开展节能与新能源汽车标准制定，全面推进智能网联汽车体系建设，做好车辆灯光、制动、结构、碰撞、防火、防盗等主、被动，一般安全核心标准，以及功能安全、信息安全、车载紧急呼叫系统、车载紧急事故数据记录等具有系统性带动作用的重要标准制定，有效满足行业对汽车标准化的新需求。

4. 全面参与国际标准法规协调

将国际标准法规协调提到与国内标准化同等重要位置，通过制度建设、平台开发、资源整合，进一步加大联合国、ISO/IEC 层面的汽车国际标准法

规协调范围和力度，充分利用我国汽车产业规模效应优势，扩大中国在国际法规协调中的影响力。大力推进汽车标准国际化战略布局，建设“中国汽车标准化国际中心（日内瓦）”，增强对联合国、ISO/IEC 标准法规的影响力度；利用“中国—东盟汽车标准法规研究中心”增强对东南亚国家的辐射影响；进一步强化与共建“一带一路”国家的合作，扩大中国汽车标准及汽标委的国际影响力。

5. 重视标准相关研究和论证

开展标准必要专利研究，适应智能网联标准工作新需求，促进跨行业、跨领域必要专利的协同与合作，形成系统规范；开展标准与政策关系研究和论证，厘清标准与政策之间相互关联互相影响的关系，进一步发挥标准在产业战略、政策引导、技术引领方面的支撑作用。

6. 积极研究行业需求，提升标准化服务能力

适应汽车电动化、智能化、网联化、共享化发展新趋势，开展各种形式的走访调研和问卷调查，加强汽车技术及标准化新需求的研究分析，不断改进标准化技术及咨询服务的内容、方式，实现汽车标准化工作与产业需求的有效对接。

加强标准解释和宣贯工作，扩大标准宣贯范围及标准数量，更加实效地开展标准行业服务。

7. 全方位立体化推动行业标准化工作

积极发挥行业协会组织在节能汽车、新能源汽车及智能网联汽车领域的标准化作用。组织行业骨干企业参与有关标准前期调研、基础研究、产品验证以及制定工作。

加快推动团体标准研究与制定工作。鼓励团体标准先行先用，在实践中不断完善标准、积累经验，为制定该领域的国标、行标奠定基础。协调国标、行标、团标之间的关系，探讨国标、行标、团标大体系研究；推荐优秀团体标准项目，强化标准协同；推动团体标准评估的相关研究。

附　录

Appendix

B.11
2019年汽车工业大事记

1月

1月8日　江苏省发改委核准了康迪电动汽车江苏有限公司建设年产5万辆纯电动乘用车项目和江苏国新新能源乘用车有限公司年产7万辆碳纤维轻量化纯电动乘用车项目，康迪和国新成为第16和17家获得新建新能源汽车生产资质的企业。

1月8日　2018年度国家科学技术奖在京揭晓，其中，高安全性、宽温域、长寿命二次电池及关键材料的研发和产业化项目和磷酸铁锂动力电池制造及其应用过程关键技术项目荣获国家科学技术进步二等奖。

1月10日　中国汽车工业协会、中国汽车动力电池产业创新联盟、中国电动汽车充电基础设施促进联盟联合组织的电动汽车安全指南发布会在北京召开。安全指南的发布对提高全行业对新能源汽车的安全性的认知，提高安全性设计、制造水平以及相关的售后服务，促进新能源汽车行业的健康可持续发展具有重要意义。

1月10日 深圳市财政委员会、深圳市发改委联合发布了《深圳市2018年新能源汽车推广应用财政支持政策》，鼓励动力电池回收，深圳成为国内首个设立动力电池回收补贴的城市。

1月15日 恒大集团旗下恒大健康发布公告，以9.3亿美元成功并购总部位于瑞典的电动汽车公司NEVS的51%股权，并获得多数董事席位，恒大正式入主NEVS。

长安汽车与华为全面深化战略合作落地仪式暨"长安—华为联合创新中心"揭牌仪式在长安汽车总部重庆隆重举行。双方将在L4级自动驾驶、5G车联网、C-V2X等10余项前瞻技术领域开展全面合作。

1月18日 宝马集团发声明称，华晨汽车股东特别大会批准出售华晨宝马25%的股权给宝马。交易完成后，宝马将在合资公司中占有75%的股份。

1月21日 公安部交通管理科学研究所发布消息，该所建成中国首个专门用于自动驾驶测试的封闭高速公路环境，于近日正式开展测试工作。该封闭高速公路测试环境位于无锡市通锡高速公路（S19）南通方向，全长4.1km。

1月29日 国家发改委等十个部委联合印发了《进一步优化供给推动消费平稳增长促进形成强大国内市场的实施方案（2019年）》，提出了包括"汽车下乡"在内的六大举措以促进汽车消费。

1月30日 《报废机动车回收管理办法（修订草案）》审议通过。最新修订的"管理办法"在准入门槛、五大总成再制造解禁、回收价格解禁等方面做出修订。

2月

2月20日 长城汽车股份有限公司与泰州签约，投资兴建长城汽车整车项目。项目先期投资80亿元，将在泰州港经济开发区建设年产20万辆汽车整车、内外饰及底盘制造项目，项目产品为传统燃油汽车和新能源汽车，车型为长城哈弗和新平台SUV乘用车。

2月21日　一汽轿车股份有限公司与云度新能源汽车有限公司正式签订合作协议，将在新能源汽车领域展开研发、生产、销售的全方位合作。

2月23日　长城控股集团与平湖市政府签约，计划在国家级平湖经济技术开发区建设基地型项目。项目由整车项目、长三角研发中心和长城出行三部分组成，总投资110亿元，占地面积1200亩。

吉利集团公布了最新旗下品牌架构。按照新的架构，吉利旗下拥有吉利汽车、吉利新能源、领克汽车、宝腾汽车与路斯特汽车五个子品牌。其中吉利新能源拆分出来成为独立的子品牌，拥有独立的新车标。

3月

3月5日　海南省政府正式对外发布了《海南省清洁能源汽车发展规划》，规划中提出“2030年起，海南全面禁止销售燃油车”。由此，海南省成为中国第一个提出清洁能源化目标并给出时间表的省份。

3月12日　工信部等八部委联合印发了《关于在部分地区开展甲醇汽车应用的指导意见》，提出将加快完善甲醇汽车产业政策、技术标准，推动产业合理布局，加快甲醇汽车制造体系建设，并提高市场应用水平。意见的出台标志着甲醇汽车市场应用将进入实质性阶段。

3月22日　车和家宣布与滴滴出行达成战略合作，双方将共同出资成立合资公司，并组建团队，为共享出行场景定制生产智能电动车。

中国第一汽车集团有限公司、东风汽车集团有限公司、长安汽车股份有限公司三大央企联合互联网、金融、零售等行业头部公司在南京正式签订合资协议，共同成立T3出行公司。同时T3出行与南京市江宁经济技术开发区正式签订投资协议，T3出行公司落户南京江宁。

3月25日　比亚迪与华为在深圳签署全面战略合作协议。未来，双方将在汽车智能网联、智能驾驶以及智慧云轨、智慧园区等方面展开深度交流与合作，共同推动汽车行业与轨道交通行业的创新发展和数字化转型。

3月26日 为规范新能源汽车行业发展秩序，《财政部 工业和信息化部 科技部 发展改革委关于进一步完善新能源汽车推广应用财政补贴政策的通知》正式发布，通知降低新能源乘用车、新能源客车、新能源货车补贴标准，促进产业优胜劣汰，防止市场大起大落。

北汽股份发布公告，宣布与戴姆勒及戴姆勒大中华向北京奔驰作出合计约8.9亿美元的增资，增资后三者所占股份比例不发生变动。其中，北汽股份注资约4.6亿美元，戴姆勒及戴姆勒大中华分别注资约3.5亿美元、0.9亿美元。

3月28日 戴姆勒股份公司与浙江吉利控股集团宣布将在中国组建股比为50∶50的合资公司，在全球范围内运营和发展smart纯电动智能汽车品牌，并在中国成立生产基地。

4月

4月2日 吉利控股集团高端整车项目在武汉市汉南区开工，英国跑车品牌路特斯国产车型将在该工厂投产。

4月9日 长安汽车在重庆两江新区隆重举办了全球智慧研发平台开放暨全球研发中心入驻仪式，标志着长安汽车已迈入“自主创新，全球协同”的研发4.0时代。

4月12日 东风本田汽车有限公司第三工厂正式宣布建成投产。该项目一次整体规划，分两期实施，其中一期建成形成年产能12万辆。

4月22日 华为技术有限公司发布汽车行业5G通信硬件——MH5000，该公司称这是全球首款为汽车行业设计的5G通信硬件。

4月24日 现代汽车对外公布，称将关闭在中国的1号厂。对于该工厂的2000名员工，现代汽车的安置计划为提前退休或转调到其他工厂。

4月25日 宁德时代新能源科技股份有限公司发布公告表示，公司与中国第一汽车股份有限公司已签署《时代一汽动力电池有限公司合资经营合同》，拟共同合资设立时代一汽动力电池有限公司，开展动力电池生产和销售业务。

4 月 26 日 大众集团同江淮汽车共同组建的合资企业，计划投资 50.6 亿元（约合 7.5 亿美元）在安徽省合肥市东部地区打造一座新的电动汽车工厂。

4 月 29 日 MG 品牌在印度市场的首款车型——Hector 于 MG 印度工厂量产下线。MG Hector 的原型车为宝骏 530。

5月

5 月 5 日 商务部、公安部、海关总署共同召开二手车出口专题会议，正式启动二手车出口工作。首批开展二手车出口业务的地区为北京、天津、上海、浙江（台州）、山东（济宁）、广东、四川（成都）、陕西（西安）、青岛、厦门等 10 个省市。

5 月 17 日 北京首汽智行科技有限公司、上汽大众汽车有限公司、大众汽车新动力投资公司、易手车（北京）互联网信息服务有限公司（筹）在北京签署“出行车源战略合作备忘录”，四方将共同探索汽车共享新模式，围绕从汽车研发制造到出行服务、车辆回收整备、高质量二手车再流通业务生态闭环开展战略合作。

5 月 18 日 戴姆勒公司旗下汽车租赁公司产品即行 Car2Go 宣布将于 2019 年 6 月 30 日正式结束在中国的汽车分时租赁运营。

5 月 21 日 中国通用技术集团所属中国机械进出口（集团）有限公司、安徽江淮汽车集团股份有限公司联合收购哈萨克斯坦阿鲁尔汽车工业集团签约仪式在库斯塔奈州举行。收购完成后，中机公司和江淮汽车以 51% 的股份成为哈最大规模汽车工业集团的控股股东。

5 月 28 日 零跑汽车宣布获得杭州市自动驾驶测试牌照，也是目前浙江省唯一获得自动驾驶测试牌照整车厂商。

6月

6月2日　广深两地同日增加车牌指标。广州市交通运输局发布《关于增加中小客车增量指标配置额度的通告》，2019年、2020年在原有额度基础上增加10万个中小客车增量指标额度。同日，深圳交通运输局也发布了关于调整深圳小汽车调控增量指标配置额度的通告，2019～2020年每年增加投放普通小汽车增量指标4万个。

6月5日　国内首个燃料电池车全场景应用加氢站在上海化工区落成，上汽集团旗下20辆氢燃料动力电池轻客大通FCV80将作为示范运行的载体，承担园区通勤工作。

国家市场监督管理总局对长安福特汽车有限公司实施纵向垄断协议依法作出处罚决定，对长安福特处以罚款1.628亿元。

长城汽车俄罗斯图拉工厂正式宣告投产。这是长城汽车在海外拥有的首个冲压、焊接、涂装、总装四大工艺的独资整车制造工厂。

6月6日　国家发展改革委员会等三部门发布《推动重点消费品更新升级　畅通资源循环利用实施方案（2019—2020年）》，提出各地不得对新能源汽车实行限行、限购，已实行的应当取消；严禁各地出台新的汽车限购规定，已实施汽车限购的地方政府应根据城市交通拥堵、污染治理、交通需求管控效果，加快由限制购买转向引导使用。

6月7日　日本丰田汽车公司在东京举行发布会，宣布将与宁德时代、比亚迪等汽车动力电池制造商合作，以加速其在全球范围内向电气化转型的需求。这是丰田首次从中国制造商采购核心部件。

6月10日　上海市嘉定区推出“氢燃料电池汽车产业集聚区规划”和“鼓励氢燃料电池汽车产业发展的有关意见（试行）”，同日揭牌的氢燃料电池汽车产业集聚区，位于嘉定区安亭镇环同济片区，规划范围2.15平方km。

6月12日　国金汽车作为独立的新能源乘用车生产企业，正式获得工信部核准的纯电动乘用车生产资质，成为山东省首个获得国家《道路机动车辆及生产企业公告》独立资质的新能源乘用车企业。

6 月 14 日 广汽集团、文远知行、小马智行、景骐、深兰科技、裹动智驾六家企业，获得了广州市首批智能网联汽车道路测试通知书，首批共发放 24 张自动驾驶路测牌照。

6 月 21 日 长沙为 5 家企业发放了 49 张智能网联汽车开放道路测试牌照，其中包括中车时代的 1 辆自动驾驶公交车、长沙智能驾驶研究院的 1 辆自动驾驶公交车、北京福田戴姆勒和赢彻科技的 2 辆自动驾驶物流重卡以及百度 45 辆自动驾驶乘用车。

6 月 24 日 工信部表示自 2019 年 6 月 21 日起，废止《汽车动力蓄电池行业规范条件》（工业和信息化部公告 2015 年第 22 号），同时废止的还有第一、第二、第三、第四批符合规范条件企业目录。意味着业内存在近 4 年的新能源汽车动力电池“白名单”正式取消，国内动力电池领域将迎来新一轮的竞争。

6 月 26 日 广汽集团与腾讯、广州公交集团、滴滴出行等共同投资的移动出行平台“如祺出行”正式上线。

6 月 30 日 海南省公安厅发布通告，2019 年 7 月 1 日 ~ 2020 年 12 月 31 日期间，海南省全面放开新能源小客车增量指标申请资格条件及数量。

7月

7 月 1 日 全国 21 个省市开始实施国六排放标准。北京、深圳、上海、天津和广东五个省市直接跨过国六 a，实行国六 b 排放标准，其余省市从轻型车的国六 a 排放标准起步。

7 月 1 日 北京市自动驾驶测试管理联席小组正式发放了首批的 T4 级别自动驾驶测试牌照，5 张牌照全部被百度纳入囊中。

7 月 15 日 一汽解放第 100 万辆 J6 下线仪式在一汽解放卡车厂总装车间隆重举行。

7月22日 北汽新能源斥资20.51亿元打造的新能源汽车试验中心正式宣告启用，该试验中心试验能力处于国内领先、国际一流水平，进一步促进北汽新能源体系能力的升级。

7月22日 由一汽、东风、长安三家车企联合苏宁、腾讯、阿里巴巴等共同打造的智慧出行平台T3出行在南京正式上线，将通过合规运营、全新的车联网技术架构等，解决移动出行领域的一些基本痛点，为消费者提供安全、便捷、舒适的出行服务。

7月23日 北京汽车集团有限公司通过其100%控股子公司Investment Global Co.，Ltd购买了戴姆勒股份公司约5%的股份。本次交易包含2.48%的直接持股，以及获得额外等同于2.52%股份投票权的权利。

7月25日 滴滴出行宣布与丰田汽车公司在智能出行服务领域拓展合作。丰田将对滴滴进行投资，其中部分资金将用于双方与广汽丰田汽车有限公司共同成立合资公司，为平台司机提供汽车相关服务，投资总额共6亿美元。

7月30日 江苏省工业和信息化厅发布《关于印发关于促进新能源汽车产业高质量发展的意见的通知》，通知指出将进一步扩大新能源汽车产业规模，计划到2021年，全省新能源汽车产量超过30万辆，到2025年，新能源汽车产量超过100万辆。

8月

8月7日 33辆宇通纯电动公交车在芬兰赫尔辛基顺利交付。这是宇通首次进入芬兰市场，也是芬兰首次批量采购纯电动客车。

8月16日 江铃集团、长安汽车与爱驰汽车三方联手共同打造的新江铃控股正式成立，新江铃控股由爱驰汽车、江铃集团、长安汽车以50%∶25%∶25%的股比重组而成。新江铃控股也是国内首个三方混改的案例。

8月19日 国内面积最大的综合汽车试验场一汽-大众汽车试验场一期工程正式落成。该试验场位于长春农安、共占地6平方千米，道路总里程

60 千米以上。

上海临港新片区揭牌，特斯拉超级工厂项目（一期）顺利取得首张综合验收合格证。

8 月 27 日 国务院办公厅印发《关于加快发展流通促进商业消费的意见》，意见提出逐步放宽或取消汽车限购、支持绿色智能商品以旧换新等 20 条政策措施，要求实施汽车限购的地方探索逐步放宽或取消限购措施。

9月

9 月 5 日 广汽丰田在成都车展发布首款量产纯电动轿车广汽丰田 iA5，作为广汽集团向旗下合资企业导入的首款纯电动轿车，iA5 由广汽研究院根据广汽丰田需求研发，在广汽丰田的工厂生产。

9 月 5～6 日 2019 年度“中国汽车工业科学技术奖”终评会在长沙成功召开。此次“中国汽车工业科学技术奖”评审，共评出特等奖 3 项、一等奖 5 项、二等奖 15 项、三等奖 37 项。

9 月 6 日 奇瑞集团与德国邮政股份公司子公司德国斯图歌特有限公司，签订合作备忘录。双方计划总投资 5 亿欧元在中国成立合资公司，建立研发中心、生产销售电动轻型商用车，并进军物流产业链。

9 月 16 日 上海颁发国内首批智能网联汽车示范应用牌照。首批获得牌照的企业有 3 家，分别为上汽集团、宝马公司、滴滴出行。与开放道路测试牌照不同，示范应用牌照不局限于单纯的测试行为，开始尝试功能化的载人应用。

9 月 18 日 江苏省工信厅、省发改委、省科技厅日前联合印发《江苏省氢燃料电池汽车产业发展行动规划》，目标到2025 年，基本建立完整的氢燃料电池汽车产业体系，力争全省整车产量突破 1 万辆，建设加氢站 50 座以上。

9 月 22 日 国家智能网联汽车（武汉）测试示范区揭牌，百度、海梁科技、深兰科技等企业获得武汉市交通部门颁发的自动驾驶车辆商用牌照。这是全球首张自动驾驶商用牌照。

9月27日 天津一汽夏利汽车股份有限公司与南京博郡新能源汽车有限公司签署《股东协议》，拟以整车相关土地、厂房、设备等出资，持股比例19.9%，南京博郡新能源汽车有限公司以现金出资，持股比例80.1%，在公司所在地设立合资公司－天津博郡汽车有限公司（暂定名）。

9月28日 上汽宁德生产基地正式竣工投产，生产的第一款车型名爵eHS同步下线。上汽宁德基地是上汽乘用车第四大生产基地。

9月29日 中国重汽公告济南市国资委将其持有的重汽集团45%的股权无偿划转给山东重工；山东国投将其持有的重汽集团20%股权除资产收益权外的其他股东权利委托给山东重工行使。交易后，公司实控人由济南市国资委变更为山东省国资委。

10月

10月11日 河北沧州市政府向百度公司颁发了智能网联汽车首批30张测试牌照，这是京津冀区域首次向百度公司颁发允许载人测试的自动驾驶测试牌照。

10月15日 北汽集团发布北汽自主新品牌BEIJING。BEIJING新品牌将围绕六个方面展开整合和重组，包括全新标识的品牌、合计700+家渠道、11款油电产品矩阵、50+服务网络资源共享以及客户资源和销售团队。

10月18日 宁德时代位于德国图林根州的首个海外工厂正式动工，标志着宁德时代全球战略布局向前迈出一大步，也填补了德国锂离子动力电池制造的空白。

10月21日 北汽集团与京东集团在京签署了战略合作框架协议。双方将围绕汽车和出行相关的丰富场景，在全域数字化、京东云、车联网、智能供应链、金融服务以及采购合作等方面构建全面、深入的战略合作。

11月

11 月 7 日　丰田汽车公司与比亚迪股份有限公司就成立纯电动车的研发公司签订合资协议。新公司将于 2020 年在中国正式成立，丰田与比亚迪各出资 50%。合营公司设计的纯电动汽车可以使用丰田品牌。

11 月 8 日　上汽大众新能源汽车工厂落成，工厂位于上海安亭，总投资 170 亿元，规划年产能 30 万辆，将于 2020 年 10 月正式投产。

长城控股未势能源旗下上燃动力重磅发布第三代超越－300E 型 100kW 大功率燃料电池发动机产品，系统部件级国产化率实现 100%，这标志着国产氢燃料电池发动机自主产业成功向全功率化技术迈进。

11 月 13 日　工信部发布第 325 批《道路机动车辆生产企业及产品公告》，其中特斯拉被获准设立纯电动乘用车生产企业，企业名称为特斯拉（上海）有限公司，企业生产地址位于上海市浦东新区。这也就意味着，特斯拉正式获得中国工信部量产许可。

11 月 18 日　位于上海的首批商业化加油加氢服务的综合功能站，西上海油氢合建站和安智油氢合建站建成落地并开始试运行。

11 月 27 日　丰田汽车（中国）投资有限公司旗下丰田海南出行有限公司成立，开始在海南省提供出行服务。丰田海南出行初期主要业务包括短期租赁、礼宾接送、长期租赁。

12月

12 月 4 日　奇瑞增资扩股项目顺利成交。奇瑞控股集团有限公司、奇瑞汽车股份有限公司共同迎来新股东——青岛五道口新能源汽车产业基金企业（有限合伙）。奇瑞成为国内汽车集团中第一个完成混合所有制改革的国有企业。

12 月 5 日　北京汽车集团有限公司与常州国家高新区签约，打造北汽福田华东商用车基地。项目总占地面积约 1000 亩，总投资 30 亿元，规划年产能为 8 万辆商用车。

12 月 7 日 比亚迪与欧洲公共交通运营商凯奥雷斯（Keolis）荷兰分公司正式签署合作协议，宣布中标荷兰 259 辆纯电动大巴订单，这是迄今为止欧洲最大的纯电动大巴项目。

12 月 9 日 山东省政府常务会议审议通过了《进一步加强和规范全省电动汽车充电基础设施建设运营管理的实施意见》，山东计划到 2022 年底建成 10 万个以上充电桩。

12 月 16 日 北京市交通委、市公安局公安交通管理局、市经济和信息化局对前期发布的《北京市自动驾驶车辆道路测试管理实施细则（试行）》进行了修订。最主要的变化是允许自动驾驶测试企业进行载人和载物测试。

12 月 18 日 菲亚特克莱斯勒汽车公司与标致雪铁龙集团正式签署合并协议，双方业务合并。东风集团将持有新集团 4.5% 的所有权。

12 月 23 日 上汽与广汽正式签订战略合作框架协议，双方就联合开发核心技术、共享产业链资源、聚焦新商业模式和合力开拓海外市场四大方面展开合作。

凯翼汽车整车生产资质获批，宜宾智慧工厂竣工投产，首款凯翼车正式下线。

12 月 26 日 宁德时代位于四川省宜宾市的动力电池制造基地项目已正式开工。根据规划，宁德时代将投资 100 亿元，建设年产能 30GWh 的动力电池生产线。

12 月 27 日 一汽 - 大众发布公告，该公司 2019 年第 200 万辆整车在长春基地下线。一汽 - 大众成为 2019 年首个产销量均突破 200 万辆的乘用车企业。

12 月 31 日 长安汽车公告称，12 月 30 日与深圳前海锐致投资有限公司签署了《股权转让协议》，将所持有的长安标致雪铁龙汽车有限公司（长安 PSA）50% 股权全部转让给前海锐致，本次股权转让完成后，长安汽车不再持有长安 PSA 股权。

S 基本子库
SUB DATABASE

中国社会发展数据库（下设 12 个子库）

整合国内外中国社会发展研究成果，汇聚独家统计数据、深度分析报告，涉及社会、人口、政治、教育、法律等 12 个领域，为了解中国社会发展动态、跟踪社会核心热点、分析社会发展趋势提供一站式资源搜索和数据服务。

中国经济发展数据库（下设 12 个子库）

围绕国内外中国经济发展主题研究报告、学术资讯、基础数据等资料构建，内容涵盖宏观经济、农业经济、工业经济、产业经济等 12 个重点经济领域，为实时掌控经济运行态势、把握经济发展规律、洞察经济形势、进行经济决策提供参考和依据。

中国行业发展数据库（下设 17 个子库）

以中国国民经济行业分类为依据，覆盖金融业、旅游、医疗卫生、交通运输、能源矿产等 100 多个行业，跟踪分析国民经济相关行业市场运行状况和政策导向，汇集行业发展前沿资讯，为投资、从业及各种经济决策提供理论基础和实践指导。

中国区域发展数据库（下设 6 个子库）

对中国特定区域内的经济、社会、文化等领域现状与发展情况进行深度分析和预测，研究层级至县及县以下行政区，涉及地区、区域经济体、城市、农村等不同维度，为地方经济社会宏观态势研究、发展经验研究、案例分析提供数据服务。

中国文化传媒数据库（下设 18 个子库）

汇聚文化传媒领域专家观点、热点资讯，梳理国内外中国文化发展相关学术研究成果、一手统计数据，涵盖文化产业、新闻传播、电影娱乐、文学艺术、群众文化等 18 个重点研究领域。为文化传媒研究提供相关数据、研究报告和综合分析服务。

世界经济与国际关系数据库（下设 6 个子库）

立足“皮书系列”世界经济、国际关系相关学术资源，整合世界经济、国际政治、世界文化与科技、全球性问题、国际组织与国际法、区域研究 6 大领域研究成果，为世界经济与国际关系研究提供全方位数据分析，为决策和形势研判提供参考。

法律声明